U0923787

兰州市基础教育教科研成果丛书

丛书主编　郑作慧

高效课堂

设计策略与模式建构

苏永平　编著

图书在版编目（CIP）数据

高效课堂设计策略与模式建构 / 苏永平编著. -- 兰州 : 兰州大学出版社, 2016.3

（兰州市基础教育教科研成果丛书 / 郑作慧主编）

ISBN 978-7-311-04904-1

Ⅰ. ①高… Ⅱ. ①苏… Ⅲ. ①课堂教学－教学研究－中学 Ⅳ. ①G632.421

中国版本图书馆CIP数据核字(2016)第070697号

策划编辑 李　晖
责任编辑 佟玉梅
封面设计 郇　海

书　　名 高效课堂设计策略与模式建构
作　　者 苏永平　编著
出版发行 兰州大学出版社　(地址:兰州市天水南路222号　730000)
电　　话 0931-8912613(总编办公室)　0931-8617156(营销中心)
　　　　 0931-8914298(读者服务部)
网　　址 http://www.onbook.com.cn
电子信箱 press@lzu.edu.cn
印　　刷 甘肃澳翔印业有限公司
开　　本 710 mm×1020 mm　1/16
印　　张 24.5
字　　数 395千
版　　次 2016年4月第1版
印　　次 2016年4月第1次印刷
书　　号 ISBN 978-7-311-04904-1
定　　价 48.00元

序　言
PREFACE

社会飞速前进,信息高速发展,人们步入了一个高效率的信息化时代,追求高质量、高效率、高效益已经成为时代发展的主旋律。新课程的推进进入了深水区,新理念、新策略、新模式撬动了课堂教学结构的改革,新课程理念的落实、学习方式的转变、教学效益的提升,关注课堂教学的生动性、生成性、生命性、创新性已成为课堂教学的新追求。转变教学理念、优化教学设计、建构高效课堂已经成为推动课堂教学结构改革的有力抓手。

国家级“借鉴中英项目改革教学内容、教学方式、教学评价方式”项目的实践和研究,为现代教育理念的落地生根、教学策略的优化更新、高效课堂教学模式破茧而生奠定了坚实的基础,催生了一批本土化、有特色、有价值的课堂教学模式。这些模式都有这样一些共同的特征:从建构的理念上看突出体现了面向全体学生、以学生为主体、以学生发展为本的教育教学理念;从实施策略上看体现了先学后教、以学定教、以教促学、以学论教的教学原则;从学习方式上看实现了自主学习、小组合作、科学探究为主的学习策略;从组织形式上看突出了预习、探究、展示、检测等核心的环节;从评价的方式来看凸现了激励性、发展性、过程性、差异性、全面性、多元性等评价策略。《高效课堂设计策略与模式建构》就是对这些研究成果的诠释和解读。

纵观本书内容,有以下四个方面的特征:

1.理念新。书中的观点体现了教育教学发展的新潮流,特别是对传统教学弊端的分析,对现代课堂教学观、师生关系的重构,对教师打破传统教学思维束缚、建立新的教育理念、指导教学改革有着很好的指导作用。

2.策略新。书中对优化教学设计、建构教学模式中提到的新策略,不但有建构主义、多元智能理论、学习原理等诸多教育教学理论的支撑，而且也融入国内外教育教学的优秀成果，更重要的是有源自于一线课堂教学设计与模式建构的研究实践成果提炼和总结。这对提高教师的课程资源整合能力、优化教学设计能力的提升有较大的帮助作用。

3.方法新。书中对高效课堂教学设计、高效课堂的教学模式建构、教师专业素养的提升方法具体，具有可操作性，易于借鉴学习，易于推广辐射。

4.案例新。书中对学习方式的重构、课堂教学的设计、导学案的设计、课堂教学模式的建构不仅是理论的阐述，研究经验的总结提炼，更重要的是有教学实践的案例做佐证，并对案例进行了评价与反思。案例设计新颖、视角独特，具有较强的示范性、借鉴性、实用性，有学习推广的价值。

课堂兴，则教育兴。希望《高效课堂设计策略与模式建构》能成为践行课程理念、建构高效课堂的一站航标，引领课堂教学改革的方向，催生更多、更优质的高质量、高效率、高效益的教学策略和教学模式，去实现减负增效、学生全面发展的教育理想。

《高效课堂设计策略与模式建构》的出版，期望对教师教育教学理念的更新、教学设计能力的提升、高效课堂教学模式的建构、学校课堂文化建设给予有效的指导和学习借鉴，将成为教师专业发展的良师益友。

郑作慧

2016年2月

前言

INTRODUCTION

新课程的改革与实践已进入深水区,落实课程理念、转变学习方式、提升教学效益、促进学生全面发展,备受教育界同仁关注。实现课堂教学的高质量、高效率、高效益,突出课堂教学的生动性、生成性、生命性、创新性成为课堂教学的理想追求。优化教学设计、建构高效课堂教学模式、实现教学效益的最大化已经成为课堂教学改革的聚焦点。通过在新课程推进过程中的学习、领悟、研究、实践,通过在国家教育体制改革项目"借鉴中英项目改革教学内容、教学方法和评价制度"参与过程中课堂教学的调研、反思与交流、经验提炼,通过近年来主持承担的省级重点规划课题"新课程理念下高中化学教学设计策略的研究""兰州市化学高效课堂教学模式的建构与实践研究""元素化合物教学中三维目标的落实策略的研究"等教育教学研究过程中的反思、提炼、总结,这些研究经历积累了宝贵的教学经验,总结了有效的教学策略,形成了一些有实用性、推广性价值的研究成果,正是这些工作的积淀和支撑,促成了《高效课堂设计策略与模式建构》的应运而生。

全书共分为五章:第一章课堂教学中理念的变迁和重构,在分析传统课堂教学存在的问题和弊端的基础之上,提出了现代课堂教学应具备的教学理念、课堂教学中师生角色的重新定位和建构,从学习方式转变的视角对课堂教学中自主学习、合作学习、探究学习的内涵、设计策略及课堂实施过程进行了阐述。第二章高效课堂教学设计策略的研究主要阐述了教学设计的内涵、构成要素、设计流程、设计原则和设计策略,以化学学科元素化合物教学中的三维目标落实策略为例论述了课堂中三维目标的实践策略,对提升教师的教学设计能力具有指导借鉴的价值。第三章高效课堂的设计策略主要阐述了高效课堂的内涵、特征、设计理论基础、构成要素、设计策略和评价标准,为优化高效课堂教学的设计奠定了坚实的理论基础。第四章高效课堂教学模式的建构主要阐述了教学模式的内涵、构成要素,对比分析了国内一些优秀高效课堂教学模式具有的共同特点,并提出了一些具有示范操作模式的高效课堂教学模式,提供了有效的教学案例、案例反思作为支撑,便于学习借鉴使用。第五章高效课堂的保障主要从建构高效课堂教学模式的制度建设、条件保障、备课要求、教学反思、课程资源的开发和利用等方面进行了阐述和分析,为高效课堂的生成提供了有力保障。纵观本书,具有以下三个方面的特点:

1.前瞻性。本书中的理论观点、设计策略、实践方法借鉴了国内现代课堂教学改革的前沿领域研究的最新成果,并吸收了笔者多年在此方面的研究成果,对课堂教学的改革与实践的指导具有前瞻性。

2.方法性。本书不仅注重理论的建构,更注重教学实践中具体的操作策略和方法,案例大多源自于一线教师的课堂教学,通俗易学,便于教学操作和模仿实践。

3.示范性。本书在教学设计、教学模式建构策略的基础上,附加了许多典型的教学案例的分析、点评和反思,对于学习借鉴具有一定的科学价值。

本书在编写过程中借鉴、引用了许多专家与同行的观点,得到了课题组同人的支持,在此表示诚挚的感谢。特别感谢兰州31中、兰州市榆中小康营中学、兰州永登八中、兰州市城关区一只船小学提供的教学模式建构范例和教学案例。

本书可用于教师专业发展自学教材、教师培训教材。

由于作者水平有限,书中难免有错误、遗漏等问题,希望读者予以批评指正。

2016年2月于兰州

目 录
CONTENTS

第一章 课堂教学观念的变迁与重构

第一节 传统课堂教学观的反思

著名学者袁振国先生在其著作《课堂的革命》中对现行传统的课堂做过深刻阐述:“传统课堂造就了传统的师生关系。在教学中,教师是主动的,是支配者,学生是被动者,是服从者。教师、学生、家长以至全社会都有一种潜意识:学生应该听从教师,听话的学生才是好学生;教师应该管住学生,不能管住学生的教师不是好教师。师生之间不能在平等的水平上交流意见,甚至不能在平等的条件下探讨科学知识。”

传统课堂教学以教师的主动讲授和以学生的被动学习为主要特征,教师往往注重通过语言的讲述和行为的灌输来实现知识的传授,在教学过程中教师的主导地位突出,而学生的主体地位却被习惯性地忽视。在这种教学模式下的课堂教学往往过于死板,教师搞“一言堂”,学生的学习地位得不到充分的体现和尊重,即使他们在学习过程中有自己的想法,也往往不敢表达交流。因此,传统的教学模式严重忽视了教学中的情感因素,无视学生心理发展的需求,严重束缚了学生学习的积极性、主动性和创造性的发挥。其主要的特征和弊端表现在以下几个方面。

一、单调的“标准化”导致故步自封

传统课堂教学的“教”,多是照本宣科,教师只把学生当作接受知识的容器,由于受教学活动计划性、预设性的影响,学生和教师的活动总是受教案的束缚,教师不敢越出教案半步。教师的教和学生的学在课堂上最理想的进程是顺利地完成教学预

设,不愿节外生枝、不越雷池半步。教师总是希望学生能够按照自己课前设计好的教学方案去展开教学活动,每当学生的思路与教学预设不吻合时,教师往往会千方百计地把学生的思路“拽”回来。教师期望的是学生按课前教学设想做出回答,努力引导学生得出预定答案。整个教学过程就像上紧了发条的钟表一样,什么时间讲授,什么时间提问,给学生多少时间回答问题等都设计得丝丝入扣。于是,我们常常见到这样的景象:“死的”教案成了“看不见的手”,支配、牵动着“活的”教师与学生,让他们围着它转;课堂成了“教案剧”演出的“舞台”,教师是主角,学生是配角,大多数学生只是不起眼的“群众演员”,很多情况下只是“观众”与“听众”。在整个教学过程中看不到教师对生成资源的有效把握,看不到对学生思维出现阻碍时的点拨。教学过程好似一杯淡而无味的水,观后不是让人拍案叫绝,为之喝彩,而是让人觉得索然无味。

我们许多教师在备课时,往往首先考虑教师怎样教,特别是有人听课时,首先考虑的是怎样把听课者的眼球吸引到老师这里来,怎样把自己的看家本领在一节课上都展示出来,教师的主角意识浓厚,表演欲望太过强烈。教师往往把教学过程看成是学生配合自己完成教案的过程,在一定程度上忽视了学生作为学习主体的存在,忽视了学生是重要的课程资源,由于教师课前忽视了对学生情况的分析,所设定的教学起点与实际的教学起点有时不相吻合,等到上课时,很多内容都是学生早已知道的,很难看到教学过程的动态生成,很难看到富有生命活力的课堂。

二、统一的“程式化”导致创新匮乏

长期以来,我们的许多课堂教学比较沉闷,难以唤起学生的学习热情和智慧活动的积极性,更不用说激发创意和不断探索的精神了。学生完全处于一种被动的学习状态,严重缺乏主动性和创造性,以致出现了学生“人在课堂心在外”的现象。现行普遍的课堂是一种在课堂纪律支配下的课堂,教师强调纪律的严肃性,纪律的一致性,纪律的不可逾越性。岂不知这种冰冷的纪律往往成了限定学生听课行为的障碍和囚笼。教师精心制定的教学或行为规范已经严重影响到学生的思维方式和行为方式。过分的规矩,更扼杀了学生潜在的创造才能,压抑了学生的思想情感,以致使学校、教师成为学生心灵残障的制造者。

传统课堂教学教师居高临下,学生则处于一种无形压力的包围中。老师讲课时，学生们鸦雀无声；老师提问时，学生们要举手征得老师的许可方才回答。有些人甚至以自己高压下形成的准军事化管理作为成功的典范，炫耀的资本。事实上，在这种统一规范、整齐划一的场面下的孩子，整日承受着巨大的压力，他们生活在一种神圣与威严中，生活在一种压抑与束缚中。报刊所载教师在公开课上为追求举手效应，安排会的学生举右手，不会的学生举左手的造假例子，教师在公开课上解决了学生所有"问题"，致使学生什么都"懂"了，最后没有一个学生提问、质疑的例子，这些例子值得反思。

三、纯粹的"应试化"导致枯燥乏味

"用简单的升学指标管理学校教育""畸形的德育"，这是张志勇首先提到的应试教育两大弊端。他调研时曾在某学校内看到一个小黑板，上面写着："世界上有四种人：人渣、人手、人才、人物，你要当哪一种人？我们不能成为贵族的后代，但我们可以变成贵族的祖先。""这是当前很多见的励志教育，我们已经把励志教育极端化了！"张志勇说，在这种情况下应试教育强调的是"两眼一睁开始竞争"，学生的学习动力是极端功利化、自私化、庸俗化的，带来的是责任感的缺失。

传统课堂教学，教师对学生的评价就是掌握教师所交给的知识，会做题，考试能够取得好成绩；学校对教师的评价也基本上是看教师的教学成绩。传统的教学评价，过于注重结果的终结性评价而忽视对过程的评价，造成的恶果是：压抑了学生学习的自信与积极性，使学生不能清醒地认识自我，反思自我，学生自主学习、自主发展的能力与品质得不到应有的训练与培养，学生的个性健康发展受到了极大影响。

四、极端的"功利化"导致压抑人性

传统课堂教学是以知识为本的教学，这种教学在强化知识的同时，从根本上失去了对人的生命存在及其发展的整体关怀，从而使学生成为被肢解的人，甚至成为被窒息的人。为了完成认知目标，传统课堂教学抹杀学生的创造性，忽视学生的情感。长期以来，我们的教育进行的是一种"颈部以上"的学习，它只强调记忆、思维等的训练和培养，却没有意识到学习过程不仅是一个认识活动过程，而且是一个情感活动过程。

学生普遍反映上学不幸福，而且这样的状态不能被教育者关注和理解；学生学习的动力主要是外部,更多的是来自分数的压力,而不是来自对知识内在的一种追求、一种爱好。不可否认,传统课堂使我们的孩子失去了许多宝贵的东西:一是失去了梦想和激情,变得麻木、呆板;二是失去了积极的人生态度,变得惰性;三是失去了主动学习的习惯,变得低能;四是失去了天真活泼、开朗、乐观向上的品质,变得少年老成。

五、流行的“填鸭式”导致疲于应付

传统课堂教学,学生学习方式单一、被动,学生的学习方式缺乏个体性,教师与学生之间、学生与学生之间经常处于一种紧张甚至对立的状态,信息交流处在一种不畅通的状态,课堂上很少看见人际间的交流、观点的交锋和智慧的碰撞,学生的学习始终处于被动应付状态。学生缺少自主探索、合作交流、独立获取知识的机会,很少有机会表达自己的理解和意见,致使课堂气氛沉闷、封闭。

教师的“一讲到底”限制了学生创造性的发挥,师生“一问一答”剥夺了学生与学生之间的合作。在应试教育体制下,对教学的评价往往注重的是结果,评价的手段是单一的考试,评价依据是考试分数。高考怎么考,教师就怎么教,学生就怎么学。教师们为了让学生考个好成绩,排个好名次,只好在挤学生的学习时间上下功夫,逼着学生每天写多少个字,做多少道题,背几个定义,抄几段课文……在书山题海面前,学生忙得晕头转向,无所适从。如果一有空,没有教师的指示,学生反而愣着不知干什么好!

六、“重结果轻过程”导致舍本逐末

“重结果轻过程”是传统课堂教学中一个十分突出的问题,也是一个十分明显的教学弊端。所谓重结果就是教师在教学中只重视知识的结论、教学的结果,忽略知识的来龙去脉,有意无意地压缩了学生对新知识学习的思维过程。教师在预设教学过程时考虑最多的就是应该如何将知识讲清楚、讲明白、讲透彻。对相当一部分学生来说,学习给他们留下的只是消极的体验,甚至有的学生从此不再喜欢学习,产生一进教室就头疼的毛病。

传统课堂教学特别关注结论的识记,却忽视学生对知识的体验过程。它试图走一条捷径,将前人的知识经验以最高的效率传递给学生,教师习惯于将知识嚼烂后喂给学生，无须动手实践就可以快速地将知识存储于自己的大脑。这种教学模式剥夺了学生思考的权力，导致学生只会死记硬背，缺少质疑的能力、创新的能力，这实际上是对学生智慧的扼杀与个性的摧残。

七、“重教法轻学法”导致南辕北辙

传统的学习方式把学习建立在学习者的客体性、受动性和依赖性的基础之上，过多强调的是如何教。在传统的课程观中，课程内容规定着“教什么”，而教学则负责“怎样教”，课程与教学的界限泾渭分明。课程内容由政府和学者专家判定，教师的职责是踏实而有效地传递课程内容，是课程的实施者，很少有机会发挥自主性，只能跟在课程计划的后面亦步亦趋，扮演着“执行者”和“传声筒”的角色。

教师不是“用教科书教”，而是“去教教科书”；在教法上，不是多种媒体综合运用，而是单一地讲授；不是“以培养创新精神为核心”，而是“以传授知识为核心”；不是“学生本位”，而是“教师本位”，没有把学生置于教学的出发点和核心地位。在传统的教学中，教师负责教，学生负责学，教学就是教师对学生单向的“培养”活动。教学关系就是：我讲，你听；我问，你答；我写，你抄；我给，你收。在这样的课堂上，“双边活动”变成了“单边活动”，教代替了学。

八、“重灌输轻探究”导致浅尝辄止

传统课堂教学所追求的是循着课前精心设计的教学程序，采用一连串的追问，牵着学生亦步亦趋地接受一个又一个结论。在问题的设计上，传统课堂教学往往过细、过窄、缺乏思考价值。当学生对问题的回答正是所期望得到的答案时，教师便会立即抓住，如获至宝地加以肯定或赞扬，于是，对某个问题的讨论也就此画上了句号。即便教师提出的问题具有一定的思维空间，但常常又不能给学生充足的思考时间，这无疑在客观上阻碍了学生思维独立性与创造性的培养与发展，致使学生在思考问题方面存在着比较严重的模仿性和依赖性。

教学中的每一步都由教师领着学生走，教师好像是导游，拿着旗子在前面喊，一队学生跟着走，无法停下来按自己的需要去观赏，用自己的头脑去思考，可谓走马观花，没有切身体会。概括起来讲，传统的课堂教学存在下面“几多几少”：教师讲解多，学生思考少；一问一答多，探索交流少；操练记忆多，鼓励创新少；强求一致多，发展个性少;照本宣科多,智力活动少;显性内容多,隐性内容少;应付任务多,精神乐趣少;批评指责多,鼓励表扬少。

九、"重教材轻学生"导致兴趣丧失

传统课堂教学总是忠实地执行教材,教材上怎么写,教师就怎么讲,还美其名曰"尊重课本"。即使发现教材的内容有不合理的地方,也不敢随便处理。好多教师甚至成了教材和教学参考资料的传话筒,他们视教材为金科玉律,不敢越雷池一步,把毫无遗漏、毫不越位地传授教材内容视为课堂教学目的,使教材成为禁锢学生自由创造、大胆创新的枷锁。

传统的教学中,教师教学的最大特色是"教教科书",教科书是依据教学大纲编写的,在某种程度上具有一定的权威性,而且考试主要测试的是教科书上的内容,这导致掌握教科书的程度成了评价学生的唯一尺度。因此,教师进行教学设计主要依据教材与教参,力图将教科书上的每一个知识点都纳入自己的预想中,教学过程也就成了对教材的照本宣科。当设计的环节完成以后,一堂课的教学任务也就算完成了,至于学生掌握了多少,怎样去掌握,掌握到了什么样的程度,要到考试时看学生"复制"知识的效果如何才知道。因此教学缺少活力,教师教得辛苦,学生学得枯燥无味、效率低下。

十、"重知识轻能力"导致眼高手低

知识的掌握、能力的形成是学习的结果,而知识掌握的过程和能力形成的过程才是学习本身。孩子的大脑就是一片肥沃的土地,知识是用来思维的元素,知识就是种子,思维就是耕种,只有当我们把知识用思维耕种到大脑里的时候,知识才能变成力量,否则就是无用的垃圾在大脑里的堆积。现在,社会上浮躁的风气,愈演愈烈的功利主义,使人们把目光全部集中到成绩和考试上,忽略了人性;学校盲目追求知识,追求升学率,把学生当作接受知识的机器,教师只为考试而教,学生只为考试而学,严重违背了教育的本质规律。

学生是学习的主体,一切教育活动本该围绕学生展开,可传统课堂上缺少尊重意识和服务意识,教师不尊重学生的个别差异和种种权利,不给学生以选择权。学生们在课堂上得不到平等,得不到对话,得不到表现自我的机会。传统课堂束缚人的思维,压抑人的求知欲望。教育不是以压抑、管制和约束的方式去调教、干预、统治学生。教育应该“按照儿童的方式”,这样他们的天性才会自然展现,才会产生真正的学习热情。

第二节　课堂教学观的重构

观念是行动的灵魂,教学观念对教学起着指导和统率的作用,一切先进的教学改革都是从新的教学观念中引发出来的。确立新的教学观念,是教学改革的首要任务。新课程的课堂教学的改革首先要确定教学观念的变革,具体体现在以下几点。

一、现代课堂教学的新特征

1.基础性

课堂教学的基础性包括三层含义:一是课堂教学属于基础教育的重要构成成分,是中小学教育的主要形式,其基本功能是促进学生的全面发展而非选拔和造就专门人才;二是课堂教学必须面向全体学生,使全体学生都能通过课堂教学奠定“一般发展”的基础和终身学习与健康生活的基础;三是课堂教学的价值和效果更多显现在对学生终身发展的持久作用之中。

2.民主性

课堂教学的民主性包括三层含义:一是指传统认识上的教师热爱学生、学生尊重教师、教学相长等观念;二是指在承认课堂教学中教师与学生的人格平等、学生间人格平等的前提下,强调充分尊重学生的人格,给予每个学生参与教学活动的机会,鼓励学生在与教师和同学的平等交往中展示自己的能力;三是指重视情感、意志、动机、信念等人格因素的价值,建立师生之间和学生之间在教学活动中的和谐融洽关系,通过教师与学生的共同参与和积极合作,促进学生人格的健全发展。

3.活动性

课堂教学的活动性包含两层含义:一是指学生在课堂教学活动中有足够的能力活动,确立学生在教学活动中的主体地位;二是指精心设计和具体实施教学活动,使学生通过多种活动和充分的活动时间,既能够实现理解、认知、探索和创造,又能够得到体验、交流和表现。

4.层次性

课堂教学的层次性是指学生在心理特征、认知能力和社会化程度等方面的差异而表现出来的教学目的、教学过程(包括施教、矫正、调节)和教学评价的层次性和学习目标、学习过程、学习心理发展的层次性。

5.开放性

课堂教学的开放性包含三层含义:一是指打破课堂教学的时间与空间的限制,实现课堂社会生活的结合;二是指在课堂教学中必须激发学生的活力,不断引起学生理解、认知、探索、发现以及想象和表现的欲望;三是指建立教学的多元化和多向联系。诸如教学目标、教学内容、教学方式、教学模式、教学手段和评价方法的多元化,师生之间和生生之间的多向交流,教师、学生与教学环境和教学设备的多向联系等。

二、现代课堂教学中全新教学观

1.全面发展的教学观

传统教学是一种以知识为本位的教学,知识是第一位的,知识的价值是本位的,情感、态度、智力、能力等其他方面的价值都是附属的,这种教学在强化知识的同时,从根本上失去了对人的生命存在及其发展的整体关怀,从而使学生成为“被肢解的人”,甚至“被窒息的人”。现代教学以人为本位,旨在促进人的发展。新课程把发展的内涵界定为知识与技能,过程与方法,情感、态度与价值观三者(三维目标)的整合。“知识与技能”强调的是学科的基本知识与基本技能;所谓“过程与方法”强调的是了解和体验问题探究的过程和方法,并初步掌握发现问题、思考问题和解决问题的基本方法,真正学会学习;“情感、态度与价值观”则关注的是“形成积极的学习态度,健康向上的人生态度,具有科学精神和正确的世界观、人生观、价值观,成为有责任感和使命感的社会公民等”。因此,人的认知、人的情感以及人的意志等都应当是有机结合在一起的。在教学过程中,新课程的三维目标就是融为一体,不可分割的。全面发展的教学观突出表现在以下两个方面。

(1)结论与过程的统一

结论与过程的关系是教学过程中十分重要的关系,它反映的是学科内部知识、技能、过程和方法的关系。从学科本身来讲,过程体现该学科的探究过程与探究方法,结论表征该学科的探究结果(概念原理的体系)。两者是相互作用、相互依存、相互转化的关系。什么样的探究过程和方法论必然对应着什么样的探究结论或结果,概念原理体系的获得依赖于特定的探究过程和方法论。如果说,概念原理体系是学科的"肌体",那么探究过程和探究方法就是学科的"灵魂"。两者有机结合才能体现一门学科的整体内涵和思想。当然,不同学科的概念原理体系不同,其探究过程和方法论也存在区别。但无论对哪一门学科而言,学科的探究过程和方法论都具有重要的教育价值,学科的概念原理体系只有和相应的探究过程及方法论结合起来,才能有助于学生形成一个既有肌体又有灵魂的活的学科认知结构,才能使学生的理智过程和精神世界获得实质性的发展与提升。

从教学角度来看,所谓教学的结论,就是教学所要达到的目的或所需要获得的结果;所谓教学的过程,即达到教学目的或获得所需结论而必须经历的活动程序。毋庸置疑,教学的重要目的之一,就是使学生理解和掌握正确的结论,所以必须重视结论。但是,学生如果不经过一系列的质疑、判断、比较、选择,以及相应的分析、综合、概括、总结等认识活动,即如果没有多样化的思维过程和认知方式,没有多种观点的碰撞、论证和比较,结论就难以获得,也难以真正理解和巩固。其中更重要的是,没有以多样性、丰富性为前提的教学过程,学生的创新精神和创新思维就不可能培养起来。所以,教学不仅要重视结论,更要重视过程。新课程把教学过程方法本身作为课程目标的重要组成部分,从而在课程目标中高度突出教学过程方法的地位。

现代教育心理学研究指出:学生的学习过程不仅是一个接受知识的过程,而且也是一个发现问题、分析问题、解决问题的过程。这个过程一方面是暴露学生产生各种疑问、困难、障碍和矛盾的过程,另一方面是展示学生聪明才智、形成独特个性与创新成果的过程。正因为如此,新课程强调过程,强调学生探索新知的经历和获得新知的体验。当然,强调探索过程,意味着学生要面临问题和困惑、挫折和失败,这同时也意味着学生可能花了很多时间和精力结果表面上却一无所获;但是,这却是一个学生的学习、生存、成长、发展、创造所必须经历的过程,也是一个学生的能力、智慧发展的内在要求,它是一种不可量化的"长效",一种难以言说的丰厚回报,而眼前耗费的时间和精力应该说是值得付出的代价。

(2)认知与情意的统一

学习过程是以学生的整体的心理活动为基础的认知活动和情意活动相统一的过程。认知因素和情意因素在学习过程中是同时发生、交互作用的,它们共同组成学生学习心理的两个不同方面,从不同角度对学习活动施予重大影响。如果没有认知因素的参与,学习任务不可能完成;同样如果没有情意因素的参与,学习活动既不能发生,也不能维持。传统的教学论研究忽视了教学中的情感问题,把生动、复杂的教学活动局限于固定、狭窄的认知主义框架之中。正如苏联教学论专家斯卡特金所指出的:"我们建立了很合理的、很有逻辑性的教学过程,但它给积极情感的食粮很少,因而引起了很多学生的苦恼、恐惧和别的消极感受,阻止他们全力以赴地去学习。"现代教学要求摆脱唯知主义的框框,进入认知与情意和谐统一的轨道。

在新课程的理念背景下,教学中的情意因素被提高到一个新的层面来理解。首先,内涵变得丰富了,新课程强调情感、态度、价值观三个要素,情感不仅指学习兴趣、学习热情、学习动机,更是指内心体验和心灵世界的丰富。态度不仅指学习态度、学习责任,更是指乐观的生活态度、求实的科学态度、宽容的人生态度。价值观不仅强调个人的价值,更强调个人价值与社会价值的统一;不仅强调科学的价值,更强调科学价值与人文价值的统一;不仅强调人类的价值,更强调人类价值与自然价值的统一,从而使学生从内心确立起对真、善、美的价值追求以及人与自然和谐可持续性发展的理念。从横向角度看,这三个要素具有相对独立性,它们构成了人的感性世界或非理性世界的相对完整的画面;从纵向角度看,这三个要素具有层次递进性,它们构成了一个由低级到高级的心灵连续体。其次,情感、态度、价值观本身成为课程目标的重要组成部分,它们不是附属的,而是具有独立意义的,正如不同学科,其探究过程和方法论存在区别一样,不同学科,情感、态度、价值观的内容和指向也有所区别。但就其共性而言,任何学科的教学都必须以人为教育对象,致力于培养学生丰富的情感、积极的态度和正确的价值观。情感、态度、价值观必须有机地渗透到课程教学内容中去,并有意识地贯穿于教学过程之中,使教学过程成为学生一种愉悦的情绪生活和积极的情感体验,成为学生一种高尚的道德生活和丰富的人生体验。

2.交往与互动的教学观

教学是教师的教与学生的学的统一,这种统一的实质是交往。现代教学论指出，教学过程是师生交往、积极互动、共同发展的过程。没有交往，没有互动，就不存在或未发生教学，那些只有教学的形式表现而无实质性交往发生的“教学”是假教学。把教学本质定位为交往，是对教学过程的正本清源。它不仅在理论上超越历史上的“教师中心论”和“学生中心论”，现实中的“学生特殊客体论”和“主导主体论”，而且在实践上具有极其重要的现实意义。

在认识论层面上传统教学理论以教为线索和重心而展开，因而导致教学理论严重忽视学生的存在，成为“没有学生”或“没有儿童”的理论，理论重心严重倾斜，也使教学本身濒于消极。为弥补偏差，当前，许多人又强调从学的角度考虑问题，教学理论重心由教转向学，从学的角度切入教学问题，实现教学理论乃至实践的重心转移，尽管操作上方向与从教的角度切入问题正好相反，并且的确不无进步意义，却仍然摆脱不了前者所面临的困境。我们认为，从教与学的关系，从教与学的相峙而立、对立统一入手，简言之，从教学中教与学的不可分性、整体性、共存性入手，立足于教与学之间而不是从某一方面出发，着眼于教与学的关系而不是单纯的实体，即从“关系”“交往”的角度切入，而不是从“实体”“要素”的角度切入，才有可能真正地全面揭示教学的本质。

那么，什么是交往呢？简而言之，所谓交往，就是共在的主体之间的相互作用、相互交流、相互沟通、相互理解，这是人基本的存在方式。马克思说过人正是在交往中，在与他人的互动中生活着，并通过交往学习着生存所需要的知识、技能、经验等，形成积极的人生观和主动的生存方式，发展成为人的一切方面，获得人的本质。“一个人的发展取决于和他直接和间接进行交往的其他一切人的发展。”

与一般的交往相比，教学中的师生交往具有以下属性：师生交往的本质属性是主体性，交往论承认教师与学生都是教学过程的主体，都是具有独立人格价值的人，两者在人格上完全平等，即师生之间只有价值的平等，而没有高低、强弱之分。在交往中，教师与学生作为有生命的、具有平等地位的人相遇，相互尊重彼此的独特个性，自由而持久地交换意见，共享不同的个人经历、人生体验。在交往中，教师与学生建立共同学习民主和平等的观念，学习尊重差异、尊重生命。在相互对比、评价中发展自我意识和主体意识，形成对世界及与自己关系的新的认识。教师与学生的关系则朝着这个方面发展，即教师的职责将变为“越来越少地传递知识，而越来越多地激励思考；除了他的正式职能以外，他将越来越成为一个顾问，一位交换意见的参与者,一位帮助发现矛盾论点,而不是拿出现成真理的人。他必须集中更多的时间和精力去从事那些有效果的和有创造性的工作:相互影响、讨论、激励、了解、鼓舞。”由此,教师与学生之间就形成了真正的人与人的关系,我们相信,在这样的师生关系中,学生会体验到平等、自由、民主、尊重、信任、友善、理解、宽容、亲情与关爱,同时受到激励、鞭策、鼓舞、感化、召唤、指导和建议,形成积极的、丰富的人生态度与情感体验。

师生交往的基本属性是互动性和互惠性,交往论强调师生间、学生间动态的信息交流,通过信息交流实现师生互动,相互沟通,相互影响,相互补充,从而达成共识、共享、共进。这是教学相长的真谛。交往昭示着教学不是教师教、学生学的机械相加。传统的严格意义上的教师教和学生学,将不断让位于师生互教互学,彼此将形成一个真正的“学习共同体”。对教学而言,交往意味着对话,意味着参与,意味着相互建构,它不仅是一种教学活动方式,更是弥漫、充盈于师生之间的一种教育情境和精神氛围。对学生而言,交往意味着心态的开放,主体性的凸现,个性的彰显,创造性的解放。对教师而言,交往意味着上课不是传授知识,而是一起分享理解;上课不是无谓的牺牲和时光的耗费,而是生命活动、专业成长和自我实现的过程。交往还意味着教师角色定位的转换:教师由教学中的主角转向“平等中的首席”,从传统的知识传授者转向现代的学生发展的促进者。可以说,创设基于师生交往的互动、互惠的教学关系,是新课程教学改革的一项重要任务。

显然,与一般交往相比,师生交往在交往主体、交往目的、交往内容以及组织方式等方面都有很大的不同。一般的交往在促进人的发展上带有一定的自发性、盲目性和无意识性,而师生交往则具有了高度的自觉性。值得强调的是,师生交往的意义不仅是教育或教学活动的背景、条件、手段,它的价值也不仅是完成教学任务、促进知识教学的工具性价值。师生交往的深层意义就在于使置身于其中的每一个人,把经过交往形成的知识、经验、精神模式、人生体验等作为共享的生存资源,发展智慧、情感、意志、精神等完善人的一切方面,使每一个人不断获得完善自身、自我超越的动力。这正是师生交往在学校教育中的深层意义之所在。

以交往与互动为特征的教学,常常要借助“对话”而实现。按照雅斯贝尔斯的说法,“对话是真理的敞亮和思想本身的实现”,是一种“在各种价值相等、意义平等的意识之间相互作用的特殊形式”。它强调的是双方的“敞开”与“接纳”,是一种在相互倾听、接受和共享中实现“视界融合”、精神互通，共同去创造意义的活动。可以说教学对话是师生基于互相尊重、信任和平等的立场，通过言谈和倾听而进行的双向沟通、共同学习的过程。在实践中，对话教学要注意以下几点。

(1)对话不是简单问答

一提到师生对话，许多人就自然而然联想到课堂上的师生问答，以为那就是师生对话。但作为教学状态的师生对话，并不能简单地理解为课堂上的师生问答。发生在课堂上的有些师生问答，其实并非真正的师生对话。真正的师生对话，指的是蕴涵教育性的相互倾听和言说，它需要师生彼此敞开自己的精神世界，从而获得精神的交流和价值的分享。它不仅表现为提问与回答，还表现为交流与探讨，独白与倾听，欣赏与评价。这是对话在质方面的要求。

(2)对话并非越多越好

教学中的对话无论是作为一条“原则”，还是作为一种方法，它的使用都必须服从服务于教学的目的，不能为对话而对话，对话的滥用必然导致形式主义。总之，对话并非越多越好，这是对话在量方面的要求。

(3)对话的目的并不是要达成一致

对话不是为了消除差异、排除异己，而是为了更好地理解和珍视差异。观点的不同正好说明问题的复杂性，说明有对话的必要与可能。学生之间、师生之间的思想碰撞，应该是“对话”的主旋律。

3.开放与生成的教学观

开放对应于封闭，生成对应于预设。教学是预设与生成、封闭与开放的矛盾统一体。凡事预则立，不预则废。预设是教学的基本要求，教学是有目标、有计划的活动，教学的运行也需要一定的程序，并因此表现出相对的封闭性。

传统教学过分强调预设和封闭，从而使课堂教学变得机械、沉闷和程式化，缺乏生气和乐趣，缺乏对智慧的挑战和对好奇心的刺激，使师生的生命力在课堂中得不到充分发挥。封闭导致僵化，只有开放，才有可能使教学充满活力。

开放从内容角度讲，意味着科学世界(书本世界)向生活世界的回归，生活世界是科学世界的基础，是科学世界的意义之源，教育必须回归生活世界，回归儿童的生活。传统教育把学生固定在“书本世界”或“科学世界”里，教育与人的“生活世界”分离，难以体现教育全部的生活意义和生命价值，教育在“生活世界”的意义失落中“艰难前行”,不能为学生建立起有价值的生活秩序和生活方式。教育是人的教育,是科学教育与生活教育的融合。只有植根于生活世界并为生活世界服务的教育,才具有深厚的生命力。回归生活世界的主张并不否定科学世界存在的合理性,而是在两个世界之间保持一种紧张的张力,使科学教育不致因遗忘生活世界而丧失其存在的意义和基础。

从课程角度讲,要把学生的个人知识、直接经验、生活世界看成重要的课程资源,尊重“儿童文化”,发掘“童心”“童趣”的课程价值。从教学角度讲,要鼓励学生对教科书的自我理解、自我解读,尊重学生的个人感受和独特见解,使学习过程成为一个富有个性化的过程。从儿童的世界出发,让儿童用自己的眼睛观察自然,用自己的心灵感受世界,用自己的方式研究社会。

从过程角度讲,开放人是开放性的、创造性的存在,教育不应该用僵化的形式作用于人,否则就会限定和束缚人的自由发展。人是未完成的非终极的存在,教育不应该把培养过程中的中点当作终点,以目标取代目的,否则就会阻隔人的发展。人是不可限定的,教育不能限定人,只能引导人全面、自由、积极地生成。教学过程不是教师对学生的单向的“培养”过程,而是师生交往、互动的过程,学生不是作家笔下被动的小说,不是画家笔下被动的图画,也不是电视电影面前无可奈何的观众,更不是配合教师上课的配角,而是具有主观能动性的人。学生作为一种活生生的力量,带着自己的知识、经验、思考、灵感、兴致参与课堂活动,并成为课堂教学不可分割的一部分,因此,课堂教学不应当是一个封闭系统,也不应拘泥于预先设定的固定不变的程式。预设的目标在实施过程中需要开放地纳入直接经验、弹性灵活的成分以及始料未及的体验,要鼓励师生互动中的即兴创造,超越目标预定的要求。“人们无法预料教学所产生的成果的全部范围。没有预料不到的成果,教学也就不成为一种艺术了。”

开放性的精神正是陶行知先生所提倡的所谓“六大解放”,即解放儿童的眼睛,儿童才能观察世界,观察社会,探索新领域,研究新事物;解放儿童的嘴巴,儿童才能大胆发表自己的见解,并乐于与教师进行心灵交流;解放儿童的头脑,儿童才能摆脱迷信、成见、曲解,破除唯书唯师唯上,才能独立思考,大胆想象,构筑新意;解放儿童的双手,儿童才能“手脑并用”“教学做合一”,从事生产实践,从事科学实验,从事发明创造;解放儿童的时间,儿童才能接触大自然,接触社会,取得更丰富的学问;解放儿童的空间，儿童才能摆脱课业的沉重负担，摆脱种种考试的束缚，才能学一点自己想学的东西，思考一些自己乐于思考的问题，干一点自己高兴干的事情。“六大解放”表面上看解放的是学生的身体，实质是解放学生的心理，给学生创造一个宽松、和谐、民主的心理氛围，给学生一种心理安全感，而心理安全、心理自由正是学生主动、生动发展的摇篮。在这样的环境里，学生能自由想象而不担心其怪诞离奇；能大胆思考而不考虑其是非正误；能充分挖掘自己的潜能，全面展示自己的个性。唯其如此，才能彻底走出传统教育“教师教死书、死教书、教书死；学生读死书、死读书、读书死”的怪圈。

在传统的封闭性教学中，“闷课”是较为普遍的现象，闷课的主要特征是：课堂气氛沉闷，教师照本宣科满堂灌，学生昏昏欲睡，课堂无欢声笑语，无思想交锋，思维呆滞。闷课的结果是：摧毁学生的学习兴趣，扼杀学生的学习热情，抑制学生思维的发展。开放性教学与封闭性教学的一个重要区别就是课堂“活”起来了，课堂充满了生命活力，呈现出了生气勃勃的精神状态，思维气氛浓厚，情理交融，师生互动，兴趣盎然。“活”，表面上是课堂的内容活、形式活、情境活，实质上是师生双方的知识活、经验活、智力活、能力活、情感活、精神活、生命活。

开放的最终目的是为了生成，每节课都要让学生有实实在在的认知收获，同时也要有或多或少的生命感悟。课堂教学应该关注在生长、成长中的人的整个生命。对智慧没有挑战性的课堂教学是不具有生成性的，没有生命气息的课堂教学也不具有生成性。从生命的角度来看，每一节课都是不可重复的激情与智慧综合生成的过程。从心理学角度看，课堂生成往往表现为“茅塞顿开”“豁然开朗”“悠然心会”“深得吾心”；表现为“怦然心动”“浮想联翩”“百感交集”“妙不可言”；表现为心灵的共鸣和思维的共振；表现为内心的澄明与视界的敞亮。

从生成的内容来看，课堂生成既有显性生成，又有隐性生成。显性生成是直接的、表层的，隐性生成是间接的、深层的。从生成的本义来说，生成主要指隐性生成，隐性生成最具有发展的功能。从生成主体来看，课堂生成有学生生成，也有教师生成，即课堂教学不仅要成全学生，也要成全教师，课堂教学要成为教师自我提高、自我发展、自我完善、自我实现、自我欣赏的一种创造性的劳动，这是教学相长的真实写照，也是师生人生幸福的共同源泉。

4.多元化的教材观

旧教材观认为:教材是具有特定体系的学科知识的概括和总结,具有权威性和严肃性,教材内容被认为是学校教育的全部内容,对教师的教和学生的学起着绝对的规范和控制作用。这种旧的教材观,过分注重教材在传递知识方面的功能以及教材的权威性,在一定程度上使教材简化为教师照本宣科地教教材的过程,导致师生唯教材是从,不会也不敢创造性地去开发教材。

新课程改革倡导教师创造性地、个性化地使用教材,赋予教师"二次开发"的权利。《普通高中课程标准》指出:"教科书应有开放性,在合理安排课程计划和课程内容的基础上,给地方、学校和教师留有开发和选择的空间,也要给学生留出选择和拓展的余地,以满足不同学生学习和发展的需要。"教师不仅是课程的参与者与实施者,更是课程的主动开发者、决策者与创造者。教材不仅是学生学习的资源,更是学生直接作用的对象,是促进学生发展的工具和手段。教材的内容不是静态的知识结论,而是在教师与学生的互动和体验过程中生成其意义的。教师不能照本宣科地教教材,而应创造性地开发教材,丰富教学内容,合理调整教材体系,深入分析和挖掘教材内容的多重价值。教材"二次开发"理念下的课堂,集中地体现了教师改革理念的渗透、教学内容的更新、知识体系的重组、教学方法的体现和评价方式的变革,而这一切都彰显了教师卓越的课堂执行力。同时,教材只是专家、学者对新课程美好设想的具体体现,这种设想能否转化为现实,取决于作为课程执行者的教师。教材"二次开发"是指教师在"以学生发展为本"的课程理念指导下,从学生的实际现状和发展潜能出发,对教材内容进行有意识的及有针对性的选择、改组或重组,以期使教师"教"的内容不断转化为适合学生学习、有利于学生可持续发展的活的"学"的内容,从其"现有发展区"向"最近发展区"过渡,不断变革与创生"教"与"学"。

(1)教材的功能已由单一化走向多样化

教材的功能不仅体现在为学生提供权威性的知识,而更多地体现在为学生提供学习的范例;为学生提供激发内在学习动机的重要载体。教材的功能是促进学生学习方式形成的动力,也是学生形成科学价值观的开放系统,更是引导学生进行自我反思和评价的重要媒介。

(2)教材的内容已由静态转向动态的生成

教材的内容并非是凝固不变的,而是不断丰富和发展的。教材内容的教学意义需要在师生的互动和体验过程中生成和充实。教材内容是一个持续生长的开放的生态系统。

(3)教师从消极的课程实施者转变为积极的课程开发者

长期以来实行的自上而下的课程模式,使得教师定位于消极课程实施者的角色,教师完全被排斥在课程的决策、开发及评价之外,仅作为消极课程实施者被动地执行教学任务;然而课程实施是复杂的、非线性的和动态的,课程实施过程中存在许多不可预期性和不确定性,教育情境的独特性和复杂性,加上教师知识和经验的介入,使得教师必须对教材进行增删、调整、加工,以适应教学情境和学习者需要。教材"二次开发"改变了以往教师只是课程产品的被动消费者的形象,教师从消极的课程实施者转变为积极的课程开发者。教师作为积极的课程开发者意味着教师不能简单地适应和执行既定的课程方案,按部就班地传递教材内容,而要基于自己的理解和具体的教育教学情境对外部的课程材料进行修改、调整,体现他们对教材的个性化演绎。这对于提高教材的适应性、反映学生个性和更好地促进学生有个性的发展具有积极的意义。

(4)教师从"教书匠"转变为课程研究者

教师从"教书匠"转变为课程研究者的跨越是与教师观念的转变相伴而行的。在人们的传统观念里,教材是专家开发的课程产品,具有至高无上的权威,教师只需按部就班、亦步亦趋地传递教材内容,无须对它进行加工、改造。这种崇拜教材权威、照本宣科的"教书匠"角色,造成了千篇一律的教学模式,教师沦为教材的附庸,成为专家的"传声筒"。新的课程理念则认为,教师是具有知识、技能的社会人,具有自己独特的知识、经验、情感、个性和价值观念,他不仅解读蕴涵于教材中的理论,同时关注具体的教育教学情境,批判性地运用教材,彰显个人的创造性。这是一个接受、理解、选择、批判和再创造的过程,教师赋予课程和教材新的意义,从这个意义上说,教师也是课程意义的创造者。

全面发展的教学观是从教学目的的角度提出来的,交往与互动的教学观是从师生关系的角度提出来的,开放与生成的教学观是从教学过程与教学结果的角度提出来的,多元化的教材观是从课程内涵的角度提出的,这四种教学观虽是从不同角度提出来的,彼此间却是相互联系、相辅相成的,我们必须从整体的高度把握每一种观念的精神实质,才能正确引领新课程的教学改革。

三、课堂教学应处理好的几个关系

1.个体独立学习与小组合作学习的关系

学生个体独立学习和小组合作学习是自主学习的两种基本形态。自主学习可以是个体独立进行的,也可以是小组合作进行的。从学习的职能来看,个体学习解决基础的问题,合作学习解决提高的问题。对合作学习的认知功能一定要有一个明确的定位,合作学习旨在解决个体无法解决的疑难,通过小组讨论,互相启发,达到优势互补、共同解疑,个体通过独立学习能解决的问题就不必在小组里讨论。离开学生个体的独立学习和深入思考,相互间的交流和讨论就不可能有深度,不可能有真正的互动和启示,对小组内的不同见解和观点也根本无法提出真正意义上的赞同或反对,也无法做到吸取有效的成分并修正、充实自我观点。在实践中,课堂的确存在学生因急于展示和互动而忽略了个人对文本的独立和深度解读的现象,任何课堂都需要学生个体独立地、静悄悄地进行阅读和思考,这种阅读和思考越充分、越有深度,小组的交流和互动才会越有质量,越有效果。

2.学生自主学习与教师指导教学的关系

学生通过自主学习一般只能解决现有发展区的问题和书本的浅层问题,而最近发展区的问题和书本的深层问题却有赖教师的指导。指导教学要求教师的教要在学生的发展上下功夫,要在文本的理解深度上下功夫,要在学生的思维创造性上下功夫,要在教学和知识的生成性上下功夫。提高性教学是一种充满智慧的教学,它会使学生在理解、掌握知识的同时,开放知识、质疑知识、批判知识、探究知识、反思知识、创新知识,从而获得智慧的力量。提高性教学是实现从知识性课堂转向智慧性课堂的关键,当然,这种基于学生自主学习的课堂模式不仅对教师的教学提出了质的规定性,而且对教师的专业素养也提出了新的要求。教师应努力达到"扬弃"教材、"超越"教材的境界,做到能给学生教的知识远比教材多得多。另外,教师要成为真正的心理学家,对学生的心理了如指掌,能够真正做到想学生所想,想学生所疑,想学生所难,想学生所错,想学生所忘,想学生所乐,从而以高度娴熟的教育智慧和机智,灵活自如地带领学生在知识的海洋中遨游,用自己的思路引导学生的思路,用自己的知识丰富学生的知识,用自己的智慧启迪学生的智慧,用自己的情感激发学生的情感,用自己的意志调节学生的意志,用自己的个性影响学生的个性,用自己的心灵呼应学生的心灵，用自己的灵魂铸造学生的灵魂，用自己的人格塑造学生的人格，实现真正的教书育人。

3.探究学习与接受学习的关系

自主学习中的阅读行为更多表现为接受学习，这种学习的特点是知识以结论的形式直接呈现，它的表现形式依学生自主性的强弱可分为讲授法、读书指导法和自学法。讲授法是一种他主学习，读书指导法特别是自学法则是自主学习。自主学习的思考行为更多表现为探究学习，这种学习的特点是知识以问题的形式间接呈现，它的表现形式依学生自主性的强弱可分为发现法、独立探究法、研究法。发现法是将问题、方法告诉学生但不告诉结论；独立探究法是将问题告诉学生但不告诉方法和结论；研究法是将问题、方法和结论都不告诉学生，让他们自行提出问题，自行寻求解决问题的方法或设计实验，最后找到问题的答案，得到结论。显然从发现法到研究法也是一个教师主导作用不断减弱，学生主体地位不断增强的过程。相对而言，独立探究法和研究法更能体现自主学习的性质和特点。接受性学习的特点是以系统掌握学科知识为基本任务，比较关注认识的结果，以知识为中心，注重学生认识活动的指导性、可控性、预设性。因此，接受式学习在知识积累方面的高效性受到普遍赞同。探究性学习的基本特点是以发展学习者的探究能力为主要任务，比较关注认识的过程，以问题为中心，强调学生认识的非指导性、开放性、生成性。探究性学习对培养学生探究精神和创新能力意义重大。从课堂教学实践来看，接受学习和探究学习各有自己的优势和不足，重要的是要把两者有机地进行整合。这种整合可分为外在的整合和内在的整合。外在的整合，即根据教学内容的特点和教学任务，该接受的接受，该探究的探究；内在的整合是根据两种学习的内在优缺点，相互渗透，取长补短，在接受学习中贯穿探究学习的精神，使学生的接受学习成为积极主动地思考和获得知识与方法的活动；在探究学习中采用接受学习的形式，使学生的探究学习成为快速有效地解决问题、发现知识与方法的过程。

4.教科书与课程资源的关系

教科书对学生的学习和教学质量的提高具有基础性和工具性的作用。传统的讲授教学忽视了学生自身对教科书的阅读和研习，从而既导致教科书重要功能的丧失，又导致学生阅读能力、自学能力的丧失。“指导—自主学习”时把教学的中心放在“学”上，放在学生对教科书的阅读和思考上，这的确抓住了教学的根本，对减轻负担、提高质量具有重要作用。教材作为知识的载体具有毋庸置疑的权威性,课堂教学就是要解决教材与学生的矛盾。在新课程背景下,教学不能局限于教科书,而应以课程资源为教学对象。教材无疑是重要的、最基本的课程资源,但课程资源绝不只是教材,也绝不只限于学校内部。对学生来说,有了课程资源的概念以后,学生学习的内容变得丰富多彩了。对教师来说,教学过程也不再是一个照本宣科的过程,而是变成了不光是使用教材,同时也是开发和利用课程资源的过程。要鼓励教师根据学校、班级、学生的实际情况和学科的性质、任务,对教材进行有意义的补充、延伸、拓展、重组,并注重教材同社会生活和学生经验的联系与融合,同时鼓励学生对教材进行质疑和个性化解读。教学要基于教科书,又要超越教科书,教学的目的并非只要学生记住、理解、掌握教材内容,更重要的是让学生透过教材去把握渗透在其中的科学方法和认识态度,并在这个过程中发展学生的阅读能力、思维能力和创新能力,以及个性品质和道德品质。

5.课堂预设与课堂生成的关系

课堂预设与课堂生成是辩证的对立统一体,课堂教学既需要课堂预设,也需要课堂生成,课堂预设与课堂生成是课堂教学的两翼,缺一不可。课堂预设体现对教师的尊重,课堂生成体现对学生的尊重;课堂预设体现教学的计划性和封闭性,课堂生成体现教学的动态性和开放性,两者具有互补性。教学既要重视知识学习的逻辑和效率,又要注重生命体验的过程和质量。为此,要认真处理课堂预设与课堂生成的关系,使两者相辅相成、相互促进。课堂预设与课堂生成有统一的一面,也有对立的一面,课堂预设重视和追求的是显性的、结果性的、共性的、可预知的目标,课堂生成重视和追求的是隐性的、过程性的、个性的、不可预知的目标。课堂预设过度必然导致对课堂生成的忽视,挤占课堂生成的时间和空间;课堂生成过多也必然影响课堂预设目标的实现以及教学计划的落实。无论是课堂预设还是课堂生成,都要服从于有效的教学、正确的价值导向和学生的健康发展。相对于学生的发展,课堂预设与课堂生成都只是手段和措施,我们一定要从提高教学质量、立足学生可持续发展的高度,用长远的、动态的观点来认识和处理两者的关系。

第三节　教师角色的转变与定位

教师与学生在构成教育活动的各个要素中是两个最基本、最活跃的因素，师生关系决定、制约着其他教育关系的存在和发展。师生关系一直是教育理论界关注的焦点之一。在教学中，我们要重新解读师生关系，把握师生关系的内涵，认清师生关系的本质。新课程改革的基本出发点是促进学生全面、持续、和谐的发展。它不仅要考虑到学科的特点，更要遵循学生学习知识的心理规律，强调从学生已有的生活经验出发，让学生依据亲身经历将实际问题抽象成知识模型，并进行解释与应用，进而让学生获得对知识理解的同时，在思维能力、情感、态度与价值观等方面得到进步和发展。

一、学生观的认识和重构

学生观是教师对学生的基本认识和根本看法，是教师对教育对象的地位、主体性、独特性、情感和特点等方面的基本认识和根本态度，是直接影响教育活动的目的、方式和结果的重要因素。学生观可分为学生的生命观、发展观、潜能观、差异观、权利观、地位观、评价观等。有什么样的学生观，就有什么样的教育观。学生观的差异是导致教学效果乃至人才培养规格差异的重要因素。教师的学生观是构成教师素质观念的核心因素，是一种重要的教育影响力量，对教师的教学目标、价值取向、教育态度、教育情感、教育行为、教师的自我成长和学生的发展产生着决定性的影响。确立一种正确的学生观是教育活动取得理想效果的根本保证。

1.传统学生观的反思

当前在我国的教育教学过程中，教师的学生观深受传统思维的影响，反思现行教育教学过程，教师是师生交往过程的控制者和整个教育教学过程的主宰者，他们总是在尽心训导、竭力传授，呈现出权威无边、积极有为的态势。而学生成了客体和附庸，成了被牵着鼻子走的顺从者，或是被强制的逆反者，他们经常体验的是被动、无为、无助和无奈。人们称这种关系为“操纵—依附式”的关系，导致的后果必然使教师的教与学生的学形成阻隔乃至对立，教学活动难以高效顺利进行，学生的主体意识、主动精神更难以得到培育和发展。学生是学校教育存在的首要前提。没有学生，就无所谓学校，也就无所谓学校教育。对传统的学生观的认识主要表现为以下几点。

(1)圣人化

“人非圣贤，孰能无过。”学生在不断学习、不断进步的过程中，总会犯一些错误。在我们自己犯错误时，也许很多人会为自己开脱。可是在学生犯错误的时候，一些教师却不能容忍，有时甚至连改过的机会都不给学生。教育，特别是基础教育，所面对的是一群天真烂漫、活泼可爱的孩子，他们大多幼稚、淳朴，在学习的过程中，他们常会以固有的角度来看待世界，当然这种做法有时会令人觉得可笑。然而，就在可笑之余，一些教师却因为缺少耐心和爱心，动辄将孩子们的童心、童趣斥责为幼稚、顽皮，轻则教训两句，重则大声呵斥，更有甚者还会体罚或变相体罚。

(2)机械化

在日常教学活动中，一些教师无视学生，将活生生、有血有肉的学生看作是没有感情的泥塑木雕。即使有感情也只能是整齐划一的：对师长的热爱、对英雄人物的敬佩。当然，我不是要否认应当要培养这样的积极健康的感情，但除此以外，学生的感情世界就不能更丰富多彩一些吗？譬如：对异性的仰慕，对胜过自己的同学的嫉妒，甚至对无视自己人格的老师的愤恨。也许这些并不积极，需要广大教育工作者加以引导，可是我觉得至少是健康的、正常的，爱恨情仇、喜怒哀乐不都是人的本性吗？

(3)奴性化

一些教师要求学生绝对尊重权威，绝对服从自己。对于教师的批评指责，不能有丝毫的不满和抗拒，连解释自己错误的机会都不给。一位教师训斥没完成作业的学生，不问青红皂白，不问为什么没做，劈头就将学生训斥为懒惰，不爱学习，更没有自问一下：我布置的作业是否太多、太难？这样培养出来的学生恐怕连我们自己都要大吃一惊：遇事逆来顺受，从不反抗，哪怕刀架在脖子上。假如我们的学生都成了这个样子，将来如何在竞争激烈的社会上生存呢？

2.现代教学中的学生观

(1)学生的主体性

主体性的问题就是主客体关系中如何看待人的地位、作用的问题。这一问题无疑首先是哲学、社会人文科学的基础理论问题，所以它成了各学科关注的焦点。主体性是人的主要特性,从物质世界的现状来看,只有学者类才具有主体性。作为人的主体性的一个重要来源的意识,是不同于外部物质世界的观念性世界,是实践自觉性的内在机制,是在劳动的推动下由动物心理转变而来的。它在人脑中的活动不受外界约束,具有与外界对立的性质,成为与外部世界相对立的主观世界。人之为人最重要的、最根本的、最深刻的性质就是他的主体性。只有当人具有一定的主体性时,人的本质力量才能得以最大地发挥。恩格斯指出:"人终于成为自己的社会结合的主人,从而也就成为自然界的主人,成为自己的主人……自由的人。"在人类社会的发展过程中,作为历史主体的人是处于主导地位的,人的价值和地位是不可比拟的。在一定社会关系中从事和认识活动的"现实的人"不仅是实践的主体、认识的主体,而且还是历史活动的主体,相对于自然界的万事万物,人作为万物之灵,永远处于中心和优先的地位。在人与自然、人与社会、人与人的相互作用中,人总是扮演主体的角色,从而强调了人的主体性。

现代教育中的主体性思想是哲学中主体性思想的衍生。学生是教育的对象,是参与教育过程的主体,对学生主体性的关注实质上是教育进步的标志。随着教学改革的深入进行,在课堂中实施主体性教学,突出学生的主体地位,充分发挥学生的主体作用,已成为广大教师的共识。

(2)学生的发展性

人是未特定化、未完成化的存在物。教育应该是以促进学生全面发展为着眼点,创造各种有利条件,把学生存在的各种潜能变成现实。德国哲学人类学家米切尔·兰德曼在谈到人的未特定化时,指出:"人的器官没有片面地为了某种行为而被定向,在远古就未被特定化。所以,人在本能上也是匮乏的:自然没有对人规定他应做什么或不应做什么?……人的未特定化是一种不完善,可以说,自然把未完成的人放在世界之中,它没有给人做最后的限定,在一定程度上给人留下了未确定性。"人的未特定化是人的一种不完善,人好像处于一种未完成的非确定状态。这种不完善、未完成的非确定状态,表明人没有被最后限定,有非限定的可塑性,这为人的能力、活动、生活的普遍性发展提供了充分发展的空间以及广泛的可能性和自由度。雅斯贝尔斯说:"人并不是已经完成了的一代一代的人,并不只是不断重复的生命,也不是那种清楚地展示其本质的生命,他'突破'了在同一圆圈内永远周而复始的被动性,依靠他自己的主动性,把运动指向未知的目标。"人的未特定化决定了人的发展本身就是一个不断完善的过程。

每个学生作为一个指向未来的无限变化体，都具有无限发展的潜能，尤其是中小学阶段的学生更具发展的可能性，可塑性也更强。我们的教育应该以人的全面发展为出发点，坚信每一个学生都具有巨大的可供发掘和开发的资源和潜能，应该看到学生所具有的未完成性，并给学生创造发展的良好环境和机会，把学生具有的多种潜能变成现实。

(3)学生的整体性

教育的意义在于“成人”，人具有整体生命，因此，必须把人作为一个整体来进行教育。人的整体性，突出地表现在人不仅有智慧，还有情感。知识的教学不能离开对人的整体性的认识。人的思维活动同样表现了人的整体性。人在学习知识时的整体领会是人获得自主的关键，倘若忽视了人在学习中的整体领会，就失去了调动最重要的教育力量——自我教育力量的契机。课堂教学需要的是完整的人的教学，它的真正功能在于让学生在获得知识的同时，还应该有人格的完善、灵感的启迪、情感的交融，从而让学生得到生命多层次的满足和体验。把一个人在体力、智力、情绪、伦理等方面的因素综合起来，使他成为一个完善的人，这就是对教育基本目的的一个广义的界说。在学生的整体性中，学生首先是一个具有生命的个体，我们应该把学生看作一个自我生命的实现者，把学生理解为同时具有自我保护生命力和自我完成生命力的实体。我们要做的就是唤醒生命、激扬生命、引导生命去展示生命的力量。学生是生活的人，我们应视学生为生活者而不仅是学习者，教育就是他们生活的环境，或者说是他们生活的背景，教育就是他们的一种“生活世界”，他们在教育中生活。

(4)学生的创造性

人是由创造性而存在的。创造性把人与动物区别开来，成为人和动物天然的分界线。创造性是人性的一个基本方面，从根本上来说，人是“创造性”的存在物，每个人都体现了创造性的能量，人类作为整体显然最大限度地体现了这种创造性的能量。人的自我形象就是去创造而不是去发现形象，这是曾被浪漫主义用来赞美诗人的形象，而非被希腊人用来赞美数学家的形象。从教育学和心理学的角度看，生命的第一个行动是创造活动。人的生命目的性也就表现在对生活的意义、价值和无限可能性的发现、发掘、追求与实现，也就是表现为创造性。良好的教育就是要促进人的自我实现,即发挥自己的潜能和创造性,实现自己的价值。从生物哲学的观点看,生物哲学家把人的创造性的发展视作人的生物规定性。这种智育的非特定化导致了学生学习过程的漫长以及学生创造活动余地的宽广。对于学生来说,只要是通过自己的思维学习,就是创造性学习。学生的这种创新成果对其发展具有重大意义,这是学会生存的要求,因而是人的本性。学生的思维是由不知到有知、从少知到多知,这同科学家的发现性思维是一样的,只有创新式的学习才能在学生身上发生良性循环,使他们从本质上提高创新意识和创新能力。

(5)学生个性的独特型

工业化时代的特征是共性化、统一化,而信息化时代的特征是多样化、个性化。个性是指个体在生理素质和心理特征基础上,在社会实践活动中通过社会环境和教育等因素的影响,在身心、才智、德行和技能等方面所形成的比较稳固而持久的特征的总和。它具有整体性和独特性,是人的共同性和差别性在每个个体身上的具体统一。正视每个学生的个体生命的差异性是教育的基本要求。每一个儿童都是一个珍贵的生命,每一个学生都是一幅生动的画卷。教师应当体会儿童生命的最大的丰富性和主动性,关注学生成长发展的每一点进步,帮助学生发现自己、肯定自己。发展学生的个性,就是要在共同性的基础上,充分把学生的差别性表现出来,从而使每个学生都具有自主性和独特性,实现生命的个体价值和社会价值。学生的个性发展需要柔和、协调的环境和宽松的氛围来滋润,也就是佐藤学先生所谓的“润泽的教室”。在“润泽的教室”里,每个人都是独立的存在,并能够得到大家自觉的尊重,得到承认。教学是多种思考相呼应的活动,同时也是对应每一个学生的活动。在教室里不存在我们所谓的大家,存在的只是有自己的名字和容貌的一个一个的学生,即使以教室中的全体学生为对象,在讲话时也必须从心底里意识到,存在的是与每个学生个体的关系。注重学生个体的发展,是一种人本化的教育方式,这也是发扬“以人为本”教育理念的具体体现。

二、现代教学中教师观的认识与角色定位

《基础教育课程改革纲要(试行)》中明确提出:课程改革的具体目标,要改变课程过于注重知识传授的倾向,强调形成积极主动的学习态度;改变课程结构过于强调学科本位,科目过多和缺乏整合的现状;加强课程内容与学生生活以及现代社会

和科技发展的联系,精选终身学习必备的基础知识和技能;倡导学生主动参与、乐于探究、勤于动手,培养学生搜集和处理信息的能力、获取新知识的能力、分析和解决问题的能力以及交流与合作的能力。课程改革对教师提出了新的要求,呼唤着教师从传统的教育角色中摆脱出来,进入新的角色。

(1)从教学中的主角转向“平等中的首席”

在传统的教学中,教师是教学过程的组织者、控制者、成绩的评判者,是学生学习的绝对权威。而新课程理念则强调在教学过程中,教师是学生学习的合作者、引导者、参与者。这就要求教师在课堂教学中,在给学生留有较大空间的前提下引导学生积极探索;在准备充分的前提下组织学生积极地合作学习;在教师创造性地使用教学教材的基础上,使学生开放地自主学习;在教师精心准备出色的主持下,学生能尽情扮演各自的角色,使个性得到张扬,能力得到提高。

(2)从传统的知识传播者转向学生学习活动的促进者

学生既不是一个待灌的瓶,也不是一个无血无肉的物,而是一个活生生的有思想、有自主能力的人。所以,学生在教学过程中的学习,既可以掌握知识,又可得到情操的陶冶,智力的开发和能力的培养。从这个意义上说,教学过程既是学生掌握知识的过程,又是一个身心发展、潜能开发的过程。因此,新课程理念强调:教师角色应以传统的知识传播者转向学生学习活动的促进者。这就要求教师:

①要帮助学生确认学习目标,指导学生形成良好的学习习惯。

②要在教学过程中创设丰富的教学情境,激发学生的学习动机,培养学生的学习兴趣,充分调动学生的学习积极性。

③建立一个接纳的、支持的、宽容的、和蔼的课堂气氛,让学生的个性得到张扬。

④给学生以心理上的支持,与学生分享自己的情感和想法,大胆地承认自己的过失和错误,同学生一道寻找真理,与学生共同成长。

⑤注重培养学生的自律能力。课堂教学只有在学生具有自律能力的基础上,才能得以顺利的实施,学生良好的个性和健全的人格也只有在学生具有自律能力的基础上才能形成。

(3)从教学过程中的权威者转向知识、信息的交流者和探究者

苏霍姆林斯基说过:“如果你想让教师的劳动能够给教师带来乐趣,使天天上课不至于变成一种单调乏味的义务,那你就应当引导每一位教师走上从事研究这条幸

福的道路上来。”教师能否扮演好教学过程中的知识、信息的交流者和探究者的角色，对于新课程背景下的课堂教学尤为重要。这就要求教师走下讲台，与学生一起探究，一起交流，合作学习。这样，即达到学生在教师勇于探究的精神鼓舞下，更加发愤学习，也使课堂教学成为知识、信息的交流与合作学习的有效途径，为师生双方情感交融与共鸣创造了条件。让学生在民主、合作、愉悦的学习氛围中快乐地学习，极大地激发了学生们的学习兴趣和主动参与的积极性，使学生的学习比以前更主动，更爱动脑筋，更爱提问题，更敢于表现自己。

(4)从教育活动的领导者、控制者、权威者转变为指导者、管理者、服务者

爱因斯坦说过：“一切创造都是从创造性的想象开始的，想象力比知识更重要。”过去的课堂管理，教师对学生控制太多，约束太多，限制了学生创造力和想象力的发挥。在新课程背景下，教师应解放学生的眼睛，解放学生的嘴巴，解放学生的双手，解放学生的头脑，成为课堂教学管理的指导者和服务者。这就要求教师：

①要创造条件，使学生充分发挥主体作用。

②鼓励学生敢于表达自己的所想、所思、所疑。

③对于学生提出的问题，教师要给予积极的倾听与评价，并在语言上尽量亲近学生，缩短师生间的心理距离。如学生的理解与教师的要求不一致时，教师应该鼓励学生：“就应该这样，有多种看法，才会有相互启发。”并引导学生得出正确答案。如课堂上学生不倾听，不会合作学习，课堂几乎处于失控状态时，教师千万不能发火，应学会换位思考，了解学生的愿望，学生的需要，正确引导学生回到主题上来，还要鼓励学生敢于表现、敢于质疑、敢于争论，让学生个性化思维、情趣、爱好有个张扬的空间，使学生在获得知识的过程中，伴随着理解、信任、友好、尊重、鼓舞的心理体验。所以说，只有当师生之间，你不限制我，我不控制你，你尊重我，我信任你，教和学才能紧紧结合成一个整体，学生的创造性欲望才能激活，课堂教学才能成为有效的教学。

(5)从教育关系的“独奏者”转向“伴奏者”

“让学生成为学习的主人”这是我们耳熟能详的口号，但是现今我们所看到的课堂大多是教师滔滔不绝地讲，学生聚精会神地听，生怕漏掉一句话，究竟谁是课堂的主人？谁是学习的主人？反观我们的教学方式和学习方式，不难发现，由于长期以来过多地注重接受式学习，教师注重的是如何把结论准确地给学生讲清楚，要求所

有的学生倾听、记忆,教师成了课堂的主人、“独奏者”,这显然与新课程的理念是相悖的。那么教学过程怎样实现由原来的“独奏者”转向“伴奏者”呢?

①在教学中发挥探究性学习在学生发展中的作用,引导学生去发现、去探究知识,促进学生在教师的指导下主动地、富有个性地去学习。

②让学生在“体验中学习”,把学生感到枯燥、无味、不感兴趣的教学内容放到现实情境中去学。如政治学科中的民族与宗教的内容,通过情境教学,创设以深入海南黎族地区采访写生的情景,来激发学生的学习兴趣,使学生由被动学习变为主动学习。

③以辩论赛和知识竞答的形式进行教学,教师在课堂上充当主持人的角色,把课堂教学的内容交给学生,使课堂上出现的不是“教”而是“学”的场景,是一个师生互动、生生互动的生机勃勃的学习场面。这样不仅使学生的学习方式和思维方式发生了质的飞跃,也使教师教得轻松,学生学得快乐。

新课程背景下的素质教育是一种“以人为本”的教育,为了真正实现促进学生健康、全面、和谐地发展的目的,就必须调整好教育过程中最基本的人际关系——教师与学生的关系。以学生为本,把主动权交给学生,保护和发展学生的主体作用,使学生真正成为自身学习和成长的主人。

(6)从传统的静态知识占有者成为动态的研究者

新课程实施中教师要成为孜孜不倦的学习者、专业问题的探索者,新教学思想的实践者和教育改革的专业决策者。教师通过对自己教育行为的反思、研究和改进,实现教师的自我发展和自我提高,进而从策略上提高教师行为的合理性和有效性,增进“时态性”,教师在成为动态的研究者过程中,既培养了教师自觉反思的行为,又密切了教师群体间的合作关系,使动态研究成为促进教师专业发展的持久动力。

教师由静态到动态的转变一般要经过一定的过程,教师可以根据自己的兴趣,或者通过自己观察思考,发现实际工作中存在的尚待解决的重要问题。或者说是从教学中不明白的情况出发,确立所要研究的问题,找到研究的起点,围绕问题进行对话,对材料进行分析。通过阅读资料、选择资料,对问题从理论与实践的结合上做出解释,得出结论,建构行为策略。在行动研究中充分利用教学情境,明确行动策略的实施和行动策略成功的标准,分析行动策略检验可能发生的问题等。

教师成为动态研究者在具备研究能力的同时，必须成为现代研究型教师，这是实现教师行为转换的前提。教师能通过自己教学行为的反思和研究，更新教学观念，充实知识结构，不断提升教学实践的合理性。在研究过程中，积累实践教学经验，加大新教学理论学习与分析的力度，使积累经验不断提炼、发展，然后反过来指导实践，形成一种有意识的进行研究的良好习惯；用先进的现代化教学理论对积累的丰富经验进行提炼、升华，用更科学的教学理念指导教学工作。

(7)从教材的使用者转变为课程的开发者

在传统的教学中，教学与课程是彼此分离的。教师是按照教科书、教学参考资料、考试试卷和标准答案去教；而教学内容和教学进度是由国家的教学大纲和教学计划规定的，教学参考资料和考试试卷是由专家或教研部门编写和提供的，教师成为教育行政部门各项规定的机械执行者。现在有不少教师离开教科书，就不知道教什么；离开参考书，就不知怎么讲；离开练习册，就不知考什么。

新课程标准倡导民主、开放、科学的新理念，确立了国家课程、地方课程、校本课程三级课程管理政策。长期以来，我国实行的是高度统一的国家课程，这为统一的国民素质起到重要作用的同时，也存在较大的弊端：一是忽视了我国区域差异较大，发展不平衡的情况，不能适应个别情况的需要。二是不能充分发挥地方、学校的独特传统和优势，造成大量有价值的课程资源的闲置。据研究，学生特别是农村学生厌学、辍学的重要原因之一是基础教育课程远离其实际生活经验，无法满足地域性特点的发展需要，导致对基础教育课程产生陌生感，丧失了继续学习的动力。地方课程和校本课程的设置，弥补了单一国家课程模式的不足，发挥了地方和学校的资源优势与办学特色，满足了不同地区、学校和学生的需求与特点，既能促进国民共同基本素质的提高，又能促进学生个性的发展。在这种课程设置模式下，教师必须成为积极的课程开发者和建设者。教师要提高和增强课程建设能力，使国家课程和地方课程在课堂实施过程中不断地丰富和完善；教师要锻炼和形成课程开发能力，使开发出的课程能符合本地区本学校的需要；教师要培养和造就课程评价能力，学会对教材应用的质量进行评鉴，对课程实施的状况进行分析，对学生学习的过程进行界定。

三、和谐师生关系建构

新型师生关系应该是教师和学生在人格上是平等的、在交流互动中是民主的、在相处的氛围上是和谐的。它的核心是师生心理相容，心灵的互相接纳，形成师生至爱的、真挚的情感关系。它的宗旨是本着学生自主性精神，使他们的人格得到充分发展。其主要体现在学生与教师相互尊重、合作、信任中全面发展自己，获得成就感与生命价值的体验，获得人际关系的积极实践，逐步完成自由个性和健康人格的确立；体现在教师通过教育教学活动，让每个学生都能感受到自主的尊严，感受到心灵成长的愉悦。

建构新型师生关系，是推动课堂教学改革、提高教学质量的必然要求。在优化的教学过程中，师生关系处于一种平等、信任、理解的状态，那么它所营造的和谐、愉悦的教育氛围必然会产生良好的教育效果。从学生的发展看，在经济全球化和日益开放的社会中，人的交往能力、合作意识是事业取得成功的必要条件。

1. 和谐师生关系的建构策略

(1)民主平等，尊师爱生

民主平等是现代新型师生关系的核心要求。民主平等的师生关系，可以使学生摆脱束缚，大胆创新；可以使学生在尊重和信任中充满自信，勇于创新；可以使单调的课堂变成开放式的创新课堂；还可以使师生在诚信中主动愉悦地相互促进。教育中的信任度，是一种互动关系。教师与学生都是课堂教学的参与者，师生间需要进行交往、对话和沟通。学生对教师尊敬信赖，教师对学生关心热爱，是新型师生关系的重要特征。教师是教育者，他在建立尊师爱生新型师生关系中起主导作用。爱生是建立民主平等的师生关系的前提。

马卡连柯说过："爱是教育的基础，没有爱就没有教育。"作为教师，只有热爱学生特别是尊重、爱护、信任学生，使学生真正感到来自教师的温暖和呵护，教育才富有实效，学生才乐于接近教师。理解学生是建立民主平等的师生关系的基础。任何人之间的交往都离不开理解，作为正在接受教育的学生就更需要教师的理解。只有理解学生，才能发现每个学生的闪光点，因材施教；只有理解学生，才能帮助学生找出犯错误的原因，使其接受教育；只有理解学生，才能抑制消除自己心中的焦躁和不冷静，心平气和地对学生动之以情晓之以理，使学生能吃一堑长一智。

陶行知先生多次告诫教育者:“我们必须会变小孩子,才配做小孩子的先生。”总之,建立民主、平等的新型师生关系应该从教师做起,转变教师思想观念是突破口。教师有热爱学生、无私奉献的精神,学生才会热爱教师;教师理解学生、尊重学生,学生才会信任教师。这样师生之间关系才会协调,两者才会产生感情上的共鸣,从而进入教育教学的最佳境界。

(2)心理相容,教学相长

心理相容是群体成员在心理与行为上的彼此协调一致与谅解。它是群体人际关系的重要心理成分,是群体团结的心理特征。从师生之间人际关系的角度看,师生心理相容是指教师和学生集体之间与学生个人之间,在心理上彼此协调一致,并相互接纳。教师与学生之间虽然文化水平不同,但教师和学生的社会目标和根本利益是一致的。在教师教导下,学生集体与个人和教师的动机与价值观念也能达到某种一致。在学校里,师生之间的心理相容是以教师教育活动为中介,使他们彼此相互了解,观点、信念、价值观达到一致的结果。师生之间动机与价值观达到一致,教师的行动就会引起学生集体和个人的相应的行动,并得到学生集体和个人的肯定。心理相容造成的师生之间融洽的气氛,对维系正常的师生关系起着重大的情感作用,对维持学校秩序,保证教育教学任务的完成起着重大作用。

我国最早的教育专著《学记·礼记》上说:“虽有嘉肴,弗食,不知其旨也;虽有至道,弗学,不知其善也。是故学然后知不足,教然后知困。知不足,然后能自反也;知困,然后能自强也。故曰:教学相长也。”知识学问是广阔无垠的,一个教师对某个知识本质可能把握得较好,但学生的领悟和体验也可能更适合自己的经验和水平,甚至能更好地理解知识。韩愈说:“弟子不必不如师,师不必贤于弟子”“道之所存,师之所存也。”这些都说明,教师尽管闻道在先,但并非尽知天下事。因此教师就更加需要了解自己的学生,从学生中汲取智慧。

(3)学会欣赏,学会倾听

欣赏学生,信任学生,鼓励学生,能够帮助学生扬长避短,克服自卑,让每一个学生都得到发展,不仅是新一轮课程改革的最高宗旨和核心理念,也是当代教师与时俱进所应具备的道德风范。所以我们作为教师,一定要经常注意反思自己的言行,调整好自己的心态,转变自己的观念,要用科学发展观,与时俱进,真正成为学生的朋友,引领学生走向成熟,走向完善,走向人生的最高境界。

①学会欣赏。欣赏是有效实施教育的催化剂，是有效教育的重要途径之一。教师在学会倾听的基础上应学会欣赏学生。这不仅包含了对学生的理解和宽容，更重要的是把学生当作正常的人一样；不仅欣赏优秀学生的优秀品质，而且，要学会欣赏学生的缺点和失误。每一个学生都渴望得到老师的关注和赞赏，老师的一次点头，一个微笑，一句表扬就如同一场春雨滋润着学生的心田，赋予学生向上的信心和生长的力量。"漂亮的孩子人人喜爱，爱难看的孩子才是真正的爱。"如果教师把欣赏的目光和成功的机会只投向几个优秀的学生身上，作为"陪衬品""附庸物"的绝大部分学生珍贵的自尊心必然受到重创，对老师、对集体的情感也会随之淡化。所以教师要用平等的眼光看待学生，给予他们最平等而又博大无私的爱。学生总是期望被教师欣赏，所以教师一定要善于发现学生的"亮点"。教师一定要使学生感到每付出一份劳动，便会有一份收获的快乐。这快乐，是教师应当给的。在教育教学过程中应常常使用"欣赏"这个词或"欣赏"的语气。例如，当学生课堂回答问题正确时，教师以欣赏的语气赞叹："答得多好啊！多么富有独创性！我真为你感到骄傲！"当学生作业取得某些进步时，教师说，"我很欣赏你的这种富有创造性的解法""我很欣赏你写的这一句"；或写上批语："有进步，祝贺你"等。这会给学生带来莫大的快乐、巨大的信心、更多的投入。

②学会赞美。赞美是欣赏的结果，是欣赏学生的自然流露，是对倾听和欣赏的巩固。它和表扬不同。它不是当着学生的面的表扬，而是在学生背后的赞美。它是融洽人际关系的润滑剂。实践和探究表明，两个互相仇视的人，如果在背后听到敌人在赞美自己，马上就会烟消云散，所有的恩恩怨怨在眨眼之间就归于乌有了。老师的倾听是不是假的，老师的欣赏是不是做作出来的，只有当学生听别的同学说出来的时候，才会从内心深处认同，才会对老师的教育感激，对老师的教育感恩，才会肯定老师的诚意，才会不自觉地在老师的期望方向上迈出步子。

③学会倾听。在信息交流过程中，倾听是一项必不可少的技巧，也是一个人文明交际的综合素养的体现，更是一门艺术。教师只有会听，听懂，能听出问题，才能更好地互动应对，达到交际目的。而一个不能等对方把话说完就急于表达的人，经常打断别人讲话听不得反面意见的人，是缺乏修养，很难与人成功沟通的。教学是一项交际活动，语文教学尤其典型，特别是在语文阅读教学上，就需要我们去倾听学生的想法。新课程的到来，教师的角色发生了很大的改变，由传统的知识传授者转

变为学习的合作者、引导者和参与者。教师将权威转向平等中的首席，传统意义上教师教和学生学，将不断让位于师生互教互学，彼此形成一个真正的“学习共同体”，使教学真正成为师生富有个性化的创造过程。为了实现这一目标，我们就要提倡一种精神，那就是“学会倾听，善于倾听”。教师要让学生认真听讲，首先自己应该学会倾听，因为倾听能使教师走进学生心灵，了解学生内心需要；倾听，将为孩子留下一片自由表达的空间，能为孩子带来或许早已被教师淡漠的尊严。在倾听中，师生理解沟通，在潜移默化中塑造学生的心灵，让学生乐于倾听，善于倾听，最终实现教学相长。

作为教师，除了用耳倾听外，还应学会用心倾听，对于有敏锐思考能力，能发现问题的学生，教师要及时加以鼓励，更要以一颗充满柔情的爱心，满怀信心和期待地倾听对方表达，与之产生共鸣，能对其心领神会，使其体验到肯定的喜悦，进一步激发他主动参与的学习兴趣。倾听本身便是一种教育，即使你没有给对方什么指点或帮助，有了倾听，教师便在心灵上给予了他十分丰厚的精神馈赠。所以，作为教师要想使学生在回答时同时感受到你的情感，可通过一些面部表情，各种手势等来传达。比如说一个及时的眼神，一个灿烂的微笑，一个放松的动作，一句真心的话语等，都可以把承认、接纳和关心的信息传达给学生。当学生因胆怯而回答不清时，教师一个真诚、鼓励的微笑就是在告诉他：“我相信、支持你。”当学生回答很出色时，教师竖起的大拇指就是在告诉他：“你真棒！”当学生在课堂上走神时，教师一个及时的眼神就在告诉他：“我注意到你了，要认真听讲啊！”要知道，当教师在关注学生的同时，学生也在关注着教师。因此，在与学生的交往、互动中，种种从内心流露出来的理解和欣赏，对正在倾听的学生来说都是莫大的鼓舞。

2.建立良好的师生关系的途径

(1)教师主导作用与学生的主体能动性相结合

从教育教学是促进学生的身心发展的视角来看，教师的教是外因，学生的学是内因，教师在整个教育教学过程中起主导作用，学生要发挥自我学习、自我发展的主体能动作用。教师的主导作用发挥得如何，主要是看是否发挥了学生的自主性、能动性、创造性。学生主体作用发挥得如何，则是衡量教师主导作用发挥得如何的标准。这里强调学生是学习的主体，并不否认或贬低教师在教育教学实践中的主导作用。反过来说，学生主体作用的发挥，必须建立在发挥教师主导作用的基础上。

(2)加强教师与学生的交往与合作

苏霍姆林斯基说过:“要成为孩子的真正教育者,就要把自己的心奉献给他们。”师生之间一般要经历“接触、亲近、共鸣、信赖”四个步骤,才能建立起较为亲密无间的关系。师生初次接触难免有生疏之感,学生难免有敬畏心理。经过多次良好的接触,学生感到教师平易近人,会产生愿意同老师亲近的感情。有了亲近的感情,在学习与生活中教师的诚挚关怀、耐心引导被学生理解,或在共同活动中激发起学生的浓厚兴趣,从而产生情感上的共鸣。只要坚持师生之间的交往,把学生引上学习与进步的成功之路,学生必然信赖老师,亲其师、信其道。

(3)在师生平等的基础上树立教师威信

教师是教育者,建立教师威信,对于形成正常的师生关系,建立正常学校秩序,提高教育教学效果,都是十分必要的。真正的教师威信的建立必须依靠教师素质和教育教学水平的提高。教师要具有童心、公正感和自制力。公正是学生信赖教师的基础,教师公正就是要求教师对于不同相貌、性别、智力、个性,对于不同家庭社会背景、不同籍贯、不同亲疏关系的学生,要一视同仁。教师对待学生公正、平等、无私,不仅给学生道德心灵上以极其有益的影响,激励他们追求真善美,而且大大有益于提高教育工作的效果。自制就是要求教师懂得,教师是教育者,学生是受教育者,无论学生犯有多么明显的错误,又多么无理,也无论学生如何“顶撞”或“冒犯”,作为一名人民教师,始终不能忘记自己的身份,不允许也没有权利对学生发脾气,以致做出失去理智的感情发作。

(4)挖掘学生优点,激励学生自尊

“三人行,必有我师焉”“人无完人,金无足赤”,这些都说明了每个人都是优点与缺点并存的共同体。因而在教学中我们不能带着有色眼光去看待成绩参差不齐的学生,而应注重在教学中挖掘学生优点并加以强化,让学生意识到自己的长处,让学生知道教师对他的欣赏和关注,这样有利于激发学生自尊,从而激发学生的学习兴趣,学生也因此在学习中获得自信,占据学习的主动性,在师生关系中获得一种平等的主体意识,为融洽师生关系打下良好的基础。

(5)创设教学情境,培养民主意识

在教学中教师主导性的发挥主要体现在调动和驾驭课堂上。调动和驾驭的好坏直接影响到教学效果的好坏。调动学生和驾驭课堂的关键在于老师的引领、导引，应该是师生一起思考问题、解决问题，在探讨中得到知识的提升，即每一个问题的提出应该是让每一个学生都有话可说，无论是哪一类型的学生都可以而且也应该获得与教师平等对话的权利，这样，通过对问题的共享和对话，才能有助于学生能力的提高，有助于师生在教学互动中获得相互的信任和尊重，在悄无声息中培养学生的民主意识。如果课堂只是让学生回答是或不是，对或不对，让学生变得人云亦云，随声附和，失去了创造力，这就失去了教育的意义。

陶行知先生提出“创造力量最能发挥条件的是民主”。在长期的教学实践中，人们也深刻感受到，只有树立民主作风，在教学中创建和谐、民主、平等的新型师生关系，才能真正形成良好的教学氛围，使学生人格和创新思维得到良好的发展，达到教书育人的目的，尊重学生与其建立平等和谐的新型师生关系对促进学生终身发展有着深远的意义。

第四节　学习方式的重构

《基础教育课程改革指导纲要》把“以学生发展为本”作为新课程的基本理念，提出在新课程理念中“逐步实现教学内容的呈现方式、学生的学习方式，以及教学过程中师生互动方式的变革。”为适应新课程的要求，课堂教学要致力于转变学生的学习方式，改变学生以单纯地接受教师传授知识为主的学习方式，倡导以“主动参与、乐于探究、交流与合作”为特征的学习方式。下面对常见的几种学习方式的内涵和实施策略予以解读。

一、接受式学习的特征和反思

接受式学习是教师将要学习的全部内容以定论的形式呈现给学习者，并使学习者对所学的材料加以内化的一种学习过程。内化就是学习者把新习得的内容与头脑中原有认知结构中的相关观念融为一体并贮存下来。在接受式学习的教学中，教学过程就学生而言是其认知结构的组织和重新组织；就教师而言是提供具有内在逻辑结构的知识并充分调动学生已有的知识经验，完成知识概念的重构。

1.接受式学习的特征

(1)被动性

在传统的教学环境下,学生在学习中是被动的,对学习缺乏自主权。教师由学校安排,学生所学知识内容是国家规定的统一教材,教学过程是教师事先设计好的,学习目标是教师确定的,学习结果是教师按统一标准评价的,学习时间、场所、形式等都是学校决定的,学生不能做主,既没有选择的权利又没有选择的机会。教学过分注重知识的传授,把学生当作装知识的"容器",没有思维的碰撞,缺乏生气和乐趣,缺乏对智慧的挑战和对好奇心的刺激,使教学变得机械、沉闷和程式化。

(2)学科性

接受式学习崇尚"唯学科主义",教师过分注重按学科的特点及其知识的内在逻辑体系将知识传授给学生,学生只是一味接受知识,完成学习任务,无须对知识的形成过程进行探究。学生只知道是什么,不必问为什么?只要知道知识的结果,不必了解知识形成的过程。接受式学习只重视对书本间接知识的学习,只重视课堂的学习,而忽视生活世界对学生发展的意义。

(3)客体性

在这种学习活动中,教师是教学的主角,课堂是教学的主阵地,教师支配着教学的全过程及学生的一切活动。学生是教学的客体、配角,学生必须配合教师完成教学任务。如果课上得不好,教师常会埋怨学生没有配合,不会配合。与教师合作几乎成了学生一种奢侈性的享受。

(4)依赖性

学生的学习活动依赖教师,学习内容靠教师提供,学习情境靠教师创设,学习过程靠教师设计,学习的重难点靠教师点拨,练习的作业靠教师布置,学习成绩靠教师评价。在学习活动中,学生缺乏独立性。

(5)封闭性

学生学习的知识内容局限在书本之中,学习的场地局限在课堂,教学的评价掌握在教师手上。在这种封闭的学习状态中,学生失去了对未知世界探究的兴趣、动机和机会。

(6)知行对立性

在传统的教学思想的影响下,我国的课堂教学在整体上缺乏现实感和生活感,学生的整个精神生活被定格在科学世界和书本世界之中，散失了应有的完整的生活意义和生命价值，存在着一种疏远学生当下现实生活和社会实际的片面倾向，学生的学习只注重科学世界和书本世界，远离了自己的生活世界。学生的学习注重未来世界，脱离现实生活。在“教育是未来生活的准备”这种教学思想的影响下，课堂教学总是想方设法把一种预设的成人化、社会化的生活模式强加给学生，牵引着他们走向一种既定的生活模式，而没有认识到学生的生活尤其是未来生活是不可限定、不可全盘计划的，这样的课堂教学会使学生的学习严重脱离现实生活和社会实际。

2.接受式学习认识的反思

(1)接受式学习不一定就是机械教学

接受式学习是教师将知识先呈现给学生，再使学生将其内化、理解的过程。如果呈现的知识是有逻辑意义的，而学生的内化又是有效的，那么接受式学习就不可能是机械的。

(2)接受式学习也不一定是被动的学习

在接受学习的过程中，学生不是简单地将新学习的材料内容在自己的认知结构中登记一下就完事。学生至少要做以下的工作：

①将新旧知识比较，并依据旧知识对新知识进行判断、辨别。

②新旧知识矛盾时进行调节。

③新旧知识融为一体，使新知识也成为以后学习的参照系等。

显然，这一切活动都是主体内部的主动加工过程。教师只要运用合理的教学技巧，剖析材料的意义或对材料做有意义的概括、归纳，学生则是完全可以掌握材料的；教师思路敏捷、条理清晰地讲授不仅会使学生学到系统的知识，而且会使学生学到合理的思维方法，更会促进学生的有意义学习。接受式学习之所以受到指责，也是同有些教师的课堂讲授方式方法有关。究其原因是由于：

①教师的讲授违背了学生从具体到抽象的认知规律，使学生难以把握材料内在的逻辑结构。

②教师没有组织安排好教材，逻辑混乱，并缺乏解释的技巧。常见的是教师任意给学生呈现无关联的事实，学生只能机械记忆。

③没有使新材料和学生原有的知识经验联系起来，造成学生知识接受上的鸿沟。

④测查学生的学业成绩时,只要求学生认识孤立的事实和材料,而不注重考察新旧知识的融合,出现教学导向的错误。

(3)接受式学习的教学建议

①组织好讲授内容,为学生顺利进行意义接受提供有利条件。

②注重讲授的意义性。正如奥苏伯尔所说的那样:"组织安排教材时,务使清晰而明确的意义得以呈现,并作为有组织的知识体系长期保存下来,乃是教师教学教法的主要职能。这既是一门科学,也是一门艺术。它要求教师进行创造性的劳动……"因此教师要把握好教材的知识体系。

③注意新旧知识之间的联系。教师应唤起学生已有的相关知识或提供相关知识,这样有利于学生用旧知识去同化或顺应新的知识。

④了解学生的认知水平。在传授式教学中,学生接受学习的意义是受学生的认知发展水平制约。如小学低年级学生一般不能通过定义学习抽象概念,他们要以感性经验作为支柱;初中以上的学生则可以运用定义学习抽象概念。因此,学习材料的意义的呈现形式要依据学生的认知水平,其前提便是教师对学生认知水平的了解。

⑤教师应注意指导并示范给学生良好的学习方法。教师的讲授应以知识形成的过程为重点。有逻辑、有层次地分析、综合、抽象、概括和推理,给学生良好的学习示范并要及时教给学生思考的方法。如果单纯地提供知识的结果,既不利于学生对知识的理解,也无益于学生对学习方法的掌握。

二、自主学习内涵与设计策略

1.自主学习的含义

自主学习是指在整个学习活动中,学习者充分发挥主体能动性,相对独立地积极建构知识并不断调控自己的学习进程和学习状态的一种学习方式。它包括:在学习活动之前,学习者根据自身特点选择和确定学习目标、制订学习计划;在学习过程中对自己的学习进程和学习状态进行监控、调节和修正;在任务结束后对学习效果进行反思、总结和评价。自主学习有多重含义,仅从学习行为分析,其内涵主要包含两个方面:

(1)学习动机

解决“为什么而学”的动机问题和学习中自主性的发挥问题。学习动机强的学生,在解决参与学习活动过程中,能自觉关心与学习有关的问题,主动参与对问题解决的探究,具备持之以恒、百折不挠的个性品质。

(2)自主学习能力

解决“如何安排学习”和“怎么去学”的策略性问题,它包括:

①确定学习内容表的能力(学习内容表是指为完成与给定问题有关的学习任务所需要的知识点清单)。

②获取有关信息与资料的能力(知道从何处获取以及如何去获取所需的信息与资料)。

③利用、评价有关信息与资料的能力。自主学习能力强的学生,学习有自己明确的目的和追求,实施时有较强的时间观念和质量观念。学习上具有较强自主性的学生,才会逐步提高“自我教育、自我管理”的能力,逐步实现“自我实现”和“自主发展”。

2. 自主学习的特征

(1)主动性

主动性是相对于以往学生学习的被动性而言的。自主学习有别于其他各种学习方式的一个重要特征就是主动性。主动性是学习的一种积极的心理状态,是自主学习的重要品质。自主学习的主动性特征具体表现为学生积极主动地、自觉地从事和管理自己的学习活动。

(2)相对独立性

相对独立性是相对于以往学生学习的依赖性而言的。具体表现为学生根据自己的认知特点和原有学习基础,对学习目标做出独立选择,并运用适合自己的学习方法和学习策略,制订合适的学习计划等。整个学习过程主要是由自己安排与管理的,而不是由教师或他人来包办的。但在强调学习的独立性的同时,不能忽视教师的作用。

(3)反思性

反思性贯穿于自主学习的整个过程,是衡量自主学习效果的一个重要标准。自主学习的反思性特征具体表现为:第一,学生在学习开始之前的反思,如对原有的学习基础、学习能力、学习风格等进行反思，制定适合自己的学习目标；第二，在学习过程中进行反思，如对自己学习状态、学习进展情况、学习效果等进行反思，并据此对学习活动做出及时调整；第三，在学习任务结束之后的反思，如对自己在整个学习活动中的得失进行总结，对学习结果与学习目标之间的一致性做出评估等。

(4)自我建构性

自我建构性是“以我为主”的学习，学生在一定的社会文化和个体经验的背景下，借助教师和其他人的帮助，利用必要的学习资源，通过意义建构来获得知识。自主学习的自我建构性特征具体表现为：在学习过程中，学生在教师的指导下，选择与已有经验相适应的知识作为学习内容，以自己的方式建构对学习内容的“个人化”理解，通过已有认知结构发现属于自己的问题，并选择适合自己的方法和策略来创造性地解决问题。

(5)创新性

创新性是自主学习的价值追求和理想目标，是自主学习的应有之意。自主与创新两者是不可分割的。自主是创新的前提，没有自主就谈不上创新；而没有创新，自主也将无法展开，无法实现或无法完全实现自主学习的价值。自主学习的创新性特征具体表现为学生不满足于现成的答案与结果，敢于质疑权威，对学习内容能够自觉、主动地展开独立思考，进行多向思维，能从多种角度去认识事物。学生能创造性地运用所学知识探索新问题，解决新情况，使自己的视野不断拓宽，实现有意义的自主学习。

3.自主学习设计应遵循的原则

自主学习的效果优劣，将直接影响这一节课的教学目标的达成。如何设计自主学习的方案，为教学目标达成提供高效的保障。首先，教师应该把握好自主学习的教学设计基本原则，然后依据教材提供的素材，针对学生的认知水平、情感意志，确立课堂教学的总目标，以及学生自主学习的达成目标；其次，针对不同的课题内容和要求，选定自主学习活动展开的形式，以及需要采用的现代教育技术手段和相应的教学方法和组织策略；再次，通过教研组或备课组集体讨论，确定预习提纲和课堂的自学提纲的范围，然后由备课组教师分工完成分课时教学设计工作；最后，在实施的过程中，备课组成员要相互听课，共同评议，对教学设计的反馈及时做出调整，使学生的自主学习能够高效地完成。

(1)发展性原则

自主学习的达成目标要有利于学生学习能力的发展,有利于学生养成合作交往的习惯,有利于满足学生希望成功的情感需求。

(2)激励性原则

自主学习的学习内容要紧扣新课程标准,要密切联系生产和生活实际,要具有鲜明的时代气息,同时也要符合学生认知平衡状态的动态变化的需要。

(3)自主性原则

自主学习的信息资源不但要丰富,而且要有一定的层次和可选择性。既要有出自教材中的相关素材,又要有来自生活中的应用题材,更要有与现代科学技术紧密相连的甚至于建立在展望未来基础上的研究题材。只有这样才能使我们的学生在学习过程中,满足不同个体的认知需求,才能让学生的不同个性得到张扬。

(4)启发性原则

自主学习的自学提纲的编制非常重要,它决定着自主学习能否有效地进行和获得成功的问题。自学提纲的编制和投放要做到承前启后,循循诱导,即充分考虑学生原有的认知平衡状态,通过问题情境的创设和解决,不断打破学生认知结构上的平衡状态,激发和引导学生进行积极思考,并且在思考问题的过程中逐步地学会如何更有效地去思考。

(5)参与性原则

自主学习的活动组织要做到以下几个方面:

①教师采取各种方法进行热情动员,促使全体学生积极参加。

②要做到学生在自学活动中五官并用,观、读、思、做、算几方面有机地结合运用。

③要最大限度地把课堂教学的时间和空间交给学生,使学生真正成为课堂学习的中心和主体。

为此,自主学习活动取得有效成果的前提就是学生的全员参加和全身心地投入学习。

(6)思维性原则

自主学习的过程要让学生充分展示自己的聪明才智,自主学习的内容要有一定的梯度,解决问题所采用的方法要多元化,题型要新,特别是题干的表述要有情境感,对学生来说更要具有一定的挑战性,使得自主学习变成学生发现问题和解决问题的过程。要尽可能在有限的时间和空间里,让学生经历完成物理现象探究所必须经历的过程。

(7)独立性原则

自主学习就是要培养学生具有一种独立思考的习惯,学会遇到问题要研究设计解决问题的策略,要让学生善于运用手中的工具(书)和资料,寻找与本堂研究课题相关的事例以及解决该问题的一般方法,从中派生出解决新问题的多元途径和具体方法,并采用试解方法进行筛选。换言之,就是要促使学生养成将感性的认识内化为理性的认识,同时形成一种稳定的、持久的学习内驱力。

4. 自主学习的基本形式

(1)阅读式的自主学习

阅读式的自主学习开始前由教师投放有关课题的文字、图片或多媒体课件等资料,学生通过阅读分析,找出其中相关的实验现象,或者解决该问题的规律和方法,或者通过物理现象的分析归纳,得出一个较为合适的结论。

【教学案例1】

通过多媒体课件向学生展现一幅图片,画面上是夏日的海滩,不同的游客在进行着不同的活动项目,如游泳、跳水、日光浴、打球等,要学生根据图片描述所看到的物理现象,以及相关的物理原理和规律。

(2)实验式的自主学习

实验式的自主学习要求学生根据研究的课题,了解需要完成的探索性实验或验证性实验,通过实验过程的操作,以及数据的获得和分析,对本课的物理原理有了进一步的理解,对有关的规律的适用范围、成立的前提条件形成一定的认识。

【教学案例2】

在"欧姆定律"一节的教学过程中,自主学习的教学环节可进行如下三个层次的设计:一是控制变量法的优点和应用,让学生明确电学物理量U、I、R之间的从属关系如何;二是让学生设计实验电路,选择实验有关的电学元件,确立U、I、R如何变化;三是学生通过实验采集相关的实验数据,然后对数据进行分析,运用一定的数学模型将实验结果抽象后得出正确的结论。

(3)问题式的自主学习

问题式的自主学习教学法的特点是由一组问题所组成,问题与问题之间的联系要做到环环紧扣,问题所包含信息及分布应该由浅入深,层层展开,适用于学生的概念建构。在设计时一般要确定三个层次:一是提出“是什么?”;二是提出“为什么?”;三是提出“有何用?”。学生通过对系列问题的思考与解答,巩固了已有的知识和技能,同时又在应用中培养了学生的思维能力和创新能力。

【教学案例3】

在学习“磁体和磁极”一节内容时,可以设计以下几个问题组织开展自主学习活动:

①你如何采用较为简便的方法验证一根钢条是磁体?

②磁体上的磁性是否是均匀的?由此可说明什么问题?

③甲、乙两块条形磁铁的一端各吸引一个铁钉,当甲、乙磁铁有铁钉端合二为一时,请你猜想铁钉会有什么变化?这个现象说明了什么?

④当小磁针放在较大的条形磁铁附近时,小磁针是否会保持静止?你能说出这里面的道理吗?

⑤怎样用一根铁丝自制一根小磁铁棒?你会采取什么办法尽快地让铁丝磁性消失?

(4)程序式的自主学习

程序式的自主学习教学法主要应用在习题教学或复习课上。根据本节课的教学总目标,将总目标分解成若干个子目标,通过具体的习题展现给学生。习题的编制和组织可以是辐射状的,是一种思维方法的发散,即举一反三的解题策略的应用;也可以是几种思维方法的归一,即通过解决不同习题的方法,然后寻求解决问题方法上的共同点;也可以是不同思维方法之间的一种链接,即采用不同的方法解决不同的问题,但前一习题的解决为下一个习题的解决扫清了障碍,也为下一习题的解决指出了一定的方向。

【教学案例4】

在进行“物体浮沉条件的应用”一课的习题教学时,就可以采用程序法的教学设计。通常可分两条主线:一条是纵向的,按“浮力判断→浮力计算→悬挂物的浮力”进行研究;另一条是横向的,按“物体浮沉判断→物体漂浮→物体悬浮→物体沉底”进行研究。

(5)探究式的自主学习

探究式的自主学习教学法的实质是模拟科学工作者进行科研的思维程序来进行的,是学生自主学习的高级形式。基本教学程序是"提出问题→猜想与假设→制订计划与设计实验→进行实验与收集证据→分析与认证→评估→交流与合作"。这种教学方法的关键是如何让学生提出问题。教师可以根据所学的具体问题组织学生进行提问,如创设问题情境,不同现象之间的比较,挖掘具体的知识内容等;也可以利用创造学方法提出问题,如"逆反原理"提问法、列举一览表法等。这种教学方法可以使学生迸发出各异的思维火花,充分阐述自己的想法,从而调动学生主动思维的积极性,同时可以培养学生敢想敢说的探究精神。在提出不同问题的基础上,师生筛选出一二个问题,由学生进行大胆猜想其成因,然后让学生设计出相关的实验方法,进行研究论证。

【教学案例5】

在学习"水的蒸发与沸腾"时,首先让学生对蒸发现象进行观察和实验,知道蒸发的汽化特点和吸热条件,然后提出生活中还有怎样的汽化现象?水是否只要多吸收一些热就一定会沸腾?水的沸腾现象有什么特点和规律?

5.自主学习的实施策略

(1)强化问题意识,确立自主学习目标

自主学习的标志之一就是学生能够自主地确立学习目标。一方面教学内容应呈现出一种造成问题的情境、说法、事例和布置要解决的、有疑惑的任务,穿插一些联系学生实际经验的、发人深思的问题,以引发学生产生问题,促进学生思考和探究;另一方面应让学生走进生活,在生活中直接产生问题、发现问题并努力思考如何解决问题,激发学生围绕某个专题去读书、去思考、去行动、去合作、去探究,让学生想问、敢问、善问,培养他们的问题意识,使学生确立"我是学习的主人而非奴隶"的观念。教师应多鼓励学生勇于怀疑和批判,在批判和怀疑中发现问题、提出问题。

(2)调动自学兴趣,保障自主学习动力

兴趣是最好的老师。首先,在教育教学中,教师要注重启发与诱导,善于运用发现法、情境法、暗示法、讨论法、点拨法等教学方法,通过先进的教学媒体激发学生的兴趣,有意识地把这种兴趣转化为对知识的强烈探究的欲望,让学生自己动脑、动手。其次,要融洽师生关系。在学生的自主学习中,即使出现失误,教师也应宽容大度，肯定学生勇于探索、勇于实践的勇气和态度，对其获得成功的部分，哪怕是极微小的创造性，也应加以充分肯定和激励，充分发挥学生的主动性和创造性。例如在学习过氧化钠的化学性质时，利用水和过氧化钠设计"滴水着火""吹气着火"的实验，由于实验结果与日常生活经验相矛盾，这个"反常态"的实验现象能引起学生极大的兴趣，使他们的思维处于特别主动的状态，在这样的情境中开展教学活动，可以收到事半功倍的教学效果。

(3)放手自主学习，形成自主学习氛围

自主学习注重知识的综合，注重创造性的劳动，注重否定与批判，注重借鉴与超越。只有通过学生自己动脑去思考，才能真正理解所学知识，促进思维的发展，开发学生的智力。在教学中，尽量让学生自己去表述，促进学生积极地、自觉地开动脑筋，思考问题，发展智力。

(4)教给学生科学的学习方法，指导学生学会学习

在教学中应切实培养学生自主学习，充分发挥"学案"功能，大力倡导"四先四后"(先预习后听课，先复习后作业，先理解后记忆，先做题后归类)的学习方法。现结合"学案"教学实际，分步说明。

①课前主动预习。有专家统计，课前预习1小时，相当于课后4小时的学习效果。在预习中，通过自学学案，明确学习目标，把握重点、难点、疑点，同时复习和巩固相关的旧知识，围绕思考题自学，认真思考解决问题的思路和方法。这样，学生就能把注意力集中到对问题的理解和深化上，带着问题走进课堂，为上好新课打下良好的基础。

②课内自主学习。在课堂上，教师组织学生讨论学案中的有关问题，对一些简单、易懂的内容可一带而过。对学案中教师精心设计的几个有层次的问题，由浅入深，引导学生自主学习，解决问题，激发学生的求知欲。孔子说："不愤不启，不悱不发。"当学生在回答问题遇到障碍或回答问题不尽如人意时，再做适当的点拨和补充。在整个学案教学的课堂上，学生在思考问题的同时，还要及时有效地将所获得的结论记录在学案的空白处，使学生整堂课都在积极思维。

③课后及时复习巩固。记忆与遗忘的时间是有规律的，德国心理学家艾宾浩斯，研究出一个结论：记住后，1小时遗忘55.8%，8小时遗忘64.2%，1天就遗忘66.3%，6天遗忘74.6%，1个月遗忘78.9%，遵循先快后慢的规律。所以，当天学习的

知识,必须及时复习;第二次复习放在第一天之后;第三次复习放在第二次复习的1周之后;第四次复习放在第三次复习的1个月之后。因此,课后要及时复习当天学习的内容,回忆上课内容,反复琢磨,归纳整理笔记,总结规律,然后完成学案所留不同层次的作业。每周自主归纳、每月系统小结,做到温故而知新,学而时习之,在这个过程中学生完全处于主动的地位。

三、合作学习的内涵及设计实施策略

1.合作学习的内涵

合作学习是指促进学生在异质小组中彼此互助,共同完成学习,并以小组总体表现为奖励依据的教学理论与策略体系。综观上述一些问题,究其根源,症结应在于小组合作学习的组织者(教师)对小组合作学习的精神实质把握欠佳,表面化、形式化的理解其意义。因此,在积极提倡小组合作学习之时,我们还应该对小组合作学习的精神实质有一个正确的理解。小组合作学习是学生在小组或团体中为了完成共同的任务,有明确的责任分工的互助性学习。对于这个意义的理解,应该有三层含义:第一,是小组合作分工学习,即将某一大问题或大任务分割成一定数量的小问题或小任务,小组成员各自承担一定量的小问题或小任务,在各自完成的基础上,再进行合作总结;第二,是小组合作讨论学习,即小组成员围绕某一个问题展开讨论,发表自己的意见和建议,最后达成共识,解决问题;第三,是小组合作交流学习,即针对某一问题,小组成员在各自研究的基础上,在小组内进行交流,相互学习,互相帮助,共同发展。其特征如下:

①异质分组,追求学生之间的互动与合作。

②通过角色、资源等的分配,让学生承担起个人责任并相互依赖。

③交往训练,培养学生的合作意识和社交技能。

④教师参与合作过程,建立新型的师生关系。

⑤不求人人成功,但求人人进步。

2.合作学习的教学设计策略

(1)陈述教学目标

合作学习的教学目标主要有两类:一类是学术目标,主要指与学生认知发展有关的目标;另一类是技能目标,是与学生的技能发展相联系的一系列目标,合作技能就是其重要内容之一。教师在课前应当详细表明这两种教学目标。

(2)进行科学分组

按照"组内异质、组间同质"的原则,将学生组成学习小组。对于分组的大小教师要预先确定。开始,小组人数应限制在4～6人。随着小组成员获得了越来越复杂的合作技能,小组规模可以扩大。合作小组保持的时间可以持续几周、几个月,甚至是整个学年,但是所有学生迟早要有机会至少在一门课程内共同活动。

(3)分配角色

除了学习责任外,每个小组成员还必须承担帮助小组有效活动的责任,这些角色有总结者、联络员、记录员、鼓励者、观察者等。教师需要依据成员的性格特征及特长,适当分配成员的角色。

(4)座位安排

合作学习的学习环境与传统教学区别较大,它不像传统教学那样按"稻田形"布置教室,而是要求教学环境从满足多向交流信息的需要出发,改为"T"形、"马蹄"形或"田字格"形。这样不仅缩短了学生间的空间距离,利于学生交流,更重要的是,这是一种合作学习空间,是一种开放式学习群体空间,从而使学生能够在一种融洽的气氛中交流思想和进行有效的学习。各小组之间还应保持一定的距离,以免影响相互之间的学习。

(5)设计材料

教学材料的安排必须考虑有效的学业学习和小组成员良好而积极的互依、互动关系,也就是说必须使学习材料具有合作性,确保每一位小组成员都能介入小组活动。

(6)解释学术任务

教师要向学生清楚地解释要学习的概念、原理、技能等,并使之与学生过去的学习经验相连接,最大限度地实现学习的迁移和保持;同时向学生提出问题,检查学生的理解程度。

(7)明确成功的标准

教师在课程开始时就应明确地告知学生成功的标准是什么。合作学习的评价是标准参照评价,是每位学生的表现与期望的学习结果相比,而不是与其他同学相对照。教师可因人而异,为不同的学生分别设定标准,学习的期望应当具有挑战性和可能性，以维持学习的动机。

（8）进行追踪与指导

教师可自己观察或指派各组的记录员记录合作学习情况，通过观察或记录学生之间的互动，了解学生的学业是否有进步，是否能恰当地运用人际交往和小组活动的技能。根据这些观察，教师便可有的放矢地介入学生的合作活动中，提高他们的学业成绩和人际技能。

3.合作学习的设计流程

（1）学习流程

确定目标→启发引导→自主学习→小组合作→展示交流→课堂小结→当堂检测。

（2）确定目标

根据课标的要求以及本单元、本课时的重难点，学生的学情调查，确定每节课的学习目标。

（3）启发引导

教师提出问题、教给学生方法，提供给学生从已知到未知的过渡桥梁。

（4）自主学习

学生独立学习，初步感知教学内容。

（5）小组合作

在小组讨论阶段，教师参与小组学习，并对小组学习的过程做必要的指导和调控。

（6）展示交流

通过各小组的展示汇报，教师进行适当的指导，或者引导学生进一步查阅资料，寻求问题的答案。教师要针对各小组的目标掌握情况、互助情况等及时做出鼓励性评价。

（7）课堂小结

学生对照目标，梳理归纳本节课的知识点，形成整体认识，教师进行总结，建构知识体系。

（8）当堂检测

结合目标，验证本节课的学习效果，达到知识巩固的目的。

(9)合作规范

高效自学、积极发言;合作探究、质疑问难;团结互助、共同提高。

(10)合作习惯

尊重他人——耐心听别人讲话。

规范行为——按规则行动。

欣赏赞美——取人所长,补己之短。

不忘责任——时刻记住认真履行职责。

知恩领情——及时感谢别人的帮助。

诚实守信——说了就要做。

细致缜密——做事有条理、有计划。

合作竞争——合作中竞争,竞争中合作。

互动——教学任务是否强调师生之间、生生之间的交流沟通,彼此关爱理解,共同分享、借鉴等。这里的互动不是一般课堂中常见的讲解提问等“继时互动”,而是要求生生之间的讨论、展示、争辩、操作等“同时互动”。

互助——教学任务是否包含了不同层次的要求,有可能产生一定的分化或理解、掌握上的屏障,会自然地形成求助与助人的需求。

协同——教学任务是否只有经过小组成员之间责任分工、角色轮换,发挥自己的优势与吸引别人的长处相结合,集思广益、取长补短、协作共事、齐心协力,才能完成。

整合——教学任务是否体现了跨学科性、综合性和任务驱动性,项目型学习的特点是否要求不同观点、不同材料、不同解题思路和方法的汇总综合,是否涉及去粗取精,由表及里,去伪存真,从特殊到一般的过程。

求新——教学任务是否突出了学习者个人的独特感受与体验,是否要求生成别出心裁、与众不同的理解,是否求新、求异、求变,是否有较高的知识迁移性质。

辨析——教学任务是否需要经过争辩、探讨、质疑,在独立思考的基础上交换意见,在相互磨合中坚持自己合理的想法,同时也吸收别人好的创意。

评判——教学任务是否涉及较多的价值判断和选择,是否有多种决策路径可供选择,是否需要权衡利弊得失。

表现——教学任务是否要求学生充分展示、表露或“外化”已经学到的东西,是否以群体业绩表现,以任务整合或项目调研的成果来衡量考评。小组合作学习的成败因素,取决于恰当的教学任务和学习内容,健全的小组及有效的指导。而教学任务的确定和教学内容的选取,原则是着眼于学生的生活基础,以挑战学生的智慧,有效引导学生积极探索,激发学生的学习欲望为目的。概括地说,选择合作学习的内容应考虑两个方面:首先要考虑合作的必要性,其次要考虑合作的可能性。可见在形式确定以后,恰当的教学任务和学习内容是合作学习成败的第一要素。

4.合作学习的组织形式

(1)协商法

课堂讨论是小组合作学习中运用最多的学习形式,它打破了课堂上学生个体学习之间的隔阂,给予他们交流合作的机会。但在讨论过程中,一些程度好的学生常常会把自己的意见抢先说出来,使得程度较差的学生失去了独立思考、发表意见的机会。所以协商法是在讨论前,小组成员先独立思考,或把想法写下来,再分别说出自己的想法,其他人然后讨论,形成集体的意见,再从中选优。这样可保证小组中的每个成员都有思考的机会和时间。

(2)互相提问

互相提问是培养学生发现问题能力的一种较好方法。这种方法可用于课本或教师提供材料的课堂讨论中,学生在阅读课本或材料的基础上互相提问题,可小组内提问,也可小组间提问,也可男女生互相提问。在教学中发现,学生总期望能提出难住对方的问题,学生的阅读比以往更认真,提出的问题有的是已知的,有的问题甚至可延伸到课外,很能激活学生的思维,激发讨论的兴趣。

(3)打靶子

打靶子是在小组中每位成员独立思考后,抽签决定一位成员陈述自己的意见,其他小组成员以他的意见为靶子,对他的意见发表见解。同时,也可以以小组的意见为靶子,全班同学对本小组的意见发表见解。在这种具有团体性质的争论中,学生更容易发现差异,发生思维的碰撞,从而对问题的认识更加深刻。

(4)动态分组法

动态分组法是在课堂讨论中,采用小组成员动态编组。如让女生固定在小组的座位上,而让男生流动,或者第一组男生到第二组,第二组男生到第三组……也可单数组或双数组互换女生等。这样,不仅使学生有新鲜感,更重要的是使学生不断地有机会了解更多同学的观点，也可以打破组内长期形成的有的学生在组内起控制作用，有的学生则处于从属地位的"态势"，给每位学生提供平等发展的机会。

(5)切块拼接法

习题教学在理科的教学中是必不可少的，但由于学生掌握知识的水平不同，解题能力参差不齐，所以在习题教学中采用切块拼接法实施小组合作学习。根据每个小组的成员编号，将1号成员组成一组合作讨论第一组题目，2号成员组成一组，合作讨论第二组题目，依此类推。这样，每一位小组成员回到原小组中就可以讲解自己学会的一组题，将习题切块再通过不同编号的成员拼接起来，这样即节省了时间，又使每位成员具有了责任感，自己必须把学会的题讲解给其他成员，而且使理科的习题课化难为易，由枯燥变有趣，强调每一位成员的参与。

5.合作学习的评价策略

(1)学生自评

因为每一次活动的评价主体是学生，评价的对象也是学生，教师应放手让学生自主评价，思考自己在整个活动过程中的表现，谈认识，谈体会，谈收获，同时能够明白自己在活动过程中的不足，明确自己今后的努力方向。学生的自我评价可以通过让学生自己填写学习过程自我评价表(见表1-1)的方法，反映出自己学习过程中的情感、态度、困难和经验，反映自己的学习情况，使学生全面了解自己的学习过程，感受自己的不断成长和进步。

表1-1　合作学习过程中自我评价指标体系表(总分100)

结构指标	评判内容(单项指标)	优4	良3	中2	差1
参与情况	学习投入情况。				
	提出问题并发表见解。				
合作与交流	认真听取别人意见并询问。				
	能将自己的资料与大家分享。				
情绪与状态	自我控制，调节学习的情况，保持良好的学习状态。				
	学习的好奇心和求知欲。				
	克服困难的意志与自信心。				

续表1-1

结构指标	评判内容（单项指标）	优4	良3	中2	差1
学习动机	自己的学习兴趣，学习动机。				
	自己参与合作学习的积极性。				
学习时间	在规定的时间内完成任务。				
	自己制订学习计划。				
	有充足的自我支配学习时间。				
学习环境	民主和谐的生生、师生关系。				
	遇到自己不能解决的问题，主动请教他人。				
	能主动找到舒适的学习环境。				
学习过程	克服学习过程中的干扰或困难，合理安排和调整情绪，坚持学习。				
	学习向既定的目标前进，不偏离学习方向。				
	能完成每项学习任务。				
学习结果	具有实际的学习成果。				
	近期的学习效率。				
	及时、主动地对自己某一阶段的学习进行反思。				
学习创新	善于发现教师或同学的不足和错误，敢于质疑。				
	经常从新角度发现和思考问题。				
	经常不满足于获得现成的答案，学习具有独创性。				
	对学习内容能够展开独立思考。				

（2）学生互评

在学生自我评价的基础上，还应进行小组成员之间的相互评价。互评时，主要从参与是否积极、合作是否友好、工作是否认真负责等方面进行，要求学生之间相互找出优、缺点，最后由小组长根据大家的意见，记录评价结果，交给任课教师。目的是在同学之间形成良好的心理环境，营造团结合作、互相勉励、共同提高的氛围。在小组学习过程评价中教师要注重小组成员的合作态度、合作方法、参与程度的评价，要更多地去关注学生的交流、协作情况，可以让每个小组都填写一张小组合作学习过程评价表（100）（见表1-2）。

表 1–2　小组合作学习过程评价表(100 分)

评价指标	优 10	良 8	中 6	差 4
1. 小组内有共同的目标,整体态度积极,参与性强。				
2. 小组讨论现场气氛活跃。				
3. 小组成员分工明确,各尽其职。				
4. 每次讨论都对讨论主题做过相关准备。				
5. 每个成员每次都能参与小组讨论和相关活动。				
6. 每次讨论大家都积极表达自己的见解。				
7. 每个人表达建议时能做到紧扣讨论主题。				
8. 组织讨论快速高效,每次讨论不偏离主题。				
9. 小组成员进行有效交流对话,发言无垄断现象。				
10. 讨论最终达成共识,建设性的解决问题。				

(3) 教师评价

合作学习重在过程评价,强调的是学生会学;但这并不是说可以完全排除学生学习活动的成果考察。相反,教师要尽力让学生感受、体验成功和收获的乐趣。所以,在重视学习过程评价的同时也要重视学习结果评价。总评时,教师可要求每个小组选出一名代表把自己小组的学习情况和讨论结果向全班同学进行汇报,把小组讨论拓展为全班交流。鼓励其他小组的同学在听完汇报后提出问题,并可由该组的任意一位同学来回答。让学生在交流和探讨中,使思维得到充分发展。平时可以采取小组竞争,如每课、每天、每周、每月评比,实行量化积分,充分激励小组合作学习的积极性,维持长久的小组合作激情。教师的评价对激励学生的参与合作,提高合作学习的质量有着十分重要的作用。因此教师的评价一定要有鼓励性、指导性和全面性。评价要注重个人评价和小组集体评价相结合。教师要重视对后进生的鼓励,对表现突出的小组和个人及时给予充分肯定。从听课情况看,当堂对各小组打分的评价方式存在诸多问题,如教师打分是否存在客观性、公平性,能否各小组统筹兼顾;小组成员是否对所得分数有意见等,难以把握。操作不当容易造成评分失真,造成打分形式化,学生会对评分不重视,从而失去评价意义。实施对小组的评价可采用延缓评价的方式:课堂上先让各小组检查员(监督员)组织填写评价表进行小组自评，课后教师结合小组自评及各小组课堂表现综合考虑进行打分，下一节课公布小组得分。这样评价更真实、郑重，对学生能够起到积极的引导、激励作用。

【教学案例6】

语文教学小组合作学习案例分析与反思

1.讨论式小组合作学习案例设计

教学内容：《斑羚飞渡》的教学片段。

教学过程描述：请学生围绕问题“文章中让你最感动的是哪里？为什么？”展开讨论。

这个探究过程需要小组成员各自发表自己的见解，并且就问题展开讨论，所以小组成员需要适当搭配，否则有些学生会被冷落。因此根据组内学生的相对特长，进行合理分工。如主持人、记录员、汇报员、检查员等，每一角色在组内活动时有不同的职责。主持人负责小组全局工作、协调小组学习进程；记录员负责记录小组学习结果；报告员负责向全班同学汇报结果；检查员检查小组学习情况。组员各尽其职，完成探究。在整个学生小组合作过程中，教师必须起指导作用，否则学生小组合作效果不明显。教师也可适当地激励学生：看看哪组配合得最好、发表得最有见解。经过讨论，由汇报员汇报小组成员集体合作的结晶，其他各组补充或纠正。

反思：在学生小组合作的过程中，小组成员之间可以互相交流，彼此争论，互教互学，共同提高，既充满温情和友爱，又充满互助与竞赛。同时教师应当教给学生合作的技巧，如怎样组织，怎样倾听，怎样发言，怎样质疑等。整个课堂人人参与学习、个个互动补充。合作促进了互动，互动升华了兴趣。

2.表演过程中的小组合作学习设计

教学内容：《两小儿辩日》《石壕吏》的教学片段。

教学过程描述：在教学《两小儿辩日》一文时，选择分角色表演课文内容的方法进行小组合作学习，小组内两人扮小孩，一人扮裁判孔子，用文言文进行辩论，由朗读到脱离课本。经过演练，从中推选出三组在全班进行辩论赛。一小儿曰：“日初出大如车盖，及日中则如盘盂，此不为远者小而近者大乎？”字正腔圆，语气强烈。一小儿曰：“日初出苍苍凉凉，及其日中如探汤，次不为近者热而远者凉乎?”节奏明快,针锋相对。孔子曰:“吾不能决也。双方斗为平局,不分胜负。”“哦!”全班发出热烈的喝彩声。教师接着说:“孔子当年判平局反映了孔子‘知之为知之,不知为不知’实事求是的态度。假如孔子现在还活着,他老人家会怎么样裁判呢?”学生抢着回答:“仍然是平局。”“为什么?”“因为两个小儿的观点都是错误的。两个小儿观察事物光凭直觉,被一些表面现象所迷惑。早晨、中午的太阳离地球的距离是一样的,太阳大小也相同,只是背景不同罢了。”在讨论过程中学生各自寻找自己的有利证据,很好地理解了课文,掌握了文章的中心。

又如学习课文《石壕吏》。在课前,教师让同学预习了课文,疏通文义。全班分五组,组内明确其职,在课堂上让学生用表演戏剧的形式,展示他们对课文的理解,要求:组内全员参加;想象丰富,有创意,合情合理;补充一些事实已发生却被诗人隐去的故事情节;表演符合人物身份;配合默契。表演时,一组表演,其他组评分。生动的话语,巧妙的加工,既有形象的动作,又有丰富的表情,演员有声有色,达到了入情入境,既理解了课文内容,又培养了学生的想象与创造能力,同时激发了兴趣。

反思:通过合作学习,学生认为学习是满足个体内部需要的过程。并且强调,只有愿意学习,才能学得好。在排演中,学生相互进行有效的沟通,实现信息与资源的整合。学生在趣味盎然、快乐无比的表演中产生对知识的渴求,学习自觉性就会自然而然地表现出来。无论是谁,都会有自己的兴趣爱好,让学生根据自己的兴趣特长选择学习任务,他们不仅会做,而且乐意去做。也可以将学习任务从不同角度切分,每位同学根据自己的兴趣特长选择一项,完成任务后相互交流。同时在合作过程中由于小组成员各有其职,职责分明,因此每位学生都会主动投入。

3.收集资料过程中的小组合作学习设计

教学内容:《寻觅春天的踪迹》。

教学过程描述:教师根据教材所安排的三项活动,对活动内容进行创造性改编,要求学生从改编后的三项内容中选择合作学习。

内容1:在大自然中,寻觅春天的踪迹。

在大自然中,选择一两种动物或植物进行观察、记录,写成“自然日志”,记录春天的足迹。在记录方式上,可根据学生实际情况,采用文字与图片相结合的形式。

内容2:在生活中,寻觅春天的踪迹。

说与春天有关的某个节气,收集有关谚语,从中寻觅春天的踪迹。

唱与春天有关的歌曲,如《春天在哪里》《春天的故事》等,寻觅春天的踪迹。

内容3:在创作中,展示春天的踪迹。

写与春天有关的诗歌、散文,从中感悟春天。

仿诗歌的形式,选一幅表现春天景物的画或照片,给它配上几句诗;或选写春的诗或名句,根据意境配上一幅画,能够表达诗意。

分组:4~6人1组,每个小组包括不同层次的男女学生。这样安排便于学生深入和多样化的思考,能给出并接受更多的解释。小组中每个组员都有自己明确的任务,通过承担互补或互联的任务,使小组成员之间形成积极的团结协作的关系。

教师指导:

①为学生提供参考资料。

②二十四节气歌。

③对春天有关节气的释义。

④有关春天的一些歌曲。

为诗画创作提供示例:

①寻找一些描绘春天的古画,指导学生欣赏。

②提供一些为诗配画的传说。

③提供有关诗画的一些网站。

反思:本课文的学习需要收集一些适当的资料,而一个人的精力是比较有限的。所以通过小组合作,组内分工和讨论,同时教师也应与学生合作,指导学生在收集资料的过程中学会用什么工具,通过什么途径,收集什么样的资料等技能。通过课前教师有效的指导,学生在展示成果的过程中,表现出了集体合作的力量。资料丰富,内容多彩,形式多样,活动有序。从这儿也让大家认识到了生生合作、师生合作的重要性。

4.作文评改过程中的小组合作学习设计

作文评改是作文教学的一个重要组成部分。学生之所以对写作不感兴趣，甚至逃避作文，这与教师批改作文的方式呆板单一不无关系。多数学生的作品往往被教师忽略，甚至被一元化的标准否定，因为教师面对几十或近百份作品，在短时间内都给予恰到好处的承认是困难的事情。为了改变这种局面，吸收了合作教学的思想，在作文评改中开展了小组合作。

教学内容：《寻觅春天的踪迹》作文评改过程。

方法：

①4人（或5人）为1个小组（固定），设组长1人。

②每个小组每次批改2～4篇作文。

③小组成员间相互协作，共同完成批改初评任务。

④在小组批阅的基础上，老师根据需要做适当补充批阅。

⑤月末评选、奖励优秀批阅小组。

批阅要求：

①各组成员在初阅作文时，用红笔找出错别字。

②组长组织组员讨论文中问题，适当旁批。

③讨论确定作文等级，撰写作文总评语（由组长执笔）。

④总评语要围绕讲评的重点来评价。

⑤总评语要用语委婉，用语要公正恰当。先说优点，后说缺点；多说优点，少说缺点。

⑥总评语在围绕讲评重点评价的基础上，可以就文章的特色及其他方面做评价，同时提倡有创新意识的评价。

⑦总评语写好后，在评语的右下方写上小组成员名字及日期。

反思：在批改和讲评这一关键环节上，教师应充分相信学生。分小组轮流批改作文。活动前，将作文互批的宏观要求告诉给学生。活动中，精批三分之一的作文，找出有代表性的习作为讲评做准备，对写作能力较差的学生进行面批。在作文评讲课上，教师担任主持人角色，学生为主评人开展评讲活动。教师在中间对讲评人进行鼓励性评价，对被评作品进行适时、适量的二次评价，沟通学生之间的人际关系。这种课型不仅改变了教师在评价作文时的单一模式和定势心理，而且鼓励学生充分发挥主体性，把修改讲评的过程变为自我提高的过程，同时也提高了同学们的写作积极性和批改作文的效率。

【教学案例7】

制作过程中的小组合作学习设计

1.教学内容

制作小型地球仪。

2.教学过程描述

①学生分组，讨论如何制作一个精巧的小型地球仪。学生的讨论要解决以下问题。

用什么材料：如乒乓球或其他球状体等。

用什么工具：如要比较精确地做成地轴与公转平面成66.5°的夹角，则要用量角器；如用泡沫塑料或者木板做底座则要用切割工具。

达到什么目标：如要能转动，要画上经纬线等，由学生自己制订。

确定工作目标：可以要求学生用框图来表示制作流程，明确分工和完成日期。

②经过分工，有的学生去找材料和工具；有的学生利用各种教育资源，去查资料或请教有经验的家长给予帮助；有的学生负责制作流程。

③小组成员群策群力，讨论并确定统一的评价表。评价表中的项目一般有：是否稳定牢固，是否转动灵活，夹角(66.5°)是否正确，线条是否美观。让学生用该评价表来评价自己的样品，再评价别组的样品。

④在教师的引导下，小组能以适当的形式进行技术交流，写出大致完整的报告，并进行交流。

反思：本案例属于一种较为典型的技术设计活动的案例，且制作过程较烦琐，难度也较大，故要求学生要有团队合作的精神和科学态度。当一个个充满睿智和灵感的结论初步形成后，下一步是小组讨论。小组讨论是合作解决问题的关键，每个成员表达了自己的想法后，可能有不一致之处，这就需要讨论，攻克难关，形成解决方案。教师在关键时予以指导，让学生逐渐学会讨论问题的步骤和方法。通过合作，让学生认识到：小组合作的重要性，逐步体验到通过合作学习可以解决很多自己解决不了的问题，合作学习可提高每个人的能力，使大家友好相处，从而对合作学习产生认同感。

【教学案例8】

Packing is quite important for traveling

——英语小组合作教学案例分析

1.案例设计思想

陶行知先生认为，学生是“有力量、有创造力的。”他明确指出：教育不能创造什么，但它能启发学生的创造力以从事于创造工作。强调把培养学生的创造精神和创造能力放在教育的突出地位。

为了发挥学生的创造力，他认为教育者应加入到被教育者中去体验他们的生活，去发现他们的创造力，然后进一步将学生的创造力解放出来，把学习和创造的自由还给学生。因此，根据陶行知先生的思想，我们教育者必须想办法充分发挥学生的自主、自立、自动和自觉精神，鼓励他们“自己的事情自己做。”教育者应负的责任是指导而不是代替学生学习、思考和创造。

陶行知先生倡导解放学生的主张，充分体现了对学生的尊重、信任和理解，所采取的方法有自动的方法、自觉的方法、启发的方法、手脑并用的方法等，对学生创造力的培养是极为精当的。随着我国教育事业的发展，素质教育对学校教育提出了更高的要求，而陶行知先生的“六大解放”思想对我们今天的学校教育仍然具有重要的启迪意义。

学习语言是艰苦的，搞得不好甚至是非常枯燥的。那么，教师怎样才能指导学生通过感知、体验、实践、参与和合作等方式，逐步完成英语教学目标规定的要求，又不感到枯燥乏味，而能愉快地学习呢？教师要根据学生的特点，灵活运用教材，为学生创设生动的或与其生活相关的活动，以此激发学生的学习热情，使学生学习时有着明确的目标，带着具体的任务，在活动中发展语言能力、思维能力、交流与合作等综合运用语言的能力。也许正是这个原因，在高中英语课堂教学中实施小组合作学习备受关注。

2.课案的观察描述

合作学习首先要把学生分成若干小组，以小组合作的形式，在教师的指导下，通过组内学生的探究和互助活动共同完成学习任务，同时对学生的认知、情感、自信心、同伴关系等产生积极影响。

课前，老师将6人分为1个小组，把学生分成1～9个小组，每个小组可由不同能力、性别、性格、文化背景的学生组成，每组选1位组长。为了竞争需要，黑板上贴有7个不同颜色的有磁性的棋子，每个棋子代表1个小组，每组都在同一起跑线上。并向学生说明哪个组合作得好，问题回答得对，代表那个组的棋子就能向前移动，最后看哪组的棋子在最前面，那个组就获胜。

Step 1. Lead-in.

老师先放了些自己在各地旅行时拍的照片，美丽的照片立刻吸引住了学生的注意力。老师又问：从这些照片能推断出老师喜欢什么？学生很容易地回答出了traveling。老师又紧接着问：What do you think is important for traveling? 有学生举手回答，这时老师就把黑板上该学生所在组的棋子向前移了一步，学生的热情马上攀升，争先恐后举手回答，听了许多不同的答案后，老师把答案引导到了第一个活动的主题：Packing is quite important for traveling.

Step 2. Language input.

老师抛出了话题：Different trips need different packing. What do you need to pack for the following trips? （A beach vacation and sightseeing in a city.）给学生3分钟时间，小组讨论，并且给每一小组只发一张汇总表，让他们把想到的东西记下，时间到后，各组都停下来，学生举手很活跃，叫第一组汇报时老师先问："How many words do you have?"该组汇报完毕后，老师把该组的棋子移动了两步，这下教室沸腾了，叫下一组时，先说："Which group has more words?"并且学生汇报时不能重复前面组提到的。当然，这一活动中，老师并没忘掉黑板上各组棋子的前进步伐。

Step 3. Listening task.

处理课文中的听力部分，让学生看课文中的图片并猜：What are the family going to do? What have they done for their trip? 完成了课文中的1b听力。

Step 4. Language input.

听力完成后，老师又提了问题：What else do we need to do before leaving home? 再次让学生小组合作，列出尽可能多的短语。像lock the door and windows, feed the pets, turn off the TV and lights. 等。同样在小组汇报时又掀起了一个高潮,学生都希望自己组的棋子能前进得更远,争先恐后举手,连平时比较内向或成绩较差的学生都在组员的带动下高高举起了手。这时,老师比较照顾棋子相对落后的组,若他们举手,就把机会先给他们。

Step 5. Pair work.

利用刚才学生已列出的短语,老师把本课的语法——现在完成时讲了起来,老师问:If you are leaving home, have you done the following things? Do Pair work with the above phrases.

A: Have you...

B: Yes, I have. / Yes, I've already .../ Not yet. I'll do it in a minute.

Step 6. Listening task.

穿插了课文中的2a、2b 听力练习。

Step 7. Memory challenge.

教师根据听力材料内容改编了一篇完形填空,让学生根据记忆填写空白处,又是采取小组竞争形式进行。

Step 8. Group work.

教师设计了第三个小组活动:Who have looked after themselves well in the past week?

给出的情景是:Suppose you are a parent who has not been at home for a week. List a set of questions to learn about what your children have done in the past week.

并给出 Model: Have you finished all your schoolwork?

Have you watched TV too much?

先让学生小组讨论,列出尽可能多的问题,再由每组的 leader 汇报:has already ... but he hasn't ...

在这节课的最后,老师还设计了一个 Teaching evaluation 让学生对自己这节课的状况进行了自评,然后再根据黑板上各组的棋子,评出了优胜组,并给予了奖励。

3.课堂结构与设计意图分析

本节课,老师主要设计了三个活动:

活动一:讨论旅行时需要准备些什么东西。内容贴近学生生活,学生讨论很热烈,想出了许多老师也没想到的东西,通过这一活动,把本节课需掌握的新词汇都解决了。

活动二:让学生讨论离家之前需要做些什么工作,将大量短语列出为下面句型的学习做了很好的铺垫,有了这些短语,再让学生学习现在完成时态Have you ...就非常容易了。

活动三:把现在完成时态应用到实际生活中,这一直比较困难,而老师设计了这样一个情景,一个星期不在家的父母,回来后询问孩子在上周的情况,很自然地就用到了Have you ...的句式。在此基础上,父母亲汇报孩子在上周的状况,又延伸到了现在完成时的第三人称单数用法,has already ...

4.教学启示

这节课,合作学习贯穿于始终,却没有出现合作学习形式化、表演化、自由化的弊病,究其原因,主要有以下几点:

(1)让学生明确合作学习的规则

合作学习效率低下的一个十分重要的原因是学生不知道如何进行合作学习。因此。教师首先要让学生明确合作学习的规则。合作学习之前,要让学生明确合作学习目标、方法、步骤和任务分工,知道学什么、怎样学、达到什么标准;只有在小组成员明白教师的指令和合作活动的任务时才活动。采用合作学习,切忌在教师自己指令不明确的情况下进行小组活动,那样可能造成看似热闹,实为混乱的局面,这就冲淡了小组活动的意义,降低了小组的作用,更无法培养学生的创新精神。本节课,教师对学生的分工明确,每一组都确定好组长,再由组长确定每次活动的记录员、汇报员等,这样就避免了为挑选临时组长而你推我让,或小组内为谁先发言而争吵不休造成的学习效率低下。在合作过程中,老师不时地会提醒,请遵循规则,从而提高了合作学习的质量,也就是提高了课堂的实效性。

(2)活动具有目标性

小组合作时首先要考虑的为是否能有效地提升教学效果。因此,合作学习的活动设置难度要适中,难度过高或过低都不行。难度过高会使学生无话可说,甚至无动于衷,从而丧失合作学习的信心;相反,难度过低,必然造成学生在活动中情绪高涨，争论不休，虽然气氛活跃，但却毫无意义。换而言之，就是所设计的小组活动要具有一定目标性。目标性即教师设计的教学活动要准确而适度，使教学环节的难度恰好落在学生通过努力学习、通过小组合作可以达到的潜在接受能力上，让学生在学习过程中有一种成功的愉悦感，从而不断建构新的知识结构并使之在合作学习中得到完善，进一步促进思维的发展。本节课老师提出的这几个任务都是从学生实际出发，符合学生的认知能力，既有一定的挑战性，又有可操作性。这样的小组合作才有真实的意义，才能收到较好效果。

(3)适当的竞争机制

高科技时代是竞争的时代，没有竞争，时代不会向前发展。学生只有具备了较深层次的集体主义观念，竞争成功的可能性才更大。本节课，老师从开始上课就宣布各组要进行竞赛，最后获胜的组还可以拿到奖品。每次活动中学生的汇报、回答都能使自己组的棋子向前移。这大大激发了各组奋勇争先的积极性，形成组间明争暗赛的竞争局面，使学生始终处于竞争状态中，不断强化其竞争意识。这种小组竞赛的方式，可激起每一位学生的关注，这样就保证了所有的学生都积极参与到活动中，提高了课堂的实效性。

(4)合理的评价机制

教学评价是英语教学活动过程中的一个重要组成部分，是实现课程目标的重要保障。新课标提出："英语课程的评价体系要体现评价主体的多元化和评价形式的多样化。评价要有利于学生自主的个性化、多元化的发展。"教学评价的目的不仅是为了排队，而是为了促进学生的发展。合作学习把"不求人人成功，但求人人进步"作为教学评价的最终目标，把学生个人计分改为学习小组计分，把小组总成绩作为奖励或认可的依据，形成了"组内相互合作，组间相互竞争"的局面，使得整个评价的重心由鼓励个人竞争达标转向小组合作达标。本节课中每次活动结束后，老师都引导学生对小组学习的情况进行评价。对优先的组进行表扬，对落后的组进行鼓励，并给予更多的机会。这节课结束后，还让学生对自己进行个人评价。老师既重视对小组的评价，也重视对个人的评价，激励了学生学习，帮助学生有效调控了自己的学习过程，使学生获得成就感，增强自信心，培养合作精神，提高了课堂的实效性。

四、探究性学习的内涵及设计策略

1.探究性学习的含义

探究性学习是指学生通过自主参与获得知识的过程，从中掌握探究能力，形成探索未知世界的积极态度，培养创新精神，提高实践能力、科学素质和自主学习的能力，促进个性的全面发展，为终身发展奠定基础。教师在学习过程中给学生提供引导和帮助，互助合作，共同提高。探究性学习是集启发式、问题讨论式、实验探究等教法于一体，师生共同探讨解决问题的一种教学方式。

2.探究性学习的特征

(1)自主性

学生具有独立的自主意识，能够在教师的引导下，独立地将知识转变为能力，并运用到实践活动中。既然学生可以自己通过实践得到结果，教师就没有必要把结果直接教给学生，而是应该通过引导，让学生自己去发现问题、解决问题。

(2)过程性

世界上本没有真理，真理是人们在不断研究与总结中形成的。学习知识不但要知其然，还要知其所以然。只有在探究过程中才能获得知识和技能，培养创造力。过程教育比结果教育更注重的是探究性学习，这也是区别于传统教学模式的重要标志。

(3)实践性

学生在学习过程中亲自实践，自己通过科学探究获得所要学习的知识。这个过程中既体验了科学探究的过程，也发挥了学生的自主性，还使学生从中获得成功的喜悦和科学探究的乐趣。

(4)创新性

在探究教学的过程中，学生必然会产生与现有结论不一样的观点，他们会想为什么是这样而不是那样，创新意识往往就是在这种无形的过程中形成的。探究性学习的一个根本目的就是要培养学生的创新意识。

(5)合作性

教师应当成为学生学习活动的引导者、合作者和支持者，而不是知识的给予者。在探究性学习过程中，师生间相互交流、相互合作、共同发展，形成互助合作的新型关系。

3.探究性学习过程的构成要素

探究性学习是一种开放的教学模式，除具备上述五个特点以外，还包括以下五个重要的因素。第一，把学习问题转化为“可探究的课题”；第二，创设探讨的情景或环境；第三，激励学习者运用可能的途径去收集有关信息，并制订探究的计划和探究的假设；第四，通过实证的或推理的方式解决“探究的问题”；第五，进行探究结果和探究经验的交流。基于探究性学习的五个因素，将探究性学习的过程总结为以下几点。

（1）提出问题

创设问题情境，使学习者积极投入到问题的探究之中。采用各种教学手段，最大限度地调动感知器官，激起学生高度的学习兴趣和最大限度的集中注意力，连续不断地启发学生积极思维，促使学生真正主动地“跳一跳，摘到桃”，这才是真正的现代教学观。这就要求教师深入研究教材，精心设疑布阵，创设出能使学生愤悱的情境，以便营造探究的氛围。教学中巧问善诱是营造这种氛围的最好方法。教学中要善于问，要会问，更要指导学生多问善问。要问得恰当，问在知识关键处；问还应掌握坡度，问在难易适中处；问更应选准时机，问得恰到好处。造成学生感到时时有问题可想，促使联想，对比思考，设想种种解决方案，从而使一系列复杂的心理活动在学生的大脑中展开，学生形成开放式探索性思维。教师还应对学生的回答给予及时评价，并给予不同水平的学生以表现的机会，以激其情，奋其志，使他们的思维水平及探究能力都能不断提高。在上课时，教师可用提问的手段，激发学生的求知欲。

（2）收集解决问题的资料和信息

提供探索问题的背景材料，使学习者努力寻找解决问题的线索。在科学探究活动中，教师要运用与学生学习动机相一致的教学策略，创设多种情境，不失时机地向学生提供符合教学要求的多种资料和信息，架设新旧知识之间联系的线索和桥梁，让学生做有意义的选择。这些问题的支架可以是文字、文献资料、化学实验，也可以是网络资源或师生交流过程的表征。在一个开放性教学环境中，教师培养学生自主、自觉收集事实和加工处理信息能力尤为重要。教师要引导学生从实验、实践的观察和体验中或社会调查中获得信息和资料，并从多角度的信息分析比较中，寻找解决问题的方法和途径。

(3)提出假设

用假设方法,有根据地进行猜测、联想,明确问题解决的途径和方法。在科学研究中,探索的问题所涉及的知识和事实材料不够充分的条件下,人们可以凭借已有的事实和先前的经验,以假设的形式进行大胆的探索。假设是根据已有的资料和客观事实,对探讨的问题设想出来的一种或几种可能的答案、结论,就其结构而言,包含已知事实和推测性假定两种基本成分。假设通过这两种成分的搭配明确问题解决的途径,在条件与结果之间建构设想。这是科学探究活动最重要的特征之一。教师在教学的过程中要大胆引导学生提出假设,支持和强化学生对假设合理性的探讨,增强学生的自信心。通常引导学生提出假设的方法主要如下:

①归纳式假设:运用归纳法提出和建立假设,是一种从特殊和个别事实所获得的认识或规律,提高到一般的认识和规律的方法。

②演绎式假设:运用演绎法提出和建立假设,把一般的认识或规律、原理运用于特殊和个别的范围内,以验证规律、原理的适用性。这是一种从一般到特殊的必然性推理。

③类比式假设:类比是一种在一类情况下已被证明为正确的理论运用于与此相类似的情况,提出和建立假设,它是根据两个或两类对象有某些共有或相似属性,推出一个研究对象可能具有另一个研究对象所具有的属性为假设。

④分类式假设:运用分类的方法,对已有的现象或资料,按照某种重要的特征将其分类整理,提出和建立假设。

(4)设计探究方案,验证假设

重实证,学习者主动参与实验、实践和体验过程,假设提出后,就要想方设法去检验它,用证实性材料去推翻或支持假设。这是探究式教学完成对所学知识的意义的重要环节。建构性学习认为学习者要达到对知识所反映事物的性质、规律以及该事物与其他事物间联系的深刻理解,最好的办法是让学生到现实世界的真实环境中去感受,去体验(通过获取直接经验来学习),而不是仅仅聆听老师或其他人的介绍和讲解。因此在假设检验和推理阶段,教师要运用一定的教学策略或教学模式,创设条件使学习者积极参与假设检验的设计,进行实验观察、控制条件、记录现象,或做社会性调查,或做资料证实性研究,教师要适时引导协作与交流、反思,增强情感体验,调控探究进程,强化成功欲望。要避免在假设检验过程中把设想等同于规律的偏向，假设有时需要反复验证，没有充分的事实，不要轻易接受或推翻原假设，以培养求真务实的科学素养。设计探究方案，检验假设，是探究性学习的必备环节。

(5)形成结论

重过程，使学习者积极思考，进行科学抽象，形成科学解释。在验证假设的过程中，通过阅读资料和实验观察，对所获得的资料和事实进行选择、判断、解释和运用，用图表、线图和学科语言等形式加以系统化、简明化、概念化，是探索者思维方法的学习与思维水平的提高的表现，也是学习者对知识完成意义建构的关键。“发现规律，得出结论”是培养学生科学抽象（包括表征性抽象和原理性抽象）的活动过程。表征是有机体对外界信息进行加工时（输入、编码转换、存贮）客观事实在头脑中呈现的形式。它包括用语表征、图表表征、模型表征、数学表征、实验表征等，在科学抽象过程中需要运用比较、分类、归纳、概括、分析和综合等一些科学逻辑方法，有时要运用模型化方法，特别要从宏观和微观的结合上进行学习与思考，才能真正完成“意义建构”，发现规律和结论。

(6)科学论点的交流与应用

探究性学习的成果一般来说要以一定的形式加以表达，并进行广泛的成果交流、展示。这样，既能锻炼学生的表达能力和自我表现能力，又能使他们体验收获的成果。

【教学案例9】

《熔化和凝固》教学案例

1.教情分析

学生对熔化和凝固现象是比较熟悉的，但这个现象中隐含的规律，特别是晶体熔化和凝固过程的温度特点，对于学生是一个未知世界。故本节课的关键是做好熔化实验，但是难点在于：一是操作时间不易把握，时间长了课堂不允许，时间短了找不出熔化的特点；二是学生第一次用图象法对实验数据进行分析，难度较大。往往一节课下来，学生做了大半节课的实验，还没找出熔化的特点，课就差不多结束了，而且面对一堆数据不知怎么办……在课堂上如何让五十多位学生都做完实验，都会处理数据，从数据中学会熔化的特点，还真让人苦恼。

2. 教学设想

鉴于以上的教情分析对本教材进行了大胆的重组和改革。一是让学生课前充分准备：在上完第一节课后，布置课外动手动脑的作业，让学生利用双休时间在家里测量记录一天的气温，并描绘图象，分析一天的气温变化，把图象这一数学工具提前使用，在本次探究活动中只需拿来即可。二是重组学生实验：把海波和石蜡各装在一个试管中，然后同时放入大烧杯的水中加热，这不仅节约了一半加热时间，让学生有充裕的时间探究，而且同时加热还有助于对比，让学生从一个实验中就可以看出两种物质熔化时温度不同的变化规律。三是设计六人一组合作探究实验：一人报时，一人看器材调节火焰，两人读数，一人看状态，一人搅拌。各司其职，让学生在此探究中学会相互理解，相互尊重，学会交流，培养学生的协作能力和团队精神。

带着这个设想，我走进了教室，学生看见了都围了上来，七嘴八舌地问：老师，你看我画的图象对吗？今天这节课我们是不是要做加热试验呀？啊！这加热的东西好多呀！我们这一组肯定比他们那一组实验做得快，做得好……看着同学们喜悦的神情，我想我的第一个目标："情感体验"已经实现。

3. 教学流程

(1)巧设情景，提出问题

上课的铃声响了，我用电脑播放出迷雾笼罩的山峰，连绵不断的春雨，大雪纷飞的北国，问：这些图中涉及物体的哪些状态呢？学生迫不及待地回答："液态、固态，还有气态。"我又问："它们之间是可以转化的，你能从生活中举些例子吗？"学生认为在生活中有很多这样的问题，纷纷都举手，举了很多例子，在此基础上我直接引出了熔化和凝固的课题，并且紧跟着提出："有关这两个现象你已经知道了什么？还想知道什么呢？"有的学生问："熔化和凝固需要什么条件？"有的学生想知道："熔化和凝固有什么关系？"有的学生还提出："熔化和凝固与温度有什么关系？"我看到这种情况及时进行了表扬，肯定了大家的积极思考，希望学生再接再厉。

(2)科学猜想，思维分散

我又提出："没有猜想就没有科学研究，请同学们围绕以上问题，大胆地猜想一下结论是什么？"关于这几个不确定的开放性提问学生有些迟疑了，怕猜错了惹人笑，但看到我鼓励的眼神时，蒋伟勇敢地站起来说："我想熔化可能要加热，凝固可能要降温。"梁超也不甘落后地起来回答："熔化时温度升高，凝固时温度降低。"有的学生又认为："物质熔化时可能温度在小范围内忽高忽低。"我站在讲台上不露声色地说："有的同学的猜测是正确的，有的却是错误的；到底这些问题的答案是什么呢？这就是我们全班同学要通过实验探究而得的。"

(3)设疑集思，设计实验

同学们听到我的话后都很激动，看着桌上的器材就想马上开始实验了。我趁机再激励他们说："同学们先别激动，老师要对大家所做的实验进行评比，看哪一小组的实验最成功，为此我们应先了解怎么做，做什么？"因此我先鼓励大家根据探究的目的设计一个实验方案，学生通过讨论后明确实验的对象是两种固体，要给它们加热，要看其的状态变化，要测它们的温度。在此基础上我介绍了实验桌上的器材，并介绍了水浴法，学生仔细地听着，跃跃欲试准备开始实验。我紧接着在投影屏幕上打出了实验前的交代以及实验步骤：

①介绍记录数据后描点连线的方法。

②海波、石蜡放在同一烧杯中同时加热，六人一组，报时、记录、看状态、搅拌各一人，读数两人。

③温度升至40 ℃开始计时，每隔一分钟记录一次温度，熔化后继续观察三分钟。

④根据实验数据描点画图。学生看到投影后马上拿出了课前准备的一天气温图象，我投影了沈丹同学的图象，就有同学在下面说：画得真好，我的也是这样的。我看到大部分同学已自学掌握了描图象的方法。这时，学生们又根据座位六人一组叽叽呱呱分工开了，一会就分好了任务。

(4)分组实验，探索研究

学生根据实验步骤开始了盼望已久的实验，秩序井然，像科学家那样兴趣盎然地开始按拟定的方案实验，一位同学小心地照看器材，一位同学严肃地在报时，两位同学分别看着两个试管里的温度计，过一分钟读一次温度，一位同学不停地比较两个试管中的状态，最后一位同学不停地搅拌两个试管中的固体让其充分加热。不一会儿，就听到有的同学在说："烧得真慢，才45 ℃，张骏你把酒精灯拨大些。""快，有点熔化了，你快搅拌一下呀。""哎呀，我们怎么记了两个48 ℃了呀，你有没有看错呀？”“我绝对没有看错，问问老师看。”心急的顾栋叫了起来，我走过去安慰他说：“你们一组做得很好，继续往下做，不要急，好好对比两者的差异。”学生听了继续往下做。过了一会又听到有人高兴地说：“我们做完了，我们第一了。”我又引导他们一组画图象找规律，然后讨论所测的数据有什么不同，有什么规律。

(5)综合分析，得出结论

我绕着教室看了看，见到大部分小组已做完了实验，描好了图象，就提出了问题：“你们根据数据分析一下，海波与石蜡熔化时温度的变化相同吗？”学生齐声回答：“不同。”“有谁能大胆地出来回答一下。”爱动脑筋的蒋晓举起了手：“海波熔化时温度一直是48 ℃，但石蜡熔化时温度是上升的。”“很好，这就是我们这节课探究的主题。”在此实验的基础上，我又引导学生看书，得出了晶体与非晶体的概念，熔点的概念。在熔化的基础上，逆推凝固的特点，学生很容易就接受了。

4.课后反思

随着新课程改革的进一步深入，我们越来越认识到：物理新课程的改革要以培养学生科学素养为宗旨，改变过分强调知识传承的倾向，让学生经历科学探究过程，学习科学研究方法，培养学生的探索精神、实践能力以及创新意识。因此在本节课设计时教师鼓励学生尝试用不同的方法和从不同的角度探索，发散学生的思维，拓展学生的团队合作和交流的能力，培养学生的实事求是和勇于探索的精神，为他们的终身学习和生活打好基础。

总之，我觉得教学不仅是告诉，更重要的是如何引导学生在情景中经历，在经历中体验，在体验中感悟。学生能自主学习的最高境界是源自于学生浓厚的兴趣，而兴趣源自于教师能否巧妙地创设一种真实的、自然的情景，这种情景的创设有赖于教师将课程与学生生活相结合的课程意识，更有赖于教师具有的生命激情。

第五节　学习方式选择应注意的几个问题

新一轮课程改革给教学带来了生机和活力，教师的观念正在逐步地更新，学生的学习方式正在得到改变，课堂充满学生成长的气息。但又不可否认的是，在“自主、合作、探究”的背后，透露出浮躁、盲从和形式化的倾向，学生内在的情感和思维并没有被真正激活，存在着如何把握新旧学习方式和教学观念的转换问题，存在学习方式与教学实效的整合问题。

一、自主：不是教师跟着学生走

一些教师仅从表面上理解自主学习，认为自主学习就是淡化教师的主导性，突出学生的主体性，绝对尊重学生对学习的选择，教师跟着学生走。没有相应的教学设计和指导，没有具体要求，没有检查和反馈，由学生一看到底。有的教师一味地激发学生参与教学的积极性，学生一时兴起争着发言，只顾表现自己，沉浸在游戏中，没有心思探究知识的奥妙，课堂开放了，学生自主了，可是基本的课堂游戏规则没有了，教师成了旁观者，学习效果适得其反，这实际上是把自主学习异化为放任自流。还有的教师认为自主学习就是教师要少讲，把时间还给学生，这也是仅从字面上理解自主学习。一节课讲多讲少要视具体情况而定，讲多讲少与自主学习并无本质联系，教师在讲台上分析，学生在独立思考，这难道不是自主学习吗？

真正让自主学习落到实处，需要教师的有效指导。以往在学习中学生被教师牵着鼻子走，现在是教师被学生牵着鼻子走。新课程倡导改变学生的学习方式，让学生在自主学习中理解和探究知识。但自主学习不是放弃教师的指导，不是教师跟着学生走。自主学习要有利于激发学生的学习兴趣，培养学生的自信心，发展学生的个性特长，并在这个过程中逐步培养学生的责任感。

总之，在自主学习中教师的作用不仅不能削弱，还应加强，但加强的理念变了。教师以前考虑的是如何教的问题，现在则要研究学生如何学的问题，也就是如何让学生学得更多、更好，更会学，更乐学，这就是立足于学生的自主学习观念。教师在教学中要充分发挥学生学习的主动性，同时切实培养学生的责任感，这才是教师的引导作用。

二、探究:应选择适当内容

在教学中大力倡导学生进行探究学习,但一些教师片面认为探究学习是先进的,接受学习是保守的,应该抛弃,导致课堂上探究学习泛滥,不管什么内容都让学生探究一番,甚至连国土面积这样的问题也让学生探究、猜测和交流,这既浪费时间,对学生素质的提高也没有实质帮助。还有的教师脱离学生实际搞探究,学生因缺乏自己的体验,当然没有收获。不必要与不恰当的探究导致了探究的浅层化和庸俗化,不利于学生形成合理的知识结构,对学生的能力培养也没有益处。

实际上,许多知识的学习还是从直接了解结论开始的,还有许多知识往往是一些事实和陈述性记录,难以观察、探究,而这时运用听讲、阅读、理解和训练等接受式学习方式更加有效,不能走极端,接受性学习时,教师要创设和谐的课堂氛围,精心设计教学流程,避免机械训练。教学设计要从学生的生活经验出发,让学生把已有的知识运用起来,在接受学习中注意理解和探究,在这个过程中,学生可以体验、感悟和建构很多新的知识,这样的学习才有价值。

三、合作:应注意形式和效果的统一

新课程强调学生学习上的合作与交流,给教学带来了清新的空气,学生之间的合作交流变得频繁了。但不可否认的是,一些教师把建构新的学习方式理解成为外在的东西,即把关注的焦点放在学生的具体表现形式上,以为课堂热闹了,学生合作、讨论了,就是体现了新理念,这是对转变学习方式的误解。合作应建立在学生个体需要的基础上,只有学生经过了自己的独立思考,有了交流的需要,再开展合作学习才会收到实效。还有一种实际情况是班额过大也不适宜开展合作学习。合作学习最重要的是要培养学生学会尊重,学会倾听,学会欣赏,学会共享,并有与他人合作交流的意识,这才是最根本、最核心的理念。要使合作学习收到实效,教师要注意发挥引导作用,积极营造民主和谐的课堂氛围,以参与者的身份到学生中观察和介入,为学生提供有效的指导。特别是要帮助少数学困生,让他们体会到合作的乐趣和被别人尊重的感受,增强合作学习的信心。

四、训练：少一些常规训练，多一些问题解决

掌握知识、提高能力离不开训练。新课程注重训练，要有利于培养学生的实践能力和创新意识，但在实际中并没有得到有效落实。有的教师认为创新素质的培养需要专门的研究性学习或项目活动来进行，平时的教学和训练还是以巩固“双基”为主，还有的教师用来训练的“实际问题”往往脱离学生的生活实际，学生还是在“象牙塔”之中进行学习。大量的事实提醒我们，常规练习要适量，问题解决要进课堂。大量的机械训练也是造成众多“笨学生”的原因之一。我们的教学和训练有问题，教学不是从学生的自身经验出发，也没有注意选择适量的、富有生活气息的问题让学生来解决，学生的潜能被抑制。其实，课程标准和新教材已注意从新知识的引入到新原理的提出和巩固训练，都围绕问题解决而设计。教师要依据课程标准，有意识地去开发、收集和创造一些实际问题情境来为教学服务，使学生有机会应用学过的知识去解决一些简单的实际问题。即使是一些需要学生记忆的知识，也要用问题解决的思想来处理，让问题解决进入课堂。

第二章　新课程理念下的设计策略

第一节　教学设计的概述

一、教学设计的内涵

教学设计(Instructional Design)主要是以促进学习者的学习为根本目的,运用系统方法,将学习理论与教学理论等原理转换成对教学目标、教学内容、教学方法、教学策略和教学评价等环节的具体设计,创设有效的教与学系统的“过程”或“程序”。教学设计是以解决教学问题、优化学习为目的的特殊的设计活动,既具有设计学科的一般性质,又必须遵循教学的基本规律,因此它具有如下特征:

①教学设计是应用系统方法研究、探索教与学系统中各个要素之间及要素与整体之间的本质联系,并在设计中综合考虑和协调它们的关系,使各要素有机结合起来以完成教学系统的功能。如果不考虑影响解决方案实施的各个要素及其相互之间的关系,那么设计出来的解决方案就无法达到其预期的目标。

②教学设计的研究对象是不同层次的学与教的系统。这一系统中包括了促进学生学习的内容、条件、资源、方法、活动等,教学设计的过程就是对这些影响教学效果的各个要素进行具体的计划的过程。

③教学设计的目的是将学习理论和教学理论等基础理论的原理和方法转换成解决教学实际问题的方案,它不是为了发现客观存在的尚不为人知的教学规律,而是运用已知的教学规律去创造性地解决教学中的问题,教学设计的成果或产物是经

过验证的、能实现预期功能的教学系统实施方案，包括教学目标以及为实现一定教学目标所需的教学活动和实施计划以及相关的支撑材料（如教材、学习指导手册、多媒体教学软件、学习者的学习资源、评价手册及测试题等）。

二、教学设计的特点

1.教学设计的系统性

教学设计首先是把教育、教学本身作为整体系统来考察，并运用系统方法来设计、开发、运行和管理，即把教学系统作为一个整体来进行设计、实施和评价，使之成为具有最优功能的系统。因此，将系统方法作为教学设计的核心方法是教学设计发展过程中研究者与实践者所取得的共识。无论是宏观教学设计，还是微观教学设计，都强调系统方法的运用。教学设计过程的系统性决定了教学设计要从教学系统的整体功能出发，综合考虑教师、学生、教材、媒体等各个要素在教学中的地位和作用以及相互之间的联系，利用系统分析技术（学习需要分析，如学习内容分析、学习者分析）形成制定、选择策略的基础，通过解决问题的策略优化技术（教学策略的制定、教学媒体的选择）以及评价调控技术（试验、形成性评价、修改和总结性评价），使解决与人有关的复杂教学问题的最优方案逐步形成，并在实施中取得最好的效果。

2.教学设计的理论性与创造性

教学设计作为设计科学的子范畴，它既有一般设计活动的基本特征，同时由于教学情境的复杂性和教学对象丰富的个体差异性，教学设计具有自己的独特性。首先，设计活动是一种理论的应用活动，这就决定了教学设计必须在一定理论的指导下进行，是对学习理论、教学理论等理论的综合运用；其次，高度抽象的理论和具有丰富情境、不断发展变化的实践之间又存在一定的距离，其间的矛盾总是存在的，理论不可能预见所有的问题，现实生活中的问题有时候会需要创新性地运用理论，甚至对理论进行改造、扩充、重构，以适应原有理论未能预见的新情况、新问题。因此，教学设计是理论性和创造性的结合，在实践中我们既要依据教学设计理论来进行教学设计，又不能把理论看作教条，而应该在实践中发展理论，创造性地运用、发展教学设计理论。

3.教学设计过程的计划性与灵活性

教学设计过程具有一定的模式，这些模式往往用流程图的线性程序来表现，需要按照既定的环节流程来进行教学设计。然而，按照系统论的观点，这些要素之间的关系是非线性的，是相互影响、相互补充的。例如教师根据教学目标和学习者的特征来选择适当的教学策略和结果评价方法，同样，教学策略的实施效果评价反过来又促使教师调整教学目标和策略。因此，在实践中要综合考虑各个环节，有时甚至要根据需要调整分析与设计的环节，要在参考模式的基础上创造性地运用模式。

4.教学设计的具体性

教学设计是针对解决教学中的具体问题而发展起来的理论与方法，即是要解决实际教学中所存在的现实问题，以形成一个优化学习的教学系统。因此，教学设计过程是具体的，每一个环节中的工作也是十分具体的。由此可见，教学设计项目的成功与否有赖于各方面人员的协同工作，如教学设计人员、学科专家(包括教师)、媒体设计人员等。

三、教学设计的基本要素

不论哪种教学设计模式都包含有下列五个基本要素：教学任务及对象、教学目标、教学策略、教学过程、教学评价。对象、目标、策略、过程和评价五个基本要素相互联系、相互制约，构成了教学设计的总体框架。

1.教学任务

新课程理念下，课堂教学不再只是传授知识，教学的一切活动都是着眼于学生的发展。在教学过程中如何促进学生的发展，培养学生的能力，是现代教学思路的一个基本着眼点。因此，教学由教教材向用教材转变。以往教师关注的主要是“如何教”的问题，那么现今教师应关注的首先是“教什么”的问题，也就是需要明确教学的任务，进而提出教学目标，选择教学内容和制定教学策略。

2.教学目标

教学设计中对于目标阐述，能够体现教师对课程目标和教学任务的理解，也是教师完成教学任务的归宿。新课程标准从关注学生的学习出发，强调学生是学习的主体，教学目标是教学活动中师生共同追求的，而不是由教师所操纵的。因此，目标的主体显然应该是教师与学生。教学目标确立了知识与技能，过程与方法，情感、态度与价值观三位一体的课程教学目标，它与传统课堂教学只关注知识的接受和技能的训练是截然不同的。体现在课堂教学目标上，就是注重追求知识与技能，过程与方法,情感、态度与价值观三个方面的有机整合,突出了过程与方法的地位,因此,在教学目标的描述中,要把知识与技能,过程与方法,情感、态度与价值观等方面都考虑到。尤其是情感目标,应在深入研究教学内容的基础上,挖掘、提炼对学生思想、品德发展有积极意义的方面,因势利导,自然贴切。

3.教学策略制定

教学策略,就是为了实现教学目标,完成教学任务所采用的方法、步骤、媒体和组织形式等教学措施构成的综合性方案。它是实施教学活动的基本依据,是教学设计的中心环节。其主要作用就是根据特定的教学条件和需要,制定出向学生提供教学信息、引导其活动的最佳方式、方法和步骤。教学策略包括:教学组织形式,教学方法,学法指导,教学媒体,板书设计。

4.教学过程详细叙述

课堂教学中详细叙述每一步骤的设计依据,教学结构四要素(教师、学生、教学内容和教学媒体)的相互关系,以及学习理论和教学理论的指导作用。教学过程是课堂教学设计的核心,教学目标、教学任务、教学对象的分析、教学媒体的选择、课堂教学结构类型的选择与组合等,都将在教学过程中得到体现。

5.教学设计自我评价(教学反思)

教学设计,首先能够促使教师去理性地思考教学,同时在教学认知能力上有所提高,只有这样,才能够真正体现教师与学生同发展的教育目的。

6.教学设计书写

①教学设计说明:写出本教学设计意图和整体思路(突出新课程特点)。

②教学分析:包括教学内容的分析和学情的分析。

③教学目标:知识与技能,过程与方法,情感、态度与价值观;教学目标的叙述应简洁、准确、精练,概括性强,突出行为的主体、行为的动词、行为的条件和行为的结果四个要素。

④教学策略:选用的是教学方法,教学手段,媒体及板书设计(板书设计的目的不仅是表面上要求做到美观、整齐、充分合理地利用板面,更重要的在于板书可以使课堂讲授的主要内容按一定的形式有条理地呈现在黑板上,有助于学生更好地突破难点、掌握重点,进而提高教学质量。因此,板书设计要紧密结合教学内容,做到重点突出,内容完整,系统性、逻辑性强,符合视觉心理,便于学生的学习。让学生得到

的不仅是学习内容,而且是一种艺术享受和审美情趣的陶冶)。

⑤教学过程:对教学过程中师生活动的预设。

⑥教学反思、评价:教学反思是教师在教学过程中不断思考、不断进步的总结和记录,反映了教师成长的经过。

四、教学设计方案编写过程

教学设计方案编写过程中要注意如下五个问题:

①要注重教育教学思想理念下的系统设计。理念是设计的灵魂。如果在教学设计中教学内容缺乏理性的思考,没有理论的指导,那么这种设计仍然是一个简单的教学设计方案。在进行教学设计时,一定要注意理论与实践的紧密结合。

②要正确处理好教与学的关系,做到教、学并重。教师在设计教学时,千万不要忘了教学设计是为学生学而设计。没有以学生为本的教学理念,设计往往是教师如何表演的设计。

③要注重学情分析基础上的学习目标的确立。学习需要分析、学习内容分析和学习者分析在教学设计中非常重要。

④要关注各级目标之间的整合。学科目标、单元目标、一堂课目标的内在联系,关注模块整合,整体设计。

⑤要注重情感目标的制定与实施。教学目标撰写时应注意涉及知识、技能、情感目标,尤其是情感目标。传统教育的目标主要是关注学生知识、技能、方法、能力方面的培养,很少关注他们情感、态度与价值观方面的发展。即使有,也主要是以培养学生的学习积极性为主,这是远远不够的。对教学设计方案的编写其实只是一种手段,而不是目的。教学设计方案的编写是为了后续的教学实施行为——45分钟的课堂效益。

总之,课堂教学设计方案的多元化和创新是教师所追求的目标,具体要求如下:

① 脉络要"准"——是教学设计的"出发点"。

② 目标要"明"——是教学设计的"方向"。

③ 立意要"新"——是教学设计的"灵魂" 。

④ 构思要"巧"——是教学设计的"翅膀" 。

⑤ 方法要"活"——是教学设计的"表现形式"。

⑥ 练习要“精”——是教学设计的“终结点”。

第二节　高效课堂教学设计的理论基础

一、建构主义理论

建构主义最早提出者可追溯到瑞士著名心理学家皮亚杰。他认为儿童是在与周围的环境相互作用的过程中,逐步建构起关于外部世界的知识,从而使自身内部世界的知识得到发展,儿童与环境的相互作用涉及两个基本过程:同化和顺应。在皮亚杰研究的基础上,斯滕伯格和卡茨等人则强调个体的主动性在建构知识过程中的关键作用,维果斯基对建构主义理论的发展也做出了自己的贡献。

建构主义教学理论是认知主义理论的进一步发展。与认知主义理论相比,建构主义教学理论更关注学习者如何以原有的经验、心理结构和信念为基础来建构自己独特的精神世界,更加重视建立有利于学习者主动探索知识生成和发展的情景。在此基础上,教学过程被看作是“课程内容持续生成与转化,课程意义不断建构与提升的过程;是师生交往、积极互动、共同发展的过程。”建构主义教学理论认为,有效的教学应该引导学生积极、主动地参与学习,引导学习者产生积极的情感体验,使教师与学生、学生与学生保持有效互动,并为学生主动建构提供学习材料、时间以及空间上的保障,使学习者形成对知识的真正了解。

1.建构主义的理论观

(1)建构主义的学习观

建构主义提倡在教师指导下以学习者为中心的学习。学生是信息加工的主体、意义的主动建构者,而不是外部刺激的被动接受者和被灌输的对象。布鲁纳认为学校只教授现成的科学结论是远远不能适应社会发展的,学校教育中应以学科结构代替结论性的知识。所谓学科结构就是一门给定的学科中的基本概念、基本原理及其相互关系。知识结构的价值在于简化信息,产生新命题,促进知识的迁移。学习的实质在于主动地形成认知结构。认知结构的核心是类别编码系统;学生的知识学习是一个类别化的信息加工活动(或发现),自己主动形成知识的类目编码系统的过程(类似于皮亚杰的“同化”和“顺应”)。不论是学生凭自己力量所做出的“发现”,还是科学家致力于日趋尖锐的研究领域所做出的“发现”,按其实质来说,都不过是把现象重新组织或转换,使人能超越现象再进行组合,从而获得新的“领悟”而已。从这个意义上讲,学习就是通过学生的探索,自下而上地由具体、特殊的类目,上升到包括水平高的类目编码系统,学习是由学生的内部动机,即好奇心、进步的需要、自居作用及同伴间的相互作用驱动的积极主动的知识建构过程。当然使学生学习的真正动力是认知的兴趣,这是最直接、最稳定、最活跃的学习动机。

(2)建构主义的知识观

建构主义提出超二元论的知识观,即知识的客观性与主观性的辩证统一,以“发现”为主导的知识的接受与发现的辩证统一,以“建构”为主导的知识结构与建构的辩证统一,以及知识的抽象性与具体性的辩证统一,达成课本理论知识与生活体验性知识的有机联系。创建一种开放的、浸润性的、积极互动的学习文化。建构主义不仅重视知识的识记,更重视分析解决问题的素质能力,在随着信息化的不断涌来的信息潮中,能够选择自己需要的信息,具有“自主决断”能力,对原知识进行创新,使我们的教育能够培育出超越长辈的新生代。

(3)建构主义的教学观

法国启蒙运动思想家、教育家卢梭说:教师的责任不是“教给孩子们以行为准绳”,而是帮助他们去“发现这些准绳”;我国有句名言:“授人以鱼,不如授人以渔”,讲的都是教学应变成助学和帮学。从建构主义观点看,就是要创设学生学习活动的情境,它包括学习活动的组织、学习者心态分析、课堂文化的建设、心理氛围的营造以及个人幸福的关注等广泛内容。

科学的学习观和知识观必然要求变革教学观和教师角色,现行我国教学活动中师生关系是教师始终以居高临下的姿态对待学生,要求学生绝对服从和听话。在学校中那些不乖的学生,那些与众不同的甚至调皮捣蛋的学生,屡屡遭到教师的训斥、惩罚或者冷漠对待。“教师中心”的权威主义只能形成不平等的师生关系,造就顺从的人格、残缺的没有独立个性的人。随着时代进步,世界经济一体化使人类相互依存加深,人类社会关系开始形成自由平等的民主理念,民主社会成为世界各国所追求的理想社会,因此建构主义认为一切教育行为的最高目标与最高追求,就是使教育活动为塑造“完人”这一任务服务。

建构主义认为,知识不是通过教师传授得到,而是学习者在一定的情境即社会文化背景下，借助获取知识的过程，在其他人（包括教师和学习伙伴）的帮助下，利用必要的学习资料，通过意义建构的方式而获得。由于学习是在一定的情境即社会文化背景下，借助其他人的帮助即通过人际间的协作活动而实现的意义建构过程，因此建构主义学习理论认为“情境”“协作”“会话”和“意义建构”是学习环境中的四大要素或四大属性。

“情境”：学习环境中的情境必须有利于学生对所学内容的意义建构。也就是说，在建构主义学习环境下，教学设计不仅要考虑教学目标分析，还要考虑有利于学生建构意义的情境的创设问题，并把情境创设看作是教学设计的最重要内容之一。

“协作”：协作发生在学习过程的始终。协作对学习资料的收集与分析、假设的提出与验证、学习成果的评价直至意义的最终建构均有重要作用。

“会话”：会话是协作过程中不可缺少的环节。学习小组成员之间必须通过会话商讨如何完成规定的学习任务的计划；此外，协作学习过程也是会话过程，在此过程中，每个学习者的思维成果（智慧）为整个学习群体所共享，因此会话是达到意义建构的重要手段之一。

“意义建构”：这是整个学习过程的最终目标。所要建构的意义是指事物的性质、规律以及事物之间的内在联系。在学习过程中帮助学生建构意义就是要帮助学生对当前学习内容所反映的事物的性质、规律以及该事物与其他事物之间的内在联系达到较深刻的理解。这种理解在大脑中的长期存储形式就是前面提到的“图式”，也就是关于当前所学内容的认知结构。由以上所述的“学习”的含义可知，学习的质量是学习者建构意义能力的函数，而不是学习者重现教师思维过程能力的函数。换句话说，获得知识的多少取决于学习者根据自身经验去建构有关知识的意义的能力，而不取决于学习者记忆和背诵教师讲授内容的能力。依据上述建构主义的理论，可以树立以下建构主义的教学观念：

①学生是教学情境中的主角。传统教学偏重教师的教，现代教学侧重学生的学。学生是学习的主体，教师不能代替学生学习，所以，教师不是教学的主体这是不言而喻的事情。因此，教学情境中要尊重学生的主体性，学生只有在成为教学情境中的主角以后，才会积极主动地参与教学过程。

②教学是激发学生建构知识的过程。既然知识是学习者自我建构的结果，那么教学就不是传授、灌输知识的活动，而是一个激发学生建构知识的过程。教学就是

要创设或者利用各种情境，帮助学生利用先前的知识与已有的经验在当前情境中进行学习和认知。

③教师是学生学习的引导者、辅助者、资料提供者。关于教师，人们向来认同“传道、授业、解惑”的说法，所以在传统教学实践中，教师多是知识的传授者、班级的管理者。但在建构主义看来，教师的价值就体现在能否激发学生以探究、主动、合作的方式进行学习，教师应该是学生的引导者、辅助者或咨询者，学习的资料提供者。

④教学活动体现为合作、探究方式。传统中教学多成为一种管理活动，强调规范和纪律，而学生的学习反被淹没了。教学要能引导学生主动参与知识的学习。一方面使学生面对问题情境，刺激他们思考、探究；另一方面营造人际互动、互激的情境，让学生学会在合作中学习。

⑤教学活动的展开是一个过程。教学应该注重过程而不是结果。学生因为疑难、困惑而引起主动、探究学习，学生的冲突、混乱、惊奇实质上代表了学生的学习活动，所以，教师职责就不是给学生提供现成的答案，而是在忍耐、观察中，引导学生成长，这是一个过程。

⑥学生的学习不仅限于教科书。传统中，教学就是教师教授一本一本的教科书。但既然学习是一种积极的知识建构过程，教学就不应该仅仅局限于教科书或相关的辅助材料，整个社会文化以及学生在生活中的所有问题和情境都有助于学生的学习和知识建构。

(4)建构主义的学生观

建构主义认为教师的教学是“为了每位学生的发展”。学生是具有极大可塑性的个体，他们最需要受教育，也最喜欢接受教育。只因传统教学方式过于单一，简单灌输，抑制了学生学习热情。因此建构主义一是把学生看成是发展中的人，学生发展有其规律，熟悉不同年龄阶段的学生身心发展特点，并依据其规律开展教育，是促进学生身心健康发展的前提。二是建构主义把学生看成是独特性的人，每个人遗传素质、社会环境、家庭条件和生活经历的不同，而形成了个人独特的“心理世界”。他们在兴趣、动机、需要、气质、性格、智能和特长等方面各不相同，“人心不同，各如其面”，珍视学生的独特性和培养独特的人，应成为我们对待学生的基本态度。三是学生与成年人之间有着巨大差异，学生的观察、思考、选择和体验，都和成人有明显不同，所以“应把成人看作成人，把孩子看作孩子。”

(5)建构主义的评价观

建构主义教学评价的重点在于知识获得的过程,认为怎样建构知识的评价比对结果的评价更为重要。“立足过程、促进发展”,是这种评价思想的集中代表。以对学生学习效果的评价来说,它包括了学生自我评价,学习小组对个人的学习评价,教师对学生激励性评价以及是否完成对所学知识的意义建构的评价。评价内容由重知识识记转向重实践能力、创新能力、心理素质、学习态度的综合考查。评价标准由强调共性和一般趋势转向重视个体差异、个性发展的评价。评价方法除了传统笔试,更多关注多元参照系评价。评价主体由单级转向教师、学生、家长、社会共同参与的交互评价。评价重心由只关注结果转向形成性评价、促进性评价兼容。

2.建构主义的几种教学方法

(1)抛锚式教学

抛锚式教学是由约翰·布朗斯福特领导的温比尔特认知与技术小组开发的,主要目的是使学生在一个完整、真实的问题背景中产生学习的需要,并通过镶嵌式教学以及学习共同体中成员间的互动、交流,即合作学习,凭借自己的主动学习、生成学习,亲身体验从识别目标到提出和达到目标的全过程。抛锚式教学的理论基础是吉伯逊的“供给理论”。供给理论认为不同的环境特征能够给各种特殊的有机体供给不同的活动,换言之,有机体在不同的环境中会有不同的行为,相应地,不同类型的教学环境也能供给不同类型的学习活动。“供给”在这里是指情境能促进学习活动的潜力。因此,抛锚式教学强调教学情境的重要性,要求让学生在真实的或类似于真实的情境中探究事件、解决问题,并自主地理解事件、建构意义。真实情境是学生建构知识的宏观背景,必须包含真实的事件或问题。真实问题应与学生的经验相关,具有足够的复杂性,并能引起学生持续探索的兴趣。事件或问题被称为“锚”,确定它们被形象地比喻为“抛锚”,一旦这类事件或问题被确定了,整个教学内容和教学进程也就确定了,故这种方法称为抛锚式教学。由于它强调创设真实的情境,主张教学以真实的事例或问题为基础,所以又称情境教学,有时也被称为“范例式教学”或“基于问题的教学”。抛锚式教学大致由以下几个环节构成:

①创设情境:根据学生的发展需求,提供与真实情况基本一致或类似的情境。

②确定问题:从情境中选择出与当前学习主题密切相关的真实事件或问题,以备学生去解决,当然,最好由学生自己发现问题。这一步的作用就是“抛锚”。

③自主学习：学生各自独立地解决问题，发展自主学习的能力，包括确定要建构的内容的能力，获取有关信息与资料的能力，以及评价、利用信息与资料的能力。教师的任务是向学生提供解决该问题的有关线索，如需要收集哪些资料，从何处获取有关的信息资料，以及现实中专家解决类似问题的探索过程等。

④协作学习：通过不同观点之间的讨论与交流，修正、加深每一个学生对当前问题的理解，达到对学习内容比较一致和具有相对确定性的认识。

⑤效果评价：由于抛锚式教学要求学生解决面临的真实问题，解决问题的过程可以直接反映学习的效果，因此，它不需要独立于教学过程的专门测验，教师只需要在教学过程中随时观察并记录学生的表现。

(2)支架式教学

在建构主义的教学中，为了引起学生持续探索的浓厚兴趣，建构的对象即学习主题必须是完整的知识单元，所呈现的问题应具有足够的复杂性，这可能大大超出学生原有的知识水平，使学生的建构活动面临困难，因此，教师的帮助是必要的，特别是要帮助学生把复杂的任务加以分解，并设计、提供一种概念框架，为学生持续建构奠定基础，这就是所谓的支架式教学。确切地说，支架式教学是指通过提供一套恰当的概念框架来帮助学习者理解特定知识、建构知识意义的教学方法，借助该概念框架，学习者能够独立探索并解决问题。"支架"原意是建筑行业中使用的"脚手架"，这里用来比喻对学生解决问题和建构意义起辅助作用的概念框架。支架应是一个完整的概念体系，起点概念不是学生已经掌握的知识，而应略高于学生已有的知识水平，其理论基础是苏联心理学家维果茨基的"最近发展区"理论。维果茨基认为，教学不能在学生已有的知识水平上重复，学生要解决的问题和原有能力之间应存在差异，但距离过大也会导致学生学习失败，差异应是学生在教师的帮助下通过努力能够消除的，这一差异就是"最近发展区"。如果根据"最近发展区"建构概念框架，这样的支架就可以帮助学生顺利地进行不停顿的建构活动，直至完成学习任务。

支架式教学的主要环节包括以下几个步骤：

①搭支架：确定要建构的知识，围绕学习主题，按"最近发展区"的要求建立概念框架。

②进入支架：呈现一定的问题情境，由此将学生引入概念框架中的某个节点，为学生的建构活动提供基础。

③独立探索:让学生在支架的帮助下自主寻求问题的答案。探索的内容包括:确定与给定概念有关的各种属性,并将各种属性按重要性大小顺序排列。在探索的过程中,教师的引导作用应由大到小、从有到无,直至放手让学生独立探索,即要逐步消解概念框架的支撑作用。

④协作学习:进行小组协商、讨论。讨论的结果可能与以前确定的概念不吻合,应尽量使学生的理解达成一致,以完成对概念比较全面和正确的建构。

⑤效果评价:包括学生个人的自我评价和学习小组对个人的学习评价。评价内容包括自主学习能力,对小组协作学习所做出的贡献,是否完成对所学知识的意义建构三个方面。

(3)随机访问教学

随机访问教学的理论基础是"认知弹性理论"。该理论认为,人的认知随情境的不同而表现出极大的灵活性、复杂性、差异性。不仅不同的主体对同样的对象会建构出不同的意义,即使同一个主体在不同的情境中也会对同样的对象建构出不同的意义。所以,同样的知识在不同的情境中会产生不同的意义,不存在绝对普遍适用的知识。以此为基础,随机访问教学主张对同一教学内容在不同时间、不同情境,基于不同目的,着眼于不同方面,用不同方式多次加以呈现,以使学生对同一内容或问题进行多方面探索和理解,获得多种意义的建构。这里的"访问"原是计算机科学的术语,主要指在互联网上对不同网站进行探索。"随机访问"即自由地、随机地从不同角度访问、探索、建构同一内容。这种教学方法不是抽象地谈如何运用概念,而是把概念具体到一定的实例中,与具体情境相结合,并达到对概念全方位的理解。每个概念的教学都要涵盖充分的实例或变式,分别用于说明不同方面的含义,而且,各实例都可能同时涉及其他概念。因此,随机访问教学绝非为巩固知识技能而对所学内容进行的简单重复,而是对所学知识或内容意义的不断建构。

随机访问教学的基本环节如下:

①呈现情境:向学习者呈现与当前学习内容相关联的情境。

②随机访问学习:向学习者呈现与当前所学内容不同侧面的特性相关联的情境,引导学习者自主学习。

③思维发展训练:由于随机访问教学的内容比较复杂,所研究的问题往往涉及许多方面。因此,在这类教学中教师应特别注意发展学生的思维能力。为此,教师

应注意:引导学生发展“元认知”水平,即要提高学生对自己的认知过程和结果的反省意识水平,意识到自己在问题解决过程中所运用的认知策略的优劣;帮助学生建立思维模型,即帮助学生意识到自己思维的特性,如教师可用这样一些提问帮助学生建立思维模型:“你的意思是指……”“你怎么知道这是正确的?”等;培养学生的发散思维能力,教师可向学生提下列问题:“还有没有其他含义?”“还有没有其他解决办法?”等。

④协作学习:围绕通过不同情境获得的认识、建构的意义展开小组讨论。

⑤效果评价:包括自我评价和小组评价,内容与支架式教学相同。

二、布卢姆的掌握学习理论

1.布卢姆的掌握学习理论的核心要点

(1)学生具备必要的认知结构是掌握学习的前提

布卢姆认为:“学生具备从事每一个新的学习任务所需的认知条件越充分,他们对该学科的学习就越积极。”学生原有的认知结构决定着新的知识的输入、理解和接纳,对学习结果及其以后学习都有重大的影响。所以,该理论十分强调学生在学习前应具备所需的认知结构。由于不同学生的认知结构在数量和质量上存在着差异,布卢姆主张教师在学期初,应先对学生进行诊断性评价:确定学生是否具备了先决技能、先决态度和先决习惯;鉴定学生对教学目标的掌握程度;辨别学生需要帮助的程度。根据诊断性评价的结果,为学生提供预期性知识,使教学适合学生的需要。

(2)学生积极的情感特征是“掌握学习”的内在因素

布卢姆指出,学生成功地学习一门学科与他的情感特征有较高的相关。那些具有较高学习动机、对学习有兴趣、能积极主动学习的学生,会比那些没有兴趣、不愿学习的学生学得更快更好。教师在教学中能否充分注意并合理满足学生的情感需要,对学生的和谐发展具有非常重要的意义。教师应尽可能让每个学生都感受到高峰的学习体验,获得成功的快乐。由于一次又一次的成功,学生的学习愿望得到加强,成就感逐渐形成,学习的内驱力就会大大增强。

(3)反馈矫正系统是“掌握学习”的核心

布卢姆认为:“掌握学习策略的实质是群体教学并辅之以每个学生所需的频繁的反馈与个别的矫正性的帮助。”教学过程的每个步骤都必须通过评价来判断其有效性，并对教学教程中出现的问题进行反馈和调整，从而保证每一个学生都能得到他所需要的特殊帮助。反馈矫正通常分四步：

①每堂课结束时留10分钟左右的时间，用课前编制好的几个能突出反映“目标”的小题目进行检查，方法灵活，个别提问、集体回答、口答、笔答都可采用。回答者所学知识得到强化，听者知道错在何处，如何补救。

②在每个单元结束时进行一次形成性测试，测试突出“目标”中规定的重点、难点，涉及本单元的所有新知识。

③根据形成性测试的结果，进行个别补救教学。个别补救教学最有效的方法是：将学生按学习成绩分成四到五人一组的学习小组，“掌握”者做“未掌握”者的小老师，互相帮助，这样既帮助未掌握者深化理解，又帮助未掌握者找出错误所在并及时纠正。

④进行第二次形成性测试，对象是在第一次测试中“未掌握”而接受辅导、矫正的学生，内容是第一次测试中做错的题，目的是获得反馈信息，了解有多少人经过矫正达到了掌握，能否进行下一次单元的教学。

2.布卢姆的掌握学习理论的现实意义

(1)乐观主义的学生

布卢姆的“掌握学习”是一种有关教与学的“乐观主义”教学理论。“乐观主义”理由有：这一理论从根本上反对个别差异先天性和不变性的观点，而“主张只要能找到帮助每一个学生的方法，那么从理论上说所有学生都能学好”。以往学校的做法，往往是按照正态分布，把学生分为若干等级，并把这种划分标准作为衡量学生优劣的稳定、持久的依据，并影响学生的整个学习生涯。受其影响，教师在看待学生时，只希望班内三分之一的学生成绩不及格或刚及格，三分之一的学生成绩及格但还不算好，三分之一的学生完全掌握了学习目标和内容。而学校的主要精力往往都放在这三分之一的完全掌握了学习目标和内容的优等生上，对其他三分之二的中差生则兴趣极微。这种不合理的做法所导致的结果必然是教学质量大幅度下降，以及人为地制造大批的差生。“掌握学习理论”是对传统教学中等级、分组制的挑战，打破根深蒂固的偏见，主张教师对每个学生的发展充满信心，并为每个学生提供理想的教学，提供均等的学习机会，为需要帮助的学生提供充足的时间和帮助，让每个学生都得到理想的、适合自己个性需要的教学，让每个学生都得到发展。这种乐观主义的、面向全体的学生观，对当前教育教学改革中新的学生观的确立具有重要的意义。

（2）新型的个别化教学实践

“掌握学习”是一种新型的个别化教学实践，它既不悖于集体教学，也不是纯粹的个别化教学，而是在集体教学的基础上进行的个别化教学。教育实践证明：个别化教学效果显著，但需要耗费一定的时间和师资；集体教学虽然能在短时期内教授大批学生，但效果较差，容易产生大量“差生”。“掌握学习理论”通过特定的程度，将集体教学与个别教学相结合，取得较好的效果。“掌握学习”的实施一般步骤有：第一，定标，即制定出科学的、符合实际的“单元教学目标”，然后教师运用任何一种适当的教学方法组织教学；第二，对群体教学进行反馈矫正，包括了课后测验、单元形成性测验、补救教学、再次形成性测验等过程；第三，为掌握而评分，根据既定的掌握标准，分成“达标”和“未达标”，学生成绩是累积的。掌握学习的策略，客观上对教与学都会产生很大的影响。对学生而言，在提高学习效率，激发学习动机，消除焦虑和压抑心理等方面都有明显的效果；对教师而言，有助于教师面向全体学生教学，有效地因材施教，并对学生充满信心，实现学习成绩的“大面积”提高。

因此，在教学实施策略上，布卢姆认为，不管教师的工作做得多么有效，在教学的每一阶段都会出现一些误差，前面的误差会与后面的误差混合起来，这样累积的结果就会积重难返，影响学生的课程学习效果和成绩。他强调集体教学必须辅之以不断的反馈和对学生个别化的帮助。在实施反馈策略上，要求进行形成性测验、提供反馈信息、为学习定向、加强质量监控；在矫正策略上，要求有小组活动、个别指导帮助、为学生提供学习材料等环节。

三、合作学习理论

1.合作学习的理论支撑

合作学习（Cooperative learning）是20世纪70年代兴起于美国，并在70年代中期至80年代中期取得实质性进展的一种教学理论与策略体系。支撑合作学习的理论主要有以下几个方面。

（1）社会互赖论

社会互赖论认为群体是成员之间互赖性可以变化的动力整体，各成员之间的互赖有其差异性。

(2)选择理论

选择理论是一种需要满足理论,学校则是满足学生需要的场所,依照此理论,不爱学习的学生,绝大多数不是“脑子笨”,而是“不愿意学”。

(3)发展理论

发展理论来源于维果茨基的发展区理论与皮亚杰的认知发展理论。

(4)精致理论

认知学的研究证明,如果要是信息保持在记忆中,并与记忆中已有的信息相联系,学习者必须对材料进行某种形式的认识重组或精致。精致的最有效方式之一是向他人解释材料。

(5)接触理论

接触理论认为人际间的合作能提高小组的向心力及友谊。

(6)人本主义学习理论

罗杰斯的人本主义理论认为,同伴教学是促进学习的一种有效的方式。

(7)自控理论

威廉·格拉塞博士认为人的行为内驱力来自人的固有的需要。学生有三种需要:对爱的需要,对力的需要,对自由、娱乐的需要。

(8)建构主义学习论

建构主义认为个体是在与世界环境相互作用的过程中积极建构,改组自己的认知结构而进行学习的,学习涉及学习者之间的相互效仿、协助和激发。

2.合作学习的教学策略

合作学习基本含义是:在教学过程中,以学习小组为教学基本形式,教师与学生之间,学生与学生之间,彼此通过协调的活动,共同完成学习任务,并以小组总体表现为主要奖励依据的一种教学理论和教学策略。其主要特征是:强调共同目标,为共同完成某一目标或实现共同利益而合作;强调合作个体间的相互配合和协调,只有依靠个体间的配合和协调,才能实现共同目标;强调个体目标和共同目标的同一性,在合作中,在实现共同目标的基础上,使个人目标也获得实现。

合作学习是一种目标导向活动,注重学生认知、情感和技能方面目标的达成。合作学习的教学目标一般包括认知目标、情意目标和合作技能目标三个方面,合作学习非常强调这三种目标的和谐均衡发展。

合作学习中的师生观是建立在满足学生的心理需要，突出学生地位基础上的，是为了促进学生学习而开展的活动。合作学习把教师置于教学的“管理者”“促进者”“咨询者”“顾问”和“参与者”等多种角色之下，强调师生多维互动。

合作学习把教学活动看成是一种任务分享、责任共担的人际间的动态教学活动过程，是系统利用教学动态因素之间的互动合作来促进学生的全面发展，以小组团体成绩作为评价标准，共同达成学习目标的合作过程。合作学习的教学观主要体现在对教学本质的独到见解、教学设计的灵活生动、教学情境的准确阐释、教学结构的正确划分、教学组织形式的多样运用、教学时空的合理配置以及教学过程的动态发展的认识基础上。

合作学习摒弃了传统教学评价关注个体在整体中名次竞争性评价，把“不求人人成功，但求人人进步”作为学习评价的最终目标和尺度，将常模参照评价的指标改为标准参照评价，把个人之间的竞争转化为小组之间的竞争，形成了“组内成员合作，组间成员竞争”的新格局，使评价中心由鼓励个人竞争转向小组集体合作达标。

四、安德森的知识分类理论

1.两种知识的分类理论

安德森把知识分为两类：一类叫陈述性知识，是个体具有有意识的提取线索，能用语言陈述的知识，是用来描绘世界是什么的知识；另一类叫程序性知识，是个体不具有有意识的提取线索，但可以通过其作业而间接推测出来的知识，是关于如何做的知识。例如，当儿童能说出同分母分数的减法运算规则(分母不变，分子相减)后，便可以认为他已贮存了同分母分数运算的陈述性知识。倘若儿童能正确解决诸如“一条绳子长1米，小东用去了2/7米，这条绳子还剩多少米？”的问题，则可以认为该儿童已经获得了同分母分数减法的程序性知识。前一类知识又可称为记忆性知识；后一类知识也就是我们所称的技能(安德森的程序性知识)，包括智慧技能和动作技能(有人称为操作技能)。上述例子中的程序性知识为使用规则办事的智慧技能。

2.两种知识的表征方式

陈述性知识和程序性知识的划分有其哲学的根源，而且对说和做两种能力的区分，古已有之。但著名认知心理学家安德森并不是给这两种能力贴上了现代的标签，他还对这两类知识的心理实质(心理表征)做了充分的阐释。

(1)陈述性知识的表征

安德森认为,陈述性知识在人的头脑中是以命题和命题网络的形式贮存的。现代认知心理学家认为,知识的基本单元是命题。命题由两个成分构成:关系和一组论题。论题多由名词、代词表示(有时也可以用动词和形容词表示)。如"某人在安装轮胎"中的论题是"某人"和"轮胎"。"高个子女人在打篮球"中的论题则是"女人"和"篮球"。命题中的关系多以动词表示,有时也用形容词和副词表示。命题中的关系往往对论题起限制作用。如"某人在安装轮胎"中的关系是"在安装",明显地限制了论题"某人"的信息范围。任何两个命题,如果具有共同成分,则它们就可以通过这一共同成分彼此联系起来。许多彼此联系的命题构成命题网络。现代认知心理学家认为,人脑中的知识不可能孤立地贮存,总是通过与其他知识建立某种关系而贮存,而且只有通过一定的网络系统贮存的知识才能被有效地提取利用。

(2)程序性知识的表征

安德森指出,与陈述性知识的表征方式不同,程序性知识则以产生式和产生式系统的方式贮存。 产生式是指条件-活动(condition action)的规则(简称C*A规则)。C-A与S-R具有相似之处:当S出现或C满足时,便产生反应或活动;其不同之处是:C-A中的C不是外部刺激而是信息,即保持在短时记忆中的信息。活动也不仅是外显的反应,也包括内在的心理活动或运算。一般而言,C-A规则中的条件一旦满足,活动或运算结果(A)就会出现,这个结果被贮存在短时记忆中,又会成为下一步C-A中的条件。简单的产生式只能完成单一的活动,现实中的活动更多是由单一活动组合起来的序列化的复杂活动。经过练习,简单的产生式可以组合成复杂的产生式系统,这种产生式系统被认为是复杂技能(程序性知识)的心理机制。产生式可通过控制流而相互形成联系。当一个产生式的活动为另一个产生式的运行创造了所需的条件时,则控制流从一个产生式流入另一个产生式。

3.两类知识的学习方式

(1)陈述性知识的学习

对陈述性知识的学习,安德森以陈述性知识的表征为基础,用激活论来加以解释,即命题网络中的命题有两种状态:静止的(长时记忆中)和激活的(工作记忆中)。一定的命题激活后,可以沿着已有的命题网络扩散,当新学习的命题与原有命题同处于激活状态(同处于工作记忆中)时,新旧命题就可以相互联系,从而习得新

命题或产生新命题。激活论认为,新知识的学习经过下列阶段:

①向学生呈现新的命题知识。

②学生将文字或其他符号转换成命题的表征。

③外在输入的新命题通过激活扩散,使学生原有命题网络中的相关命题被激活。

④新命题和被激活的原有命题同处于工作记忆中,它们形成网络联系,新命题即被习得。

⑤新命题和学习阶段被激活的原有命题形成紧密联系而被贮存于长时记忆中。

(2)程序性知识的学习

对程序性知识的学习,安德森主张用知识的编辑来解释,即程序性知识是由陈述性知识经过知识的编辑转化而来的。知识编辑就是将以命题网络表征的陈述性知识,经过合成与程序化两个子过程转变成以产生式表征的程序性知识的过程。所谓合成,是将一系列个别的产生式汇编成一个程序。这样,个别的产生式就被依次组合起来,其中一个产生式的激活,就会引起下一个产生式的激活,如此进行下去,会形成一个前后连贯的程序。所谓程序化指的是在执行程序时逐渐摆脱对陈述性知识提示的依赖。一旦程序性知识的学习达到这一阶段,在执行过程中就不需要停下来思考下一步该怎样做。整个产生式系统在执行时就会形成一个连贯流畅又不需要过多意识关注的程序,这就是技能的学习达到了自动化或熟练的程度。

五、人本主义学习理论

人本主义学习理论主张从人的直接经验和内部感受来了解人的心理,强调人的本性、尊严、理想和兴趣,认为人的自我实现和为自我实现而进行的创造才是人的行为的决定性力量。人本主义学习理论以罗杰斯的“以学习者为中心”的学说为代表,其基本观点如下。

1.学习是有意义的心理过程,而不是机械地刺激和反应的总和

罗杰斯认为,要了解考察人的学习过程,只了解外部情境和外部刺激是不够的,更重要的是要了解学习者对外部情境或刺激的解释和看法。

2.学习是学习者潜能的发挥

罗杰斯认为,人类是具有学习的自然倾向和学习潜能的,是一种自发的、有目

的、有选择的过程。所以，教学的任务就是创设一种有利于学生潜能发挥的情境，使其潜能得到充分发挥。教学内容和方法的确定都应以学生为中心，教师的任务是帮助学生增强对变化的环境和自我的理解。

3.学习的内容应是对学习者有价值的知识经验

罗杰斯认为，只有当学生了解到他所学内容的用处时，学习才可能成为最好的、最有效的学习。所以，教师要尊重学生的兴趣和爱好，尊重学生自我实现的需要。

4.学习要注意学习方法的学习和掌握

罗杰斯指出："只有学会如何学习和学会如何适应变化的人，只有意识到没有任何可靠的知识，唯有寻求知识的过程才是可靠的人，才是有教养的人。"他还强调，在学习过程中获得的不仅是知识，更重要的是获得如何进行学习的方法和经验。

六、加德纳的多元智能理论

1.加德纳的多元智能理论的内涵

多元智能理论是美国哈佛大学著名心理学家加德纳教授针对比奈和西蒙的智力测验理论而提出的。加德纳认为，智力测验的频繁使用，使得它把人分类并贴上了标签，用来判断人的弱项和短处而非强项和长处。心理测量学家花了太多的时间给个人排出名次，而很少考虑怎样才能帮助他们。加德纳说智力并不是一个容易被测量的东西，目前所能测量的东西，仅仅是语言和数学逻辑。在加德纳看来，智力是一种或一组个人解决问题的能力，或创造出在一种或多种文化背景中被认为最有价值产品的能力。智力是以组合方式进行的，每个人都是具有多种能力组合的个体，他认为一个人的智力是多元的，因此提出了多元智能理论。

加德纳认为，一个人除了言语-语言能力和逻辑-数理能力两种基本智能之外，还有七种智能，即视觉-空间关系智能、音乐-节奏智能、身体-运动智能、人际交往智能、自我反省智能、自然观察智能和存在智能。

言语-语言智能指的是人对语言的掌握和灵活运用的能力，表现为个人能顺利而有效的利用语言描述实践、表达思想并与他人交流。

逻辑-数理能力指的是对逻辑结构关系的理解、推理、思维表达的能力，主要表现为个人对事物间各种关系如类比、对比、因果和逻辑等关系的敏感以及通过数理进行运算和逻辑推理等。

视觉-空间智能指的是人对色彩、形状、空间位置等要素的准确感受和表达能力，表现为个人对线条、形状、结构、色彩和空间关系的敏感以及通过图形将它们表现出来的能力。

音乐-节奏智能指的是个人感受、辨别、记忆、表达以敏锐的能力，表现为个人对节奏、音色和旋律的敏感以及通过作曲、演奏、歌唱等形式来表达自己的思想和情感。

身体-运动智能指的是人的身体的协调、平衡能力和运动的力量、速度、灵活性等，表现为用身体表达思想、情感的能力和动手的能力。

人际交往智能指的是对他人的表情、说话、手势动作的敏感程度以及对此做出有效反应的能力，表现为个人觉察、体验他人的情绪或情感并做出适当反应。

自我反省智能指的是个体认识、洞察和反省自身的能力，表现为个人能较好地意识和评价自己的动机、情绪、个性等，并且有意识地运用这些信息去调适自己生活的能力。

自然观察智能指的是人们辨别生物（植物和动物）以及对自然世界（云朵和石头等形状）的其他特征敏感的能力。这种智能在过去人类进化过程中显然是很有价值的，如狩猎、采集、种植等。

存在智能指的是陈述或思考有关生与死、身体与心理世界的最终命运的倾向性，如人为何到地球上来，在人类出现之前地球是怎样的，在另外星球上生命是怎样的，以及动物之间是否能相互理解等。

每个学生都在不同程度上拥有上述九种基本智能，智能之间的不同组合表现出个体间的智力差异。教育的起点不在于一个人有多聪明，而在于怎样变得聪明，在哪方面变得聪明，这一全新的智能理论对于学校教育具有重要的意义。为此，加德纳提出了个性化教学的设想，即强调在可能的范围内使具有不同智力的学生都能受到同样好的教育。它是建立在了解每一个学生智力特点的基础上的，也就是说，教师应该去了解每一个学生的背景、兴趣爱好、学习强项等，从而确立最有利于学生学习和发展的教学方法和策略。

2.加德纳的多元智能理论的教学实践意义

（1）多元性

加德纳认为，人的智能结构由九种智能要素组成，这九种智能要素是多维度相对独立表现出来的，而不是以整合方式表现出来的。九种智能同等重要，不能只将言语-语言智能和逻辑-数理智能置于最重要的位置而忽视其他几种智能。他呼吁要对这九种智能要素给予同等的关注。

(2)文化性

加德纳认为，人类是有文化的生命体，要重视智能的社会文化背景。他指出，智能与一定的社会文化环境里人们的价值标准有关，智能实质上是在一定文化背景下学习机会和生理特征相互作用的产物。

(3)差异性

加德纳认为，每个人都同时拥有相对独立的九种智能要素，而这九种智能要素在每个人身上都以不同方式进行不同程度的组合，使得每个人的智能各具特点，这就是智能的差异性。这种差异性是由于环境和教育所造成的，不同环境和不同教育条件下个体的智能发展方向和程度有着明显的差异性。

(4)实践性

加德纳把智能作为解决实际问题的能力，这是智能理论发展的一个突破性进展。他强调智能不是上天赐予少数幸运者的一种特殊的脑内物质，而是每个人在不同方面、不同程度上拥有的解决一系列现实生活中的实际问题特别是难题的能力，是发现新知识或创造出有效产品的能力。

(5)开发性

加德纳认为，人的多元智能的发展关键在于开发。他反复强调，帮助每一个人彻底地开发他的潜在能力，需要建立一种教育体系，能够以精确的方法来描述每个人的智能演变。学校教育的宗旨应是开发多种智能，并帮助学生发现其智能的特点，促进其全面发展。

七、佐藤学的课堂教学三个范畴理论

日本著名教育家佐藤学教授认为，课堂教学是种种要素组成的复杂的过程。教学不仅是单纯种种要素的复合体，也是种种过程的复合体，拥有其内在逻辑而发展的动态结构。他认为“课堂教学的实践可以理解为由三个范畴构成的复杂活动。第一范畴，构成教与学这一文化实践中心的人是形成与发展的活动范畴。第二范畴，构成介于教与学的认识活动之间并促进该活动的人际关系的活动，形成人际关系的社会实践这一范畴。第三范畴,是在该活动主体——教师与学生的自身关系中构成的。在教与学中,教师与学生不仅构成同客体世界的关系,确立维护人际关系,而且生活在自身的世界中,展开着探索自身的存在,证明、改造同自设的关系的实践。”

“传统的教学论仅限于第一范畴(认知过程),而失落了第二范畴(社会过程)与第三范畴(内省过程)。”在课堂中,教师和学生的关系是“交互主体”关系,而不是什么“主导主体”关系。教师的责任是为学生创造能够使其成为学习活动的主体的应答性的“互动性学习环境”。就是说,学生不是单向地聆听教师的讲解、背诵教师讲的内容,而是能够主动积极地应答“互动性学习环境”。

归根结底,课堂教学将从教师-学生系统转变为学生-应答性环境系统,这就是我们强调的从“灌输中心教学”转型为“对话中心教学”的基本要求和含义。佐藤学的课堂理论深刻地剖析了课堂教学的实质,为建设现代化的课堂进一步指明了方向,理清了思路,成为新课堂建设的引领者和指路人。

八、斯腾伯格的三元成功智能理论

同样颇具影响力的是1985年由斯腾伯格提出的智力的三元理论,他认为智力是适应、选择和塑造环境背景所需的心理能力。该理论由三个子理论(背景子理论、经验子理论和成分子理论)构成。背景子理论指出要从发生的背景看待智力。经验子理论强调个体应付新事物的能力和加工自动化的程度高度依赖于经验。成分子理论是斯腾伯格的信息加工模型,包括三个基本的信息加工成分:元成分、操作成分和知识获得成分。斯腾伯格认为正是个体在这三个成分上的差异导致了人们信息加工的差异,从而造成了个体间智力的差异。然而,从智力的内隐研究出发,斯腾伯格认为三元智力仍不足以解释现实社会中的人类智力,因此,1996年斯腾伯格在三元智力理论的基础上提出更具实用和现实取向的成功智力理论(又称成功智力的三元理论),强调智力不应仅仅涉及学业,更应指向真实世界的成功。他认为成功智力有四个关键元素:

①在一个人的社会文化背景内,按照个人的标准,根据在生活中取得成功的能力定义智力。

②个体取得成功的能力依赖于利用自己的力量改正或弥补自己的不足。

③成功是通过分析、创造和实践三方面智力的平衡获得的。其中,分析性智力是进行分析、评价、判断或比较和对照的能力,也是传统智力测验测量的能力;创造性智力是面对新任务、新情境产生新观念的能力;实践性智力是把经验应用于适应、塑造和选择环境的能力上。

④智力平衡是为了实现适应、塑造和选择环境的目标,而不仅是传统智力所强调的对环境的适应。斯腾伯格还强调,成功智力的基础是跨越文化普遍存在的智力加工过程,即三元理论中曾经论述过的元成分、操作成分和知识获得成分,其中最重要的是元成分,它负责计划、监控和评估。

斯腾伯格进行了大量的实验研究来证实其理论,结果发现确实存在着源自于同样信息加工成分的三种不同的思维能力:分析、创造和实践能力;并且发现,传统的教育只重视鼓励学生记忆和分析的分析性智力,不利于发展创造性和实践性智力;如果能够以与学生智力模式或者思维类型相匹配的方式进行教育和评估,学生将表现得更加出色。与加德纳多元智能理论相似,斯腾伯格的理论同样拓宽了传统智力理论的狭窄视野,发展了人们的智力观和评价观;同时,这种多侧面的理论也更符合人类智力复杂性的特点。斯滕伯格的大量实验,不仅为其理论奠定了坚实的基础,使得理论更为流行,也改变了许多人传统的教育观念,并引发了一系列教育实践,受到了心理学家和教育学家的广泛欢迎。

九、叶澜的课堂生命说

叶澜教授是我国新基础教育实验的开创者和奠基人,其“让课堂充满生命活力”的课堂理论,开创了新基础教育实验的理论先河,并且为当前基础教育课程改革奠定了坚实的理论基础和舆论基础。叶澜教授认为,传统教学论从教的角度探讨问题,实用教学论则从学生的立场出发,教育心理学的兴趣在心理过程的分析,社会学的眼光集中在师生互动、课堂生活、人际关系等的描述上,它们都缺乏课堂教学本质的理性的认识。叶澜认为, 课堂教学应被看作是师生人生中一段重要的人生经历,是他们生活有意义的构成部分;课堂教学的目标应全面体现培养目标,促进学生的全面发展,而不是只限于认识方面的发展。叶澜说“课堂教学蕴含着巨大的生命力,只有师生的生命活力在课堂教学中得到有效发挥,才能真正有助于新人的培养和教师的成长,课堂才有真正的生活。因此,要改变现有课堂中常见的见书不见人、人围着书转的局面，必须研究影响课堂教学师生状态的众多因素，研究课堂教学中师生活动的全部丰富性，研究如何开发课堂教学的生命潜力。教师只要思想上真正顾及了学生多方面成长，顾及了生命活动的多面性和师生共同活动中多种组合和发展方式的可能性，就能发现课堂具有生成性的特征。”我们只有把课堂教学改革的实践目标定在探索、充满生命活力的教学上，学生才能获得多方面的满足和发展，教师的劳动才会显现出创造的光辉和人性的魅力。

第三节　教学设计的流程与模式

一、教学设计的基本流程

教学设计是综合多种学科理论和技术研究成果的学科，其主要理论基础有学习理论、教学理论、系统理论和传播理论等，每一种理论都从不同的视野对教学设计的形成与发展产生了重要的影响，其中学习理论是四种理论中最重要的理论基础。教学设计的基本流程如图2-1所示。

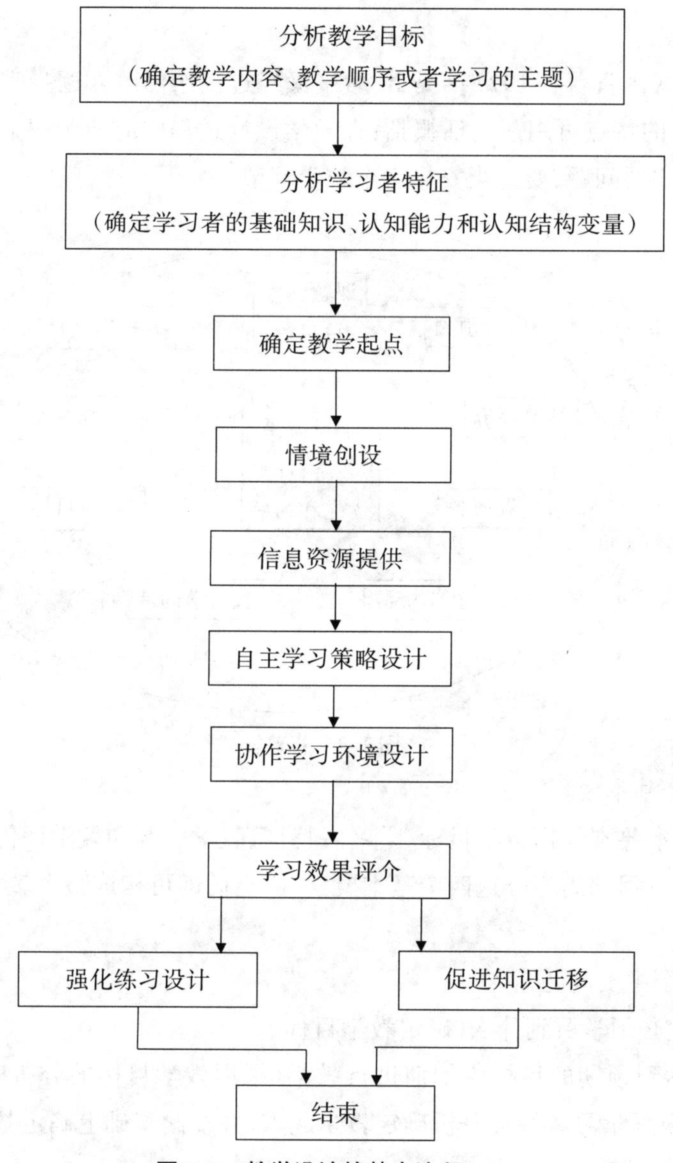

图 2-1　教学设计的基本流程

二、常见的几种教学设计模式

1.肯普模式

肯普模式由肯普在1977年提出,后来又经过多次修改才逐步完善。该模式(如图2-2所示)的特点可用三句话概括:在教学设计过程中应强调四个基本要素,需着重解决三个主要问题,要适当安排十个教学环节。

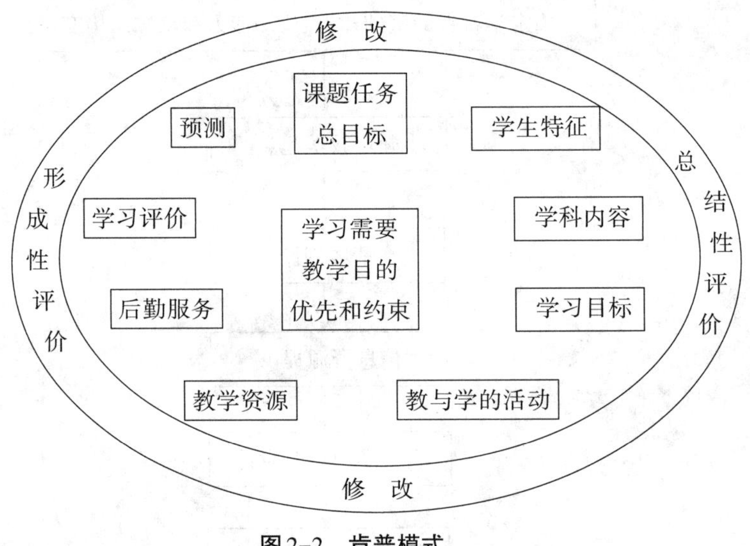

图2-2　肯普模式

(1)四个基本要素

四个基本要素是指教学目标、学习者特征、教学资源和教学评价。肯普认为,任何教学设计过程都离不开这四个基本要素,由它们即可构成整个教学设计模式的总体框架。

(2) 三个主要问题

① 学生必须学习到什么(确定教学目标)。

② 为达到预期的目标应如何进行教学(根据教学目标的分析确定教学内容和教学资源,根据学习者特征分析确定教学起点,并在此基础上确定教学策略、教学方法)。

③ 检查和评定预期的教学效果(进行教学评价)。

（3）十个教学环节

①确定学习需要和学习目的，为此应先了解教学条件（包括优先条件与限制条件）。

②选择课题与任务。

③分析学习者特征。

④分析学科内容。

⑤阐明教学目标。

⑥实施教学活动。

⑦利用教学资源。

⑧提供辅助性服务。

⑨进行教学评价。

⑩预测学生的准备情况。

为了反映各环节之间的相互联系、相互交叉，肯普没有采用直线和箭头这种线性方式来连接各个教学环节，而是采用环形方式来表示教学设计模式。图中把确定学习需要和学习目的置于中心位置，说明这是整个教学设计的出发点和归宿，各环节均应围绕它来进行设计；各环节之间未用有向弧线连接，表示教学设计是很灵活的过程，可以根据实际情况和教师自己的教学风格从任一环节开始，并可按照任意的顺序进行；图中的"形成性评价""总结性评价"和"修改"在环形圈内标出，这是为了表明评价与修改应该贯穿在整个教学过程的始终。

2. 以学为中心的教学设计模式

以学为中心的教学设计模式是何克抗教授在1998年提出的。他在深入分析建构主义学习环境下教学设计研究所出现的忽视教学目标分析、忽视教师主导作用以及过分强调学习环境设计而忽略自主学习设计等偏向后，提出以"学"为中心的教学设计模式（如图2-3所示）。

（1）教学目标分析

对整门课程及各教学单元进行教学目标分析，以确定当前所学知识的"主题"（与基本概念、基本原理、基本方法或基本过程有关的知识内容）。在以教为中心的教学设计中，进行教学目标分析的目的是要从教学大纲所规定的总教学目标出发，逐步确定出各级子目标并画出它们之间的形成关系图。由形成关系图即可确定为达到规定的教学目标所需的教学内容。在以“学”为中心的教学设计中，进行教学目标分析的目的，如前所述，是为了确定当前所学知识的“主题”。由于主题包含在教学目标所需的教学内容（知识点）之中，通过教学目标分析得出总目标与子目标的形成关系图，即意味着已经列出为达到该教学目标所需的全部知识点，据此即可确定当前所学知识的“主题”。

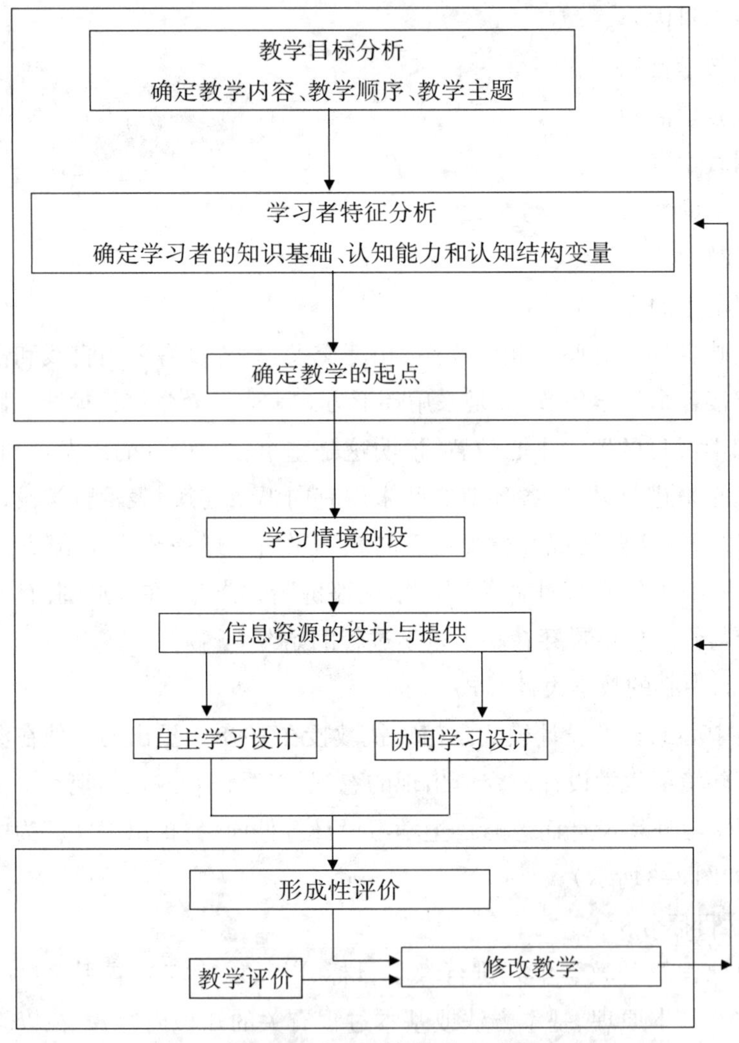

图 2-3　以“学”为中心的教学设计模式

（2）学习者特征分析

学习者特征分析关注学习者的智力因素和非智力因素，其中智力因素分析主要包括学习者的知识基础、认知能力和认知结构变量分析。

（3）学习情境创设

创设与当前学习主题相关的、尽可能真实的情境。建构主义认为，学习总是与一定的社会文化背景即“情境”相联系的，在实际情境下或通过多媒体创设的接近实际的情境下进行学习，可以利用生动、直观的形象有效地激发联想，唤醒长期记忆中有关的知识、经验或表象，从而使学习者能利用自己原有认知结构中的有关知识与经验，去同化当前学习到的新知识，赋予新知识以某种意义；如果原有知识与经验不能同化新知识，则要引起“顺应”过程，即对原有认知结构进行改造与重组。总之，通过“同化”与“顺应”，才能达到对新知识意义的建构。而同化与顺应离不开原有认知结构中的知识、经验与表象，情境创设则为提取长时记忆中的这些知识、经验与表象创造了有利条件。在传统的课堂讲授中，由于不能提供实际情境所具有的生动性、丰富性，不能激发联想，难以提取长时间记忆中的有关内容，因而将使学习者对知识的意义建构发生困难。

（4）信息资源设计与提供

信息资源的设计是指确定学习本主题所需信息资源的种类和每种资源在学习本主题过程中所起的作用。对于应从何处获取有关的信息资源，如何去获取（用何种手段、方法去获取），以及如何有效地利用这些资源等问题，如果学生确实有困难，教师应及时给以帮助。

（5）自主学习设计

自主学习设计是整个以“学”为中心教学设计的核心内容。在以“学”为中心的建构主义学习环境中常用的教学方法有支架式教学法、抛锚式教学法和随机进入教学法等。根据所选择的不同教学方法，对学生的自主学习应做不同的设计。

（6）协作学习设计

设计协作学习环境的目的是为了在个人自主学习的基础上，通过小组讨论、协商，以进一步完善和深化对主题的意义建构。整个合作学习过程均由教师组织引导，讨论的问题皆由教师提出。合作学习环境的设计通常有两种不同情况：一是学习的主题事先已知；二是学习主题事先未知。多数的合作学习是属于第一种情况，但是第二种情况在教学实践中也会经常遇到。

(7)学习效果评价设计

学习效果评价设计包括小组对个人的评价和学生本人的自我评价。评价内容主要围绕三个方面：自主学习能力，合作学习过程中做出的贡献，是否达到意义建构的要求。这一步应设计出使学生不感到任何压力、乐意去进行，又能客观地、确切地反映出每个学生学习效果的评价方法。

3."主导-主体"教学设计的过程模式

"主导-主体"教学设计不论是从理论基础还是从实际的设计方法上看，都是以"教"为主和以"学"为主这两种教学设计相结合的产物。因此，要想理解和掌握"主导-主体"教学设计的理论与方法并不困难，只需了解以"教"为主教学设计和以"学"为主教学设计的理论基础，再把前面所介绍的有关以"教"为主教学设计和以"学"为主教学设计的具体设计方法与步骤结合起来，并加以适当补充就可以了。为了更好地比较、分析和理解主导-主体教学设计的指导思想与教学设计的方法和步骤，我们用图2-4来表示。

从图2-4我们可以看出，主导-主体教学设计过程模式具有以下特点：

①可根据教学内容和学生的认知结构情况灵活选择"发现式"或"传递-接受"教学分支。

②在"传递-接受"教学过程中基本采用"先行组织者"教学策略，同时也可采用其他的"传递-接受"策略(甚至是自主学习策略)作为补充，以达到更佳的教学效果。

③在"发现式"教学过程中也可充分吸收"传递-接受"教学的长处(如进行学习者特征分析和促进知识的迁移等)。

④便于考虑情感因素(动机)的影响：在"情境创设"框(左分支)或"选择与设计教学媒体"框(右分支)中，可通过适当创设的情境或呈现的媒体来激发学习者的动机；而在"学习效果评价"环节(左分支)或根据形成性评价结果所做的"教学修改"环节(右分支)中，则可通过讲评、小结、鼓励和表扬等手段促进学习者三种内驱力的形成与发展(视学习者的年龄与个性特征决定内驱力的种类)。

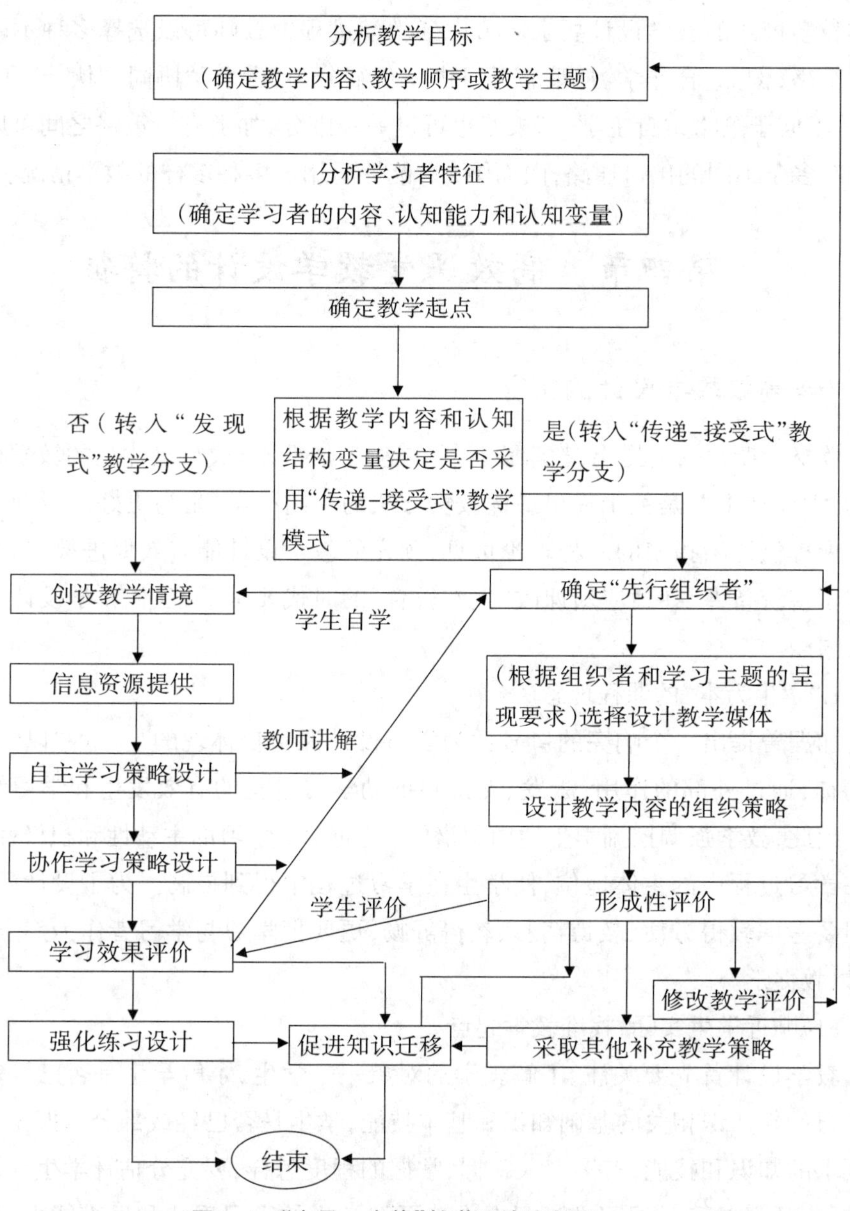

图 2-4　“主导—主体”教学设计流程图

由于具有两个分支(右分支对应“传递-接受”教学,左分支对应“发现式”教学),所以显然它应能支持以“教”为中心和以“学”为中心这两类不同教学模式的教学设计。此外,由于这两个分支既有公共部分又可相互跳转,因而还可方便地实现主导-

主体教学模式的教学设计要求。考虑到教学过程中教师可以选择多种不同的具体教学策略,例如“合作学习”策略还可进一步细分为“竞争”“协同”“伙伴”和“角色扮演”等不同子策略,“自主学习”策略也可进一步细分,加上有些策略之间可以相互跳转且有多条不同的出口通路,因而图2-4能够适用于多种多样的教学情况。

第四节　高效课堂教学设计的特征

一、高效教学设计的特征

赖格卢斯曾明确提出,教学设计旨在达到预期教学成果最优化的教学行为。因此,教学设计主要是关于提出最优教学方法的一门科学,是为更好地帮助人的学习与发展提供清晰指南的一种理论可见,预先的教学设计能有效促进教与学的发展。不同于传统备课,在适应新课改“生本教育”的时代要求下,现代教学设计具备以下时代内涵。

1.“学生为本”的课程理念

加涅曾提出一个响亮的口号:“为学习设计课堂!”体现的是一种“以学生为本”的精神,通过外部的作用,激发、支持和推动学习过程的有效发生和学习结果的达成。因此,教学强调挖掘学生的内部潜能,调动学生学习的主动性和积极性,突出学生在学习过程中的主体地位,使学生在学习过程中得到提高。为了设计教学,教师不但要考虑教得方便、教得精彩、教得舒畅,更要把学习与学习者作为焦点,以教导学,以教促学。

(1)贴近学生实际,找准教学起点

教学设计首先要关注、了解教学的对象——学生,了解学生是否已经掌握与所要学习的新知识相关的基础知识和基本技能,学生是否已经或部分掌握了教学目标中要求的知识和技能,有多少人掌握、掌握的程度怎样,要充分估计学生知识技能的基础、生活经验和学习习惯。只有准确了解学生的学习现状和思维能力,从而找准教学的真实起点,根据学生的实际情况设计教学环节。

(2)激发感染学生,活跃学生思维

学生的思维和课堂气氛的活跃程度是课堂设计和上课成功与否的标志。我们在课堂设计时就必须考虑怎样以教师饱满的热情去感染和调动学生参与的积极性，必须在设计中处理好教学形式和教学内容、活跃气氛和思维训练、动和静、冷和热、有声和无声、常规要求和发展性要求的关系。"活"的形式必须服从和服务于教学内容，做到朴实自然，着力追求新意，是学生在学习过程中，通过参与活动，增加体验来获得知识。这就要求我们寻求学习材料的趣味性，设计多样的学习和探究情境，不断变化学习的节奏，尽可能地活跃学生思维和课堂气氛。例如，对蜡烛的探究实验可设计用叙述方法创设情境，"蜡烛是我们非常熟悉的一种物质。停电时我们用它来照明，生日晚会上用吹灭蜡烛来表达美好的祝福。那么，你可知道蜡烛有哪些性质？它比水重吗？燃烧后生成了什么物质？吹灭后又会怎么样呢？"学生在这种非常熟悉却又无法回答清楚的问题情境中，实验的兴趣一下子被激发起来。对气体的探究实验则可设计采用集体活动方式创设情境。首先，师生一起做深呼吸，观察吸入和呼出的气体（当然，什么也看不到）。然后让学生憋气，教师计时，比一比谁能坚持最久（很难超过1分钟）。最后，教师讲演导入，"我们不能看到吸入和呼出的气体，但我们不能停止呼吸，停止呼吸就意味着生命的结束！那么，人为什么要呼吸？呼出的气体和吸入的气体又有什么不同呢？"学生身临其境，受其感染，体验趣味，可以迅速进入探究状态。

2."过程导向"的核心理念

教学不仅体现为教师教与学生学的共同活动（劳动）性质，更重要的是，教学是人们精心创设的环境，通过外部条件的作用方式，激发、支持和推动学习内部过程的有效发生和学习结果的达成，即教学是在一定的环境下，在内外部条件相互作用的过程中实现的。通常教师进行备课时，往往根据教学目标来计划教学过程，主要围绕教学目标能否完成，学生能掌握多少课本知识来进行备课。这种备课方法以结果为导向，忽略了教学活动。教学过程除了关注教学方法和步骤外，还应关注学习者的需要、学习环境等因素对教学过程产生的影响。如果忽略甚至无视这些因素，教学效果将大打折扣。教学设计理论弥补了这个缺陷，它关注影响教学过程的所有要素及其关系，注重要素之间相互作用的过程对结果产生的影响。教师在进行教学设计时，需要考虑每一个教学步骤的科学性、必要性与可行性，关注学生的可接受性以及教学步骤的有序衔接与层次递进，即在达成目标的基础上，充分考虑和重视整个教学过程的有效运行，"过程导向"的核心理念是有效指导教师教学设计的重要。

3.“导学为主”的价值诉求

只有教会学生学习的方法，才能从根本上减轻教师教学负担，促进教学效率的提高。新课改强调教学生“学会学习”，意味着教师需要在教学生掌握书本知识的基础上，进而教会学生自主学习的方法，使学生善于学习、乐于学习。在传统教学模式下，教师的教学仅研究如何将知识有效地教给学生，即“如何教”。在这一过程中，学生的主体意识并未得到体现，学生的学习与情感需要也并未得到充分重视，因此，传统的教学备课可以说是秉持以“导教为主”的价值取向。而现代教学设计理论诉求“导学为主”，即在教学过程中充分发挥教师的主导作用，从而引导和促进学生更有效的学习。教是围绕“学”来开展和进行的，“导学”型的教学设计表面上好似削弱了教师的教在课堂教学中的重要性，实际上，它对教师的要求不降反升。在不过多参与学生学习活动的基础上，如何确保学生有效内化书本知识，从而提高教学效率是对教师的一项挑战。“导学为主”的现代教学设计突破传统教学忽略学生需要的弊端，在对学生进行认知水平和学习需要分析的基础上，更有效地促进教与学的开展。

4.“主体自觉”的实践过程

传统教学理念主导下的教学过程体现出主体作用于客体的实践模式，教师作为施教者，是课堂教学的主体，学生作为被施教者，是接受教师作用的客体。教师与学生之间的关系呈现出典型的主客体特征，即主体单方面对客体施加行为以改变客体的特征。在这种实践模式下，教师的教案设计容易陷入主观主义的弊端，即当师生面对同一问题时，教师的主观臆断占主导地位，学生的理解容易被教师有意或无意地忽略，这样不利于学生对知识的有意义接受和建构。此外，这种主观主义使教师倾向于采用授受型的教学方法或策略，严重忽视学生的自我意识并降低他们主动参与的积极性。学习化社会中的教学过程不再是成人思维结果中的学生被动接受模式，而是一种有主体性的、自觉的、主动的追求学习模式。这种模式集中体现为教学过程中师生之间和生生之间的平等对话与互动交流，体现为师生之间和生生之间共同的合作探究。现代教学设计倡导将教师和学生视为同一系统中的平等个体，在教学过程中更侧重师生采用互助合作的方式完成对知识的意义建构。这种“主体自觉”的实践过程不仅有利于提高学生自主学习的积极性，启发学生的思维，也有利于建立现代的师生观。

二、高效课堂教学设计对教师专业发展素养的要求

教师是教学的实施者，是连接教学设计理论与实践的关键因素，在新课改的时代背景下，教师的教学设计理念、能力和态度是确保教学设计理论向教学实践有效转化的先决要素。

1.秉持“学会学习”的教学设计理念

正确的理念导向能引领行为，使其不偏离目标，进而在正确的轨道上持续前进。如果教师依然用传统的教学理念来指导现代教学设计，必然陷入传统“教师、书本、教室三中心”的泥沼。国家中长期教育改革和发展规划纲要(2010—2020年)明确提出：把提高质量作为教育改革发展的核心任务……坚持能力为重，着力提高学生的学习能力。纲要所述的“质量”不仅限于使学生掌握知识和技能，还包括要教会学生学习的方法。传统教学仅注重学生知识和技能的掌握，这种观念已不符合新课改的人才培养要求。因此，为了避免教师因循守旧，穿新鞋走老路，教师需要突破传统的以“灌输为主”的教学理念，用“学会学习”的现代教学理念引领教学设计实践，将教学生学会学习作为教学设计的出发点和归宿。只有秉持这种现代的教学理念，教师的教学设计才有可能符合教学改革对人才培养的目标和要求。

2.具备以专业知识和专业技能为支撑的教学设计能力

有效的教学设计是专业知识与专业技能的融合。国内有学者将教师的知识结构划分为四个方面的内容：本体性知识、条件性知识、实践性知识和文化知识。它们分别指教师的学科知识、教育学与心理学知识、课堂情境知识和文化知识。以上可视为教师的专业知识。专业技能在这里主要指应用教学设计的原理和方法的技能。专业技能主要包括分析能力、设计能力和评价能力。分析能力是指对学习者的特征和教学目标进行分析的能力。设计能力是指对教学策略、学习环境和学习效果评价方式进行设计的能力。评价能力是指教师对教学设计方案的评价、反思与修改。专业知识与专业技能对教学设计缺一不可，缺乏专业知识的支撑，教学设计便成了没有内容的空壳，缺乏专业技能的引导，教学设计便无从谈起。因此，专业知识与专业技能是教师进行有效教学设计的重要条件。

3.拥有敢于尝试、开拓创新的教学设计态度

情感、态度往往对行为产生重要影响。一方面，教学设计理论本身的科学性对

教师的教学设计能力提出了较高的要求,使教师产生畏难心理,不愿尝试。即使有些教师最开始愿意尝试,可是由于种种原因,最终没能坚持下来。另一方面,传统备课在教师教学中仍占主导地位,在当前的评价体制下,其有效性并未缺失,因此,部分教师认为没有必要进行教学设计。此外,由于教学设计理论对教师来说还是新事物,其理论本身的本土化实践正处在初步发展阶段,其有效性还需要时间来证明,导致教师不敢轻易尝试用新的教学设计思想和理论来取代原有的教学方法。这些均是阻挠教学设计应用的绊脚石。理论并不能直接套用于实践,其有效性需要在实践中进行检验并使自身得到进一步完善,最终才能对实践产生影响。教师只有充分认识到教学设计的重要性及应用前景,在教学实践中努力冲破教学习惯的桎梏,改变因循守旧的教学观念,以敢于尝试、开拓创新的态度将教学设计理论转化为教学实践,这样才能真正实现教学设计作为连接教育理论与实践的"桥梁科学"的价值诉求。

第五节　高效课堂教学设计策略

一、高效课堂教学设计的基本原则

新课程打破了教学内容的传统体系,对课程内容体系进行了很大的调整,满足了不同层次学生学习知识的需求,而且各部分知识都非常重视激发学生的学习兴趣,贴近社会生活,让学生在实践活动中主动地学习知识、技能、方法,形成积极的情感、态度和正确的价值观,提高学生的科学素养和人文素养。这些变化需要老师要改变长期形成的过分依赖系统讲授和强化训练的教学方式,积极探究讲授、讨论、合作、网络等各种适合学生心理发展特点的教学方式和手段,让学生在科学探究活动过程中获取、体验、应用知识,提高素养。

1.教学目标设计多元化

传统的教学片面强调知识与技能目标,忽略了学生的情感价值目标,忽视了科学素养的全面提高。新课程把培养学生学习兴趣,提高学生科学素养放在首位。这就需要我们在教学设计时要全面考虑课程三维目标的和谐发展,在教学目标的确定中需要做到以下几个方面:

①把握好知识与技能目标层次性。知识与技能目标的制定既要把握教学的深度、广度，也要注意不能盲目地拓宽、加深、删减某些教学内容，还要注意目标的可接受性、阶段性和发展性。如化学概念的学习不但要强调定义的严密性，而且要注意概念形成的阶段性、发展性和学生的可接受性。化学实验应注重学生的探究过程，培养学生掌握仪器的使用、操作的方法与科学研究的建构。

②重视过程与方法目标的建构。教学设计中要突出引导学生以探究的方式学习，激发学生探求科学的热情和兴趣，使学生经历知识的形成过程，感受科学的作用，体验科学的方法，为学生后续学习的可持续发展奠定良好的基础。让“问题情境→实验探究→交流讨论→分析归纳→拓展应用”成为学生自主获取知识、提高能力的过程与方法。在学习交流与合作的过程中，培养学生动手动脑能力，适应社会、关注社会、参与社会的能力，将知识运用于社会、生活的能力。

③要重视情感、态度、价值观目标的挖掘与渗透。情感、态度、价值观目标是教学的最高目标。它主要包括学生对学习的好奇心和 求知欲，对科学本质的认识，对学习的兴趣，对学习与社会发展关系的认识等。知识技能是情感、态度与价值观的载体，方法与过程是情感、态度与价值观形成的基础，课堂教学是催成情感、态度与价值观的主要渠道。在课堂教学中，知识与技能，过程与方法，情感、态度与价值观三个方面的目标体现在各个主题内容的教学及学习过程中，互相依存，密不可分。在教学中要让学生通过多种活动方式学习知识和技能，从中体验学习的乐趣、科学探究的方法，感受并欣赏学习对改善个人生活和促进社会发展的积极作用，关注有关的社会问题，学会与人合作，增强社会责任感。

2.创设情境兴趣化

新课程标准明确要求培养学生持续的学习兴趣。根据青少年心理特点和教材的编写风格及新课程标准理念，运用兴趣化教学策略调动学生的学习动力，培养学生的创造性思维能力是极为重要的。学生学习兴趣的培养主要从以下几个方面入手：

①通过学科发展对人类文明发展已经做出的巨大贡献以及学科发展在现代社会和未来社会的地位和作用使学生体会学好知识的重要性，让学生认识到自己所从事学习的价值，乐于学习。

②充分挖掘、创造性加工教材，适时地创设问题化的情境，通过设疑引发学生兴

趣,经过讨论分析,取得认识的成功,使学生在体验成功喜悦中提高自己的学习兴趣。

③以实验的探究性、新奇性和参与性来激发学生的学习兴趣。

④广泛开展课外活动,提升学生学习的兴趣。通过制作教具、模型,举办讲座,开展课外实验,进行学科竞赛,举办趣味晚会,办墙报,举办学习成果展览会,进行社会热点问题的调查,撰写小论文等活动,让学生感到所学知识有理有趣,乐于学习。

3.教学内容凸显生活化

新课程标准明确指出学科与生产、生活以及科技的发展有着密切联系,对社会发展、科技进步和人类生活质量的提高有着广泛而深刻的影响。高中学生会接触很多与学习有关的生活问题,教师在教学中要注意联系实际,帮助学生拓宽视野、开阔思路,指导学生综合运用学科知识分析解决有关问题。教师要让学生走进生活,弥补课堂传授间接经验的不足,多组织一些贴近生活实际的教学活动,使理论联系实际,学以致用。实施生活化教学要注意以下三点:

①充分利用生活资源,加强学习内容生动形象化。教师充分利用生活资源,从引导学生已有的经验出发,把抽象的理论知识与生活中常见的现象结合起来,给知识赋予生动的内容和形象的反映,从而使学生在熟悉的生活情境中学到新的知识。

②回归生活,强化知识在日常生活中的应用。随着社会的发展,生活中处处渗透着知识,如果能够把知识同生活中的应用联系起来,使学生掌握知识并利用它去了解、解决一些生活中遇到的问题,这样会使学生为自己能够解决这些问题而高兴。尤其在周围的人不懂得这些问题时,更会产生一种自豪感,无形中对学习产生浓厚的兴趣和积极的快乐情感。

③给学生创造动手的机会,逐步培养分析解决问题的能力。在日常教学中尽量做到知识传授和生活紧密结合,尽可能地给学生创造动手的机会,如让学生自发成立课外兴趣小组,自己找出身边感兴趣的问题或当今社会热点问题进行探究,并撰写探究实验报告,从中培养他们的动手能力和探究精神,使学生真正体会到知识源于生活,用于生活。

4.学习方式突出自主化

自主学习是课堂教学中教师在充分相信学生、尊重学生的基础上,教会学生学会发展的一种教学策略。自主学习是在教师指导下的独立学习过程,教师可以从学习材料的给予、问题的设计、结果的讨论等角度组织学习过程,它强调学生在教师引导下主动参与学习的过程,强调学习的亲历性,强调课堂的开放性。学生主动去感知、求疑、解疑,产生直觉和顿悟,产生具有独创性的见解,让多个个体参与到学习活动中,从中培养学生的自我调控能力、自我表现的注意力、承受挫折后的心理调适力,并能对学习内容形成客观的评价。在新课程实施过程中,教师可以从多个角度对学生进行自主性的培养。

5.教学模式探究化

新课程倡导从学生和社会发展的需要出发,激发学生的主动性和创新意识,促使学生积极主动地去学习。学生通过实验亲身经历和体会科学探究活动,激发学生学习的兴趣,学会科学探究的方法和培养科学探究的能力。实施探究性教学策略要从以下五个方面入手:

①树立新的课堂观和学生观。探究性教学改变了人们的教育观念,明确教师是学生学习活动的引导者、组织者和合作者,学生是学习的主人。教师要树立以学生发展为本的观念,在重视基础知识基本技能科学的同时,关注学习方法的形成,情感和态度的培养。

②运用推理进行探究,在探究中寻找规律。规律是前人在实践基础上总结的科学结论,教学时要让学生了解知识的形成过程,让学生体验科学探究的魅力,要让学生经历过程,充分发表自己的见解,在思维和推理中诱导学生进行科学的探究。

③在实验中进行研究,在研究中获得体验。例如,物理、化学是一门以实验为基础的学科,由于实验者或实验条件的不同,往往得到的实验产物也不相同,如果对实验后的产物进行研究,可激发学生学习的兴趣,促进学生思维发展,发挥学生潜能,开发学生的智力,培养学生的创新精神和实践能力。

④开展课外活动,给予学生自我参与、自我实现的锻炼机会。根据学生的个人兴趣、心理特征、知识层次和能力要求,通过丰富多彩的课外活动,为学生个性特长的发挥和创新能力的培养提供广阔的空间。

⑤开展专题研讨式教学,提升学生的综合探究能力。专题研讨式教学体现学科教学的探究性、实践性特点。在教学中设置一些新颖、活泼、有探究价值的问题,让学生自学、讨论、查阅资料,尝试解决问题,安排学生进行交流和沟通。允许学生各抒己见,并且答案是开放式的且不唯一。通过这样的教学,培养学生开放性思维和

创新精神。

6.知识结构网络化

认知心理学认为强化和突出信息的输出，进行分类归纳，建立良好完备的认知结构，使之系统化、结构化，有助于学生知识的把握。知识的学习都应是学习者利用已有知识或认知结构去同化或顺应新知识的过程。例如，高中课程标准中设置的选修模块从不同的层次建构了高中课程的内容体系，有较广泛的适应面和选择性。教学中教师要在上课、布置预习、课堂演示和观察、思考和提出问题、引导学生分析、板书设计、归纳小结等环节精心设计，重点突出；要精选学习材料，优化课堂设计，对不同的教材内容给出不同的讲授顺序；要特别注意把握教材知识结构的层次性和整体性，以帮助学生建构良好的认知结构。教师在呈现教材的知识结构的过程中，要善于运用以下两种整合方式：

①抓知识的上、下位关系，建构起按包摄性由大到小排列的层次化知识结构。

②抓住并列与相关的知识间的横向联系，进行横向整合。

教师要根据知识的结构和教材的知识编排特点，抓住知识的中心要领，统揽全局，建构知识网络，从而使所学知识结构化、系统化、网络化。

7.教学手段信息化

当今社会处于信息高速发展的时代，要想跟上时代的步伐，就必须实施信息化教学。信息化教学策略的最终目的是学生不再是信息简单机械的接受者，而是要让学生成为信息的运用者，学生在互动的信息中将知识进行重组，从而培养学生的创新能力。实施信息化教学要注意以下三点：

①内容不再只局限于课本内容，要紧跟学科发展研究的步伐，让学生及时了解学科的发展动态和新的研究成果。

②形式不再局限于口授耳听，可以让学生进行讨论，辩证、采访、上网、观看相关知识的影片和参观一些与所学知识相关的工农业部门等，这些形式不仅可以扩大学生的知识面，而且能激发兴趣，发挥学生的特长。

③授课者不仅是教师，也可以是工程师及研究人员，或者是具有丰富知识和实践的人，他们可以给学生做专题报告，从而扩大学生的知识面，激发学生的学习兴趣。

④在课堂教学中，教师要多利用小黑板、挂图、投影仪、多媒体等教具，特别是要

采用多媒体教学。教师可利用先进的辅助教学设备，根据不同的教学内容，制作不同内容、不同形式的课件，向学生展示五彩缤纷、绚丽多姿、千变万幻的宏观与微观物质世界，可激励学生在充满神奇与奥秘的化学知识宝库里不断追寻，以启动学生的主动激情，让教学体现出科学性、创造性、情感性、灵活性、魅力性的艺术特征。

8.学生发展差异化

差异学习是在课堂教学中实现个体最优化的学习。以往面对全体同学的教学，强调教学的共性，对个体的差异性强调不够。新课程从课程目标、结构、内容、实施和评价全过程，进一步突显差异性。实施差异教学，要尽量在模块教学中按照课程标准的要求，强调学生原有认知结构对新内容的同化或顺应作用；按学生认知的逻辑顺序组织学习内容和背景材料；不同水平的学生可以明确不同的学习任务，在强化诊断、反馈和矫正环节注重个别指导，使教学能突显其个性化。具体可以采取练习自主选择，对学生进行个性化的学习指导，实行分类评价和学习矫正等。让每一个学生在学习过程中，体会到成功的快乐，在原有的基础上实现有差异的提高。

9.评价方式多元化

传统的应试教育以考试分数为评价方式，只注重学生书面考试，以学生书面考试的分数作为评价一个教师教学水平唯一标准的评价方式，这显然是违背“基础教育要面向全体学生”这一宗旨的。新课程提倡建立多元化的评价方式，在沿用书面测试评价学生掌握知识的情况时，考核的重点不应放在知识的简单记忆和重现上，而应放在分析和解决实际问题的情境中，从知识的整体联系上去考核，不但要有书面考试，还要有诸如学生实验操作等考核方式；评价学生不但要评价该学生知识的掌握情况，更应重视对学生科学探究能力，情感、态度与价值观等方面的评价；要从学生在整个学习过程中的参与意识、合作精神、收集处理信息的能力、对知识的理解和建构能力、实践操作技能及交流技能等方面来评价学生。在重视教师评价的同时，更要重视学生个体的自我评价，强调对每一个学生的发展提供多元化的学习评价方式，使更多的学生在学习过程中，学会反思和自我评价。要充分重视评价指标的全面性，注重评价和教学的一体化，过程评价和结果评价并重，强化评价的诊断与发展功能，弱化评价的选拔和淘汰的功能等。

二、有效整合课程资源,丰富课堂教学内涵

《基础教育课程改革纲要(实验稿)》指出:教学不是简单地传递、灌输课本知识,而是结合具体的教育情境创造性地运用教材的过程。因此,教师要树立教材处理的理念,既重视教材又不拘泥于教材。有效整合课程资源主要做好以下几个方面的工作。

1.教材二次开发整合的策略

(1)创造性使用教材,促使教材个性化

教材作为课程的载体,承载着编制者的课程理念。但无论教材编制如何尽善尽美,其千篇一律的内容和样式蕴含着整齐划一的教育需求,无法满足教育教学情境的多样化和个性化需求。这就要求教师能创设特定的适应情境,促使教材个性化。

【教学案例1】

化学课《氯气》一节,为实现由科学到化学,由化学到生活的教学思路,教师可创设相应教学情境:

①舍勒发现氯气。

②伊普雷毒气战。

③氯气的应用。

在教学过程中进行问题导学,通过精心设计问题情境,不断激发学生的学习动机,给学生提供学习的目标、思维和空间,学生自主学习才能真正成为可能,让学生在问题的解决中建构知识体系,从而达到创造性使用教材,促使教材个性化的目的。

(2)创造性使用教材就是要尊重与理解教材

教材毕竟是专家经过深思熟虑、精心选择的典型教学材料。“创造性”使用既不是抛开教材,也不是“扬弃”,尊重与理解是教师处理教材的首要原则。尊重,既包括以科学的态度对待教材,而不是想当然地轻易肯定与否定;尊重,还意味着以专业的眼光和审慎的态度深入钻研教材,弄清其编排意图与特点,不盲目改动与变换。理解,就是在对文本做深入解读的基础上掌握教材所呈现的各类信息,以及由此所体现的三维教学目标。尤其要仔细揣摩“知识”这一载体,包括被称为“共同知识”的客观的、逻辑的、显性的知识和称为“个人知识”的主观的、情境的、默会的知识。进而

理解教材所提供的知识呈现方式、技能训练形式、情境创设环境、教学进程安排等信息。尊重教材才能有创造性使用教材的能力与效果，理解教材才能有创造性使用教材的勇气与胆略。

(3)创造性使用教材就是要缩短抽象概念理论与生活实践的距离

作为一门学科，有着自身完整的学科体系，构成学科体系大厦的基石是许多在实验基础上形成的抽象概念和理论。因此，在教材中有许多脱离学生生活实践，学生难以理解和接受的抽象概念和理论，教师在进行这部分内容教学中就应该对教材进行必要的加工和课程的重构，以缩短抽象概念和理论与生活实践的距离，积极理解领会课程设计者的主旨和意图，对教材进行个性化的演绎，设计出符合学生思维水平的教学活动，从而创造性使用教材。

【教学案例2】

在《物质的量》一节里物质的量这个概念十分抽象，且脱离学生实际生活，如果不对教材进行必要加工和演绎，学生难以理解和接受，因此教师可创设情境：一滴水有多少个水分子？引出宏观物质和微观粒子之间需要有换算关系，科学家是如何建立这种换算关系的呢？引导学生思考称量1粒大米和100粒大米。前者难以进行而后者却能，说明微观粒子无论多么微小，只要有足够数量堆积在一起，就可称量，引出“堆量”概念，来缩短抽象概念与生活实践的距离，说明一个“标准堆”就是1 mol，从而得出物质所含微观粒子数目集合体多少的物理量就是物质的量。像这样的例子在中学教材里还有很多，教师只有对教材进行必要加工、重构、演绎，使教学内容符合学生认知水平，缩短抽象概念理论与生活实践的距离，才能实现教材创造性使用。

2.重视对实验教学资源的优化整合，充分发挥实验教学的多重功能

新教材进一步加大了演示实验、学生实验、探究实验的比重，突出了实验在教学中的主体地位，在实验教学内容的处理中，通过对实验内容的呈现方式、添加补充实验、改进实验等方法，让实验成为激发学生学习兴趣的生长点，成为学生产生探究问题的源泉，成为学生探究知识原理的有力手段，成为学生开展研究性学习的有效工具，成为学生体验科学探究过程、形成科学方法的有效途径，展示实验在学科中的独特魅力。

3.整合教学媒体资源,发挥有效辅助教学功能

随着新课程改革的深入进行,多媒体教学进入课堂日趋正常。它以声音文字、动画、视频等多种表现形式将抽象变具体、平面变立体、静态变动态,在激发学生的学习兴趣、增大课堂容量、加快课堂节奏等方面发挥着极其重要的作用;但多媒体的选择必须考虑是否符合教学的需求,内容是否正确、资料是否新颖、介绍是否简洁,能否激发学生的学习兴趣、提高学生的参与程度,能否具有良好的制作品质,能否提供有关的效能证据,能否关注了教学对象的特性,尤其是知识技能。要改变用它代替板书、代替实验、代替思考的做法。

4.自主开发新的课程资源,建立自己的教学资源库

新课程理论认为教学资源有:课程标准资源、教科书资源、教学参考书资源、自读课本资源、教师自身资源、学生自身资源、校园环境资源、各学科之间的资源、各教师之间的资源、各实验区之间的资源、学校和家庭所在地的社区资源、电视广播资源、网络资源……这就需要我们在平时的教学中通过阅读学习,利用网络媒体资源,同行之间资源的交流,各种学科资源的收集等方式建立自己的资源库,满足自己的教学需求,也可以通过互联网与他人交流共享。资源库的建立可按以下模块设置:

①学科资料素材库:主要包含化学教材的研究与学习、学科发展史话、科学家故事、生活与学科知识应用等。

②教学设计课件例库:主要包括优秀的教学设计、多媒体课件、成功的教学案例等。

③实验资源库:各种实验动画演示、实验视频、优秀的实验案例等。

④习题库:主要包括课堂练习,单选或模块训练题,综合训练题,学生易错题,学生带有共性问题的分类和解析等。

⑤教师反思成长库:主要包括教学反思、教学日记、成长故事、学习笔记等。

【教学案例3】

学科资源库的结构示意如图2-5所示。

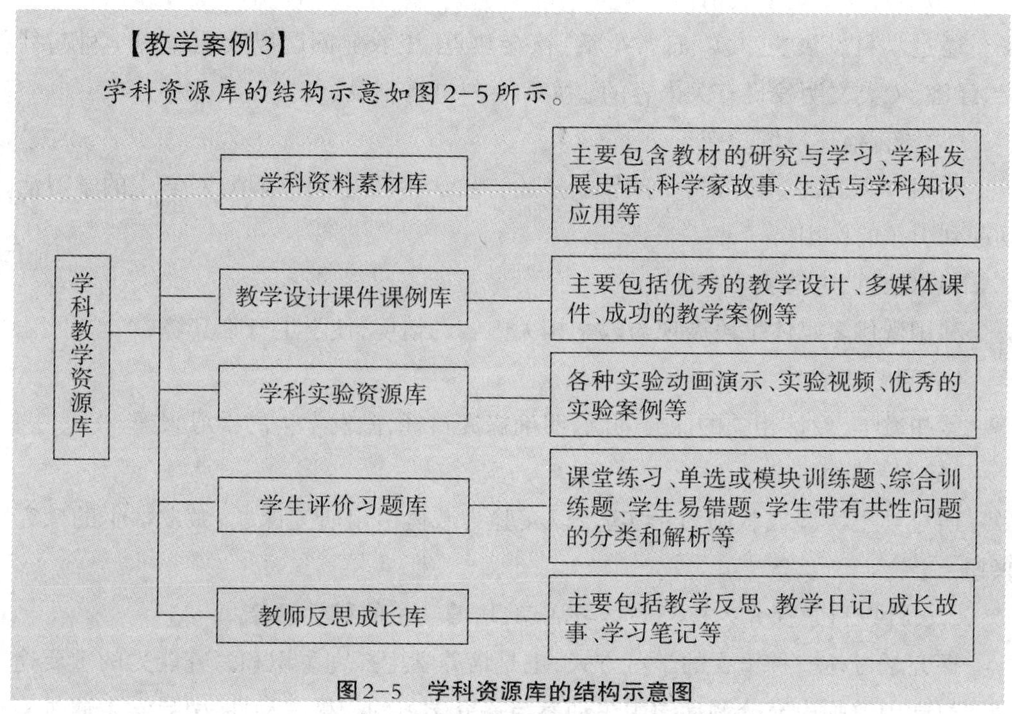

图2-5　学科资源库的结构示意图

三、重视教学情境的创设,设计以科学探究为核心的学习活动

1.重视教学情境的创设,激发学生探究兴趣

教学情境对学生的学习活动具有推动、暗示、移情的作用,使学生的学习达到最佳状态。教学情境获取线索可以从教材的资料栏目(如联想质疑、资料在线、拓展视野、人物聚焦等)中提取;从核心内容、教材的正文内容中提取;从隐含于教材内容的问题中提取;从教材中的活动栏目(如"观察与思考、迁移与应用、交流研讨、活动探究"等)中提取。从图表和模型的提取中发现解决问题的线索。教学情境创设的主要方法如下。

(1)文字材料情境

通过文字、图表、数据、史料、新闻等展现与教学内容相关的背景,作为学生学习的依据进行创设。

(2)学科发展史事实情境

通过学科发展史事实、日常生活、社会热点、工农业问题以及能体现学科与社会、经济、人类文明发现有关内容的事实和材料进行创设。

(3)语言描述情境

利用口头语言、身体语言等展现、描述与教学相关内容的情境,对学生的学习活动起到引领的作用。

(4)行、色、声情境

利用现代多媒体手段展现与教学相关内容的情境,使学生身临其境,兴趣盎然。

(5)问题情境

紧扣教学,设计相关的探究问题,明确探究目标,激发学生的学习兴趣。

(6)实验情境

通过学生实验或教师演示实验,以实验为载体引出研究课题,激发学生的探究兴趣。

2.设计以科学探究为核心的学习活动,培养学生的科学素养

探究学习是一种重要的学习方式,也是培养学生探究意识和探究能力的重要途径。教学中教师应充分调动学生主动参与探究学习的积极主动性,引导学生通过实验、观察、调查、资料收集、阅读、讨论、辩论等多种方式,在提出问题、猜想与假设、制订计划、进行试验、收集证据、解释结论、反思评价、表达交流等活动中,渗透对学生可续探究能力的理解,发展学生的科学探究能力。

科学探究活动可围绕以下要素设计:

①要有值得探究的核心问题(真问题)。

②要有围绕问题的假设和预测。

③要有解决问题、寻找支持或否定假设证据的过程。

④要有交流和评价。

⑤要有过程方法和情感、态度与价值观方面的收获。同时还需要注意选择好探究问题的深度和广度,把握好课时要求。

教学中常见的主要探究活动的形式有:

①设计以实验为手段的科学探究活动。新课程设置了许多探究实验、活动实验,改变了过去教材过于完整的叙述,在实验中没有给出现象、解释、结论,而是通过

一些问题或学案的形式呈现，让学生在实验探究的基础上去观察、交流、解决问题，得出结论，增强学生参与实验探究、独立思考的能力，引导学生透过现象看本质，将实验观察与理性思维紧密结合。

②设计以交流讨论为形式的科学探究活动。讨论型探究活动是学生围绕某个主题或问题进行探讨，公开表达和交流自己的见解的活动。这种探究活动通过教材设置的“交流与思考”“实践活动”为题材，设计一系列的问题来引导学生深入思考，并通过思考正确表述个人观点，通过与他人的交流，修正、改进、完善自己的观点。

③设计以社会实践、调查访问为形式的科学探究活动。社会实践、调查访问型探究活动强调利用教材中的“实践活动”栏目和课后习题设计探究课题，让学生从身边熟悉的问题入手，深入社会生活获取第一手资料和信息，借助他人的知识经验和各种资源，整理分析获得的信息和资料，归纳、总结出结果，提出合理化建议，并将探究的结果通过图画、短文、图片、网页、论文等形式呈现，公开与他人交流。让学生的学习走出课堂，走向社会，在实践学习中成长。

3.有效进行自主学习、探究学习、合作学习方式的整合，实现学习方式的转变

新课程理念强调学生的学习方式从接受学习向自主学习转变，从孤立学习向合作学习转变，从封闭学习向开放学习转变，让学生在获得知识的同时获得积极的情感体验和参与体验，为学生获得终身的学习能力奠定基础。学习方式的转换被教师“形式化”了，为探究而“探究”，为合作而“合作”，为自主而“自主”，甚至把“不讲”“少讲”作为落实新课程课堂学习方式的基本要求。新课程学习方式的选择应注意两个问题。

(1)倡导自主探究合作学习，并不是彻底否定接受学习

新课程教学倡导多样化的学习方式，并不是要放弃接受性学习，要否定讲授法，而是赋予了它新的内涵。首先，教师的角色发生变化，不再是知识的拥有者和传递者，而是要做好学生的“带路人”和他们中间的专家。其次，教师教授的内容不再是注重现成的知识、最终的结果，而是注重学习的过程和知识的获得过程，不仅要学生“知其然”还要“知其所以然”。教师适时的点拨、富有创新的启发、声情并茂的讲解也会起到很好的教学效果。

(2)依据教学内容的特点和学生认知水平选择学习方式,做到多种学习方式的有效整合

学习方式的选择要考虑学习内容的需要和学生的学习能力,自主学习主要适用于学生能通过独立思考完成的内容,主要用于学生的前端学习和通过个人学习可以解决问题的学习,设计自主学习时要强调学生学习的主动性、独立性、自控性(规划性),有助于弘扬学生的主体性和自主精神。探究性学习主要适用于教学有难度的且能呈现知识的发现发展过程,体现科学的认识方法的内容,学习活动的设计强调探究性、开放性、过程性。合作学习主要适用于需要学生相互交流才能解决的学习内容。合作学习设计时教师要预设“独立思考—观点碰壁—交流评价—成果汇报”的步骤,使合作学习向稳健有序的方向迈进。要充分发挥自主学习、探究学习、合作学习等不同学习方式的优势,相互补充,在教学中只有将它们有机结合,才能相得益彰。例如,在化学教学中先引导学生自主学习,如果自主学习中产生疑问,就指导学生探究学习,如果个体探究还不能解决问题,就组织小组合作学习或利用教学的启发式讲解进行有意义的接受学习,直到把问题解决。

第三章 高效课堂的建构

第一节 高效课堂的内涵

高效课堂是高效型课堂或高效性课堂的简称,顾名思义是指教育教学效率或效果能够有相当高的目标达成的课堂,具体而言是指在有效课堂的基础上完成教学任务和达成教学目标的效率较高、效果较好,并且取得教育教学的较高影响力和社会效益的课堂。高效课堂是有效课堂的最高境界,高效课堂基于高效教学。

国家督学刘长兴说:高效教学就是在规定的时间内完成规定的教学任务,其一是指所需课时,其二是指学生在规定的作业时间内完成作业。高效的课堂教学应该做到:当堂教——学生要掌握知识;当堂会——学生要形成能力;保目标——学生应该体验到成功的喜悦;减负担——学生应该保持后劲,永远有学习的兴趣。

李炳亭对高效课堂的概括:“知识的超市,生命的狂欢。”

“超市”是从分层出发,基于“学情”实施分类,即分层目标、分层学习、分层达标、分层作业。“超市”,凸显出对学生学习主体、学习能力、学习内容、学习个性、方式方法的尊重,它遵循的是差异性、选择性、人性化、个体性的教学原理。

“狂欢”是更加关注学生的课堂学习状态,把学习氛围、学习兴趣、学习情感当成最重要的评价依据。课堂知识达标率即便是100%,但课堂气氛沉闷压抑,这样的课堂依然低效。上课不仅是一场学习经历,更是一次充满情趣愉快的情感旅程,唯此才能“让学生怕下课”,才会废寝忘食、乐在其中。

高效课堂被形象地描述为“知识的超市,生命的狂欢”。它属于有效教学的范畴,是相对于负效课堂、无效课堂、低效课堂、有效课堂而言的。也有的称为“理想课堂”,从这个意义讲高效课堂是一种追求和目标。如果用几个公式来比较以上这几种课堂的差异,可以这样来说明:

负效课堂=误人子弟(侮辱、打击、讽刺、挖苦等导致摧残、贬抑、泯灭学生发展)。

无效课堂=目中无人。

低效课堂=知识本位。

有效课堂=学生本位。

高效课堂=主体多元(体现学生的主体性,符合学生的多元智力理论)。

高效课堂有三层含义:高效率、高效益、高效果。

高效率=花最少的时间学最多的内容。

高效益=单位时间内学习结果和学习过程的统一。

高效果=课堂学习达到了较理想的结果。

因此,高效课堂具有以下特征:

①高效课堂具有三大特性:主动性、生动性、创新性。

②从教学目标上解读,高效课堂是把新课改的三维目标加以实化,即实现学习的三步:从知识到兴趣,再到能力,抵达智慧的飞跃。简单地说,是立足于“学会、会学、乐学、创学”,因此,高效课堂是在追求“四维目标”,即超越原有的知识与技能,过程与方法,情感、态度与价值观,而上升到抵达智慧的层面。

③高效课堂把“自主、合作、探究”当成课改的“六字箴言”加以行动阐述并予以发展,在课堂环节上实化为“预习、展示、反馈”,在学习方式上阐释为“独学、对学、群学”,合起来称为“自学”。

④高效课堂的核心是“以人为本”,教师最大的任务是“认识儿童”,教育就是从儿童出发,“发现”儿童、发展儿童。儿童是天生的学习者,儿童有两大天性:好奇心、展示欲,教育就是设法满足儿童的好奇心、展示欲。唯有认识儿童才能发展儿童。

⑤高效课堂在“人本”框架下建构教学关系和师生关系。在教学关系上,主张“学本”,在师生关系上主张“生本”。高效课堂的“三个本”支撑起自己的“教育学”。“学本”,即教服务于学,课堂教学的重点是变“教中心”为“学中心”;“生本”,即按照学生学习、认识和成长的规律,把“学生的”原原本本地交付学生,呵护学生的天性,

让每一个生命自然成长。

⑥高效课堂的灵魂是“相信学生、解放学生、利用学生、发展学生”,围绕这个灵魂重构两个关系,即变传统教学关系中的“唯教”为“唯学”,变传统师生关系中的“唯师”为“唯生”,认为课堂最宝贵的教学资源是“学生”“两唯”的核心是“学和学生”,主张“让学习发生在学生身上”。

⑦高效课堂的关键是“学习能力”。因而高效课堂认为,素质教育的“素质”主要内涵正是学习能力。我们固然承认知识可以灌输,但能力和智慧无法靠灌输获得。从学习的本意说,学习是“在经历中体验”,学习是“自我认知建构的过程”,学习是“情感的交融与共鸣”。

⑧高效课堂的立场是捍卫“学”的神圣。学习是学生“神圣不可侵犯”的权利,必须“把学习还给学生”,这是“事归原主”。

⑨高效课堂的关键在教师“角色”。传统的教学是把教师定位在“二传手”上,高效课堂主张教师要敢于和学会放手,发动“一传”——学生和知识直接对话。因而,教师不是知识的传递者、灌输者,而是“发动学习”的人,所谓发动学习,既激励、点燃、唤醒。从某种程度上讲,“教师即条件”,高效课堂对教师的挑战是,他有能力为学习提供“可能性”。

⑩高效课堂的三个抓手:组织抓手是小组,流程抓手是模式,教学目标抓手是“导学案”。高效课堂的小组有别于传统的小组,高效课堂的小组理念是“同质结对、异质同组、组内分对”,小组是作为“独立学习组织”而存在,类似于“小班化”。高效课堂模式以杜郎口中学为例,课堂模式是10+35。高效课堂的普适性模式即“五步三查”,这套模式较之于一般的“教学模式”不同,它显然不是从学科教学的知识规律本身出来的,而是基于“学习者”对学习、生活的认识和成长规律总结出来的,因而适用于所有的学科和所有学段;高效课堂“导学案”不同于教案和“讲学稿”,它是“引导学习的设计”,是学生自学的“路线图”,是课堂教学的“施工图”。

高效课堂是以“人本”为基石,以培养学生的学习能力、创新精神、意志品格、社会责任、实践能力的课堂,高效课堂教育的理论支撑最简洁的描述是“四新”,即新教师、新课堂、新学校、新学生。

高效课堂的核心理念是:相信学生、解放学生、利用学生、发展学生。但高效课堂又不是一个简单的“教学”概念,它是以课堂为突破口,由教学、评价、文化三大系统建构而成的一个全新的教育概念，完整的表述应该称为“高效课堂教育”。

综上所述，对高效课堂的基本的描述是：以尽可能少的时间、精力和物力投入，取得尽可能好的教学效果。尽可能好的教学效果体现在以下三个方面。

(1)教学效果最大化

“效果指由某种力量、做法或因素产生的结果（多指好的）。”教学效果是指教学出现的情况，是教学活动左右下的成果，包括受教学的影响所能显示出来的一切成果。它对教学有效果的认识，涉及动机与结果以及教与学的关系问题。

首先，教学效果强调的是教学产生的结果，它与动机无关。它不关心教师的教学动机、教学意图、教学设计，只关心教学所产生的实际结果，尽管它们之间有这样或那样的关系。教师再也不能说：“我课上完了，教学任务完成了。”我们知道，传统的教学是以教案为本位的教学，上课是执行教案的过程。教师按照教案设定的教学目标和教学内容，在课堂上“培养”“引导”“发展”学生，教学任务就算完成了，教学目的就算达到了，至于学生是否改变、进步、提高则不重要。这是典型的只讲计划、任务，不重效果、质量的行为。其次，教学效果的落脚点是学，而不是教，学生有无进步和发展是衡量教学有没有效果的唯一指标。进一步说，获得进步和发展是对有效教学质的规定，进步和发展的程度是对有效教学量的把握。因此，教学有没有效果，并不是指教师教得好不好或教得认真不认真，而是指学生有没有学到什么或学得好不好，尽管它们之间也有这样或那样的关系。所以，教师再也不能说：“我课教得很好，只是学生没有好好学习。”

传统的教学是以教师为本位的教学，教被认为是起决定性作用的因素，学是被决定的，教得好必然就会学得好。这是典型的以教代学、以教定学的观念。但是，教学有效果只是有效教学的一个方面，或者说它只是考查和衡量有效教学的一个维度。它只关注效果的有无，既不考虑教学效果是否符合社会和个人的教育要求，也不联系教学投入或教学所耗来考虑教学产出或教学所得。与有效（有效果）相对应的是无效。从教学实际来讲，绝对的无效（效果是零）是不存在的，它一般表现为低效和负效。低效即效果少，负效指的是教学活动对学生造成伤害或消极影响的那些结果（反面效果）。

苏霍姆林斯基曾指出：“如果学生在掌握知识的道路上，没有迈出哪怕是小小的一步，那对他来说，都是一堂无益的课。无效的劳动是每个教师和学生都面临的最大的潜在危险。”

从实践来讲，教学效果的评判标准主要表现在以下几个方面：

①第一视角——学生的学业成绩。美国学者玛扎诺等人在其所著的《有效课堂——提高学生成绩的实用策略》一书中，把“有效”定义为“最大限度地提高学生的学习成绩”。及格率和优良率是学习成绩最主要的两个指标，消灭不及格率、提高及格率和优良率是教学有效果的突出表征，当然，及格率和优良率建立在基于课程标准的测试上。

②第二视角——学生的认知变化。如果说学业成绩是教学结果的外在表征，那么学生的认知变化就是教学结果的内在要素。有效教学就是学生学有所得的教学，具体表现为学生从不知到知（知之少到知之多），从不懂到懂，从不会到会，从不能到能的知识、技能和能力的提高、进步与变化。当然，对学生进步和表现质量的判断必须反映出课程标准所列举的适当表现的特征，即课程标准所规定的内容和目标。

③第三视角——学习态度的变化。通过教学，学生学习态度、学习情感、学习品质等所发生的变化和改进。从这个角度讲，有效教学就是让学生越学越爱学的教学。

从教学论的角度讲，教学要有效果，教师必须确立效果为重的意识和学生（学习）为本的意识，要重在看教学的实际效果及学生的发展，而不是看教学计划、教学任务和教学进度的完成与否；要重在看学生学了什么、会了什么，而不是看自己讲了什么、教了什么。在具体教学操作上，有两点至关重要：第一是教学目标要明确（准确）；第二是教学内容要清晰（清楚）。

正如于漪老师所说的：“教什么必须放到课堂教学的第一位来考虑。目标是课堂教学的主宰，用怎样的方法教与师生之间的活动怎样组织和开展，均应紧紧围绕教学目标，为实现教学目标服务。”

（2）效率的最大化

“效率是指单位时间里完成的工作量。”教学效率指单位教学投入所获得的教学产出。教学有效果、有效率是从教学产生了结果且这种结果是预期的结果来判定的，但两者都没有考虑教学投入与教学产出的关系。如果大的、多的教学投入只获得了小的、少的教学产出，那么这种教学也算不上是有效教学。因此，有效教学在保证有效果、有效用的前提下，还必须做到有效率。教学有效率是指在一定的教学投入内产生了尽可能大或多的教学产出。根据这种定义,减少投入、增加产出就成为教学活动有效率所追求的目标。

夸美纽斯在《大教学论》指出,写此书的主要目的在于“寻找并找到一种教学的方法,使教师可以因此少教,但是学生可以多学;使学校可以少些喧嚣、厌恶和无益的劳苦,多具闲暇、快乐和坚实的进步。”他倡导的班级授课制提出了新的教学有效观,即学校教学要减少投入,增大产出。教学有效率也可理解为师生用尽可能少的教学投入或教学所耗(时间、精力等)获得了尽可能多的教学产出或教学所得。如果对教学做广义理解,鉴于教学投入的直接表现是师生时间、精力、努力等的投入,教学产出的直接表现是教学效果,沿用经济学的概念,可以将教学效率表达为:

教学效率=教学产出(教学效果)/教学投入

显然,教学效率与教学产出成正比,与教学投入成反比。可以说,有效率的核心就是教学投入与教学产出的关系比较,即它是一个相对的概念,它总是在比较中才能够获得有关教学是有效、低效,还是无效的判断。经济学中效率的含义是一种最好的状态,这种状态很像“人尽其才,物尽其用”。教学有效率就是指教学的各个要素、各种资源进入最佳的状态。

苏联教育家巴班斯基提出了教学过程最优化理论。按照巴班斯基的说法,“最优的”这一术语是指“从一定标准来看是最好的”。这里的“标准”有两个:一是教学效果,即每个学生按照所提出的任务,在一定时期内在教养、教育和发展三个方面获得最好的水平;二是时间消耗,即学生和教师应遵守学校卫生学和相应指示所规定的课堂教学和家庭作业的时间定额。

所谓最优化的教学,就是在教养、教育和学生发展方面保证达到当时条件下尽可能大的成效,而师生用于课堂教学和课外作业的时间又不超过学校卫生学所规定的标准。教学效果和时间消耗是衡量教学过程是否“最优”的标准,也是教学过程组织的基本原则。

从实践来讲,教学效率的评判标准主要表现在两个方面:一是减负增效(节约时间);二是解放学生。提高教学效率的具体要求是:一要减少教学时间浪费,把课堂教学时间用在指向教学目标的教与学的活动上;二要精选教学内容,使教与学的活动指向价值最大化的教学内容,提高时间的利用价值。在这方面,不少一线教师也总结了许多很好的经验。

(3)效益的最优化

在经济学中,把商品作为能够满足人的主观愿望的东西,叫效用。有效益强调的是学到的东西能够为学生所用(有益处)。也就是说,学而无用的东西,即便有效果,也无效益。学生通过死记硬背、反复操练,获得高分,即使认知有提高、成绩有进步、教学有结果,也不能说是有效益。当然,如果学生所学到的知识本身是无用的、没有活性的、没有意义和价值的,那么无论学生怎么学,也是没有效益的。

从经济学角度讲,有效性指企业不仅要有东西生产出来,而且生产的东西要能卖出去,为人所用,前者是产量(效果),后者是效益。教学效益实际上是教学价值的体现,具体来说,教学效益指的是教学及其结果与社会和个人发展的需求是否吻合以及吻合的程度如何。"是否吻合"是对教学效益质的规定,"吻合程度"是对教学效益量的把握。显然,教学效益强调的是教学及其结果的合目的性、合价值性。具体来说,它表现在对社会效益,符合社会对培养人的要求,努力造就合格和优秀的公民;对个人效益,为个人一生的发展和幸福奠基,引导个人学会学习、学会生存、学会合作、学会创新,促进个人智慧、品质、体格等方面的成长和发展。

从教学的实践论来看,教学效益的评判标准主要表现在三个方面:

①学会应用。学生能够把所学知识应用于解决生活的实际问题(效用之一:直接用、显性用)。只有能够被应用的知识,才能显示其价值和力量。

②学会学习。教学效益(效用)不仅关注学生学会什么,更关注学生怎么学,即学会学习。在中小学阶段,学会学习比学会什么更具有基础性、工具性的价值和意义,它对学生的后续学习、终身学习影响更大(效用之二:长期用、终身用)。从"学会"与"会学"的关系来看,"学会"重在接受知识、积累知识,以提高解决当前问题的能力,是一种适应性学习;"会学"重在掌握方法,主动探求知识,目的在于发展新知识、新信息以及提出新问题、解决新问题,是一种创新性学习。进入知识经济时代,学生在学校获得的知识到社会上已远远不够用,人们只有不断学习,才能跟上时代的步伐。因此,让学生从"学会"到"会学",就尤为重要和迫切。中小学教育是基础教育,其核心任务是为学习者的后续发展打基础,为学习者的终身学习做准备,所以中小学教学内容应该让学生"带得走",应该陪伴学生行走一生。显然,"带得走"的东西是可以使学生终身受益的,所以它并不意味着立即生效,而往往在经历漫长的过程后才会显现并产生效用,而且这种迟效往往是真正有效甚至是长效的。在苏霍

姆林斯基看来,“阅读”“书写”“观察”“思考”和“表达”这五项的核心内涵是指让学生掌握进行学习活动所不可缺少的最基本的技能和技巧。

③学会做人。教学生学会做人是教学的根本目的,是教学之大用。教师要从教学生学会做人的高度从事教学,不仅要充分挖掘和展示教学中的各种道德因素,还要积极关注和引导学生在教学活动中的各种道德表现和道德发展,从而使教学过程成为学生一种高尚的道德生活和丰富的人生体验。这样,学生学科知识增长的过程同时也就成为其人格的健全与发展过程。

从教学论的角度讲,教学要有效益,就是要全面挖掘知识的教育价值。知识在客观上蕴含着丰富的“育人”价值,其核心表现为三个方面:

①知识的智育价值。知识(真理)不仅反映着事物的客观规律,而且闪烁着人类智慧的光芒。“它不仅是外部现实及客观规律的反映,而且更为重要的是知识中凝聚了千百年来人类的智慧,积淀了生产者在劳动过程中的才华、能力和追求,人类认识世界、改造世界、创造新事物的方式亦浓缩其中。”所以,知识对个体的智力开发、智慧增长具有内在的促进作用。

②知识的育德价值。知识不仅是人类智慧的结晶,而且具有丰富的道德因素,体现着人类的道德理想和精神品质。知识教育对于道德意识的形成具有决定性的作用,任何时候,正确的逻辑推理和高水平的思维能力与合理的行为之间都存在着一种必然的联系。“知识的精神化育价值表现在知识不仅是人类认识活动的结晶,而且是人类道德理想、精神品质的体现,人类在探究知识的过程中所展现出来尊重事实、依据事实、反映事实、敢于冲破教条的束缚、批判谬误、破除迷信的科学精神,为人类自由和解放、为维护真理而敢于牺牲的献身精神,高度的社会责任感和谦虚诚实的品格以及团结协作、共同奋斗的团队精神,对于知识的学习者来说具有深刻的、能够触及心灵的精神化育作用。”一句话,知识能够充实人生,克服无知和偏见,完善道德人格,而一个人的无知必然造成精神的空虚、思想的偏见和人格的堕落。

③知识的育美价值。知识具有陶冶价值,育美离不开知识。知识能够提升人的精神生活能力,使人不仅能够发现美、鉴赏美,也能自觉去追求美和创造美。这是知识的育美价值所在。

从主观角度讲,知识教学要积极提高有效知识量。所谓教学的有效知识:一是指教学中学生真正理解并能灵活运用的知识;二是指有助于学生智慧和人格发展的知识。培根说,"知识就是力量",但笔者认为:只有能够被应用的知识才是有力量的;只有能够转化、内化为方法和能力的知识才是有力量的;只有能够内化、升华为智慧和人格的知识才是有力量的。因此,知识教学必须引导学生在应用中、联系中、情境中进行学习;引导学生在思维中、建构中、质疑中、创新中进行学习;引导学生不仅用头脑进行学习,而且用心灵进行学习。这样学到的知识才是真知识、活知识、有用的知识。

综上所述,高效教学是一种提倡效果、效益、效率三者并重的教学观,有效果、有效用、有效率是有效教学的三个维度。有效果指的是学有所得、所获;有效用指的是学的东西是有价值的、有用的;有效率指的是学的过程和方法是科学的、简洁的、省时的。有效教学的有效果、有效用、有效率,就像长方体的长、宽、高一样,三者缺一不可,缺少任何一个维度都不能构成完整意义的高效教学。

第二节　高效课堂的基本特征

课堂教学集各种要素于一体。由于学科不同、教学内容不同、教学对象不同,决定了高效课堂教学的多样性和可变性。就其共性而言,高效课堂教学具有以下六个特征。

1.以学生终身发展的教学理念为指导

促进学生的终身发展、为学生终身发展奠基,是高效课堂教学所遵循的理念。高效课堂教学就应该着眼于学生的未来发展,培养学生的学习热情,使学生"爱学习";促进学生掌握学习的方法,使学生"会学习",是高效课堂教学的首要特征。由于学生终身发展的含义丰富,不同的教师在教学中会有不同的设计、安排与侧重,也正因为如此,课堂教学的效果会存在多样性,并非千人一面的"样本课堂"。

2.以规范具体的教学目标为导向

明确的教学目标是高效课堂教学的方向指导。高效课堂教学的目标要以促进学生的发展与进步为宗旨,做到规范化和具体化。华东师范大学的崔允教授认为,规范具体的教学目标有四点基本要求:学生为行为主体;行为是可测量、可评价、具体而明确的;行为条件是指影响学生产生学习结果的特定的限制或范围;为评价提供参照的依据是学生预期达到的最低表现水准。课堂教学目标的具体化主要体现在两个方面：一是课堂教学目标应当细化，具体到认知领域，情感、态度领域，动作技能领域等要达到的各项要求；二是课堂教学目标应当明确不同类型的学生应当达到的标准，要按学生的能力、特长等分设不同的要求。

3.以扎实的教学内容为载体

扎实的教学内容是课堂教学促进学生发展的载体。高效课堂教学并不是教学内容越“多”越好，也不是越“难”越好，而是要在了解学生的实际发展水平和特点的基础上，合理地确定教学内容的重点。教科书中的重点内容不仅是基础知识中的最基本、最主要的内容，而且在各学科系统的知识中往往具有承上启下、沟通左右、统帅全局的作用。这就要求教师在课堂教学中一定要抓住重点，突出重点，集中力量讲清重点。因此，课堂上教师要以“精讲多练”方式落实教学重点，要让学生扎实掌握基础知识，发展熟练的基本技能。

4.以多元的学习方式为中介

高效课堂教学要将过去的“教而获知”的过程转变为“学而获知”的过程，其切入点就是转变学生的学习方式，让学生积极参与课堂教学。课堂上可以采用自主学习、合作学习、探究学习等学习方式，让学生变“被动学习”为“自主学习”，变“要我学”为“我要学”。正如学者庞国维所说，自主学习就是建立在学生自我意识发展基础上的“能学”，建立在学生具有内在学习动机基础上的“想学”，建立在学生掌握了一定的学习策略基础上的“会学”，建立在学生意志努力基础上的“坚持学”。可见，无论学生采用何种学习方式，只要能产生学的冲动，能围绕学习目标积极地投入、认真地参与、紧张地思维，就达到了高效课堂教学所追求的目标。

5.以积极的课堂气氛为依托

课堂气氛是一种综合的心理状态，它是由师生的知觉、注意、思维、情绪、意志以及心理定式等多种因素相互作用而形成的有机整体。课堂气氛可以划分为积极、消极、对抗三种类型。积极的课堂气氛是对学生无声的教育，它能够促进学生参与课堂学习。斯卡纳金曾说过：“如果孩子没有学习愿望的话，我们的一切想法、方案、设想都将化为灰烬，变成木乃伊。”只有以充分发挥学生的积极性、主动性、创造性为前提，引导他们在民主、宽松、和谐的课堂气氛中自主学习、合作学习与探究学习，才能达到高效课堂教学的效果，让学生生动活泼地、主动地得到全面发展。积极的课堂气氛主要体现为开放宽松的学习氛围、和谐融洽的师生交往和张弛有度的教学节奏。

6.以科学的教学组织为保障

教学缺乏组织就会失去秩序，教师只能疲于应付那些不断出现的重复性问题，根本无暇顾及提高课堂教学的效率和效益问题。因此，科学的教学组织是高效课堂教学的润滑剂。科学的教学组织表现为教师有条不紊地安排教学和学习活动，合理地分配教学讲授和辅导、学生思考和参与的时间，吸引学生的注意力，引导学生专注于教学内容，解决学生的疑问，处理教学中出现的突发问题，注重课堂管理，防止课堂干扰，减少教学中断，使教学按照教学计划设定的方向顺利地进行。

第三节　高效课堂的构成要素

新课程提出了“以学生发展为本”的核心理念，强调从“知识与技能，过程与方法，情感、态度与价值观”三个维度建构学生发展目标的培养体系。研究如何在现代教育理论、课程理念的指导下，通过优化教师的教学行为和学生的学习行为，通过实现课堂教学效率、效果、效益的最大化，让学生在学会、会学、乐学的学习过程中得到全面和谐发展，提升学生的科学素养和人文素养。高效课堂教学具有如下要素。

一、高效课堂的灵魂——三维目标的准确定位

学习目标是课堂教学的灵魂，是教学的出发点和落脚点，课堂教学活动都紧紧围绕着教学目标展开。新课程从知识与技能，过程与方法，情感、态度与价值观三个维度建构学生发展培养体系，反映了未来社会对公民素养的基本需求。

1.教学过程中学习目标的设计策略

①学习目标的设计要突出三个维度，体现目标的全面性，要避免重知识技能轻过程与方法，情感、态度与价值观的倾向。

②学习目标的设计要整体规划，体现学习目标的阶段性和发展性。要在研究课程标准、教学内容、课程资源、学情分析的基础上，制定出全面而富有阶段性、持续性和发展性的学段目标、模块目标、单元目标和课时目标，为学生的全面和谐发展奠定基础。

③课时学习目标的设计要结合主体性、渐进性、动态性、可测性、可操作性、具体

性等原则,避免教学目标设计随意性大、目标空泛、操作性不强的问题;要有效地把握目标教学的深广度,要寓无形的过程与方法,情感、态度与价值观目标于有形的知识技能、学生的学习行为和学习活动中。

依据课程标准,充分分析教材内容和学生特点,把握教学目标的层次性,新课程的课程标准取代了教学大纲,提出具有一定概括性和导向性的内容标准,它既有学习内容的规定,也有学生学习程度的具体规定,是总目标和分目标的进一步具体化。首先,教师在针对具体内容设计教学目标的时候,要考虑课程标准中对该项学习内容的基本要求,学生经过该项内容的学习后,获得一个怎样的学习结果,使教学目标设计"有章可循"。其次,设计教学目标时,教师还需要仔细研读教科书,明确教科书所涉及的内容,然后再结合内容标准提出的要求合理设计出学生学习各项内容应该达到的学习层次,同时还要考虑学生的学习基础、接受能力等学生自身的特点。教师要关注学生的学习起点、学习兴趣和发展需要,要充分考虑学生的学习基础和达到目标的可能性,把握好教学目标的层次性。

2.课堂教学目标设计遵循的四个原则

①一致性原则,即课堂教学目标与化学课程教学目标保持统一的原则。

②整齐性原则,即知识与技能,过程与方法,情感、态度与价值观三个领域的目标体现纵贯横联的原则。

③层次性原则,即高层次目标包含低层次目标,不同学习者的个体差异的层次性原则。

④具体性原则,即教学目标要坚持难度适中、定位明确、重难点突出、可测量、易操作、有弹性的原则。

3.教学目标的表述存在的主要问题

①没有以学生为主体,目标表述语的主语混乱。如"使学生明白作文素材来自生活""使学生喜爱春天这个季节""培养学生保护大自然的意识""激发学生的学习兴趣"等表述,反映了教师没有把学生作为主体。有的教学目标的表述,既用"学生"做主语,同时又用"教师"做主语。如学生走出学校,开展研究性学习:观察周边的环境,做适当的调查访问,并查阅一定的资料,进行思考,为写作准备素材。指导学生根据所获得的素材,结合自己的感受写不同形式的作文,拓展作文的题材和形式。通过实践活动,使学生明白作文素材来自生活,并使学生学会合作,学会交往。

②"知识和能力""过程和方法"两个方面目标的表述多数比较准确,但不够具体明确,表现在行为动词的运用不够准确和没有具体的表现行为描述上。如"理解生字组成的词语""培养学生的观察、想象能力"这一句中的"理解""培养"笼统、模糊,缺少表现行为的描述。又如一位教师是这样表述《威尼斯的小艇》第二课时的教学目标的:了解小艇的特点,了解作者抓住事物特点进行描写的方法;认识小艇在威尼斯水域中的作用;了解小艇同威尼斯水域的关系。

③"情感、态度与价值观"方面目标的表述不少是"正确的废话",似有实无,无法监测评估。如"激发学生对生活的热爱,调动学生观察思考和练笔的积极性,真正让习作练笔成为学生的生活需要";对小学生学习《爬山虎的脚》提出"学会欣赏生活中的各种事物的内在美"的目标。有的目标表述简直成了"教学法"类的话语,如"创设丰富多彩的教学情境,激发学生学习的兴趣"。

④教学目标的表述内容不全面,存在重"知识和能力",轻"过程和方法""情感、态度与价值观"的现象。又因为"情感、态度与价值观"目标形同虚设,有的课时目标在实质上与课改前没有两样,回到了老路上——只有知识要求、技能要求。如观察图画,展开想象,有创意的理解图画的意思;根据图意,自拟题目,奇妙构想,写一篇400字左右的作文。

这个目标表述中就没有"情感、态度与价值观"方面的目标,且存在上述第二点所讲的问题。再如一位教师对《月亮湾》的目标表述如下:能正确、流利、有感情地朗读课文,背诵课文。学会8个生字,重点学写"绕""朝";理解课文,感受月亮湾的美;培养学生热爱家乡、热爱大自然的感情。

这个目标表述中,没有"过程和方法"方面的目标,且"情感、态度与价值观"方面的目标无法检测。

4.课堂教学目标表述的要素

(1)行为的主体

行为的主体是学生的学习行为而不是教师的教学行为。一般不用来描述教师教学程序和活动安排。如不用"使学生……""让学生……""提高学生……""培养学生……"描述,而用"能认出……""能设计……""能写出……""对……评价""根据……对……进行分析"描述。

(2)行为动词

教学目标表述应用可观察、可操作、可体验的行为动词来描述，不用传统应用的“了解、掌握、熟悉、知道、欣赏、喜欢、相信等”模糊、笼统、难以观察、难以测量的词语，而用“认出、说出、描述、解释、说明、分析、模仿、参与、讨论、交流、认同等”意义明确、易于观察、便于检测的词语描述。

附:①编写认知学习领域的目标时，可以选用下面的动词。

知识:说出……名称、列举、选择、背诵、辨认、回忆、描述、指出、说明等。

领会:分类、叙述、解释、选择、区别、归纳、举例说明、改写等。

应用:运用、计算、改变、解释、解答、说明、证明、利用、列举等。

分析:分类、比较、对照、区别、检查、指出、评论、猜测、举例说明、图示、计算等。

综合:编写、设计、提出、排列、组合、建立、形成、重写、归纳、总结等。

评价:鉴别、讨论、选择、对比、比较、评价、判断、总结、证明等。

②编写认知学习领域的目标时，可以选用下面的动词。

模仿水平:在原型示范和具体指导下完成操作，对所提供的对象进行模拟、修改等。行为动词如模拟、重复、再现、例证、临摹、扩展、缩写等。

独立操作水平:独立完成操作，进行调整与改进，尝试与已有技能建立联系等行为。动词如完成、表现、制订、解决、拟定、安装、绘制、测量、尝试、试验等。

迁移水平:在新的情境下运用已有技能，理解同一技能在不同情境中的适用性等。行为动词如联系、转换、灵活运用、举一反三、触类旁通等。

③在编写情感学习领域的目标时，可以选用下面这些动词。

注意:知道、看出、注意、选择、接受等。

反应:陈述、回答、完成、选择、列举、遵守、称赞、表现、帮助等。

价值判断:接受、承认、参加、完成、决定、影响、区别、解释、评价等。

组织:讨论、组织、判断、确定、选择、比较、定义、权衡、系统阐述、决定等。

价值体系个性化:改变、接受、判断、拒绝、相信、解决、要求、抵制等。

【教学案例1】

在讲授《鸦片战争的影响》一节时，如果把目标表述为“使学生理解《南京条约》对中国社会的危害”的话，那么教学活动结束时，学生对《南京条约》的危害到底是理解了还是没理解，教师往往当堂难以明确验证。但如果把目标具体化为“学生能举例说明《南京条约》对中国社会的影响”，就比较容易确认学生是否达到了目标。再如，理解“鸦片战争”爆发的原因。“A.用自己的话说出战争爆发的一般原因及侵略战争爆发的一般原因；B.在课本上找到有关战争原因的内容；C.用自己的语言解释鸦片战争爆发的原因。”

（3）行为条件

教学目标表述需要表明学生在什么条件、什么范围完成指定的学习活动。如果没有明确的行为条件，学生最终的学习结果往往就难以评价。因此，在描述课程与教学目标时，通常都说明在什么样的条件下达到何等程度的结果。如“借助工具书”“无须参考资料的帮助”“根据周期表”等。对条件的表述有四种类型：一是关于使用手册与辅助手段或者不允许使用，如“可以带计算器”或“允许查词典”；二是提供信息或提示，如“在中国行政区划图中，能……”“根据下列一组图，能写300字的短文”等；三是时间的限制，如“在10分钟内，能……”“通过两课时的学习，能记住……”等；四是完成行为的情景，如“在课堂讨论时，能叙述……要点”“用所给的材料探究……”“通过小组合作讨论，制定……”“通过自行设计实验，体验……”等。

（4）表现程度

表现程度指学生对教学目标所达到的表现水准，可以测量学习结果达到的程度。如“能准确地说出……”“详细地写出……”“客观正确地评价……”等限定目标的表现程度，以便检测。

5.三维教学目标的表述示例

（1）“知识与技能”目标

“知识与技能”目标分“知识”目标和“技能”目标，一般分开写。一般写法是：学习水平+相应目标，其中，学习水平一般应使用课程标准中规定的“行为动词”（知识的用语是：知道、理解、掌握和应用，技能的用语是初步学会、学会、设计）。

（2）“过程与方法”目标

“方法”主要指科学研究方法，如探究方法、观察方法等。一般应通过“过程”感受、认识或运用（学习水平）相应的“科学方法”。一般写法是：通过……过程+（学习水平+相应的科学方法），即通过……过程，感受（认识或运用）相应的“科学方法”（或经历……的探究过程）等。

(3)“情感、态度与价值观”目标

一般应通过“过程”，在“情感、态度与价值观”的变化上引起相应的变化。一般写法是：通过……过程+(学习水平+相应的情感、态度与价值观)，即通过……过程，在相应“情感、态度与价值观”(如科学态度、学习兴趣、学习态度、合作意识、团队精神、关爱生命、爱国热情和民族自豪感等)上达到所期望达到的变化。(情感、态度与价值观——激发学习热情，形成思想情感，具有科学态度，懂得知识的应用价值，用语是体验、感悟、形成)

【教学案例2】

①通过实际测量(行为条件)，所有学生(行为主体)都能准确地(表现程度)说出(行为动词)人体的正常温度。

②在探究前(行为条件)，一般学生(行为主体)都能够(表现程度)拟订(行为动词)简单的科学探究计划和实验方案。

③在获得密度概念的过程中(行为条件)，体验(行为动词)多变量分析的方法和用比值定义物理量的思想方法。

④通过实验探究平面镜成像的规律(行为条件)，获得(行为动词)发现成功的愉悦体验，领略物理理论的和谐。

以上①②两条目标都清楚地陈述了条件、行为、行为发生的条件及行为变化的程度，像这样编制目标不仅方便教师检测，也方便学生判断教学目标是否达成。

值得指出的是，根据具体情况，并不是所有的目标表述都一定要全部包含四个要素，但行为动词是一定要具备的中心要素，描述行为的动宾短语也是必须具备的基本成分例如③④。

【教学案例3】

物理课时教学目标制定的基本过程

1.研究《课程标准》对相关教学内容的目标要求及水平层次

设计每一堂课的教学目标时，首先应把握《课程标准》对相关教学内容的目标要求，通过描述“标准”的动词来判定学习水平要求的基本层次。

《全日制义务教育物理课程标准(实验稿)》第23页关于“摩擦力”条目有如

下要求:能通过常见事例或实验,了解摩擦力。

通过描述“标准”的动词,可以判断对摩擦力的要求是最低的“了解”水平。据此即可为选用相应类型的行为动词来描述课时教学目标打下基础。

2.结合钻研教材和学情分析,界定出本课时教学内容的基本要点

在学习“摩擦力”之前,学生已经学习了力的初步知识,对力的三要素已经有所了解,同时还懂得了二力平衡的相关知识、弹簧测力计的使用等,学生日常生活中经常与摩擦力接触,除对摩擦力的概念比较生疏外,已基本具备自主探究的能力,所以对于学习摩擦力的相关知识应该不会感到困难。

教材先通过分析实例使学生认识摩擦力的存在,并在此基础上说明摩擦力是阻碍物体相对运动的;随后通过探究实验研究摩擦力的大小和什么因素有关,很好地体现了让学生在体验知识的形成、发展过程中,主动获取知识的精神,并且运用控制变量的对比实验这种最能反映科学方法的也是认识上高层次的活动,给了学生认真思考、努力探索和积极实践的空间;摩擦在生活和生产中都有重要的意义,教材最后用较大篇幅联系实际生活中的具体实例介绍增大和减小摩擦的方法,体现了新课程“从生活走向物理,从物理走向社会”的理念。

在介绍摩擦力时,为了不使问题复杂化,教材中没有提出静摩擦的问题,而是统称为摩擦;教材对滚动摩擦没有单独讲述,而是作为减小摩擦的方法来介绍的;教材中也没有具体讲述摩擦力产生的原因。因此,本节教学内容的基本要点是:摩擦力,决定滑动摩擦力大小的因素,增大、减小摩擦的方法。

3.针对知识点,顺次细化,确定三维目标

在学科教学的三维目标中,“过程与方法”“情感、态度与价值观”的生成要以学科的“知识与技能”为依托和中介。因此,在制定教学目标时,针对每一知识点,应该首先确定本节课的“知识与技能”目标。

在确定了“知识与技能”目标后,要进一步研究、分析这一“知识与技能”是怎样获得的,需要经历怎样的探究过程,需要用到哪些科学探究的方法,进而根据学生已有的知识经验和认知能力,确定“过程与方法”目标。

最后,根据本课的“知识与技能”“过程与方法”目标,确定本节课的“情感、态度与价值观”目标。

对于摩擦力一节的教学,在“知识与技能”方面,依据课标的要求,“摩擦力”

这一知识点属于了解水平，应该知道摩擦力的概念及摩擦现象；“决定滑动摩擦力大小的因素”这一知识点，应该知道影响滑动摩擦力大小的因素；“增大、减小摩擦的方法”这一知识点应该知道增大、减小摩擦的方法，能用它解释有关现象。

在此节的“过程与方法”方面，摩擦现象是通过观察和实验得到的，决定滑动摩擦力大小的因素是通过探究得到的，涉及科学探究的一般过程与方法。

在此节的“情感、态度与价值观”方面，探究活动和小组合作中涉及与他人交流的能力以及合作精神。通过了解摩擦在生活中的应用，可增强学习物理的兴趣，并树立将学到的物理知识与生活实际密切联系的意识。

4.采用三位一体的表述格式，选用恰当的行为动词表述课时教学目标

通过上述的一系列分析，可将摩擦力一节的课时教学目标表述为：

①观察有关摩擦的现象，能说明什么是摩擦力。

②经历探究“摩擦力的大小与什么因素有关”的实验过程，在探究过程中能主动与他人合作，能陈述影响滑动摩擦力大小的因素，会在实验中控制变量、设计表格记录实验结果、归纳结论。

③能说明增大和减小摩擦力的方法，能用它解释有关现象，感悟物理与生产、生活的联系，激发学习的兴趣。

二、高效课堂的关键——课程资源的有效整合

课程资源是课程目标达成的重要因素，课程资源的整合是丰富课堂教学内涵、实现高效课堂的关键。新课程强调教材不是唯一的课程资源，教师不但是教材的使用者，也是教材、课程资源的开发者。教师对课程资源的整合、教材的二次开发能力对课堂高效有着十分重要的作用。只有对课程资源的情境性、生活性、对话性进行有效的挖掘整合，才能发挥其最大的效能，实现其对促进学生理解化学知识、形成化学思维，突破教学的难点、盲点、疑点的教学功能。

1.课程资源的整合应突出四个维度

①善于挖掘教材中的显性资源，明确知识脉络关系、地位作用、学习价值。

②善于挖掘教材中的隐性资源，理解教材知识的呈现形式、教材栏目设置功能，领悟教材中隐含的学科思想、基本观念、科学方法等情感资源，通过利用隐性资源落

实学习目标。

③注意要广泛吸收生活、生产、社区、社会、实验等“实景化”的课程资源，充实丰富课堂教学内涵，使学习内容融知识性、趣味性、情境性、生活性、应用性、方法性为一体。

④整合教学媒体资源，发挥其有效的辅助教学。多媒体的合理利用可以优化教学结构、突出重点、突破难点、增加教学直观性、动静结合、宏观与微观结合，提高学生的参与度；但多媒体的选择要根据内容、学情和媒体的特点进行整合，与教师的板书和讲解相互弥补，要避免过多重复使用、教材搬家，使其辅助功能发挥最大化，要避免用虚拟的情景模拟代替实景探究。

2. 课程资源整合的几点要求

(1)学科思想显性化

教材中蕴藏着许多隐而不彰的东西，它们渗透在教材的字里行间，隐含于知识的运用过程中，那就是对待事物的态度、处理事情的方法等，这些就是科学的情感、态度与价值观。在新课程的教学过程中，教师不能只注重知识的传授，还应该关注学生的心理体验，要通过课堂教学这一平台，让学生获得积极的情感体验，养成良好的学习习惯，获得积极的成功理念。所以，教师应挖掘教材中这些素材与信息，对学生开展合适的教育。

(2)教学要求层次化

为了更好地落实教学目标，取得好的教学效果，对学生的要求必须层次化。实际就是确定各阶段的目标。教学的层次性体现在许多方面，为此教师要在领会课程标准总体目标的基础上，把握各阶段的课程目标及教学要求，设计出更加细化的微观层次的教学目标和要求。

(3)深广度适应化

在教材稳定的前提下，学生成为教学过程中的可变因素之一，他们的知识水平、思维能力动态地影响着教学的进程，为了使教学更加有效，教学的深广度必须贴近不同的学生要求，适应学生群体的差异性。这就要求我们针对学生的实际对教材进行恰当的处理。

(4)知识生成条理化

教材的内容并非是学生学习的最佳认知顺序，教师在教材的二次加工中要依据学生的认知水平及规律，对教材的内容进行科学的调整，设计合理的逻辑顺序，有利于学生认知，有利于教师教学。

【教学案例4】

教材是根据当时社会现实来设计、编写的，且编制、审定有一个很长的周期，在使用多年之后更是显得滞后，不能给学生带来鲜活的生活气息，继续使用必然消解吸引力。这就需要教师选择具有强烈时代感、现实意义的素材，激活学生的思维因子。在人教版八年级思想品德《做友好往来的使者》教学时，就播放了一个新闻短片："诗圣"成了"微博红人"。短片内容：2012年3月，微博上流行一组图"杜甫的一天"，语文课本(必修3)中的杜甫图像遭到高中生们恶搞，涂鸦成各种形象。对此，你会画出一个更滑稽的图来吗？当我们遇到类似的情境时该如何处理？这一生活化情境让学生感同身受、有话可说，能建构生活世界与书本世界间的联系，赋予教材新的活力。

【教学案例5】

用案例说话是教材常用的表达方式。在人教版八年级思想品德《做友好往来的使者》教学时，要科学使用好教材中的经典案例，从中推演出结论，让经典案例散发出新的光芒，发挥最大效益，让学生铭记一生。本节教学中梁思成的案例是作为相关链接的方式来呈现的，这个案例非常典型，采取弃用或让学生简单阅读的方法，都不能充分发挥它的功用和价值，如果能结合时代元素加以改造，体现冲突性、现实性就会起到意想不到的结果。

基于"能以客观平等尊重的态度对待不同文化"这一教学目标，做这样的处理：在幻灯片上呈现日本的唐招提寺照片及以下文字：第二次世界大战期间，美军准备轰炸日本一座文化名城，这里有一座最大最美的古寺，有着极高的学术文化价值，被确定为日本国宝。师生共同探讨：当时，中华民族正遭受日本侵略带来的痛苦，我们的亲人受到他们疯狂的残害杀戮，你赞同美军轰炸的做法吗？你会去保护日本的文化吗？幻灯片进一步展示梁思成肖像及简介。接着师生再一次探讨：这样的一位建筑学家积极地去保护日本文化，建议指挥部不要轰炸，这给我们带来怎样的启发呢？通过对案例的改造，渲染了日本的唐招提寺文化的优秀与价值。从不同的视角设计问题，让思维层层递进，引导学生思考与选择，融入民族感情和时事热点，形成道德冲突，诱发学生的深度思考与争辩，培养学生辩证思维能力，帮助学生建构对文化的正确态度，不能因为民族情感影响对世界优秀文化的认同与选择。

三、高效课堂的动力——教学实境的创设

教学情境是一种特殊的环境，是教学具体情境的认知逻辑、情感、行为、社会和发展历程等方面背景的综合体，具有文化属性。教学情境这种环境不同于教学系统外在的、宏观的“环境”（社会环境、学校环境等），它作为课程教学系统的内在组成部分，不仅是物理的、现实的，又是心理的、人工的，是一种通过选择、创造建构的微环境。教学情境是知识获得、理解及应用的文化背景的缩影，其中含有社会性的人际交往和协商，也包括相应的活动背景，学生所要学习的知识不但存在于其中，而且得以在其中应用。教学情境的特点和功能不仅在于可以激发和促进学生的情感活动，还在于可以激发和促进学生的认知活动和实践活动，能够提供丰富的学习素材，有效地改善教与学。

德国教育学家第斯多惠说：“教学的艺术不在于传授本领，而在于激励、唤醒、鼓舞。”有效的教学情境的创设对激发学生的好奇心和学习兴趣，引发学生认知冲突，激发学生的探究欲望和创新精神有着极其重要的作用。

1.教学情境创设的原则

（1）生活性原则

生活性原则就是指教学情境的创设要紧密联系生活、生产实际，重视从学生的原有知识基础出发找准学习的新起点；从学生的生活经验出发找准学习的兴趣点；从学生的新旧知识的联系出发找准新知识的生长点；从学生已有的知识结构出发找准学生学习的“最近发展区”，让学生用化学的视角看待分析生活中的问题，突出化学知识的实用价值。

（2）真实性原则

建构主义学习理论强调创设真实情境，把创设情境看作是“意义建构”的必要前提。学习情境越真实，学习主体建构的知识就越可靠，越容易在真实的情境中运用，从而达到教学的预期目的。真实的情境有利于培养学生的观察、思维和应用能力，有利于培养学生的真实本领，有利于培养学生的真实情感和态度，有利于学生形成

良好的习惯,正确的价值观和世界观。

(3)问题性原则

学源于疑,行于思。问题性原则是指教学情境创设要激发学生产生提出问题、分析问题、解决问题的欲望,为学生学习提供有效的问题支持。

(4)正面性原则

教学情境的创设要传递真善美的学科思想,宣扬学科的主流价值观,传递正能量,减少负面素材对学生发展造成的负面、消极影响。

(5)主题性原则

教师在设置问题时,要明确教学目的,要围绕教学目标,有的放矢,即问题的内容要针对课堂教学目标,问题的指向必须是教学的重点与难点,问题的切入点应该针对学生学习的需要。这样才能使学生的精力集中于教师所提出的问题,学生的回答也能紧扣主题,提高课堂的效率。

(6)开放性原则

问题的开放性是指教师围绕一个问题从不同层次、不同侧面、不同角度、不同方向进行提问以打破学生墨守成观的思维定式,促使他们进行发散性思维,使其对问题理解得更全面,掌握得更牢固,运用得更灵活,使他们的创造性思维得以发展。

2.课堂教学情境的创设途径

(1)利用科学家的故事创设教学情境

科学的发展史就是科学家探索世界的历史,每一个重大发现的过程都是一段科学家艰辛探索的历史,每一段艰辛的探索过程中都有许多精彩的故事,在新教材中介绍的很多,能把这些历史和故事介绍给学生,可以唤起学生做科学家的童年梦想,激起学生追求科学的精神。在介绍科学家的探索过程中,让学生充当科学家,重走科学家的探索历程,掌握科学的探索方法。

(2) 利用熟悉的生活场景,创设更具生活化的教学情境

建构主义认为:把学生置于真实意义的问题情境中,贴近学生的日常生活和社会生活实际,注意从学生已有的经验出发,让他们在熟悉的生活背景中感受、体会、学习,这样才能使学习更为有效。从学生学习的角度看,建构主义学习观认为:学习是学生在与周围环境相互作用的过程中,逐步建立起关于外部世界的知识,从而使自身知识结构得到发展,知识不是通过教师传授得到,而是学习者在一定的情境即

社会背景下,借助他人(包括教师和学习伙伴)的帮助,利用必要的学习资料,通过建构意义的方式而获得。

(3)密切关注社会热点或科技发展的前沿创设教学情境

创设情境驱动学生主动学习的方法,不仅要用兴趣把学生带入课堂,还要为学生设计一些有价值的问题,用化学知识解决能源、环境中的问题,使学生感受到化学知识能够推动科学技术的发展,不再是破坏环境的罪魁祸首,赏识化学的魅力,强化持续学习的动力。

(4)利用学生的认知冲突创设教学情境

新、旧知识的矛盾,日常概念与科学概念的矛盾,直觉、常识与客观事实的矛盾等,都可以引起学生的探究兴趣和学习愿望,形成积极的认知氛围和情感氛围,因而都是用于设置教学情境的好素材。

(5)利用多媒体资源创设情境

现代多媒体技术,主要包括幻灯、投影、录音、电视、电影、计算机等多媒体教学手段,能把生动的动画、图像,清晰的文字注解和优美的声音有机地集成并显示在屏幕上,能抛开某些表面的、次要的、非本质的因素,将内在的、重要的、本质的东西凸显出来,在屏幕上实施微观放大,宏观缩小,动静结合。教师应帮助学生理解抽象概念,想象难以观察清楚的现象,跨越时空的事物和不易实现的实验;要激发学生的学习兴趣,调动学生的积极性,优化教学过程,提高课堂效率;还要激发学生的学习热情,培养学生的观察力和思维力,起到事半功倍的作用。例如,经常结合所教的化学知识编成有趣的谜语故事、惊奇的探险故事、引人深思的破案故事等将抽象的化学知识进行形象的比喻,使抽象的概念变得具体,变得生动活泼;令比较枯燥的知识变得趣味化、情境化,最终达到学生比较容易接受的目的。

(6)挖掘传统文化中的相关内容创设教学情境

我国已有五千年以上的文明史,它以源远流长、连绵不断以及光辉灿烂为显著特征,著称于世界民族之林。在古老的中国文明史中,科学技术的成就则以其特有的光芒,熠熠生辉,把这些素材挖掘出来,以此作为创设教学情境的素材,不但以美的语言激发学习兴趣,还能增强爱国情感。

(7)充分利用实验,创设教学情境

探究性实验与验证性的实验相比,实验的主体是学生,实验的结论可能是不唯一的。如果我们在物质性质教学中,打破章节知识的分割,按照模块设计成探究性的实验,让学生通过真实的实验现象创设教学情境,能够激励学生继续探索的学习积极性。

3.教学情境设计应注意的几个问题

情境教学的基本思路是拓宽优化教育的空间,通过角色效应强化主体意识,缩短学生间的心理距离,形成最佳的情绪状态,注重实际操作,追求教育的整体效益,落实全面发展的教育目标。教学情境设计应注意以下几个问题。

(1)情境的真实性

①情境内容的真实性:许多学生在应用所学知识技能时感到困难,其根源在于学生学习知识技能时通常是脱离事物本来的真实情境。学习情境的性质决定了所学知识在其他情境中再应用的可能性。脱离情境并简化所学知识,往往只能达到刻板的、不完整的、肤浅的理解。如果要求能应用所学知识去解决真实世界中的问题,则必须要求学习和应用的情境具有真实性。学习情境越真实,学习主体建构的知识也就越可靠。

②诱发情感的真实性:诱发真实的情感,营造一种积极的情感氛围,与学生的情感、心理发生共鸣,让积极的情感活动统领整个教学过程,使学生在学会知识的同时形成健康丰富的精神世界。这样,可以使学生的认知与情感、逻辑思维与形象思维、动脑与动手等内容协调、平衡地发展。

③学生体验的真实性:要站在人的活动和环境和谐统一的高度来审视情境,创设情境。通过情境创设,为学生开辟一条生动活泼、主动发展的现实途径,将学生的主动参与、主动发展置于核心地位。通过创设符合学生发展需要的、优雅的、充满美感的环境氛围,使学生积极主动地参与到学习活动中来,促使学生在现实环境和主体活动的和谐统一中获得生动、活泼、主动的发展。

(2)情境作用的全面性

教学情境是被一个明确界定的概念(属于科学概念),它不同于人们日常所使用的、没有明确含义的“情境”概念(日常概念),跟寓意“情感环境”的“情境”也有所不同。不要认为情境的设置只是为了激发学生的情感,营造一种情感氛围,这种观点只注重了情境作用的一个侧面。实际上,情境还应该提供认知所需要的信息,营造一种认知氛围。所谓情境设计不仅应该包括情感气氛、情感环境的设计,还应该包括认知情境的设计、行为环境的设计;它不仅是为情感教学服务,也应该为认知教学、行为教学服务。

(3)情境作用的全程性

有些人误以为设置情境就是在讲解新知识以前,利用与新知识有关的实验、故事、问题等来调动起学生的积极性,激起学生的学习兴趣,引出新课。实际上,教学情境的设置它的功能不是传统意义上的导入新课,情境不应只在讲解新知识前发生作用,它应该在整个学习过程中都能激发和推动学生的认知活动、情感活动和实践活动等。

(4)情境作用的发展性

情境作用的发展性是指设置的情境应该具有促进学生强烈产生继续学习愿望的功能,具有促进学生智力素质和非智力素质平衡发展的功能。一个良好的情境,不仅应该包含着促进学生智力发展的知识信息,这些信息可以帮助学生建构起良好的认知结构,而且应该蕴涵着促进学生非智力素质发展的情感信息,这些信息能营造出促进学生发展的心理环境和群体环境。

需要注意的另一个问题是,设置的情境不仅要针对学生发展的现有水平,更重要的是要针对学生发展的"最近发展区"。情境应该既能满足当前教学的需要,又能体现与当前有关的问题,让学生自己去回味、思考,营造一种意味深远、回味无穷的教学心理环境,让学生在课后继续积极主动地、目标明确地学习。

(5)情境的可接受性

情境的设置要考虑学生能不能接受,要设计好合适的"路径"和"台阶",便于学生将学过的知识和技能迁移到情境中来解决问题。由于知识和技能的迁移总是受到个人能力以及情境因素的影响,所以,教师提供的情境一定要精心地进行选择和设计,使之能适合于学生,能被学生理解和接受。学生在这样的情境中学习到的知识与技能,才有较大可能向生活与生产中化学问题的解决迁移,获得可迁移的知识和技能。学生获得了可迁移的知识和技能,才可能创造性地解决实际问题。如此日积月累,学生解决具体问题的经验和方法日趋丰富,在新情境中解决实际问题的能力就会逐步提高。

【教学案例6】

问题情境的创设——以《现代中国的对外关系》为例

课程标准对本课的知识要求是：了解新中国建立初期的重大外交活动，理解和平共处五项原则在处理国际关系方面的意义；简述中国恢复在联合国合法席位的基本史实，概括我国在外交方面所取得的重大成就；了解中美关系正常化和中日建交的主要史实，探讨其对国际关系产生的重要影响；以改革开放以来我国在联合国和地区性国际组织中的重要外交活动为例，认识我国为现代化建设争取良好的国际环境、维护世界和平和促进共同发展所做出的努力。如完全按教材内容平铺直叙地处理教学，将无法激发学生学习和探究的兴趣，教学效果差。教师在复习时按时间循序给出现代中国三个时间段外交的历史图片，创设问题情境。要求学生自主阅读之后，先用表格列举出在三个时间段内现代中国分别取得哪些重大的外交成就，由此引发了学生的兴趣。然后巧妙设问，提出如下问题让学生思考：

①每一个历史时期内现代中国的外交政策具有什么特点？促进其在不同时期实行不同外交政策的原因分别有哪些？

②这些外交政策各自对现代中国产生了怎样的积极作用？

③从现代中国外交发展的历程中，你认为影响现代中国制定外交政策的因素有哪些？

④探讨现代中国对外关系不断发展的原因。

⑤比较旧中国和现代中国外交成就的差异，从中我们能得到怎样的启示？

课堂上，学生热烈讨论，教师适时进行点拨、启发、引导学生得出结论。有效的问题情境创设让学生活起来了，学生的思维不再以教师为中心，而是自觉地、主动地去探索和思考。

评价反思：古人云："疑是思之始，学之端，小疑则小进，大疑则大进。"问题是思想方法、知识积累和发展的逻辑力量，是生长新思想、新方法、新知识的种子。创设问题情境可以帮助学生学习历史知识，培养学生养成良好的问题意识，鼓励学生敢于质疑、探疑和解疑，培养学生的创新能力，使学生能主动学习和探索，全面提高人文素养。

创设问题引领情境：一方面强调通过问题来进行学习，把问题看作是学习的动力、起点和贯穿学习过程中的主线；另一方面通过学习来生成问题，把学习过程看成是发现问题、提出问题、分析问题和解决问题的过程。问题情境是激活课堂、有效实施教学的根本方法。

【教学案例7】

比较分数的大小

如在教学《比较分数的大小》时，教师在上课伊始将屏幕打开，唐僧师徒四人出现在一荒草丛生的大路上，被太阳晒得口干舌燥。悟空便蹦蹦跳跳地来到师傅面前说："师傅，口太渴了，我去找点解渴的东西来！"并吩咐八戒和沙僧看好师傅。不一会儿悟空抱着一个又大又圆的西瓜回来了。悟空道："师傅和沙僧吃西瓜的1/4，八戒吃西瓜的1/3，我吃西瓜的1/6。"八戒一听瞪着眼睛，很不高兴地说："猴哥，你明知我的肚皮大，吃得多，却分给我的最少，你吃得最多。"语音刚落，悟空便哈哈大笑道："好一个呆子、呆子、呆子……"到此，教师抓住时机提出问题："悟空为什么叫八戒呆子？"由于小学生特别喜欢《西游记》，课一开始，同学们便被生动的画面、富有个性的人物对话所吸引，老师问题一提出，同学们争着回答："八戒不知道自己分得最多。""他真呆！"等。教师紧接着追问："八戒为什么不知道自己分得最多呢？"此时学生跃跃欲试，教师趁疑而入，因势利导，揭示课题。

评价反思：这一案例很好地体现了问题情境的"数学味"。利用学生特别喜欢《西游记》的心理，创设问题情境，引导学生讨论"八戒为什么不知道自己分得最多呢？"从以上教学片段还可以发现，有"数学味"的情境应具备以下三个条件：一是从学生的生活实际和知识经验出发；二是包含明确的数学知识和方法，并能给学生以直接的感受；三是能够有效地引起学生思考。对小学生来说，情境创设要有一定的吸引力，要生动、奇特，能够吸引学生，调动学习兴趣。因此，情境可以创设小游戏、故事、动画、闯关、完成任务等活动。特别是低年级学生对新鲜事物总是充满好奇，容易被情节、故事所吸引，可以根据课本中的情境图编成一则小故事，或创设一个围绕教学内容的情境导入，都能达到很好的效果。动画故事极易调动学生的学习兴趣。因此，在教学中创设含有一定问题的故事情节，利于引发学生的探究热情。

四、高效课堂的核心——学习活动的有效设计与实施

新课程倡导“自主、合作、探究”的学习方式,教学中学习活动的设计和学习方式的选择是课堂教学高效性的核心。

1.学习活动的设计要突出探究性学习活动

学习活动的设计要紧扣学习内容和学习目标,要突出探究性学习活动的设计,让学生在亲历科学的探究过程中,体验科学的探究方法和态度,使学生在知识与技能,过程与方法,情感、态度与价值观等方面都得到收获。探究性学习活动的设计要突出四个要素:

①要设计好值得探究的驱动性问题。探究点的选取要紧紧围绕教学目标、紧扣教学的重难点,具有探究性、生活性、情境性、启发性、开放性、自主性、量力性的特征,要注意控制好探究内容与方法的深度和广度。

②要渗透科学的探究过程和认知方法,要突出“提出问题→猜想与假设→制订计划→实践探究→收集证据→形成结论→反思评价”的科学探究过程,并渗透科学的探究方法和科学的态度与科学精神。

③要给学生提供解决问题的有效支架,要根据探究问题的深广度做好探究方案的预设,给学生提供科学探究的策略和方法。

④要有可靠的探究结论,要做好探究后的反思、交流与评价,让学生总结反思探究过程、提炼探究方法。探究性学习活动的实施要视学生探究能力的不同和探究活动内容的差异,灵活选用以教师指导为主的探究活动,以合作探究为主的探究活动和以自主实践探究为主的科学探究活动。

2.学习方式的选择要突出实效性,避免形式化

学习方式的选择要紧紧围绕学习内容且要考虑学生现有的学习能力状况,要做好自主学习、合作学习、探究学习、接受式学习方式的有效整合。自主学习方式的选择要突出学习的主体参与性、独立性、能动性、自控性,合作学习的选择要突出交往性、互动性、分享性,探究性学习的选择要突出问题性、过程性、开放性。

【教学案例8】

《酸与铝的反应》教学设计时可根据学生发现的问题设计如下探究性学习活动，见表3-1。

表3-1　《酸与铝的反应》教学设计的探究性学习活动

过程	教学活动
发现问题	某同学在进行铝的性质实验时发现，用已去除氧化膜的大小相同的铝片分别与H^+浓度相同的稀盐酸和稀硫酸反应，发现存在明显不同的实验现象：铝片跟稀盐酸反应快，产生气泡多；铝片跟稀硫酸反应慢，产生气泡很少
提出假设	①铝片跟稀盐酸反应快是稀盐酸中的氯离子对反应有促进作用 ②铝片跟稀硫酸反应慢是稀硫酸中的硫酸根离子对反应有抑制作用
实验探究	①在铝片跟稀硫酸的溶液中加入固体食盐，发现反应明显加快 ②在铝片跟稀盐酸的溶液中加入固体硫酸钠，发现反应几乎没有什么影响
得出结论	氯离子对铝片跟H^+反应有促进作用(资料：氯离子会破坏铝的致密氧化膜结构)
拓展应用	①为什么铝制品除了不能盛放酸、碱之外，也不宜长期盛放咸菜等腌制食品 ②结合铝对人体的危害，理解食品包装及与饮食有关的物品不能用铝制品

3.要正确把握教师和学生的角色，体现主导与主体作用的和谐统一

课堂教学中教师要做学生学习兴趣和求知欲的激发者，学习活动的组织者、参与者、合作者，学生思维发展的引导者和思维障碍的点拨者，学习活动和结果的评价者。要让学生敢于提出问题，积极地进行思考和探究，积极地交流表达和反思，让学生愉悦地在读中学、玩中学、做中学、听中学、思中学，促进其科学素养全面、和谐的发展。

五、高效课堂的灵性——生成资源的有效利用

苏霍姆林斯基曾说："教育的技巧并不在于能预见到课堂的所有细节，而是在于根据当时的具体情况，巧妙地在学生不知不觉中做出相应的变动。"动态生成式课堂教学强调：要关注过程体验中即时生成信息，灵活地处理各种信息，有机地整合课堂上各种不同的信息，快速地筛选生成点，促进学生思维、动态生成新知和形成良好的品质，把握有利时机，捕捉有效的生成信息，实施有效教学策略，让化学课堂焕发出

生命的活力。

1.要善于及时捕捉学生思维的闪光点

教师要善于及时捕捉学生思维的闪光点，积极创设开放、民主、和谐的学习氛围，提供给学生一个思考的机会、张扬个性的舞台，提供给学生开放合作的学习时空，激发他们探索的兴趣和欲望，促使教学内容在动态情境中生成，让学生的独特个性得到张扬，创新思维得到释放。

【教学案例9】

在鲁迅先生的《药》的教学中，我让学生讨论文章结尾处对乌鸦的描写有什么作用。学生展开激烈的讨论，有人认为对乌鸦的描写是实实在在的景物描写；有人认为乌鸦指的就是反革命者；也有人认为乌鸦就是象征这个腐朽的封建社会……大家各执己见，谁也说服不了谁。正在大家争执不下的时候，有一个声音冒了出来：老师，文中的“乌鸦”为什么不能写成喜鹊呢？对于这突如其来的问题，大家顿时哄堂大笑。但对我来说，这不正是课堂讨论的精彩之处吗？一个问题的生成，恰好可以引发学生的兴趣，于是我向学生抛出另一个问题：古诗中的乌鸦有什么象征意义？问题一出，学生七嘴八舌地说：“不祥之物，报丧者，小人，哀伤。”在这基础上，学生结合文本的内容，最后达成共识：《药》的结尾着意描写“乌鸦”这一细节，颇有深意。其一，渲染气氛。在周围死一般静的坟场，乌鸦一副漆黑冷峻、缩头缩脑的站相，一声突如其来、情势吓人的大叫，一个张开两翅、挫身迅飞的动作，使人感觉到凄清阴冷，毛骨悚然，况且这乌鸦还是不祥之物呢。其二，凸显主旨。作为革命者母亲的夏四奶奶，对于儿子的死始终不明不白，她相信人死了有魂魄，希望由乌鸦的动作得到验证，她万万没想到，乌鸦并没有按她的意图飞上坟头，而是“远走高飞”了。这实质上暗示了夏四奶奶相信的因果报应、乌鸦显灵这种迷信思想的破灭，从而也就更鲜明地表现出要唤醒民众的主题。在课堂教学中，学生的讨论往往会让大家的思维更活跃，常常生成出我们意想不到的新信息、新思维、新方法，教师要从学情出发，以敏锐的眼光，善于捕捉契机，抓住生成朝有利的方向转化，顺学而导，就会在课堂上出现亮点闪耀的精彩。

评价反思：课堂讨论是教师、学生、文本之间的交流、冲突与融合的过程。

它可以激发学生的学习兴趣,活跃课堂气氛,更重要的是课堂讨论是最容易出现令教师措手不及的生成思维,这些生成思维恰恰体现了学生思维的多样性和多元性。课堂讨论本身就是一项研讨行为,有利于师生思维的碰撞,新观点的生成。教师应该利用好这一形式,积极引导学生深入文本内核,让课堂更精彩。教师如果利用好课堂生成的信息,那课堂教学将会收到意想不到的效果。

2.巧用课堂上出现的"意外",化"意外"为不曾预约的"精彩"

叶澜教授曾说:"课堂应是向未知方向挺进的旅程,随时都有可能发现意外的通道和美丽的图景,而不是一切都必须遵循固定路线而没有激情的行程。"的确,课堂教学情境千变万化,经常会出现意外情况,面对课堂意外,教师要把握时机,掌握尺度,积极引导,倘若断然否定,置之不理,就可能错失一个难得的教学契机。如何让这一次次的"意外"无痕地生成一次次的"精彩"呢?教师及时抓住"意外"之言,巧用之灵活地调整教学方案,使课堂出现让人记忆深刻的闪光点,从而取得出其不意的精彩效果。教师要以积极、平和的心态面对意外生成资源,不要因为意外性、生成性资源的出现要么方寸大乱,打乱自己的教学秩序,要么视而不见、置之不理,挫伤学生的学习主动性、扼杀学生的创新意识,应顺势而为、推波助澜、趁热打铁,从容、镇定、灵活、机智地引导学生去解决生成性问题,让学生得到"意外"的收获。

【教学案例10】

在学习张洁的《拣麦穗》前,有位老师考虑到这是一篇散文,学生不易读懂,于是做了大量的准备工作。当我在课堂上引导学生分析文中的材料时,有一学生问:"老师,作者为什么写'我'在老汉死后,还怀念老汉,这是不是写'我'和老汉的忘年恋呢?"这是我在备课时没有考虑到的问题,不过我觉得这问题提得非常好,因为它既代表了大部分同学的疑惑,也可以作为引导学生读懂作者情感的契机。于是我及时调整自己的教学设计,以学生的质疑为契机,引导学生分析文中写了哪些"我"和老汉交往的事情,然后对材料进行分析,最后概括出作者所要表达的主题是:赞美了人与人之间尊重、关爱、纯洁、真诚、博大无私的美好情感,由此表现的人性美。

评价反思:一个问题的提出,可以体现出学生对文本的个性解读能力,也可以使学生找到挖掘文本底蕴的着手点,所以教师不应忽略学生在课堂上所提出的问题，而是要利用好这些有价值、有创见的问题，即使是“无心插柳”，我们也应让它“柳成荫”。教学是一个动态生成的过程，再精心的预设也无法预知整个课堂的全部细节，实际的课堂教学中，难免会出现“不速之客”，而质疑就是这些“不速之客”中的一员。质疑是学生走进课文，与作者和文本进行对话的重要表现。在轰轰烈烈的合作探究的学习方式铺开之后，质疑成为课堂上必不可少的一环，教师喜欢让学生提出各类问题，而在教学过程中，教师往往对学生所提的问题往往置之不理，学生的问题得不到解决，质疑自然就成了一种形式，无法发挥它的作用。所以我认为，在教学过程中教师对学生的质疑，应加以重视，引导学生去解决问题，让学生有一种“拨开云雾见明月”的感觉。

3.巧借错误启发生成

布鲁纳曾经说过：“学生的错误都是有价值的”。所谓“错误”是指师生在认知过程中的偏差或失误，“错误”伴随教学始终，它有时发生在学生方面，有时发生在教师方面。教学中的“错误”是一种重要的课程资源，教师应自始至终留心捕捉和筛选这些鲜活的错误作为教学资源，据此来调整教学行为，并有意识地设计给学生去剖析，正本清源，巧用错误资源以促进生成，提高学生的辨析能力、反思能力，实现学生的自悟和反思。

【教学案例11】

“梯形面积的练习课”有一道题：一个梯形的上底是1.3 m，下底是2.5 m，高是2 m，求梯形的面积。一个学生这样回答：$1.3+2.5=3.8\ m^2$，这种解法引发学生的一阵笑声，这位学生十分羞愧，教师没有将这种解法一棍子打死，而是让他讲讲自己的解题思路。孩子的思维是独特而奇妙的：梯形的高是2 m，而计算面积时又要除于2，乘以2与除以2相互抵消了，实际就是上、下底的和。教师进而让学生开展讨论，学生纷纷发表意见后，达成了共识：如果这样列式，求出的上、下底长度的和，不符合题意。正确的列式应为：$(1.3+2.5)\times2\div2$，但在计算时可以采用这位同学的方法，比较简便。教师说：“是谁帮助我们找到了简便算法？”“全班同学不约而同地集中到刚才出错的学生身上。这个学生如释重负，先前的那种羞愧感消失了，取而代之的是自信和投入。

评价反思：在上述案例中，教师拥有良好的心态和一双独具的“慧眼”，善待学生的错误，把错误看成是学生自己创造出来的宝贵教学资源，大力挖掘错误潜在的价值，让其发挥最大的功效。这样对待学生的错误，受鼓励的并不是错误本身，而是其背后的独立思考以及不人云亦云的勇气。其作用不仅在于改正题目中的错解，更重要的是让学生增长智慧，学会学习方法。教师这种对错误宽容的态度、开放而严谨的治学精神影响着学生，保护了学生善于观察、敢于创新的精神。因此，教学中，教师应善待学生的错误，使"错误"成为数学教学的一个亮点，为数学教学添上一道亮丽的风景线。

4.鼓励质疑自主生成

美国教育家布鲁巴克说："最精湛的教育艺术遵循的最高准则，就是学生自己提出问题。"质疑既是学生主动求知、主动学习的生动体现，也是培养学生创新品质的重要途径。在课堂教学中教师要鼓励学生超越课堂，超越文本，标新立异，独辟蹊径，反常规地思考，善于把握学生的提问，在学生的质疑中捕捉到课堂生成点。

【教学案例12】

遗传信息在DNA上还是蛋白质上?

在探讨"遗传信息是在DNA上还是蛋白质上"的问题时，教师设置了这样一个情境，让学生自己设计一个方案来研究"遗传信息是在DNA上还是蛋白质上?"

学生A提出方案：可以把一个物种染色体中的蛋白质在显微镜下提取出来，放入另一个物种的身体里，看看这个物种产生的后代有没有什么变化，如果有变化，就说明遗传信息在蛋白质上，如果没有变化，就说明遗传信息不在蛋白质上，而是在DNA上。

教师：他们提出了自己的看法，其他同学对此有什么意见吗?

学生B提出质疑：就算没有放入其他的蛋白质，一个物种产生的后代本来就会有所区别，一个微小的蛋白质放进去，就算后代出现了一些差异，也不能确定就是因为蛋白质才产生了这样的变化，有可能是原来就会产生变化。

还有学生提出：那个动物身体里会排斥这个外来的蛋白质，所以我觉得这个实验不太可行。

教师：这个怀疑很好，但如果在技术上能做到，你认为这个实验就可行吗?

学生C提出新方案:(略)。

教师:思路特别好,思维很严谨。那我们还有其他的疑惑吗?

学生D提出质疑:(略)。

教师:我们对这个小组的方案提出了质疑,这些质疑能够帮助他们改进和完善实验方案。下面我们看看其他组的方案……

最后,教师总结:每个小组的方案都得到了其他同学的宝贵意见,这是我们在设计的时候没有想到的,别人的疑问可以帮助我们完善实验设计,同学们在设计这些方案的时候要运用到我们以前学的实验设计原则,包括单因子变量、可重复、对照等原则,我们用这些原则对照一下自己设计的实验有没有考虑到这些原则。好,我们这是做了一个模拟,同学们都提出了自己的想法,并且能够相互质疑,这已经相当不错了,但要成为一名科学家,就要具备科学家的思维,需要大量的基础知识作为铺垫。所以下面不难为大家了,我给大家介绍一下1952年科学家是怎样完成这个实验设计的。他们所用的实验材料就很值得大家欣赏。他们选用了病毒。病毒没有细胞结构,他们选用的病毒只有DNA和蛋白质……这就回避了刚才同学们提出了拆分DNA和蛋白质的种种困难以及相应的问题,很巧妙吧……

评价反思:在这个案例中,教师采用了"实验探究法"中的实验设计环节,一方面锻炼了学生对实验设计思想的掌握,一方面也使学生对知识点本身的理解更为透彻。虽然基于本实验的复杂程度,不能实地开展实验,但在条件合适的情况下,教师可利用学生提出的问题,指导学生实践科学研究过程,包括观察、实验设计、模型制作、实验探究、撰写报告论文等,并通过交流研讨促进对问题本质的理解,掌握科学研究的思想与方法。此外,教师同时采用了"持续开发法",也就是在资源生成的同时,教师不急于进行直接的指导、辨析,而是进一步引导学生对自己的问题进行深入探究,鼓励学生进行反思,发现更多的问题,生成更多的资源,从而持续地深度开发生成性资源。

六、高效课堂的检验——学习过程与结果的有效评价

新课程改革改变了课程过于注重知识传授的倾向,强调培养学生积极主动的学习态度,使获得基础知识和基本技能的过程成为学会学习和形成正确价值观的过

程。学生学习的过程和结果适时、得当、积极的有效评价是课堂教学高效的重要环节。教师对学生学习活动的评价应突出以下几点：

①评价的内容要突出对多元化的学习目标达成,既要有显性的知识与技能的纸笔测验和实验操作测试,也要关注过程和方法的提炼与反思、情感与态度、价值观的迁移与升华。

②要用发展的眼光看待学生,把评价的出发点放在学生的基础、愿望、潜能上,评价的重点放在知识性、过程性、体验性上。

③要有多元化的评价策略,要把过程性评价与终结性评价、定性评价与定量评价、学生自评互评与教师评价有机结合,做好激励性评价、差异性评价、指导性评价、形成性评价的和谐统一,让评价成为课堂教学效果检验的有效手段,成为学生学习的动力源泉。

④学习过程评价常用的几种方法。过程评价有很多种,教师可根据实际需要,在活动开展的各个环节采用不同指向的评价方法。评价方法选择的标准是:能有效地激励学生完成学习活动,并能从多方向凸显具体的评价内容,准确清晰地表现学生的学习情况和学习状态,同时有助于评价目的的达成。

过程记录法:是指在学习活动前,由教师,或教师与学生,或学生自己协商设计学习活动记录表,要求学生认真填写。在阶段学习活动结束后,教师与学生进行总结评价,并将这些活动总结记录表作为“过程成果”。

问卷调查法:是指将所要了解的问题编制成问卷,在学生参加学习之前,进行一次问卷调查,做好原始记录,学习一段时间后,再做一次问卷调查,将前后两次调查结果进行分析对比,可以揭示学生在学习过程中的一些阶段性进步,有助于学生树立学习的信心。

行动观察记录法:是指教师有目的、有计划地观察学生的日常学习活动的情况,并做好记录,作为评价的资料。观察记录主要有两种形式:一种是采用摘要的形式记载,教师可以利用观察来记录学生在活动过程中特别的行为与事件;另一种可以采用检核表记录,检核表是预先设计好的记录表格,把要观察的事项分解为几种情况,观察时,对照检核表把学生行为属于哪种情况记录下来,最后从表上看出学生的表现。在采用行动观察记录法时,要设计具有全面性的观察记录表和把自然观察同有选择性的观察结合起来。例如,在小组交流时,易于观察写作技巧,自然观察不易深入,有选择的观察不易全面,两者结合起来可以相辅相成,收到较好的效果,教师也可指导学生对自己的同伴进行行动观察和记录,这样,不仅能丰富第一手材料,也有助于培养学生的自我评价和评价他人的能力。

展示交流法:是指在新课程的学习过程中,在小组内或小组之间展示阶段性研究成果,由大家互相讨论,发现和交换各自的想法、意见、建议,然后对阶段性成果进行修改,提高其质量。这种方法在新课程的过程评价中占有重要的地位。在同一课题的学习中,学生采用的方法不同,对主题的挖掘程度和广度也会有所差异。通过交流,可以帮助学生比较不同方法的优劣和作用,有效地丰富和扩大学生学习的方法,最终便于大家取长补短;在不同的课题学习中,小组间交流活动的展开,可以使学生获得对其他课题的理解和认识,使学生能在一定的学习时间内,获得数倍的学习成效。

课堂训练习题是反馈、诊断和评价学习目标达成的重要手段,对理解知识、提升能力、反馈教学信息作用重大。课堂训练设计要紧扣学习目标,容量要适度,难度要适当,训练的方式要多变,训练的时机要恰当,评价要及时,要突出理论联系实际,学以致用,将课内学习与课外实践相结合。

七、高效课堂的发展——教学反思与实践

美国著名心理学家波斯纳提出:经验+反思=教师成长,教学反思是教师对教育教学实践的再认识、再思考的过程。高效的课堂需要教师不断对自己的教学行为和学生的学习行为进行反思、总结、升华、提炼,有助于自己教学思想和教学风格的形成,有利于自己课堂教学能力持续发展,保持自己课堂教学的高效性。教学反思主要应做好以下几个方面的工作。

1.指导学生学会学习反思

学生在学习过程中要反思自己的学习收获、反思学习的过程、反思学习的认知方法、反思自己的学习习惯,丰富和完善学生的认知结构,提高学生的认知方法和探究能力,升华自己的情感、态度与价值观,从而使自己的学习优质高效。

2.重视反思教师的课堂教学行为

通过对教学理念、教学行为、教学过程、学习方式、教学结果、实验方法等内容进行全面而深入的审视、分析,反思自己教学的成功和机智,反思自己教学的失误,反

思学生的学习过程,改进课堂教学策略,提升自己的课堂教学能力。

3.要善于倾听其他教师的见解

经常邀请同行、名师、专家给自己的课堂教学把把脉,也多观摩他们的课堂教学特色,领悟他们的教学思想,对照自己扬长避短,丰富自己的教学策略。

第四节　高效课堂核心组织策略

——学习共同体的建构

一、学习共同体的内涵

学习共同体是指一个由学习者及其助学者共同构成的团体,他们彼此之间经常在学习过程中进行沟通、交流,分享各种学习资源,共同完成一定的学习任务,因而在成员之间形成了相互影响、相互促进的人际关系。它是由学生及教师、家长、辅导者构成,以共同完成一定学习任务为载体的群体,目标是促进成员全面成长,学习、分享各种教育资源。学习共同体在学习过程中通过对话和交流,分享彼此的情感、体验和观念,将学生从"客体"生活状态转化为"主体"生活状态,具有强烈的认同感与归属感,能形成平等、互助、对话式的学习关系,充分发挥其集体智慧和群体动力作用。

二、学习共同体的特征

1.学习系统具有开放性

知识形成的过程与方法成为课堂活动的重要目标,学生通过自己阅读、探索、思考、观察、操作、想象、质疑和创新等丰富多彩的认识过程去获得知识。教师更关注学生的情感生活与情感体验,关注其道德生活与人格养成,通过师生的共同努力,课堂活动可成为高尚的道德生活,学生能从中获得丰富的人生体验。

2.学习系统内部和谐共生

课堂是师生"活动与情感"交织共生的生活世界,它在发展学生智慧、能力的同时又不断丰富和完善学生的情感世界。在学习共同体内,教师教的目标和学生学的目标是每个成员都认同的共同愿景。大家追求个人愿景,也为达成班级(小组)愿景而努力，促使成员的行为和谐统一。

3. 成员的行为具有主体性

在课堂活动中，教师通过有效导学策略，唤醒、培养和强化学生的自主意识、主动观念和探究精神，启发、点拨、引领他们从被动接受式学习中走出来，敢于担当认识客观世界和知识领域的主人。他们经常处于渴望探究的情感冲动之中，从而积极探索、勇于实践，生动活泼地成长和发展。

4. 学习目标的整体性

学习共同体必须对成员实施全面发展教育，以发展学生的个性，提高学生的整体素质为终极目标。

5. 学习活动整合的一致性

学生学习的共同活动应有共同目标导向，强调分工与合作，动作相互协调，做到高度的合作性与自主性的统一。

三、学习共同体的功能

通过建构学习共同体，培养学生的合作意识与交流技能，通过小组活动的合作交流，让每一个学生的潜质和优势都能在交互学习中发挥其重要作用。

1. 学会倾听

在小组讨论过程中，一个同学发言，其他人必须认真听，不能打断别人发言，要倾听别人发言的重点并对其发言快速做出判断，思考组织补充意见或独到见解，既养成专心听的习惯，也培养相互尊重的品质。

2. 学会讨论

为提高讨论的质量，每个学生都必须在独立思考的基础上，请求汇报自学或独立思考的内容，其他成员认真倾听并补充不同的意见；也可将各自遇到的疑难问题提交小组讨论，对达成共识的知识归纳整理，对小组未能解决的问题提交组间讨论交流。

3. 学会表达

注意培养学生善于倾听、思考、判断、选择和补充别人意见的习惯。对某一问题有不同看法时，学生可举手站起来说："我对 X 小组 X 同学的阐述有补充意见（不同看法）。"

4. 学会组织

小组合作学习的成败很大程度上取决于组织者。教师要指导各小组合理分工、梳理组员意见、肯定评价组员意见。为提高其合作学习效率，体现全体组员的主体性，需定期培训和调整组织者，让每个人都有锻炼机会。

5. 学会评价

学习评价不只是教师对学生的评价，还包括学生间相互评价、学生自我评价、学生对教师的评价等。教师应通过范评，引导学生用手势或准确流畅的语言评价肯定学习成果，不断提高学生的激励评价水平。

四、建构学习共同体的有效策略

1. 具有明确的共同目标

小组的共同目标既符合学校及社会要求，又切合学生及教学实际，能激发学生的学习动力和求知欲望。

2. 开放有序的组织机构

小组的建构应有利于开展课堂学习活动及目标达成，组员能主动适应开放型学习的环境变化，积极促进班集体的建设与管理。

3. 严肃宽松的行为规范

民主商定共同的行为规范，学习公约应具体明确，可操作，可观察，可评价，能内化组员的心理需要，执行的主体性水平较高。

4. 促进共同体与个体同步发展

师生共同确认学习活动的目标、内容和方法，有利于提高人际交往与合作频率，以提高群体思维的广度、深度和课堂活动的质量。

5. 团结和谐的人际关系

小组成员对共同活动的价值认识一致，具有强烈的认同感、归属感，个人与团体以及师生关系、生生关系表现为责任依从关系与情谊关系的和谐统一。

五、建构学习共同体的理论依据

1.社会心理学理论

社会与个体相互作用，个体心理活动在特定的社会生活条件下受其他人或群体的影响,个体的心理活动也影响社会中的其他人或群体。

2.群体动力学理论

群体的形成和发展取决于个体之间的互动(交往和相互作用)过程。人际交往的基本形式之一是合作与竞争。群体动力来自于群体的一致性。

3.集体教育与自我教育的理论

集体本身是一种巨大的教育力量,可使个体产生不同于处在单独环境中的行为。教育中要使集体显示动态的教育力量。搞好自我教育需要提高学生对教育、教学和管理活动的实际参与程度和实际体验程度。

4.活动教育理论

活动促进发展,教育要活动化。为此要选择和加工教育内容,提供组织化条件,提供活动方法和激发学生的活动动机。

5.建构主义理论

学习环境由情境、协作、会话和意义建构四要素构成,其中情境是意义建构的基本条件,协作与会话是意义建构的具体过程,意义建构则是建构主义学习的目的。建构主义的教学策略是以学习者为中心,其目的是最大限度地促进学习者与情境的交互作用,以主动地进行意义建构。教师是意义建构的帮助者、促进者,而不是知识的传授者与灌输者。学生是信息加工的主体,是意义的主动建构者,而不是外部刺激的被动接受者与被灌输者。建构主义提倡:以学生为中心,在整个教学过程中教师起组织者、指导者、帮助者和促进者的作用,利用情境、协作、会话等学习环境要素发挥学生的积极性和首创精神,最终达到使学生有效地实现对当前所学知识的意义建构的目的。

教师的主要任务是激发学生的学习兴趣,帮助学生形成学习动机;创设符合教学内容要求的情境和提示新旧知识之间联系的线索,帮助学生建构当前所学知识的意义;在可能的条件下组织合作学习(开展讨论和交流),并对合作学习过程进行引导,使之朝有利于意义建构的方向发展。引导的方法包括:提出适当的问题以引起学生的思考和讨论;在讨论中设法把问题逐步引向深入以加深学生对所学内容的理解;要启发诱导学生自己去发现规律,自己去纠正错误和补充片面的认识。

6.现代课程理论

课程内容要改变过去过于注重书本知识的状况,加强与生活的联系,关注学生的学习兴趣和经验。课程实施要强调创造和解释课程事件,促进学生人际互动和情知互动,引导学生在实践中学习,主动地、富有个性地进行学习。

六、学习共同体的支持策略

1.物质-技术支持

学习共同体建设需要一定的物质、技术支持系统,如小组活动需要教室、场地、实验室、图书馆、博物馆等。随着现代信息技术的发展,网络学习共同体的组建与活动需要电脑、网络、网络平台等技术的支持。

(1)教室布置与座位安排

目前,我国大多数教室主要采取秧田式座位,这种模式难以适应小组活动开展的需要。鉴于大班额学生人数多,教室本来已拥挤不堪,难以打乱安排,可采取前后4～6人为单位安排,即2～3张课桌相对集中,中间留出间隙以便组织活动,减少因挪动桌椅带来的课堂噪音,节省课堂时间。例如,以班委成员、课代表和积极分子为“核心成员”,将理科成绩差但文科成绩优秀或理科成绩优秀但文科成绩差的学生合理搭配,考虑学生的个性特点、座位需求、学习成绩,并适当照顾身高、视力状况设计座位,使每个小组前后两小排有核心成员和不同性别、不同成绩、不同个性的学生。座位以两排为单位定期轮换。

为了开展合作活动,提供课堂展示平台与交流空间,也可对教室座位进行重新调整,将小组成员的课桌拼组在一起,形成长方形结构,构成6～8个小组,小组成员围坐四周,中间为活动展示区。这样,教室可划分成3～4个大的区域,每个小组间留有足够空间,让教师和学生方便行走。教室内用3～4面墙壁挂上黑板,学生可以在上面板演、展示,大大提高了课堂学习效率。

(2)网络学习平台的建构

为了促进大班额学生的讨论与交流,校园网上可设置网络学习平台,以年级或班级为单位,将一些学习资料、作业、问题放到网上,供学生阅读、思考、讨论;也可将一些优秀的教学视频采取超链接的方式,放在网上,为学生的个别化学习提供广阔的空间和丰富的资源;还可设置网络交流平台和讨论专区,进行非共时的交流、讨论。鉴于大班额人数多、作业批改量大的实际问题,可将部分作业放到网上,让有条件的学生课后上网练习(如果网络平台具有自动批改、评分功能更佳,学生可以上网练习并自行检测、反馈、矫正）。教师上网抽查学生的作业完成记录，并针对普遍性问题重点评讲。

学校或教师也可利用网页制作技术，开发专门用于网络学习的学习共同体平台支持环境，实现利用网络平台建构学习共同体，开展协作学习的功能。

2.文化-心理支持系统

学习共同体不仅是一种学习组织，更是一种学习文化。它挑战传统的封闭、孤立、单子式的学习方式，鼓励协作、互助、共进，倡导合作、互惠、团队的学习方式，体现的是一种共同的精神与追求。学习共同体试图克服排他的、竞争式学习的弊端，追求尊重差异、优势互补、共同成长的合作文化，力图发挥群体中每个成员的积极性、创造性，通过彼此间的互补、协作、互促，发挥大班额的差异优势，通过群体成员之间的人际互动和深度交流，彼此激励，共同探索，在群体中获得最佳的发展。因此，学习共同体的建设需要加强合作文化建设，鼓励小组合作和团队思考。其具体策略包括：通过黑板报、文化角、标语等，营造团结、合作氛围，推进学习共同体建设；引导组员在讨论的基础上为自己的团队设计一个有特色的名字与口号，以此增强共同体的凝聚力；利用班级学习园地、网络平台、小板报等，展示合作学习成果，通过交流分享，创设合作文化。

小组学习需要良好的心理氛围，没有积极的学习气氛，合作学习难以深入、持久。许多合作学习不能有效开展，其中一个重要原因是缺乏彼此尊重、宽松自由的气氛。部分学生参与度低、热情不够，对合作袖手旁观，甚至拒斥参与，这可能跟少数学生把持话语霸权，其他学生沉默寡言有关。因此，教师要注重创设积极的、健康的教学氛围。教师可通过活动开展、规则执行、教学游戏、小组竞赛、表扬鼓励、非言语交流等方式，为小组合作提供心理支持，使学生在学习中感受合作的愉快，享受合作的成果，体会合作对个人成长的独特价值。

3.制度-管理支持系统

作为一种新的教学组织与精神追求，大班额学习共同体的建设是一个长期的艰巨过程，需要一定的制度支持和相应的管理措施，这样学习共同体才能走向持续发展，并成为教学的常态。同时，学习共同体有着不同的层次、类型。就层次而言，有小组的、班级的、年级的和整个学校的学习共同体；就类型而言，不同学科有不同活动。不同共同体具有不同的性质、特点，其目的、功能、活动时间、活动方式、指导方式也不尽相同。如何使不同层次、类型、范围、规模的共同体协调运行，是学习共同体建设亟待研究的一个课题，也是学习共同体管理的难点所在。对此，学校管理需要进行模式转换和制度创新。

（1）教学时间弹性制度

常规课堂时间固定，每节课40分钟或45分钟，它适合教师主导下的单元教学，要求学生适应固定的教学内容与教学方法，但不能适应大班额学习共同体的需要。因此，教师应根据不同共同体活动所需时间划分教学时段，在不打破常规教学时间管理的前提下，实行弹性教学时间制度，根据教学需要，灵活安排，不强求一律。

（2）网络教学制度

网络学习共同体需要依托一定的网络平台。网络教学不同于一般的教学，其持续发展需要相应的技术支撑和制度支持。许多学校的网络教学平台之所以流于形式，未能发挥应有作用，可能与缺乏相应的制度保障有关。因此，学校应建立学习共同体网络教学管理制度，对网络教学的任务、内容、方式、评价及其责任做出明确的规定，科学导向，规范管理。

（3）建立教师共同体

教师共同体是学生共同体的重要支撑。为了各种学习共同体的有序运行与持续发展，除了学生共同体，还需要建设教师共同体，如年级教师共同体、班级教师共同体、学科教师共同体、备课教师共同体等。通过学生共同体、教师共同体、师生共同体的建设，研究与解决学习共同体存在的问题，可以使各类学习共同体协调运行，各种共同体活动有效开展，切实提高大班额教学效率。

七、建构学习共同体的途径

1. 积极转变学习观念

（1）从用功学习转向“认知学习”

从用功学习转向认知学习有三个层次，由传统的“坐学”（死记硬背教科书内容）转向以活动（实践）为媒介的认知学习；由传统的“个人刻苦用功”转向“与他人对话交流”的共同学习；由“背诵、积累”式学习转向“发表、共享”式学习。课堂活动是学生由个体学习转向共同学习，由个体认知转向共同认知的对话交流过程。

(2)从个体认知转向共同认知

从个体学习转向共同学习,从个体认知转向共同认知,“共同学习”是从“建立倾听关系”出发,通过组织对话性交流而实现的。

2. 促进师生共同发展

建构学习共同体,关注学生如何提高学习效率,促进“三维目标”的达成度,增强群体意识,发展自学能力与交往、协作、竞争等具有再生功能的学习能力。

建构学习共同体,促使教师的教育观念和专业态度朝着合乎课改要求的方向转变,促成专业知识和能力水平的提高。

3. 建构学习支撑环境

建构学习支撑环境就是建构相互对话、沟通、交流的学习机制,促使学习者与学习者、学习者与助学者之间通过对话、交流、沟通等形式学习,利用评价肯定的方式强化其学习动机,通过相互启发、支持、帮助,认识和解决问题,促进全体成员共同进步。

4. 开展多元化学习评价

①学生建构知识的评价:建构知识的正确性、建构过程的特点及建构的优势与障碍的评价。

②学生意义协商程度的评价:学习者和助学者在意义建构过程相互协商,达成一致的程度。

③学生不规范行为的评价:未按要求自主学习;参与小组活动不积极,甚至捣乱;影响小组团结和声誉等。

八、学习共同体运行的策略

1.选择恰当的学习内容与形式

不是所有内容都要进行合作。当下的课堂合作,有的内容比较简单、机械,难以引发学生的热情,有的形式比较单一、呆板,过分偏重作业检查、订正,很难使学生保持持久的兴趣。共同体理念下学习小组中的合作并不排斥上述内容,但它更注重学习任务的真实性和开放性,学习内容的复杂性和一定的挑战性,注重将当代社会生产、生活中的真实问题、热门话题、科研课题和新闻焦点引入学习之中,因为这些内容有较大的探索空间,可以激发学生的探究心理和求知欲望,促进他们参与讨论,从不同角度去探究、解答。小组活动形式应丰富多彩，除了小组作业检查、帮扶结对、同桌交流、前后排讨论，还应有其他形式，如课堂辩论、戏剧表演、操作展示以及在课外合作开展的实地考察、调查访问、社会服务等。多种合作形式有助于扩大学习范围，拓展活动空间，丰富大班额学生的学习生活，深化学习内容，养成团队意识与共同体精神。

2.把握合作时机

为了避免合作形式化、浅层化，合作学习需要选择合适的时机，把握合作时间。从教学内容上看，当遇到教学重点、难点时，可组织学生进行合作，促进学生对知识的理解、掌握；当课程内容与现实社会生活、学生经验相联系时，可组织合作，强化科学世界与生活世界的融通、关联；当部分学生对某一内容有特别兴趣，需要加以拓展、深化时，可以进行合作。从学生学习进度来看，开展合作学习的时机有：当一定数量的学生在学习上遇到疑难问题，通过个人努力无法解决或存在认知偏差时；当需要把学生的自主学习引向深入时；学生的思路不开阔，需要相互启发时；当学生的意见出现较大分歧，需要共同探讨或解答开放性题目时；当学习任务较复杂，需要分工协作时。对于合作持续的时间，不能一概而论，可视学习内容的复杂性、难度而定。学习过程中知识点的理解，可组织合作讨论10分钟左右，复杂、开放问题的讨论，可持续一节课；而那些研究性课程的学习，需要经过实地考察、调查访谈、资料整理、撰写报告等环节，可持续一月甚至一学期。

3.加强合作技能指导

从一般的合作小组迈向真正意义上的学习共同体，需要教师加强合作学习的指导，进行合作规则的教育。实践表明，许多合作学习流于形式，部分学生参与不积极，缺乏热情，致使合作低效或失效。究其原因，可能与合作缺乏明确规范或合作失范密切相关。因此，加强合作指导，帮助学生树立规则意识、按照规范开展活动，便成为提高共同体学习质量的关键所在。小组合作之初，教师应向全体学生（小组学生）讲解合作规则，要求学生复述规则，熟记在心，并自觉遵循；或安排一名成员作为规则“监督员”，专门提醒、监督、评价规则执行情况，将规则内化为意识，自觉地支配行动。当规则转化为一种合作文化，规则便成为一种无形的力量，学生会自觉遵守。作为指导者的教师，应随时检查规则的执行情况，加强指导，对执行好的小组，给予表扬，对执行差的提出要求，进行规范，使合作学习从他控走向自控。此外，教师要注意协调合作中的人际关系,为小组合作创设良好的环境。

第五节 高效课堂的评价策略

高效课堂的课堂评价和传统课堂上最后环节进行的达标检测是两个不同的概念。传统课堂评价过于关注甄别与选拔,而忽视了改进与激励;过于关注对结果的评价,而忽视了对过程的评价;过于关注评价的结果,而忽视了评价过程本身的意义;过于关注学业成绩,而忽视了综合素质评价。高效课堂教学评价是依据教学目标对教学过程及结果进行价值判断并为教学决策服务的活动。教学评价是研究教师的教和学生的学的价值过程。教学评价一般包括对教学过程中教师、学生、教学内容、教学方法手段、教学环境、教学管理诸因素的评价,但主要是对学生学习效果的评价和教师教学工作过程的评价。教学评价的两个核心环节:对教师教学工作(教学设计、组织、实施等)的评价,教师教学评估(课堂、课外);对学生学习效果的评价,即考试、测验、自评。评价内容包括:在学生层面有学业成绩、学习方法、学习能力、学习情感、学习态度等;在教师层面有教学观、学生观、教学成就、课堂流程、教学方法、教学态度、职业道德、学生表现等。评价的方法主要有量化评价和质性评价。

一、评价原则——二二六原则

1. 促进“两个发展”

促进“两个发展”的关键在发展理念上。一是要促进学生素质的全面发展,表现在学习目标上,不仅要促进知识与技能目标的实现,还要促进学生发展性目标(正确的学习态度、积极的情感体验、正确的价值观培养)的形成;表现在教学过程上,要通过有效的教学策略,激发学生的学习兴趣和学习动机,促进学生更有效的学习。二是要促进教师的专业发展,通过课堂评价对教师教学进行问题诊断,调整教学方案,改进教学思路,优化教学策略,提升教师的专业发展。

2. 落实“两个转变”

落实“两个转变”的重点就是在发展过程中,一是要由原来关注教师的“教”转变到关注学生的“学”,在课堂上要重点关注学生的学习状态、学习过程和学习方式;二是从关注“具体的教材教法的研究”转变为“关注有效的学法指导的研究”。

3.体现“六个维度”

（1）自主的程度

查看的指标是各学习小组学生参与的人数和次数是多少，参与的质量高不高。

（2）合作的效度

问题有没有合作的价值，合作要达到的目标是什么，问题有没有必要通过合作来解决，是不是假合作，合作有没有彼此的参与和任务的分工，学习是否高效。

（3）探究的深度

探究性学习是否有探究价值，是否达到深层次的情感体验，是否掌握了解决问题的方法，是否有新发现、新创造、新生成。

（4）拓展的宽度

知识本身是一个系统，要从整体上来看待，将每堂课所学的支离破碎的知识串起来回到它的上位系统，注重知识的自主建构，以形成同类知识的系统性、整体性。

（5）互动的温度

高效课堂对展示的原则要求是：展示的层次性、展示的问题性、展示的互动性、展示的生成性。从互动性的角度讲，是指高效课堂上学生展示的形式，不是简单地由原来的教师在台上讲换成现在的由学生在台上讲。教学的本质是交往，是师生互动、生生互动的过程。所以展示应体现这种生生之间、师生之间的互动交流，其中点评是很好的互动方式。教师点评和生生互评都应该尽可能使用激励性的手段来做好评价，表扬优点，委婉指出不足，为每个学生创设“想说、敢说、能说、会说”的安全心理环境。这是沟通的能力，是情感的需要。

（6）生成的高度

没有预设的课堂是不负责任的课堂，而没有生成的课堂是不精彩的课堂。在高效课堂上讲究两种生成的方式：一是预设的生成，二是课堂即时性的生成。

二、高效课堂评价的策略

高效课堂是一种理想的教学境界的追求，表现为教师教得轻松、学生学得愉快。然而，如何界定课堂教学的高效性，目前教育界还缺少科学的、具体的、量化的衡量标准，这就对建设高效课堂产生了制约。对于高效课堂的评价可从以下七个方面入手。

1. 目标设计的合理性

课堂教学是学校教育的基本途径，有无明确的教学目标是课堂教学成败的关键。只有明确了教学目标，才能科学地组织和调整教学内容，合理地安排和开展教学活动，准确地分析和评价教学效果。教学目标的设计，决定着整个教学设计的方向，直接关系到课堂教学的效果和学生的发展。高效课堂的教学目标应以促进学生的发展与进步为宗旨，这就要求教师在设计教学目标时：一要具体化，应细化到认知、技能、情感等领域的各项目标，避免过分强调知识性目标，以达到素质教育的要求；二要实际化，应在了解学生实际能力水平和特点的基础上，合理确定教学重点，使教师在课堂教学中集中力量讲清重点，从而提高教学效率；三要分层化，每个学生都是特殊的个体，教师必须以个体差异作为一种资源来开发，从而在教学目标的设计上体现出合理的层次性，促使每个学生学有所得，学有所长。

2. 课堂提问的启发性

课堂问答是课堂教学过程中必不可缺的一种教学手段，学生通过教师提出的问题展开学习思考，教师通过学生的回答把握教学效果。然而，在常态的课堂教学中，教师有时所提问题或过于直白而显得价值不大，或要求不明而不能令学生思维聚焦，或缺少必要知识铺垫而使学生无所适从。因此，教师要高效地完成课堂教学任务，就必须注重对课堂提问启发性的研究，切实达到“有效”的标准。真正具有启发性的有效提问应是能有效促进师生间互动、增强课堂教学实效性的问题，如教师通过提问来启发学生发现问题；通过追问来启发学生发现认识过程中自相矛盾之处，从而掌握正确知识；通过启发学生提出问题，在自我评价与集体评价相结合的评价方式中有效提升自我学习能力。为此，教师在提问时应注重内容和方式两个方面。从内容上衡量，提问应选准切入点。例如，教师应在教学重点处设问，以加深学生印象，提高学习质量；应在教学难点处设问，以启发性的问题帮助学生解决疑难，提高学习效率；应在教学生长点处设问，引导学生拓展思维，提高学习能力。从方式上衡量，提问应注意艺术性。例如，教师应掌握利用问题创设情境的技巧，以吸引学生的注意力，激发他们的求知欲，尽量剔除“好不好”“要不要”等意义不大的提问；所提问题应有梯度，以符合学生认知规律，引导学生循序渐进学习；应照顾到各个层面的学生，尽量使每个学生都有回答问题的机会，从而促进每个个体的发展；也可以通过计算来量化启发性提问的有效率（有效提问率=有效提问/提问总数×100%）。

3.板书设计的网络性

一堂课的板书，是对课堂教学内容的高度概括，内容应完整系统，对于讲课提纲、基本内容、重要结论等起到强调作用。高效课堂的板书应具备网络性，以便于学生在课后利用板书的章、节、目、条、款，进行归纳小结，达到再现知识、加深理解、强化记忆的效果。

①在“编织”板书网络过程中，教师应根据课程标准和教学目的及所教学生的实际水平，采取不同的网络结构（即使教同一内容，不同的教师、不同的对象、不同的要求，板书的结构形式也应该不同），力求通过精心设计使其达到科学、精练、好懂、易记的要求，以提高教学效率。

②在设计板书的网络结构时还应注意整体效果，做到合理布局、主次分明，在给学生以整体美感的同时，使学生明确重点、难点，助其加强记忆。

③板书的设计必须与教师讲解的内容紧密结合，高效的板书网络，其每一个支脉都应与教师的讲解形成纲与目的关系。设计板书还要做到语言确切精准、言简意赅，充分体现画龙点睛、指点引路的作用。

4.应用信息技术的适时性

现代化信息技术的运用可以将教学内容变抽象为具体，变不可能为可能，变无声为有声，变难懂为易懂，能使学生融入形象逼真的情境中，激发其学习积极性和主动性，帮助达到提高课堂教学效益的目的。然而，信息技术在课堂教学中的运用并不是只有利没有弊，它必须适合各学科的特点，以两者之间的有机契合点为切入点，适时地穿插在课堂教学中才能真正促进教育教学的发展。为发挥信息技术在提高课堂教学效率中的作用，逐步形成了六个“是否”来量化信息技术辅助教学手段的适时性，这六个“是否”是：信息技术在课堂内的频繁使用是否会让学生产生视觉疲劳；信息技术带来的课堂容量增大是否脱离了学生的实际接受能力；信息技术的使用是否流于形式，导致“凑热闹”“搞噱头”现象的产生；信息技术是否在利用其他教学手段难以完成的情况下有效地解决了教学难点；信息技术是否主动地渗透到教学的环节上，提高了课堂教学的有效度；信息技术的运用是否确实激发了学生的学习兴趣，促进了高效课堂的生成。

5.作业设计的层次性

为了让学生在练习过程中巩固所学知识，教师在课堂内外都会设置一些作业，尽管这是教学中不可缺少的环节，但是教师必须清醒地认识到，作业的量和教学的质并非成正比关系，只有科学、合理、适量的作业才能成为高效课堂的助推剂，否则只会影响学生学习的积极性。因此，实施高效的课堂教学，在设计作业时，教师要考虑的应是作业的层次性。作业设计的“层次性”：一是应体现在作业的目的上，应使其既顾及知识深化层面，又涵盖方法训练层面，还考虑到学生能力提高层面；二是应体现在作业的形式上，应使其既要具有必要性，又要具有有典型性，从而达到以一当十、触类旁通的目的；三是应体现在作业的要求上，教师应充分考虑不同学生的学习水平，精心设计由浅入深、由易到难的作业，并允许学生根据自己的水平选做深浅适宜的习题，以便使不同层次学生的学习能力在完成作业的过程中都能得到有效提高。在实践中，我们可以通过评价每个学生作业的正确率来量化作业设计的层次性。

6.学习主体的积极性

著名教育家斯卡纳金曾说过：“如果孩子没有学习愿望的话，我们的一切想法、方案、设想都将化为灰烬，变成木乃伊。”可见，学生才是学习的主体，要想实施高效的课堂教学，就必须重视调动学习主体的积极性，创设民主、宽松、和谐的课堂气氛。如何评判课堂教学过程中学生的学习主体性是否得到了体现，学生的学习积极性是否得到了充分调动呢？我们可用以下几条标准来衡量：学生能否主动地思考课堂教学中所产生的问题，学生能否在实践探究中解决问题，学生能否在反思质疑中发现新的问题，学生能否在课堂学习中提高相应的能力水平。如果这一系列问题的答案都是肯定的，那么我们的课堂教学才真正由传统的“教而获知”转变为了“学而获知”，从而也就实现了高效课堂所追求的目标——让学生在自主学习、合作学习、探究学习等学习方式中产生学的冲动，积极地参与课堂、主动地紧张思维，最终得到全面的发展。

7.教师的指导性

新课程对教学活动中师生角色的定位是“学生是学习的主人，教师是学习的组织者、引导者与合作者”，更加强调教师在课堂教学中的主导地位，并对教师的指导性提出了更高的标准，要求教师要依据教学目标和学生的学习需要，在动态的教学过程中自然体现其必不可缺的指导性。在高效的课堂教学过程中，首先，教师的指导必须具备适时性。例如，当学生的自主学习偏离了教学目标时，教师必须通过适时的指导引领学生回归“大道”,为教学目标的达成保驾护航;当学生面对学习难点徘徊不前时,教师必须通过适时的指导给予援助、化解疑难,保证课堂教学的顺利展开;当课堂氛围过于活跃或沉闷时,教师又必须通过适时的指导加以调控,以创设符合教学需求的和谐氛围。其次,教师的指导还应具备关键性。要在有限的教学时间内获得最佳教学效果,教师就必须很好地把握住教学中的关键,并抓住关键要素进行合理指导,例如指导学生通过现象认识本质,引领学生在个性中归结出共性等,从而使得学生的认知更为系统、深刻,达到事半功倍的效果。最后,教师的指导还要具备灵活性。面对不同性格的学生,教师应采用不同的指导方式,以满足学生的需要;当学生表达不同观点时,教师应引导学生反思自身观点是否存有不足,并及时指导其调整,以形成更为正确、全面的认知等。总之,教师的指导是为了学生更好地进行探究,恰到好处的指导不仅需要,而且能更好地实现课堂教学的高效性。

三、高效课堂的评价方式

评价方式就总体而言,有质性评价和量性评价之别。在传统课堂教学中,往往突出强调量性评价而忽略了质性评价。与之恰恰相反,新课程的评价特别强调的是质性统整。

1. 自我评价

学生自我评价的过程实际上就是自我认识、自我教育的过程。在学生缺乏自我评价方式方法的前提下,教师要帮助学生设定好自我评价标准或明确自我评价的项目和内容。

2. 达标测评评价

达标测评评价在教学预设中,要注意体现变式练习和层次性设计,可以从“基础达标”“能力提升”“拓展延伸”“实际运用”等几个模块设计,以给每一位学生提供自助餐式的练习。在做题要求上千万不要搞“一刀切”。对教学的评价并不仅局限于专门性的测验,还可以在教学过程中做好调查记录,随时调整学习策略,及时进行反馈评价。如果进行达标性的反馈检查,也并非只有测试、做练习题这种单一的纸笔训练方式。

3. 自主反思性评价

其对象包括学生和教师。在设计教学设计、“导学案”时,必须留有一定的空白,指导学生对本课时学习内容、学习活动进行总结反思。可提示学生：

想一想：本课学习了哪些内容，主要探究了哪些问题，"学习中存在的问题是什么"。

写一写：通过本课学习得到哪些启示，还有哪些疑问。

问一问：可以在组内进行当堂交流，或者在课后请教老师、咨询同学。

学生自我反思主要体现在：问题反思、经验反思、方法反思、学习行为反思、感悟反思等方面。反思切忌面面俱到，而又"面面不到"，切忌泛泛而谈，要突出主题。教师要指导学生具有问题意识，从问题切入，反思经验、反思错误、反思方法、反思感悟。

对于教师来讲，反思是教师专业化成长的重要途径。教师专业成长的三条基本途径是专业引领、同伴互助、教学反思。教师的教学反思是个大的课题，就高效课堂下的"导学案"设计而言，主要可从以下四个方面着手：是否对教材进行了创新性使用，教学中是否有非常精彩的环节，学生是否有独到的见解，"导学案"设计是否有不足之处。写教学反思要"短、平、快"，切忌拖沓冗长，说正确的废话。

附：高效课堂学生评价量表见附表3-1，教师评价量表见附表3-2。

附表3-1　学生评价量表

评价指标	权重	评价标准	参考观测点
学习目标	10	目标全面、准确、具体。	学生是否清楚学习目标？有多少学生清楚？
			学生是否认可学习目标？有多少学生认可？
学习准备	10	课前准备充分。	课前做了哪些准备？有多少学生做了准备？
			学生是怎样准备的(独立/合作/指导)？
			学困生在准备中有哪些困难？怎样解决的？
			准备的结果是怎样的(数量/深度/正确率)？
学习氛围	20	课堂气氛民主、平等、融洽、和谐，学生有充分的话语权。	学生有没有表达个人意见的机会？
			学生愿意表达不同的意见吗？
			能充分表达自己的观点吗？
			错误的观点是否得到了应有的尊重？

续附表3-1

评价指标	权重	评价标准	参考观测点
学习方式	20	接受式学习与自主、合作、探究的学习方式相结合,学习方式合理、高效。	接受式学习的时间有多少？是否过多？
			自主学习的时间有多少？是否充分？
			自主学习的方式有哪些(阅读/思考/练习/笔记/探究)？
			有哪些互动行为(提问/回答/讨论/合作/交流/展示)？
			互动的情况(人数/时间/对象/过程/结果)是怎样的？
			表现出了哪些学习习惯？
学习过程	20	学习态度积极、兴趣浓厚、精力集中,学习活动有序、高效,直接针对目标的达成。	对学习内容有兴趣吗？有多少学生有兴趣？
			有多少学生在认真倾听老师的发言？倾听多长时间？
			有多少学生在认真倾听同学的发言？能复述、补充或纠正同学的发言吗？
			学生在倾听时有哪些辅助行为(笔记/查阅/回应)？有多少学生发生这些行为？
			有多少学生独立思考？思考的习惯是怎样的？
			完成每项学习任务的时间是否充分？是否体现出高效率？
			学习活动是围绕目标展开的吗？有没有背离目标的活动？
			哪些证据证明学习活动是有序有效的？
学习效果	20	目标达成度高。	不同学生的学习需求得到满足了吗？
			课中哪些证据(发言/练习/展示)证明学习目标的达成？
			课后哪些证据(作业/抽测/谈话)证明学习目标的达成？

附表3-2　教师评价量表

评价指标	权重	评价标准	参考观测点
教学目标	20	全面、准确、具体,关注学生差异。	目标预设的依据是什么(课程标准/学生/教材)？是否设置了层次性的目标？适合该班学生的水平吗？
			预设的学习目标是怎样呈现的？呈现方式和时机是否恰当？
			课堂有无生成新的学习目标？怎样处理新生成的目标的？

续附表3-2

评价指标	权重	评价标准	参考观测点
教学设计	25	学情了解全面，教材处理得当，环节设计合理。	通过哪些方式（问卷/预习/提问/作业）了解学生的基础情况？
			教师是怎样处理教材的？采取了哪些策略（增/删/换/合）？
			容量和难度适合该班学生吗？怎样满足特殊学生的需要？
			教学环节是怎样构成（依据/逻辑关系/时间分配）的？
			教学环节是怎样围绕目标展开的？怎样促进学生学习的？
			有哪些证据（活动/衔接/步骤/创意）证明环节设计有特色？
教学组织	30	展示效果明显，指导及时巧妙，教学调整有效。	讲解效果（清晰/简洁/语速/音量/节奏）怎样？
			板书、媒体、动作（实验/制作/示范动作）怎样呈现、设计的？
			怎样指导学生自主学习（阅读/作业/思考/活动）、合作学习（分工/讨论/活动/作业）、探究学习（实验/课题研究/作业）的？
			怎样以问题驱动教学？怎样指导学生独立思考？怎样对待学生思考中的错误？如何实施学习方法的指导？
			提问的时机、对象、次数和问题的类型、结构、认知难度怎样？候答时间、理答方式、内容怎样？有哪些辅助方式？
			课堂中生成了哪些内容？怎样处理的？如何处理来自学生或情境的突发事件？教学设计有哪些调整？结果怎样？
			哪些环节体现了教师对学生学习的引领、提升作用？教师的引领、提升作用发挥得是否充分？
教学评价	15	评价方式多样，有激励性。	检测学习目标所采用的主要评价方式有哪些？
			如何获取教学过程中的评价信息（回答/作业/表情/举手）？
			如何利用所获得的评价信息（解释/反馈/改进建议）？
			评价是否主体多元、方式多样？是否注重激励性和发展性？
教学资源	10	合理选择、利用资源。	预设哪些资源（师生/文本/实物/实验/多媒体）？效果如何？
			生成哪些资源（错误/回答/作业/作品）？怎样利用？
			向学生推荐哪些课外资源？可得到的程度怎样？

第六节　高效课堂的抓手

——“导学案”设计与使用

一、“导学案”的认识

“导学案”是经教师集体研究，个人备课，再集体研讨制定的，以新课程标准为指导，以素质教育要求为目标编写的，用于指导学生自主学习、主动参与、合作探究、优化发展的学习方案。它以学生为本，以“三维目标”的达成为出发点和落脚点，是学生学会学习、学会创新、自主发展的路线图。

“导学案”是学生自主学习的方案，也是教师指导学生学习的方案。它将知识问题化，能力过程化，情感、态度与价值观的培养潜移化。在充分尊重学生主体地位的前提下，积极发挥教师的主导作用，通过科学有效的训练，达到课堂教学效益的最大化。

“导学案”遵循学生的学习规律，按照学生的学习全过程设计，将学生的重心前移，充分体现课前、课中、课后的发展和联系，主要依据有五大环节：课前预习导学，课堂学习研讨，课内训练巩固，当堂检测评估，课后拓展延伸。

二、“导学案”设计的理论基础

现代教育理论认为，学习的实质是学生自主建构与知识结构相对应的认知结构的过程，教学过程就是把知识结构转化为学生的认知结构。“导学案”的主要理论依据有以下几个方面。

1.发现学习理论

布鲁纳提出了“发现学习理论”，他认为，学生的学习应是主动发现的过程，而不是被动地接受知识。教师创设问题情境，引发学生对知识本身产生兴趣，产生认知需要，产生一种需要学习的心理倾向，激发自主探究的学习动机。在教学过程中，学生是学习的积极的探究者，教师的作用是创设适合学生学习探究的情境，而不是提供现成的知识。这就要求我们不仅要让学生“知其然(know-what)”“知其所以然(know-why)”而且要让学生“知其所用(know-how)”“知其谁用(know-who)”。

2.有意义学习理论

美国心理学家奥苏伯尔在其“有意义学习理论”的框架下深入研究了教材的意义性及其学习条件问题,并提出了著名的处理教材内容的先行组织者策略。他认为,学生接受学习的过程不应是一个被动的过程,而应是一个新旧知识相互作用的过程。学生对学习新知识有三分生、七分熟的基础,学生既有原有的知识结构,又有对新知识的顺应和同化的思维属性,所以学生能自主探究、自主学习。这一自主探究并不是盲目的随意学习,而是在教师指导下,有意义、有目的的自主探究学习。

在“导学案”模式教学中认知结构是指学习者已有知识的数量、清晰度和组成情况,由学习者能够立即回想出来的事实、概念、命题、理论等构成的。所以,要促进学习者对新知识的学习,关键是要增强学习者的认知结构中与新知识有关的概念。在“导学案”模式教学过程中必须关注以下三个方面:

①学生认知结构中能与新教材建立联系的有关概念是否可以利用,如果可以利用这些概念,就为学习和记忆新材料提供了必要的固定点。

②这些观念与要学习的新观念之间如何区别,就是要防止新旧观念的混淆,使新观念能够作为独立的实体保持下来。

③原有认知结构中起固定作用的观念是否稳定、清晰,影响到为新材料提供固定点的强度,也影响到学生能否对新旧观念做出区别。有意义学习理论强调学生在新知识的学习中,认知结构中原有适当观念起决定作用。

3.建构主义理论

建构主义也译作结构主义,其最早提出者可追溯至瑞士的皮亚杰。他认为,儿童是在与周围环境相互作用的过程中,逐步建构起关于外部世界的知识,从而使自身认知结构得到发展。儿童与环境的相互作用涉及两个基本过程:“同化”与“顺应”。认知个体(儿童)就是通过同化与顺应这两种形式来达到与周围环境的平衡,儿童的认知结构就是通过同化与顺应过程逐步建构起来,并在“平衡— 不平衡— 新的平衡”的循环中得到丰富、提高和发展。基于皮亚杰建构主义的原理,在“导学案”的设计和教学过程中,我们应该注意以下两个方面:

①在“导学案”的设计中注意创设问题情境,以诱发学习者思考,使其在认知上达到不平衡,并利用这种不平衡来刺激学习活动,学习者利用原有认知结构针对新知识的不同情况进行同化或顺应,形成新的知识结构,从而达到新的平衡。

②在教学设计中，应提供机会并帮助学习者同时对学习的内容和过程进行反思，使其对其原有的认知结构不断地进行反思，认知结构从平衡经过不平衡到另一个新的平衡。

4. 系统科学理论

查有梁提出系统科学理论的三个基本原理：反馈原理、有序原理和整体原理。其中，整体原理即任何系统只有通过相互联系，形成整体结构，才能发挥整体功能。整体原理对于整个教育科学有重大的指导意义。

在"导学案"的设计中，必须充分考虑整体的功能远远大于部分的功能之和，必须是既强调有整体的部分，又强调有部分是整体，才真正符合整体原理。教师设计"导学案"不但考虑每一课时、每一单元，还要考虑到每一章，甚至整个学科。既要给学生提供分散的知识，又要给学生提供有助于归纳的系统知识。

三、"导学案"设计的原则

编写"导学案"的过程是一种创新性的活动，它需要教师有层次地安排所研究的内容。提出的问题要有利于帮助学生突破常规思维的局限，有利于挖掘学生的潜能。在设计过程中，应遵循下列原则。

1. 目标化原则

学习目标具有导向功能、激励功能、调控功能。目标的制定要明确，具有可检测性，使本节内容的当堂检测题能够与之相对应。学习目标设置的具体要求：

①数量以3～4个为宜，不能太多。

②内容一般包括知识与技能，过程与方法，情感、态度与价值观三个维度（一定要紧扣课程标准）。

③目标中将学生自学中会涉及的重、难点，以及易错、易混、易漏等内容做出标注，以便引起学生高度重视。

④目标内容应明确具体，而且可操作，能达成。学习目标中不要用"了解、理解、掌握"等模糊语言，要用"能记住""能说出""会运用……解决……问题"等可检测的明确用语，并指出重、难点。

2. 时间原则

教师的讲课应尽量精而少，尽可能腾出时间让学生按"导学案"规定的程序进行学习,以利于每个学生在同一时间内充分发挥能动作用,达到全体提高的教学目的。遵循按单元及分课时进行编写“导学案”。

3.问题化原则

问题化原则是将知识点转变为探索性的问题点、能力点,通过对知识点的设疑、质疑、解释,从而激发学生主动思考,逐步培养学生的探究精神以及对教材的分析、归纳、演绎的能力。“导学案”的编写要遵循以问题为线索的原则,通过精心设计问题,使学生意识到:要解决教师设计的问题不看书不行,看书不看详细也不行,光看书不思考不行,思考不深不透也不行。让学生真正从教师设计的问题中找到解决问题的方法,学会看书,学会自学。问题的设计有以下几点:

①问题要能启发学生思维。

②问题不易太多、太碎。

③问题应引导学生阅读并思考。

④问题或者说知识点的呈现要尽量少用一个一个填空的方式,避免学生照课本填空,对号入座,抑制了学生的积极思维。

⑤问题的叙述语应引发学生积极思考,积极参与。如你认为是怎样的?你判断的依据是什么?你的理由是什么?你的发现是什么?等。

4.方法原则

“导学案”中应体现教师必要的指导和要求。教师指导既有学习内容的指导与要求,又有学习方法的指导。如在学生自主学习时,教师要明确、具体地告诉学生看教材哪一页的哪一部分,用多长时间,达到什么要求,自学完成后教师将采取什么形式进行检查等。学法指导有两种常见的形式:

①本学科的研究方法。不同学科教材的各个章节都有意识、有步骤地渗透了学科的科学研究方法,使学生在学习知识的同时受到科学方法的熏陶和训练,逐步地掌握最基本、最主要的科学方法,达到促进知识学习、培养能力和提高科学素质的目的。常见的研究方法有:分析归纳法、等效(替代)法、建立理想模型法、控制变量法、实验推理法、转换法、类比法等研究方法。

②学生平时普遍的学习方法。如阅读的技巧、做笔记的方法、小组合作的技巧等。

5.层次化原则

在编写“导学案”时将难易不一、杂乱无序的学习内容处理成有序的、阶梯性的、符合各层次学生认知规律的学习方案。要认真研究“导学案”的层次性,学案要有梯度,能引导学生由浅入深、层层深入地认识教材和理解教材,能引领学生的思维活动不断深入;还应满足不同层次学生的需求,要使优秀生从“导学案”的设计中感到挑战,一般学生受到激励,学习困难的学生也能尝到成功的喜悦。要让每个学生都学有所得,最大限度地调动学生的学习积极性,提高学生学习的自信心。

6.参与原则

通过对“导学案”的使用创造人人参与的机会,激励人人参与的热情,提高人人参与的能力,增强人人参与的意识,让学生在参与中学习。这就是所谓的参与性原则。相信学生,敢于放手发动学生,只要教师敢于给学生创设自主互助学习的机会,其学习潜能将会得到更有效的挖掘。

7.情境原则

人的活动总是在一定的情境中进行的。创设一定的情境,就能使学生身临其境,进入角色,激起兴趣,调动学习的积极主动性。因此,情境设计便是“导学案”的必要工作。例如,或介绍背景知识,或使用生动的语言、丰富的表情、恰当的体态动作,或借助各种媒体等,创造出浓厚的情境氛围,激发学生的情感,引起学生的共鸣,以取得良好的学习效果。

8.探究性原则

尽可能设计可供学生在研究中学习的内容,有可供师生丰富完善的“留白”处,有利于培养学生的创新意识。

9.媒体原则

恰当规范使用计算机辅助教学,可以增大知识的密度和容量,计算机作为信息接收和传递的媒体,可使学生从大量信息中学会获取知识的技能,甚至可用计算机创设情境,可以变“少慢差费”的低效性教学为“多快好省”及生动形象的高效性教学。

四、“导学案”核心要素的设计

(一)新授课课型

1.学习目标

①要明确具体、科学合理,可操作、可观测、可达成;数量以2～4个为宜。

②可将重点做出标注,以便学生合理分配学习时间,把主要精力集中到重点上来。

2.学法指导

学法线(或明或暗)应贯穿于“导学案”设计内容各个模块,即学生学习过程的始终,而非只单列的一个环节(必要时可将“导学案”整体的“使用说明”放在此处);要尽量在“导学案”中充分体现,并力求精到适用,以减少课上指导对学生自学的干扰和学生对教师的依赖。

学法指导(学习指导),即指导学生“学什么、怎样学”,包括基础、学科、能力、心理等方面,以及问题的索引或提示、有关要求(如在自学环节,让学生知道用多长时间、应达到什么程度、届时如何检测等)。

(1)资源链接

资源链接指与本节课学习有关的学生所需的关键性旧知的激活、所缺的关键性素材的提供,作为问题探究活动的知识帮助或情境拓展,要简明相关;也可不单独设置栏目,穿插在各个问题情境后面连接,为新知学习扫清障碍、做好铺垫。形式可以是教师出示问题,也可以是学生回忆收集。

(2)新知探索

要立足于学生的真实情况,在占有大量资料和综合把握的前提下,经“二度创作”,将学习内容设计成循序渐进、有内在逻辑关联、梯度适切的“问题(或任务)”形式,带着学生走入文本,更要走出文本,体现导学(读、查、记)、导思、导练、导结的功用。

3.学习内容的布局设计

知识线(明线)就是学生学习的结构图、程序链。常见安排构思有以下几种。

（1）框题式

根据内容特点，按照学习过程列出几个框题，并设计若干问题来分解，以凸显知识点。

（2）专题式

根据学习需要，将学习内容划分为几个专题形式进行学习。（比较适用于专题复习课）

（3）知识逻辑式

往往围绕一个大的主题，遵循知识的生发过程，步步深入，层层推进，通过设计不同的学习策略或学习方式来完成一个主题的学习。

（4）学习流程式

按照学习（模式）顺序逐步展开，解读文本，探究问题。（这是比较普遍的设计形式）

4.学习内容的问题设计

本着"知识问题化、问题探究化、探究层次化、层次阶梯化"的原则，将学习内容以问题形式呈现，即对知识点拆分、组合、设问、质疑，并体现如下要求。

（1）目标性

①紧扣目标，选择重点或关键内容，确定主题。做到不"跑偏"，不"眉毛胡子一把抓"。主（问）题要统领全局，"牵一发而动全身"。

②围绕主题，设计问题，需"少而精""以一当十"。做到指向不偏离，要求不降低；能够促使学生以旧探新，实现知识的自我建构。

（2）层次性

问题要由浅入深、由粗到细或由易到难，既能有序地引领学生分层探究、逐步生成，又能满足不同层次学生的学习需求，达到不同的"学习顶点"，实现分层教学、同步推进、整体提高的目的。课堂问题可划分为三个层级：

①理解（基础题）：能解决模仿题，把新知与旧知挂钩，形成融会贯通的衔接（"识记"一般在课前独立完成）。

②应用（提高题）：能解决变式题，本课所学知识点的综合或新知与旧知的综合问题。

③拓展（拓展题）：能解决一题多解（变）、多题一解，把知识和经验与跨学科知识

或生活实际及现代科技挂钩。

(3)探究性

问题要选好切入点,难易(开放)适度,有思考(合作)价值,让学生“跳一跳能摘到果子”(最近发展区:由独立解决问题所决定的实际发展水平与合作解决问题所确定的潜在发展水平之间的距离);同时要结合时间来考虑。

繁难综合问题可采用递进式、追问式、分解式、规律呈现等形式,环环相扣解决;也可提供完成任务的操作框架或规程,助推问题的解决。

①递进式:将较难题目转化为若干个层次分明(一层一论点)、跨度适中的台阶式问题,化难为易,引导学生由浅入深,从现象到本质,从具体到抽象,拾级而上,逐层靠近核心,直至破解原来问题。

②追问式:顾名思义就是设置一系列问题追根究底地查问。一是“顺向追问”,即在学生粗浅理解的基础上,顺着学生的思维走向追问,引导学生就原来问题进行深入而周密的思考,由浅入深、由表及里、由此及彼或举一反三,直到学生的理解准确、全面、细致、深刻。二是“逆向追问”,即反问,是在学生得出正确结论的基础上,逆着学生的思维走向追问,引导学生多角度、多层面地反思,加深对结论的理解,或总结自己的思维过程和学习方法,寻找解决问题的关键点。

③分解式:把复杂题目分解成若干个小问题,化整为零,这些问题互相不直接牵连(一问一侧面),而分别与大问题相扣合。如初中物理一道关于浮力的问题:一小船漂浮在池塘的水中,若把池底的泥挖出来,放在船里,那么池塘的水面将怎样变化?教师可设计如下问题做难度分解:要比较水面的升降,实质上是比较哪一个物理量的变化;比较泥的体积和泥在船中时船多排开水的体积的大小;将泥从池底挖出,再把泥放入船中,比较水面发生怎样的变化。

(4)开放性

应尽可能多设计主观性题目,例如列举题、分析题、讨论题、探究题、演示题、实验题、写作题等,对事实性知识、概念性知识(如术语、原理、结论、公式等)的考查宜设计为封闭性题目(主要在基础题上),尽量少用填空式、判断式、选择式、匹配式等。

(5)情境性

要巧妙创设情境,突出情境的生活性(真实性)、学科性(挖掘自身魅力来生发,如数学利用其严密性、抽象性,语文利用其人文性、言语性)、情感性、趣味性,成为学生对知识理解的辅助和催发。但并不等于要将所有的问题都放到情境中去学习,这也是不现实的。有些情况下也是没有必要的,尤其是面对比较简单的内容或对所学知识进行综合反馈时。另外,“情境外的学习”也是不能忽视的。这里要避免那些习惯“情境外的学习”的学生尤其是儿童在脱离情境时的不知所措,如应对训练或考试等。同时还要考虑通过情境学习进而形成抽象思维能力的问题。

①问题难度以学生能够解决50%～80%,学生自学以30分钟左右完成为宜。

②问题的叙述语应引发学生积极参与,积极思考。如你认为是怎样的？你判断的依据是什么？你的理由是什么？你的发现是什么？或想一想、试一试、练一练、辨一辨、议一议、总一总等。

③精心设计问题,使学生意识到要解决问题不看书不行,看书不详细不行,光看不思考不行,思考不深透不行,光思考不实践不行(知识点对应练习)。让学生真正从问题中找到方法,学会看书,学会自学。

5.知识整理

知识整理既可落实课堂上的问题、生成等有价值的知识,又方便学生课后的反思、复习。重点整理内容如下。

(1)预设性生成

疑难问题或错误修补(往往在独学时产生,而又在合探展示中解决了的)。

(2)即时性生成

在课堂学习情境对话交流中动态拓展创生的且与主题紧密相连的知识。

(3)知识要点

知识要点有:课时重点、个性难点、关键点、易错点等。

(4)绘出知识(思维)导图

按知识点之间内在联系的线索,将知识点串成线、连成网,整体建构并回归于其上位系统,形成完整的知识体系。呈现形式可结合知识结构本身特点,绘成知识树、概念图、纲目、图表、框架等;也可鼓励学生创造,发挥想象和联想绘制,按自己的方式建构。

(5)总结规律,提炼方法

对于课时内容偏多、难点集中的课堂,或者单元反馈课,教师有必要组织学生进行一次课堂全面的小结。

6.达标测评

(1)若属于纸笔测评,力求课内限时独立完成。

①选题要有针对性(课时目标和考试焦点)和典型性。

②题型要多样,题量要适中,题目按照易、中、难5:3:2设置,以5分钟左右完成为宜。

(2)其他测评

①问答、检查、自助式作业、开放式作业、实践性作业。

②自主反思:留有一定的空白,学生对学习的内容、问题、方法、行为表现及启示、经验、感悟等反思,以免宝贵的"再生资源"丧失。反思不能面面俱到,要对照目标,突出主题、问题,有实质内容,哪怕反思一个点,也要点点入地,不能"假大空"。

③拓展性作业(包括资料收集、调查研究、归纳整理、动手操作、一题多解、手工制作、设计创新等类型)、研究性学习或综合实践活动(视情况而定)。

(二)复习课型

1.学情分析

直接针对复习内容和范围,重新统计在新课学习过程中暴露出的问题,分析哪些是普遍性的问题,哪些是个性化的问题,哪些是主干问题,哪些是枝节问题,并分析问题产生的根源究竟是什么,是知识基础不过关、教学策略设计不当,还是问题设计质量不高、抑或学法指导问题等,做好归类整理,找出解决对策;然后,根据目标要求和复习内容进行针对性设计。

(1)复习导引

主要项目有:复习内容、复习目标(重点)、复习方法。

(2)内容(问题)设计

要帮助学生抓住核心知识(重点、关键点、易错点),并将其转化为核心问题,通过主干性问题带出枝节性问题,以面带线,以线带点(切不可不查学情,不分主次,知识堆砌,简单罗列),并且要特别重视指导学生对知识结构的自我梳理和知识系统的自我建构,并尽可能扩充其外延,加强与其他知识的联系。

①知识梳理。讲究知识的系统性,并体现对所学知识的巩固、深化、拓展和提升。主要内容有:知识回顾与网络建构。要让学生参与其中,理清知识主干,建立知

识间的纵横联系，形成知识网络，查缺补漏，实现对单元知识的整体把握；对主干知识中的要点进行深度剖析，深化、完善学生的认知。

②问题设计。主要是通过典型问题，从应用的角度深化对主干知识内涵的理解，把握知识的外延，说明有关注意事项。主要的题型：

A——辨析型问题，主要针对容易引起误解的重要概念、规律的适用条件进行分析。

B——应用型问题，主要是知识内涵的深化理解，进行思路、方法和规范习惯的培养。

C——拓展型问题，主要针对拓宽思维和联系实际的问题，培养学生理性思考和变通思维的意识，实现知识、方法和实际问题的互融。

③达标测评。主要是分层设计，并加强变式拓展训练。虽然是复习课，不要在题目难度上盲目拔高，要保证多数学生能做出来。

2.过程设计

过程设计与综合课型相同。这是一个查缺补漏、巩固强化、提炼生成的过程。

独学：学生对照“导学案”自主复习，对知识进行梳理和整体建构，要注意查缺补漏和对复习内容的拓展延伸，并记录在此过程中的所疑、所思、所悟。

交学：各组在学科组长组织下交流复习心得，提出复习过程中的疑难，进行针对性讨论、对子帮扶，弄明白问题后，个人修改、完善学案，并将组内交流成果及不能解决的问题板书在黑板上。

展示：各组展示本小组的复习成果及疑难问题，进行全方位的讲解并解答其他小组提出的疑难，他组的同学发现疑问、错题并随时修正、补充，教师做好追问、点拨、引导，使复习成果得到进一步的深化，教师最后进行评价。

反馈：鉴于复习课重点是在基本知识与基本技能方面，所以评价反馈方式通常以达标测试为主，学生要独立限时完成。教师公布答案，组内交换批阅，组内评价。统计集中出错的题目，学生自纠后将集中出错的题目（二度题组训练设计）分配到各小组，从读题、审题、解题思路、解题方法（技巧、规律）、错因分析等方面集体分专题进行展示；小组交叉评价，说错误所在及修正依据，最后学生用双色笔整理错题本。整个复习过程依然是以问题为主线展开的，教师要重点做好学情调查和问题解决，并做好反思总结。

（三）讲评课型

1.考情分析

考情分析主要是通过分析来发现问题，调整学习方法，树立新的目标。它包括：成绩分布和走势，出错比较集中的题目，存在的共性问题分析。问题不仅指题目本身，还包括一些非智力因素问题。

(1)错题归类剖析

①将出错比较集中的题目按错误性质或出错原因进行分类（如知识缺陷、能力不足、不良习惯、心理素质不过硬等）。

②在每类错题中选取典型错例进行剖析，分析错因、审题技巧、相关知识的应用、解题方法、解题规范要求等。例析的主要目的是找准薄弱点，抓住关键点，澄清认识，指导纠错。

(2)变式拓展训练

结合每类错题，进行变式拓展训练，确保这类题目真正得到落实。

(3)自我完善

在个体纠错和教师点拨下的集体纠错后，学生要在原卷错误处进行修改，不要在旁边重做，这样有利于学生分析自己的错误，避免抄参考答案。

2.过程设计

基本结构程序和教学组织略同复习课。强化学生的自查自纠，强化以自评为主，要在“导学案”设计中充分体现。

五、“导学案”编写的基本要求

1.吃透教材是基础

教材是学生学习的媒介，“导学案”的编制必须深入研究教材，紧紧围绕三维目标的要求，提炼知识脉络，把握重点，研究新旧知识的内在联系和拓展提升点，找准关键，研究学法，探寻规律，深挖情感因素。

2.对教材进行“二次创作与开发”

“导学案”的设计要从教材的编排原则和知识系统出发，把握好对教材的“翻译”“开发”和“二度创作”。把教材中深奥的、不易理解的、抽象的知识，“翻译”成能读懂的、易接受的、通俗的、具体的知识，帮助学生更易更有效地进行学习。

3. 紧扣目标抓落实

“导学案”的编写要围绕单元教学要求和课后练习，每课设置有适宜的学习目标。整个“导学案”要以学习目标为中心，紧扣学习目标的落实来设置学习问题和学习过程。

4. 逐级生成讲实效

一节课的好坏，不是学生停留在对课本知识的复制和学会上，更重要的是看课堂上学生的思维碰撞，对问题的质疑，文本的批判，动态的生成。“导学案”所涉及的课堂内容，要分层探究，有序引导，体现知识的逐步生成过程要由低到高，由易到难，由简到繁。

六、“导学案”编写流程

“导学案”要经五步生成，基本流程为：先由主备人“个备”，然后返回学科组“群议”，结合大家的建议再由第一主备人修订，分给任课教师，由每个人根据自己的实际情况在此基础上再“个备”，最后结合实际的授课经历，做出课后修订。“导学案”在设计时要求老师要能够深入浅出，要做到知识问题化，问题层次化。学生要能够浅入深出，摸着“石头”过河，步步为营，逼近目标。一般“导学案”要包括学习目标、重难点预设、学法指导或知识链接、自主学习、合作探究、测评反馈、课后反思几个环节构成。本着一课一案的要求，每个“导学案”的分量要适宜，不要过简，也不要过繁，要合乎实际操作，有实效。尤其要精选习题，坚决杜绝“题海”战术。所编制的“导学案”的容量以学生预习时间不超过30分钟为宜。

1. 个人主备，形成个案

教师在进行第一次主备时要备好学生、备好教材、备好课标、备好课堂流程。备好学生是编写“导学案”如何设计问题探究的层次、探究引导的路子、范例点拨的层次和目标检测选题的基础和关键，即教给谁学、如何去学的引领；备好教材是吃透教材的重点难点；备好课标，是正确把握对教材的要求，把握教学的深度与广度，以便做到心中有数；备好课堂流程，是对教学的一个初步设计设想。

2. 集体群议，形成初案

备课教师在集体群议时，首先由主备人将个人设计的个案，以说课的形式进行交流。备课组其他教师在认真听讲、及时记录的基础上，分别陈述各自的个案，进行比较，把对教材的处理、目标的制定、教法的选用、学法的指导、过程的设计等调整到最佳程度，形成“初案”。

3.完善整理，形成定案

主备教师在集体备课的基础上，对形成的初案进一步完善、整理，经备课组长审定，形成规范的教学设计，完成对定案的编制。

4.特色补充，形成复案

经过备课组研讨过的“导学案”呈现了课堂的共性问题，但是每个教师的教学又存在个性的差异，是否可行还有待于教师结合自己的学情进行具体的分析，因此，有必要由每个人根据自己的实际情况在此基础上再“个备”，以便得到总结、提高。备课组成员之间要互相听课、取长补短。

5.教后反思，形成补案

课后交流，就是对备课的总结阶段。备课组教师在集体备课情况下授课，要进行交流，对教学进行反思，写出较为翔实的教后记，分析教学过程中的优点和不足，同时对教学设计进一步修订完善，形成补案，促进今后教学的进一步开展。同时，大家在编写“导学案”时要贯彻“两化”的落实。所谓“两化”，是指在“导学案”的编写过程中要将知识问题化、问题层次化。“两化”的落实，有利于学生浅入深出，摸着“石头”过河，步步为营，逼近学习目标。

(1)知识问题化

课本知识要以问题的形式呈现，以便学生有目的的学习，问题要精心设计，最好是对课本内容的重新整合，杜绝使用挖天窗式的填空题。知识问题化的目的是使学生在“导学案”的引领下，知道怎样借助外力，在何处寻求帮助，完成每一个小问题，从而达到整体知识的获得和能力的提升，使学生通过“导学案”学会知识、掌握方法、提升能力。

(2)问题层次化

“导学案”所涉及的课堂内容，要分层探究，有序引导，体现知识的逐步生成过程，要由低到高，螺旋状上升。探究或学习的内容要清晰明了，每一部分要做什么，必须是能动的，必须是一目了然的，不能含混不清，不能无从下手，不能雾里看花。各层之间的衔接要自然和谐，即由此可以及彼，由此能够达彼。一般地讲，要做到依托学案并阅读教材，就可以了解概念，推演定理，应用定理，完成典型例题。这与教学内容、教学流程、课标要求紧密相关，所以我们在学生自学的过程中一定要多设计一些课本上没有现成答案的问题，让同学们去思考、去动脑、去想办法，挖掘学生的内在潜能。

七、“导学案”编写中应注意的几个问题

1. “导学案”编写切忌教案化

教案的着眼点是教师讲什么和如何讲，它是以教师为中心，强调的是“教”；“导学案”的着眼点则是学生学什么和如何学，它是以学生为中心，强调的是“学”。编写“导学案”的过程本身就是一个探究的活动，它不是教案的翻版，它需要教师从帮助学生学会学习出发，按照从易到难，从表面到本质，从一般到特殊的认识规律，有层次地安排学习内容。它还要求教师有创新精神，提出的问题要从课程标准出发，但又不拘泥于标准，要有利于帮助学生突破常规思维局限，有利于挖掘学生的潜能，有利于学生发现问题。但事实上，我们很多老师在编写“导学案”的时候往往受到教学中思维定式的影响，把教案的条框详细化，就变成了所谓的“导学案”。试想，这样的“导学案”怎能摆脱“教授化”的影子，怎能在课堂上体现“以学生为中心”的教学思想呢？

2. “导学案”编写切忌作业化

从性质上看，“导学案”是帮助学生完成学习目标的手段，而习题或考卷则是检测学生学习水平与能力的手段。从内容上看，习题只是“导学案”的一个组成部分，有些教师认为“导学案”不过是教学内容习题化，所以，他们在设计“导学案”时没有经过认真研究，只是把教材内容简单地编织成一个个的习题，甚至机械照搬课本内容，连编排顺序都完全一样，认为这就是“导学案”。教师如果按这样的“导学案”进行教学，必定会造成学生去抄课本，死记硬背教学内容，简单机械地寻找答案，整堂课就成了师生对答案的过程，根本无法实现“学案导学”教学的优势。所以“导学案”绝不是单纯的另外一份额外的家庭作业，要防止把“导学案”搞成又一本“练习册”，从而加重学生的负担。

3. “导学案”编写切忌共性化

“导学案”编写应体现教师对学生的循循善诱，要让优等生看到挑战，中等生看

到激励,学困生看到鼓励。要让每一个学生能参与并学有所得,从而提高学生学习的积极性和独立学习的自信心,使每一位学生都有一个积极健康的学习心态。所以,我们在预设"导学案"时必须基于全体学生,既要为全体学生的发展与提高而预设,又要能让全体中的每一位在通过他们的合作探究后有所提高。我们应该依据"三个目标"分层而设,使班级中的每一类学生、每一位学生都能在实现"三维目标"的前提下彰显出属于他自己的个性,决不能采取"一刀切"。

4."导学案"编写切忌好高骛远

"导学案"的编写要遵循循序渐进的原则,问题的设计要有梯度,由浅入深,由易到难,学习目标不能过高。有的老师在编写时,往往不考虑"学情",学习目标脱离了学生的实际情况,长期这样下去,必将使学生的学习兴趣降低,教学质量得不到保证,所以编写"导学案"必须根据学生现有的认知水平和认知能力,注意各知识点的把握层次。

八、"导学案"的备课模式

"导学案"的备课基本模式:提前备课、集体研讨、轮流主备、优化学案、师生共用。

"导学案"备课的流程如下。

1.集体备课

备课组长提前两周召集全体组员就一周内所要讲的内容进行说课,着重围绕如何确定教学目标,选择教学方法,设计教学流程,分析学生情况等方面内容。

2.轮流主备

在集体研讨的基础上,备课组长将内容进行分工,主备教师提前一周拿出"导学案"初稿,并交给备课组长审查修改;备课组长将一周的"导学案"草稿交分管领导审定,制成正式文本。

3.提前发放

上课前一天将"导学案"发给学生,任课教师在正式上课前收齐后适度批阅,对"导学案"再次进行阅读理解和补充完善。

4.课后反馈

师生共用"导学案"实施课堂教学,课后教师在"导学案"的有关栏目或空白处填写“课后记”,用于下次集体备课时小组交流。

5.整理成册

备课组长负责将“导学案”整理成册,作为本备课组的教案,每学期交教导处一份,以备检查和存档。

九、“导学案”教学的操作流程

1.编发“导学案”、依案自学

“导学案”是由教师个体和教研组全体教师根据学情精心编写的供学生学习的参考材料,它是集体的智慧和师生共同教与学的方案。教学的第一步是出示“导学案”,让学生明确学习目标,引起学生的好奇心,激发阅读教科书学习的知识兴趣;激发思维,为知识的迁移创造良好的条件。

学生依据“导学案”进行自学,原有知识结构根据新知识的不同类别分别进行同化或顺应,形成初步的知识结构。在学习过程中学生会产生一些有疑问、不明确或不理解的地方,这样就会激起学生的求知欲,使学生的思维得到发散,从不同方面考虑问题。

2.探究合作、及时反馈

这是促成知识迁移的关键一步,教师引导学生明确学习目标,在旧知识的迁移下探究学习新知识,对思考题和探究题进行比较,使学生在旧知识的基础上自己解答探究题。为了促成迁移,教师在学生自学课本的前提下提出一些思考题,以便使学生带着问题边看书边思考。

能使教师掌握反馈信息,以便引导迁移。学生经过第二步自学教材,基本完成了从旧知识向新知识的迁移。但是,这种迁移还仅停留在认识阶段,需要通过实践来检验。对于疑难的问题,通过教师引导个体发言、同位商讨、小组讨论、同学辩论、教师点评等多维互动形式来解决,探究性练习题的设置就是检验知识迁移程度的重要步骤。

3.内化知识、拓展延伸

通过探究练习的检验,教师可以掌握学生的学习情况,及时进行二次备课,有针对性地对学生进行精讲点拨。教师在讲解中重点抓住前后知识间的共同要素,进行画龙点睛的讲解,帮助学生沟通知识的内在联系,让学生总结学习的知识要点,以达到补充完善、整合提升的效果。在教师的引导下，学生形成知识网络，内化知识点，进一步延伸学习内容。学生掌握知识不是目的，其根本目的是在掌握书本知识的基础上，结合生活实际，创设新的问题情境，让学生应用所学知识解决问题，增强其分析问题、解决问题的能力。

根据以上基本环节，我们可以将“导学案”教学的操作流程归纳如下（见表3-2）。

表3-2 “导学案”教学的操作流程

要素	过程		
	课前	课内	课后
	策略		
学习过程	主动发现问题	“导学案”探究释疑	整合提高小结
学生活动	预习“导学案” 完成训练	课堂演讲 小组讨论	梳理归纳 练习反馈
教师活动	编发“导学案” 指导尝试	讲评点拨 诱导思维	矫正辅导 及时反馈

需要说明的是：没有开放的研究思想，就容易僵化、故步自封，难以吸收先进的东西，教学法的灵魂在于灵活，程序的绝对化是没有生命力的。“具体问题具体分析”的辩证法在教学中尤为重要。“导学案”教学模式的基本教学环节，应该根据学科特点、班级特点、学生特点、教材特点以及教师特点的变化而灵活运用。

附:“导学案”的设计线路如附图3-1所示。

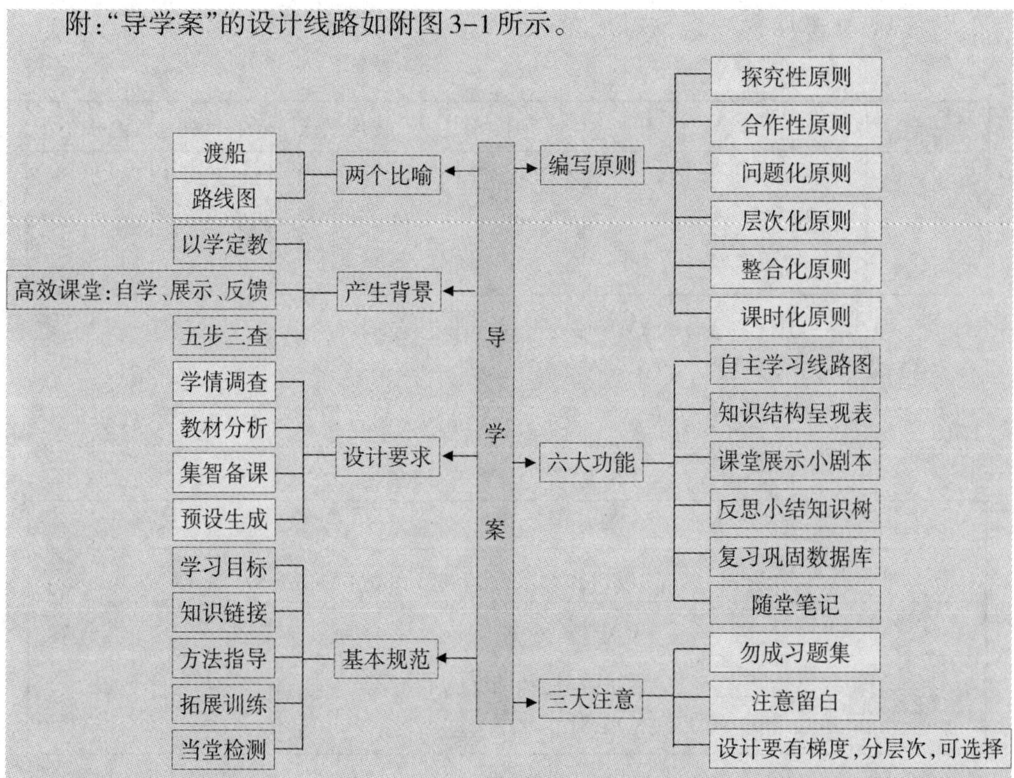

附图3-1　“导学案”的设计线路图

【教学案例13】

《乙醇　醇类》学案

1.学习目标

①知道乙醇分子原子的成键方式,能写出乙醇的分子式、结构式、结构简式。

②理解乙醇的化学性质(与活泼金属的反应、氧化反应、消去反应)。

③知道乙醇与活泼金属的反应,发生氧化反应、消去反应的过程中化学键的变化,能会写乙醇与金属钠反应及氧化反应、消去反应的方程式。

2.学习任务

(1)乙醇的结构

①观察乙烷和乙醇的分子模型,分析它们在分子组成、成键情况、空间结构

上的差别，并完成表3-3的内容。

表3-3

	分子式	结构式	解构简式	官能团	空间构型
乙醇					

②写出 —OH(羟基)和 OH^- 的电子式，比较它们的异同。

(2)金属钠与乙醇的反应

通过小组合作探究完成钠与水、钠与乙醇反应的实质并填写到表3-4中。

表3-4

实验内容	钠与水	钠与乙醇
实验现象		
产 物		
实验结论	1. __________决定乙醇能和钠反应生成氢气 2. 羟基中的氢原子活泼性：乙醇____水	

(3)乙醇的氧化反应

①写出乙醇燃烧的化学方程式____________________。

②乙醇的催化氧化：

现象：红热的铜丝______，迅速伸入乙醇中，铜丝由______，同时产生_____。

③分析反应过程中铜丝的变化，说明所起的作用，分析乙醇氧化为乙醛的化学键变化，写出有关反应的方程式。

(4)回顾

根据实验室制备乙烯的反应原理，写出乙醇与浓硫酸在170 ℃反应的方程式，分析乙醇发生消去反应时化学键的变化，并指出反应类型。

家庭小实验：称取糯米1 kg，淘洗干净，用清水浸泡一昼夜，沥干后，蒸熟，冷却到40 ℃。将10 g酒曲(含有糖化酶、酒化酶等催化剂)研成粉末，加入少量冷开水调成浑浊液，分数次加入糯米饭中，搅拌均匀，装入经过开水灭菌的容器中，轻轻压实，再在中间掏一个圆形小洞直至容器底部(以免发酵时中间温度过高，影响反应），然后将容器盖好，放在30～40 ℃的环境中。经过48 h后，发酵过程基本完成，即可食用。酿制成功的酒酿香甜可口，且有浓郁酒香。

【教学案例14】

《勾股定理》学案

1.学习目标

①经历探索勾股定理的过程，培养合情推理能力，体会数形结合的思想。

②能够利用勾股定理解决一些简单的实际问题。

2.学习重、难点

经历探索勾股定理的过程，会用勾股定理解决一些简单的实际问题。

3.学习提纲

(1)猜一猜

请同学们制作一个三角形纸板，两条直角边的长度可以结合下面的数据：

①5 cm，12 cm；

②3 cm，4 cm；

③6 cm，8 cm。

测量制作的直角三角形纸板三边的长度，并将各边的长度填入表3-5中。

表3-5

三角尺	直角边a	直角边b	斜边c	关系
1				
2				

我国古代数学家已经发现直角三角形的三条边长度的平方之间存在着一定的关系，根据测得的数据，你能做出怎样的猜想？

(2)想一想

①观察图3-1正方形P中含有几个小方格，即P的面积为多少个单位面积？正方形Q与正方形R的面积为多少个单位面积呢？正方形P、Q、R的面积有什么关系呢？这说明等腰直角三角形的三边具有什么关系呢？

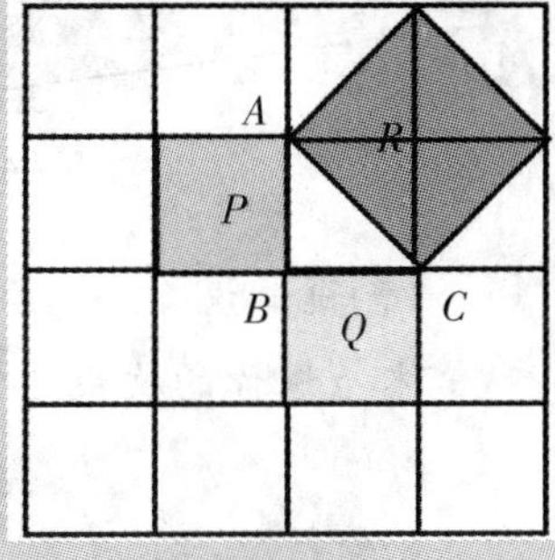

图3-1

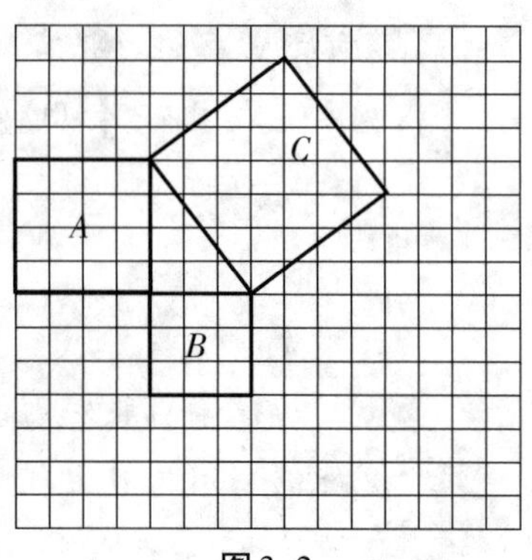

图 3–2

②观察图 3–2，并填空：

正方形A的面积=____平方单位。

正方形B的面积=______平方单位。

正方形C的面积=______平方单位。

你是如何得出正方形C的面积的？把你的想法在小组内交流。

(3)议一议

三个正方形A、B、C的面积之间存在什么关系？

那么，你能发现直角三角形三边长度之间存在什么关系吗？与同伴交流。

(4)记一记

对于任意的直角三角形，如果它的两条直角边分别为a、b，斜边为c，则$a^2+b^2=c^2$。

勾股定理：直角三角形两直角边的平方和等于斜边的平方。

(5)试一试

例题：如图 3–3 所示，将长为 13 m 的梯子AC斜靠在墙上，BC长为 5 m，求梯子上端A到墙的底端B的距离AB。

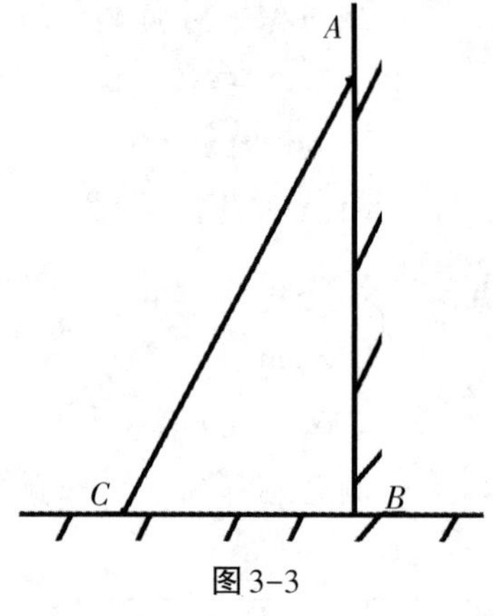

图 3–3

(6)学以致用

如图 3–4 所示，为了求出位于湖两岸的两点A、C之间的距离，一个观测者在点B设桩，使三角形ABC恰为直角三角形。通过测量，得到AB长 100 m，BC长 80 m。问从点A穿过湖到点C有多远？

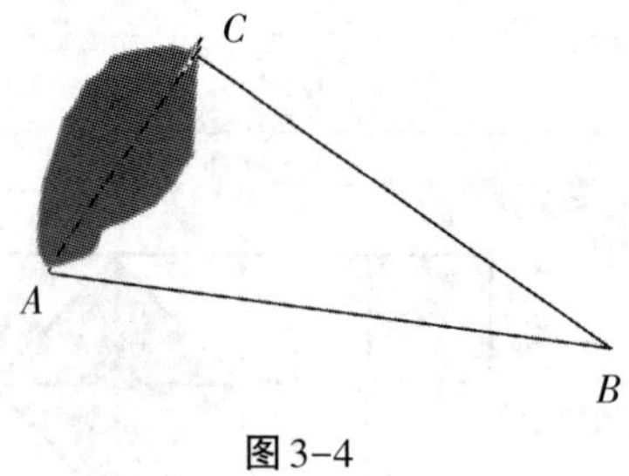

图 3–4

(7)说一说

本节课你的收获是什么？(先小组交流后班级汇报)

第四章　高效课堂的建模策略

第一节　教学模式的认识

一、教学模式的内涵

安德鲁斯和古德奇指出:"一种教学模式就是一种综合性成分,这些成分是用来完成有效的教学任务中的各种活动和功能的序列。"在科学研究中,"模式"是对某一过程或某一系统的简化与微缩的表征,以帮助人们形象地把握某些难以直接观察或过于抽象复杂的事物。

顾明远主编的《教育大辞典》中把教学模式定义为"反映特定教学理论逻辑轮廓的,为保持某种教学任务的相对稳定而具体的教学活动结构。"

北京师范大学何克抗教授根据信息传播和信息加工的特征,给教学模式提出了一种新的定义,他说:"教学模式是指在一定的教育思想、教育理论和学习理论指导下的,在某种环境中展开的教学活动进程的稳定结构形式。"教学活动进程包括教师、学生、媒体和教学内容四大要素,它们彼此联系、相互作用形成一个有机的整体,从而构成教学模式这种稳定的结构。

综合各教育理论家对教学模式的阐释,可以这样说:教学模式是在一定教育理论指导下,抓住教育过程的主要特点,对教学组织方式进行概括,对教学程序进行抽象描述。这个抽象过程是排除教学过程中次要的、非本质的东西,抽出主要的、有特色的部分。它的有效性决定于三个条件:建立在科学的理论基础之上,反映有关思维、学习和行动的研究成果;在教学过程中是按照一定的序列开展活动;学生是学习过程的积极参与者。

任何一种教学模式,之所以能出现好的效果,并不是教学模式本身单一的因素而引起的,它必然涉及学校的办学(教育)理念、教学管理、德育工作、激励评价以及校本教研等方面的因素,只有各种因素共同作用,才能使教学模式产生最大化的效果。我们必须在学习先进模式的基础上,结合自身实际,深入学习,选择、借鉴、创新性使用,并辅之以其他因素,才能有所用,不然会劳心劳力,适得其反。

模式与模式化,关键看使用模式的人。如果停留在技术层面(刻板地恪守固定的程式),漠视其思想内涵和精神实质,或是经验“翻版”或理念“镜像”,结果徒劳无益,甚至适得其反。模式化的人,津津乐道于所谓好模式而形成“定势”,故步自封,放弃了创新优化。更有甚者,忘情于模式的建构,却不关注学生的生命价值,减少在学生身上的投入,舍本逐末而事与愿违。

“教学有法,教无定法,贵在得法”是一种高的教学境界;如果真正想要达到“教无定法,贵在得法”的教学境界,一般而言,必须经历以下四步:

①依靠模式,实现教学方式转型,将“教”的课堂转向“学”的课堂。

②依靠模式,实现角色转型,指导学生学会自主合作与探究学习,教师要与学生同步,学会智慧导学。

③依靠模式,规范教与学的行为,提高教学质量和课堂教学品位,促进教师专业发展。

④超越模式,达到“教无定法、贵在得法”的境界。

二、教学模式的特点

1.指向性

由于任何一种教学模式都是围绕着一定的教学目标设计的,而且每种模式的有效运用也是需要一定的条件,因此不存在对任何教学过程都适用的普遍有效的模式,也谈不上哪一种教学模式是最好的教学模式。如果必须说最好的教学模式,那就是在一定情况下达到特定目标的最有效的教学模式。教学过程中在选择教学模式时必须注意不同教学模式的特点和性能,注意教学模式的指向性。

2.操作性

教学模式是一种具体化、操作化的教学思想或理论，它把某种教学理论或活动方式中最核心的部分用简化的形式反映出来，为人们提供了一个比抽象的理论更加具体的教学行为框架，具体地规定了教师的教学行为，使教师在课堂教学中有章可循，便于教师理解、把握和运用。

3.完整性

教学模式是教学现实和教学理论构想的统一，所以它有一套完整的结构和一系列的运行要求，体现在理论上的自圆其说和过程上的有始有终。

4.稳定性

教学模式是大量教学实践活动的理论概括，在一定程度上揭示了教学活动带有普遍性的规律。一般情况下，教学模式并不涉及具体的学科内容，所提供的程序对教学起着普遍的参照作用，具有一定的稳定性。但教学模式是依据一定的教学理论或教学思想提出来的，而一定的教学理论和教学思想又是一定社会的产物，因此，教学模式总是与一定历史时期社会政治、经济、科学、文化、教育的水平相联系，受到教育方针和教育目的的制约。所以这种稳定性是相对的。

5.灵活性

作为并非针对特定的教学内容，体现某种理论或思想，又要在具体的教学过程中进行操作的教学模式，在运用的过程中必须考虑到学科的特点、教学的内容、现有的教学条件和师生的具体情况，进行细微的方法上的调整，以体现对学科特点的主动适应。

三、教学模式的构成要素

1.理论依据

教学模式是一定的教学理论或教学思想的反映，是一定理论指导的教学行为范型。不同的教育观往往提出不同的教学模式。概念获得模式和先行组织概念模式的理论依据是认知心理学派的学习理论，而情境陶冶模式的理论依据则是人的有意识心理活动与无意识心理活动、理智与情感活动在认知活动中的统一。

2.教学目标

任何教学模式都指向和完成一定的教学目标。在教学模式的结构中教学目标处于核心地位,并对构成教学模式的其他因素起着制约作用,它决定着教学模式的操作程序和师生组合,也是教学评价的标准和尺度。正是由于教学模式与教学目标的这种极强的内在统一性,决定了不同教学模式的个性。教学模式是为完成一定的教学目标服务的。

3.操作程序

每一种教学模式都有其特定的逻辑步骤或操作程序,它规定了在教学活动中师生先做什么,后做什么,各步骤应当完成的任务。

4.实现条件

实现条件是指能使教学模式发挥效力的各种条件因素,如教师、学生、教学内容、教学手段、教学环境、教学时间等。

5.教学评价

教学评价系统是指某种教学模式所特有的完成教学任务,达到教学目标的评价方法和标准等。由于不同的教学模式所要完成的教学任务和达到的教学目标不同,使用的程序和条件不同,当然其评价的方法和标准亦有所不同。目前,除了一些比较成熟的教学模式已经形成了一套相应的评价方法和标准外,有不少教学模式还没有形成自己独特的评价方法和标准。

第二节　高效课堂教学模式建构的理论基础
——学习金字塔理论

一、学习金字塔内涵

学习金字塔是由美国学者、著名的学习专家爱德加·戴尔在1946年首先发现并提出的。它用数字形式形象地显示了采用不同的学习方式,学习者在两周以后还能记住内容(平均学习保持率)的多少。它是一种现代学习方式的理论,其结构如图4-1所示。

在塔尖,是第一种学习方式——“听讲”,也就是老师在上面说,学生在下面听,这种我们最熟悉、最常用的方式,学习效果却是最低的,两周以后学习的内容只能留下5%。第二种学习方式是“阅读”,通过“阅读”方式学到的内容,可以记住10%。

第三种学习方式是“声音或图片”，用“声音或图片”的方式学到的内容，可以记住20%。第四种学习方式是“示范或演示”，采用这种学习方式学到的内容，可以记住30%。第五种学习方式是“小组讨论”，采用这种学习方式学到的内容可以记住50%。第六种学习方式是“实际演练或做中学”，采用这种学习方式学到的内容可以记住75%。最后一种在金字塔基座位置的学习方式是“马上应用或教别人”，采用这种学习方式学到的内容可以记住90%。

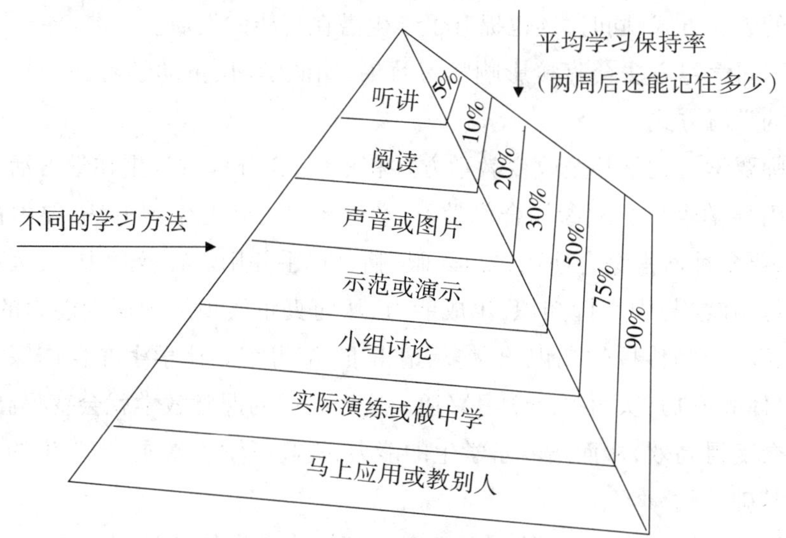

图4-1 学习金字塔

二、学习金字塔的启示

1. 传统课堂（填鸭式、满堂灌等）上课基本等同于听课，课堂效率是非常低的，学生的学习以能够转教别人的效果最好

传统课堂（填鸭式、满堂灌等）上课基本等同于听课，实际上这种上课效率是很低的，基本记不住什么东西，当然，如果老师讲得很精彩，语言感染力强，可能还好些，就怕有些照本宣科的老师，让人昏昏欲睡，那就纯属浪费时间了。根据这个“学习金字塔”所呈现的，光是听老师用讲述的方式学习，两周以后记住的内容只剩5%。为什么会这样呢？因为这是最被动的学习方式，学生的参与度是最低的，所以两周之后仍然记住的只剩5%就不错了。从第一种至第四种的学习方式也都是被动

式的，学生的参与度非常低，所以学习的保存率都无法超过30%。金字塔的最底端，其教学效果可以高达90%，而这个方法是：让学生教别人。如果学生有机会把上课内容作为应用，或是让学生有机会当同学的小老师，效果可高达90%。

从学习金字塔中可看出：学生的学习以能够转教别人的效果最好，而且要学生以教师的身份对其他人进行教学，不仅要对内容相当熟悉，同时也要透过语言的呈现来进行沟通，所以学生在进行教学之前，必须透过个体思维，将内容转化为让其他人能懂的表达方式，同时，这也提升了学生潜在智能的发展。

2.不同学习方法会直接影响学习效果，团队学习、主动学习和参与式学习是一种高效的学习方式

教师要学会调整甚至改变教学方式和角色，充分尊重学生在学习活动中的主体地位。引导学生自觉地参加合作学习，学生要努力转变学习方法，要由被动听转为主动学，要多种器官综合使用，要耳、眼、脑、口、手并用。在教学中，要大力提倡小组合作学习，在参与中掌握知识，生成能力，从而真正实现从知识到能力的转化，使学生们真正将老师传授的知识记得多、记得准、记得牢。让学生在合作探究学习中展示自我，体验成功，从而提升学习兴趣。这样我们的课堂教学就会变得高效，学生的学习也会变得高效，从而培养了学生的能力，提高了学生素质，为学生的发展奠定了坚实的基础。

3.积极贯彻自主、合作的学习理念，实践自主、合作的学习方式，提升学习效率是减负增效的关键

教以学为最终的归宿，一切教学的根本目标都在于让学生学会，并进而会学、乐学，由学习金字塔的内容可以看出：学习方法不同，学习效果大不一样。教师要自觉更新自己的教学理念，学会调整甚至改变教学方式；学生要努力转变学习方法，要由被动听转到主动学。教师要带领学生不断学习领会学习金字塔内蕴的思想，坚持以自主、合作的学习理念指导教与学。自主、合作的学习理念不应成为教师和学生畅谈教学时的一种堂而皇之的理念，更应该成为教师施教的行为，成为学生学习的常态。教师应进一步研究并更好掌握学习金字塔理论，自觉地改变陈旧的教学方法，充分尊重学生在学习活动中的主体地位，引导学生自觉地参加合作学习，从而提升学习兴趣，提高课堂教学的有效性。

在教学中要大力提倡小组合作学习，提倡在学生自学基础上的同桌互讲、互听、

互评和小组内展示交流与评价，并进而开展小组代表向全班展示学习成果、评价其他小组成果，从而使学生们真正将当堂所学的知识记得多、记得准、记得牢、学得会，学会了才有兴趣，学会了才有自信，这样也就有利于学生在参与中掌握知识，在展示中生成能力，在评价中引起反思，在交流中丰富自我，在碰撞中产生智慧，在自主学习中形成思想。

第三节 高效课堂教学模式建构策略

一、教学模式建构的指导思想

不同时代有不同的技术，赖以建构的政治、经济、教育等的格局或形式也不同，教学模式也不例外。现在，信息技术是现代技术的主体，人们生存和发展主要靠智慧和人文精神，所建构的教学模式应在传统教学模式的基础上实现以下五个突破。

1.价值追求：从知识获取走向充分发展

过去我们把人的发展简单化为知识获取，教学的主要目的是让学生掌握更多的知识。但在信息时代，知识是学不完的，唯有智慧、人格和人文精神的充分发展，才能适应瞬息万变的现代社会。所建构的教学模式应把人的充分发展作为追求的目标。所谓“充分发展”，主要包括人的全面、和谐、持续、创造性的发展，这是从人的本质、时空和各种关系的协调几个角度提出来的。

2.理论基石：从偏于一隅走向系统科学

教学模式理论认为，一定的教学模式是特定的教学理论的产物，这有其合理的一面，但也有其片面性。因为拘泥于某一种理论或观点，在对许多问题的认识上往往模糊不清，致使具体教学“顾此失彼”“左右摇摆”，难以真正发挥信息技术在现代教育中的作用。现代教学模式的结构是由教学活动者、科学基础和技术-科学方法构成其特性的。这里的科学基础包括三个层面：

①以马克思主义、毛泽东思想关于人、自然和社会发展的学说为哲学基础。

②以邓小平理论，尤其是他关于教育“三个面向”的理论为指导方针。

③以“三论”（系统论、控制论、信息论）和“新三论”（协同理论、耗散结构理论、突变论）为思想方法。至于技术-科学方法，则涉及计算机辅助教学技术、网络技术、通

信技术等,现代信息技术形式多样,所生成的教学模式也非常丰富多彩。

3.本位状态:从物化固态走向人化活态

对于教学模式,人们往往把它当作物化了的固定格式,拟出了多种稳定模式,但它们大多在课堂上难以实施,束之高阁者比比皆是。现代信息技术具有自主化、智能化、网络化等多种特征,在它所提供的技术和物质条件下,现代教学模式不再是"标准样式""稳固结构"了,它具有灵活性、针对性、层次性、交互性等多种特点,呈人化活态,它处处贯穿着人的精神,不但有智,而且有情。赋予现代教学模式感情色彩,将是我们为之努力的方向。

4.形式建构:从标准样式走向模式生成系统

定型情节的、固定程序的教学"标准样式"难以适应现代教学,也与具有灵活性、交互性等特征的信息技术相抵触。因此,教学模式应吸取多媒体教学的"积极思想",努力通过建立模块库、资料库、链接库、操作平台等来建构模式生成系统。当遇到具体的教学内容和情境时,则从该系统中生成出相应的模式来。

5.操作实践:从机械照搬走向智能运作

当今不少教师教学总是照搬已建好的模式,教学结构与具体的教学内容和教学对象往往不相融,出现不少专家痛斥的"程式化""刻板化"倾向。实施具体的教学模式是教师创造性劳动的结果,不应是机械照搬,而应是智能运作,应按以下三步进行系统建构:

①意向设计,即根据教学对象和学习内容,按教育基本理论和学科特点,进行理论设计。

②技术构形,将拟好的教学模式方案与计算机多媒体技术相融贯,制作出或设计出相应的课件,使教学模式有"形""声""色"。

③创造实施,紧扣信息技术非线性、无结构、相互交涉性、可编辑性等特点,灵活运用教学模式。与此同时,实施教学模式的过程也应是学生主动学习的过程,在建构现代化教学模式时,一要遵循学习的过程规律,二要在学生学习过程中予以"完形"。从这个角度来说,我们所建立的教学模式只有与学生的学习过程相融合,才算是真正完整的教学模式。

第四节　高效课堂教学模式的核心环节

——预习、展示、检测

预习、展示、检测是高效课堂上最关键的三个环节，也可以是三种课型，并不是说每一课时的内容都要三节课来完成。预习、展示、检测是作为课堂的三个环节还是作为三种课型，要视课堂内容与学情、学时而定。

一、自主预习

预习就是每位学生在教师的指导下，根据"导学案"（或预习提纲），阅读文本，查阅资料，解决"双基"问题，做预习笔记，记下自己的难点、重点、感悟和理解，为展示做准备。

1.预习的方式

通过合作学习小组来完成。资源共享，疑难内化。

2.预习的学习形式

预习的学习形式有独学、对学和组学。独学以"导学案"（或预习提纲）为抓手，以发现问题、解决问题为主线，并运用双色笔就独学过程中存在的问题做标注，带到对学和组学中去解决。独学是培养学生良好学习习惯和学习能力的关键，因此独学是学生最重要的学习方式。对学和组学环节仍然是以解决问题为主线，通过同质学生的对学，力求解决独学过程中存在的问题；然后以学习小组为组织单位，由学习组长组织成员对照"导学案"（或预习提纲）开展有效的合作、探究、对子帮扶，真正实现兵教兵、兵强兵、兵练兵。

3.预习的基本要求

①预习让50%的学生自主掌握50%的问题，通过组内对学和组学，再让70%的学生掌握70%的问题，建构起初步的知识结构。

②学生要备有预习笔记本、双色笔和纠错本。预习笔记的基本内容应该包括：知识点、重点、难点和疑点等。自己认为是重点知识，交组内讨论的疑点和讨论结果，易错点和出错的原因，疑难的解答以及做题的收获等内容都用红色笔做好记录，警醒自己。

③对学交流按AA、BB、CC三个层次交流，先解决层次的问题。将不懂的问题记

下来,然后全组讨论,兵教兵实行A教B,B教C的原则来落实。

4.预习环节(或课)初始阶段应注意的问题

①预习时以自主学习为主,合作学习为辅。

②预习时以学生自主解决问题为主,可参考工具书和参考资料。

③预习时可安排合作学习小组内部交流活动,要让小组长充分组织,按照设计的问题顺序进行交流(小组内部对预习情况的交流和考核)。

④初始阶段,教师要特别注意对小组长的指导,发挥好小组长的作用。

⑤预习时教师要通过巡视,发现学生在预习中存在的共性问题和难以解决的问题,筛选有价值的问题,班内共同解决。

⑥预习时,学生做一些典型题目进行预习反馈,由小组长或教师进行抽查等。

⑦预习时,教师要做好两次学情调查:第一次学情调查在独学时,教师通过巡视调查,了解学生学习进度,对"导学案"(或提纲)独学内容的掌握情况(基础类题目),并据此确定独学的时间,适时转入下一步学习;第二次学情调查在小组内展示时,调查的方式可以是教师巡视指导和学习组长的反馈,教师就小展示暴露出来的问题和小组备展的内容来灵活调整预设的时间安排,然后确定大展示的内容、时间,组织全班进行大展示。

二、展示交流

展示是学习成果的最直观暴露,是教师进行学情调查的直接途径,是教师课堂决策的依据,是教师教学智慧的发源地,是学生获得学习情感支持的化学分子,是课堂抵达"知识超市,生命狂欢"的保证。展示是预习成果的展现,交流又是学习内容的进一步提升。在展示环节(或课)上,展示的问题不是预习提纲中的所有问题,简单的问题不展示,无疑问的问题不展示,而是选取重点问题,难点问题,有争议的问题,一题多解的问题和能够拓展延伸、提高学生能力、开发学生潜能的问题进行展示。

1.展示的分类

小展示是由小组长组织的在组内进行的展示,目的是展示对学、群学的学习成果,暴露对学和群学中尚未解决的问题,并由学习组长将学习成果或暴露问题汇报给老师,便于教师把握学情,进行大展示。大展示是全班范围内由教师(或由教师指导的学科助理)组织的展示,教师的主导作用和课堂教学机制在本环节将得以展示。

2.课堂教学展示的目的

课堂展示交流的目的有以下几点：

①促进学生积极主动完成任务，感受成功或失败的体验，激发学生参与学习与展示的积极性。

②规范学生的学习成果。

③暴露学生学习中存在的问题或认知缺陷。

④收集学习信息为诊断补救做准备。

3.课堂教学展示的策略

(1)规范流程，注重模式化操作

在教学展示初期，要培养学生良好的展示习惯，规范展示用语，要求学生对课堂展示模式熟记于心，能按预设的程序有序推进。这样做有利于学生在初始阶段能迅速进入角色，保证了课堂的快节奏，高效率。

(2)注重细节，引导展示的学生开展互动

如果学生在展示中，只是在说答案，教师引导学生用“讲”来完成展示的内容，尤其是新知，教师还是要强调，有些知识学生讲不到的，教师可以装糊涂去问他，这样一方面可以让他的讲解更全面，另一方面也使其他学生对知识理解得更透彻。引导展示的学生在展示时，点其他小组成员完成问题，提出和其他小组进行挑战对抗。(平时的教学中教师不仅要训练学生讲解时所用的语言，讲解的方法，还要注意学生对知识的讲述情况，要对学生的讲解进行补充)

(3)注意面向全体学生，要让每个人都有讲解的机会

在教学中每次展示时，若参加展示的各组都是成绩好的、能力强的学生进行讲解，这样就使得落后生受到了冷落，长期下去，他们的成绩会更差，所以讲解时要让落后生也参与。在教学时，老师要给每个组定下规矩，讲解的人要轮流进行，每个人都必须参加，课前先分配好讲解的内容，本组学生负责对讲解的人进行指导，尤其是落后生，要教他怎么说，这样能够让每个学生都有讲解的机会，都能够得到锻炼。

4.展示内容

展示内容贵在“精”，必须是学生深入探究的问题，无论是组内小展示还是班内大展示都要明确展示是提升，绝不是各小组对“导学案”问题答案的重复性讲解，统一答案。在实践教学中，有的老师在学生小组讨论、交流之后，就让学生分组或自

荐,按照顺序把学习任务中的内容一个一个都展示出来,这样既浪费了时间,又不能抓住重、难点;也有的老师只注重学习任务的展示,认为只要把学习任务中安排的内容完成,就达到了教学目标,忽略了课堂内容的适当拓展和延伸。哪些题目适合展示呢?一是开放性题目;二是拓展性题目;三是难点、疑点且在学案中出现较多错误的题目。题目要突出展示三大特性。

(1)问题性

展示内容选取突出开放性、拓展性,展示内容应是组内或全班带有共性的问题、易错的问题。(展示并不是把"导学案"上的内容照搬到黑板上,应该展示本单元的重、难点,而一些简单易懂的内容其实展示的必要不大)

(2)互动性

针对展示的方式来讲,展示时要体现出师生、生生的交流,可以是疑难求助、对话交流、质疑对抗等多种形式。

(3)创造性

引导学生重点展示自己的独特思考、发现的一些规律,包括学习方法总结,学习的新发现、新感悟等。(这样就避免了展示不高效的情况,也体现了展示环节的必要性)

5.展示方式

在高效课堂中,单纯地说、做无法调动学生的积极性,久而久之,再诱人的课堂也会淡然无味。只有多元化的展示形式才能让平凡的课堂一浪胜过一浪。在展示中,常用的展示形式如下。

(1)口头展示

主要有概念的形成、现象的描述等内容丰富且容量大的内容。

(2)书面展示

主要有定理的证明,推理、探究的过程,题例的解答等。

(3)肢体语言展示

展示的同学用手势、用表情、用姿态帮助说明,增加他表达讲说的内容效果,可作为口头语言的补充。

(4)实物模型展示

学习空间图形内容可以提前让学生制作,通过学生的展示、比较,认识图形之间的关系,加深对相关内容的理解。

6.课堂展示过程中应注意的问题

(1)展示课堂“三允许”

允许学生出错,允许学生保留不同看法,允许学生向教师质疑、提意见。

(2)展示课堂“四不讲”

学生能说的不讲,学生能研究出来的不讲,学生能自己操作的不讲,学生能自己得出结论的不讲。

(3)展示课堂“五转移”

由过去的讲明白向现在的学生自悟明白转移,由教师提问为主向学生提问为主转移,由强制性课堂管理向科学自主开放式管理转移,由过去教师演示向现在的学生自己参与教学实验转移,由教师单一讲授向学生合作探究转移。

(4)展示课堂“六让”

书本让学生看,思路让学生讲,问题让学生提,规律让学生找,结论让学生想,实验让学生做。

三、达标检测

当堂达标,在以纸笔测试评价方式未被取消之前,任何教学都必须满足两个要求:学生发展的需要和考试的需要。

(1)达标反馈的目的

通过对学生在预习与展示课上的认知、体验、感受进行总结与反思,对预设的学习目标进行回归性检测,检查三维目标的落实情况。

(2)达标反馈的形式

达标反馈的形式有演板、表演、对话、提问、测验等多种形式。

(3)达标反馈的重点

达标反馈的重点是成绩不理想的学生和优等生,其目的是促优保差。

(4)达标反馈的方式

达标反馈的方式有自我反思;小组长检查;科代表检测;教师抽测;全班检测;更多的是利用各组的帮扶对子,有针对性地进行帮扶。

(5)达标反馈应注意的问题

①自主完成达标测试为主,合作完成达标测试为辅,完成达标测试的学习任务。

②在自主完成达标测试后，可以小组内部交流，初始阶段要小组长充分组织，以达标测试题的顺序进行交流（小组内的阅卷活动）。

附1：高效课堂环节解读如附图4-1所示。

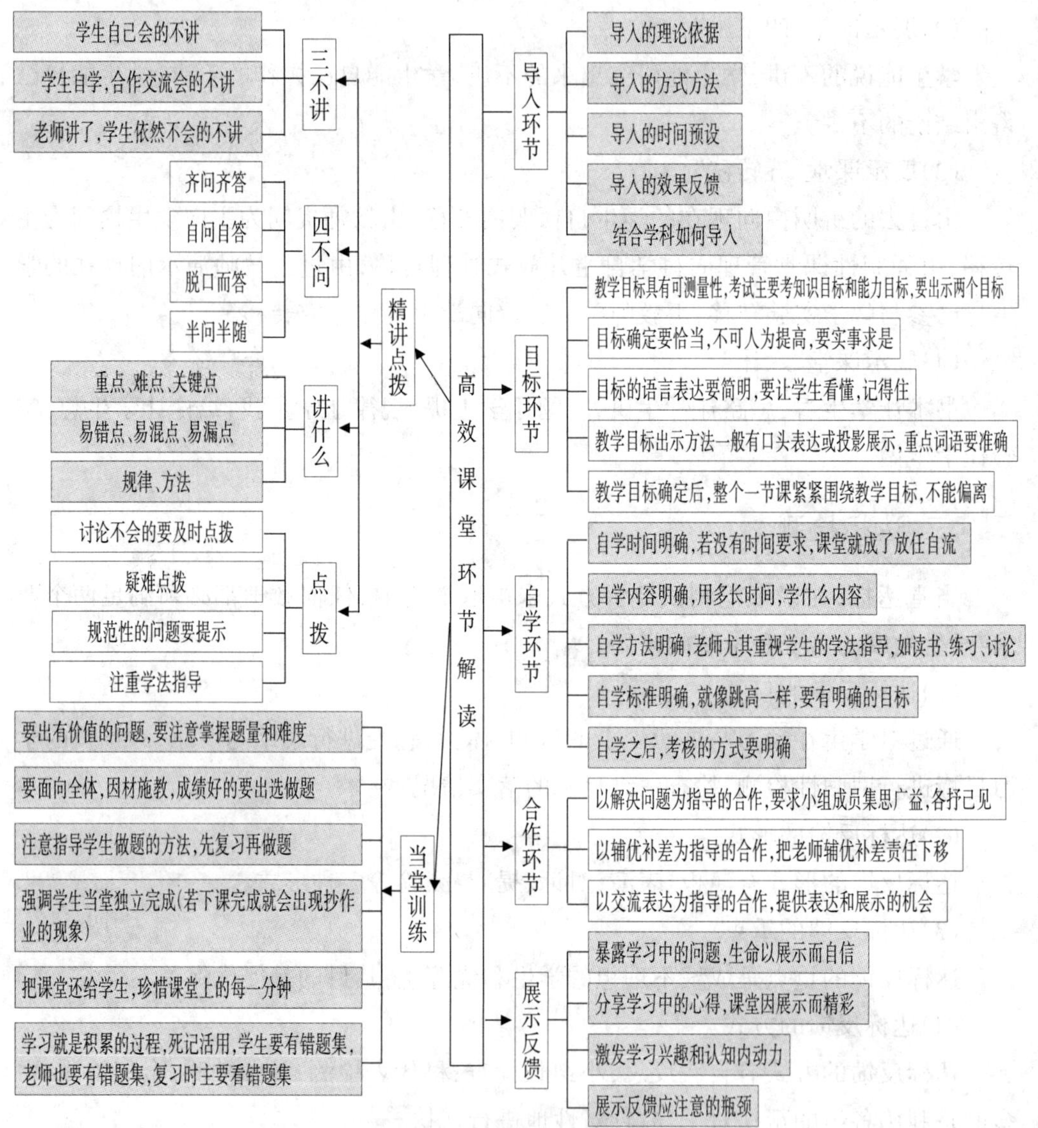

附图4-1　高效课堂环节解读

第五节　国内高效课堂教学模式的解读

一、杜郎口中学“三三六”自主学习模式

杜郎口中学的“三三六”自主学习模式:一是时间模式,即10+35,教师上课10分钟,学生自主学习35分钟;二是组织模式,即师生合作,学生小组合作;三是教学“三三六”自主学习模式,即自主学习的三个特点、三个模块和课堂结构的六个环节。

(一)课堂自主学习的三个特点

课堂自主学习的三个特点:立体式、大容量、快节奏。

1.立体式

将新课程要求的三维目标立体化,将学习任务落实到每个人、每个小组,充分调动每个学生的主体性,发挥每个学习小组的集体智慧,产生不同层次、不同角度的思考与交流。

2.大容量

以教材为基础进行拓展、演绎和提升,通过多种课堂活动形式展现,如辩论、小品、课本剧、诗歌、快板、歌曲、绘画等,倡导全体参与体验。

3.快节奏

在单位时间内,紧扣目标任务,通过周密安排和师生互动、生生互动,达到预期效果。

(二)自主学习的三大模块

自主学习的三大模块:预习、展示、反馈。

1.预习(教师指导,小组合作)

(1)预习的主要任务

预习的主要任务是达成学习目标,生成本教学内容的重点和难点,完成基本教学内容的学习和基本问题的解决,提出疑难问题,并由全班合作解决。

(2)预习提纲引导

杜郎口中学的预习,不是传统意义上的预习,而是教师引导、小组合作下的自主

学习。

(3)要求

教师经过备课标、备教材、备学生，编制出具体的预习提纲，它是以问题为主要形式的引导学生自学、思考的线索，问题一般涉及教学的目标，教学的重点和难点，关照知识与技能，过程与方法，情感、态度与价值观等各方面。根据教师提供的预习提纲，学生在学习小组内开始自学。

(4)自学

主要是独立思考，小组内进行互助和讨论。对于不能独立解决的问题，每位同学记录在预习笔记中。

(5)教师的作用

①整个预习过程中，教师始终穿插在各个学习小组之间观察、答疑、抽查、询问，了解每个学生的自学情况，对于有共性的疑难问题，教师及时予以点拨，引导同学顺利完成预习任务。在此过程中，教师特别注意和帮助学习有困难的同学，让他们不要“输”在基本教学内容的学习上。最后，以小组为单位交流学习心得，本节教学内容的重点、难点，教学目标的理解等。

②在学生预习环节中，教师要根据教学内容的要求和学科特点，精心设计问题的情境，设计问题的形式，设计预习的过程和方法。要充分预测不同的学生在预习过程中所出现的困难，提出相应的对策，尤其要关注学习的“弱势群体”，不要输在起跑线上。为了帮助学生做好“预习”，教师还要向学生提供必要的课程资源和信息线索。

(6)浓重的合作气氛

从预习环节开始，应该看到杜郎口中学的教学就已经开始形成了浓重的合作气氛，开始给教学烙上互助的印记，教师和学生围绕教学内容开发课程资源，收集相关信息是共同的、合作的、开放的、共享的，教师的共同引导和个性帮助、小组内的互助是随时发生的。可以说，师生、生生交流合作，共同分享学习成果，避免了“单打独斗”，让学习成为共同生活、相互理解的平台。

(7)预习的基本成果

①学生初步形成本部分内容的学习目标，明确学习的重点和难点，把握本部分内容的基本框架和相关知识，能够自已解决教材所给出的问题。

②经过预习发现学生存在的共性问题，经过整合带入展示环节集中解决。

③学生通过预习不断提高自己的学习能力和自主性，培养自己独立思考意识。

④不断提升学生的合作、宽容、理解的良好品质。

2.展示（全员合作，激情互动）

（1）展示

"展示"与"预习"是紧密相连的。教师在学生"预习"过程中，根据学生"预习"的情况，对自己事先准备好的所要展示的"问题"进行修改和调整，然后提供给每一个学生，展示环节是生生、师生、组生、组组互动的过程，主角是学生，学生提出问题，学生讨论，阐述自己的观点和见解。

（2）教师的作用

①教师分配学习任务一般以小组为单位，小组领到任务后，自主探究，交流合作，形成自己或小组最佳解答方案，完成后，各小组展示方案，其他组的同学分享成果，或在某小组展示时受到启发，又有更好的解答方法。

②在展示的整个过程中，教师是隐身于学生身后的导演，教师所要做的是点拨、追问、总结点评。

（3）反思

通过各小组对不同任务的展示，使课堂容量加大，原来一节课完成三个问题，现在能完成十几个；原来一题只有几种解法的，现在多达十几种、几十种；原来一节课在教师的主持下，从头到尾，称之为"一条鞭子"教法，全体学生同时考虑相同的问题，就像学生在食堂打菜的窗口一样，一个窗口，一排好长的队伍，如果能多开几个窗口，不就提高效益了吗？

（4）学生方面

①学生在研究教师所给展示问题的基础上，每一个小组对本组所要展示的问题进行认真研讨和准备，并指派一名代表"登台"讲解或指派几名代表共同"表演"，同组的其他同学可随时补充，其他组的同学也可以随时切磋甚至批驳。

②学生可以不必申请便可发言，便可上讲台讲解，只要学生展示的问题有水平，讲解的问题有道理，他就会赢得师生的尊重甚至是掌声。相反，在展示过程中学生"出了丑"，得到的是帮助和宽容，而不是讥笑。

③给每个学生展示的机会，尊重每一个学生，鼓励每个学生，让每个学生都敢

想、说、问、演、答，张扬个性，释放潜能。

3.反馈（达标测评，反思提高）

反馈的步骤：

①让每一名学生梳理自己在展示中的所得，对自己在展示前没理解的、没想到的、没掌握的进行查缺补漏，对自己理解偏差的、做错的进行反思。

②根据梳理的结果进行拓展和深挖。

③总结和归纳，形成自己的知识结构。

④同伴间的相互评价，同学自由结伴相互提出问题。

本环节尤其突出“弱势群体”，进一步检查三维目标的落实情况，尽力达到不让一名弱者掉队，利用好“兵教兵”“兵练兵”“兵强兵”的战略，鼓励较弱学生在某一问题上主动向优等生拜师学艺。

（三）课堂结构

课堂结构有六环节，即预习交流，明确目标，分组合作，展现提升，穿插巩固，达标测评。

①预习交流：通过学生交流预习情况。

②明确目标：明确本节课的学习目标。

③分组合作：教师口述将学习任务平均分配到小组内，一般每组只完成一项即可。

④展现提升：各小组根据组内讨论情况，对本组的学习任务进行讲解、分析等。

⑤穿插巩固：各小组结合本组分别展示情况，对本组未能展示的学习任务进行巩固练习。

⑥达标测评：教师以试卷、纸条的形式检查学生对学习任务的掌握情况。

（四）杜郎口中学课堂教学各环节的量化指标

①预习交流，明确目标（5分钟）。

②分配任务，立体教学（2分钟）。

③完成任务，合作探究（6分钟）。

④展现拔高，师生互动（18分钟）。

⑤穿插巩固，全面掌握（8分钟）。

⑥达标测评，检查验收（6分钟）。

“预习、展示、反馈”三种课型贯穿为一个有机的整体，前一种课型是后一种课型的基础，后一种课型是前一种课型的提升和发展。三种课型缺一不可，三种课型都占用正课时，有时是一个课时，有时是两个课时，有时是十几分钟，根据具体的学习内容确定具体课时。

二、洋思中学的“先学后教，当堂训练”教学模式

（一）教育理念

教师的责任不在于教，而在于教学生学。先学后教，以教导学，以学促教。

（二）教学策略

每节课规定教师讲课时间最多不超过10分钟，一般在7分钟左右，有的课4分钟。保证学生每节课有30分钟连续自学时间。

灵活运用“先学后教，当堂训练”的教学模式。不同年级，不同学科，不同内容，不同基础，适当调整。该少讲的不多讲，但必须保证学生足够的自学时间。

学生自谋自学策略。教师给学生自学的锦囊妙计，为学生谋划自学策略。每个学生都有自己的自学方略，开始是自控的，逐渐地形成了习惯。养成了良好的自学习惯是教学成功的主要因素之一。

合作精神与合作能力是自学的力量源泉，精诚合作，在兵教兵中，差生弄懂了教学内容的疑难，优生增强了对知识理解的能力，合作互相提高。

教师精心备课，教师的形象、气质、基本功和教学艺术都潜移默化地影响学生。文化课是以理解知识、培养能力为主要目标，其他的情感、态度与价值观在教学中去渗透实施。备课笔记的核心要点主要体现以下几个方面：

①课题、教学内容。

②学习重点。

③学生思考，从学生实际出发，写出指导学生的策略。

④课堂检测题的设计。

（三）“先学后教，当堂训练”教学模式的教学流程

1. 先学

教师简明扼要地出示学习目标；提出自学要求，进行学前指导；提出思考题，规定自学内容；确定自学时间；完成自测题目。

2. 后教

在自学的基础上，教师与学生，学生与学生之间互动式的学习。教师对学生解决不了的疑难问题，进行通俗有效的解释。

3. 当堂训练

在“先学后教”之后，让学生通过一定时间和一定量的训练，应用所学过的知识解决实际问题，加深理解课堂所学的重、难点。

课堂的主要活动形式：学生自学、学生独立思考、学生之间讨论和学生交流经验。

4. 作业

这种教学模式，教师不再留作业，学生在课堂上完全自我解决，学习内容当堂消化。

5. 教师的作用

①教师以学定教，教师的教学以研究学生怎么学、学什么，集中解决为什么学，学的效果等问题。

②教师语言准确，三言两语地提示教学目标，尽快地激发学生学习动机；教师提出自学要求、自学内容、自学方法。

③教师行间巡视，个别答疑与个别询问，必要的板演与练习进行调查，了解学情，最大限度地暴露学生在自学中存在的疑难问题、带有倾向性的问题，为后教做好准备。

④教的原则是学生会的不教，学生说明白的不重复，学生不会的尽量让学生自己解决问题。教师少讲、精讲，只做点拨性的引导。

⑤对课堂检测题，教师不是给答案与结果，而是让学生自己探索规律。教师真正从一线退到二线，为学生自学、思考、答疑当好参谋。

(四)兵教兵

1.兵教兵也体现在“后教”的环节上

针对学生自学中暴露出来的问题或训练中存在的错误,教师引导学生讨论,让会的学生教不会的学生,教师只做评定,补充更正。

2.兵教兵也体现在课后

对学习上的“困难户”,教师指定同学去帮一帮,单独辅导,优秀生与“困难户”搭配坐在一起,同住一个寝室,使他们结成帮扶对子,成为朋友。

3. 兵教兵的魅力

事实证明,一帮一、兵教兵活动不单能解决“困难生”问题,也能促进学优生的学习能力、表达能力、分析能力的提高,使学优生能在学习上有紧迫感,也能把自己理解的东西表达出来。这本身就是一种提高,这就是兵教兵的魅力。

(五)做中学

①让学生动起来,课堂上,每一个环节都让学生做,自学不单纯看书,边看边动手操作,动眼观察,动口交流,使学生能亲身感悟知识产生和发展的过程。

②学生做的过程是创新的过程,经历自学过程,得到对知识的感悟,这本身就是创新。

③允许差异。在做的过程中,根据学生自我体验,自我基础,采取不凡方法与途径,只要能达到目标就被充分的肯定,这也是创新。

④学生在做的过程中,不仅学会了知识,更重要的是学会学习,学会应用,学会提高,为可持续发展创造条件。

⑤只有学中做,做中学,才能形成自学习惯。学生不仅养成了良好的自学习惯,也养成了做事的好习惯。不依赖别人,什么事都自己动手操作,养成勤快、爱活动的习惯。

三、兖州一中“三步六段”教学法和“35+10”课堂循环教学模式

(一)教育理念

学校内涵发展观:“三个解放”,即解放学生,解放老师,解放学校。

教育理念:培养与自身、社会、自然和谐相处的人。

高效课堂理念:把教学相长拓展到整个课堂,让差异资源衍生出万千学长。

(二)"35+10"课堂循环教学模式

"35+10"是将课堂时间45分钟分为两段:前段35分钟,后段10分钟。前段35分钟解决在此之前学生已预习的"预习提纲",按"六段"式处理,完成本课教学全部内容,包括小结作业。处理完进入后段10分钟,发下一课的"预习提纲"并让学生预习,确保预习效果和前后衔接。

"35+10"课堂教学模式突出特点:按课堂时间来说,是将下一课教学内容的预习任务放在了本堂课的最后;对一堂课的教学内容来说,是将学生学习的重心前移。其目的:一是能强制学生预习,规范学生预习,从而达到课前预习效果和要求;二是课后的一些课余时间可对预习所发现的问题再思考。对一课内容来说,老模式是先以老师为主(讲授),后以学生为主(作业),本模式是先以学生为主(预习),后由老师参与(点拨)。

(三)"三步六段"教学法

三步:课前、课中、课后。

六段:重申目标、学情调查、问题汇总、精讲点拨、课堂检测、小结归纳。

1.课前

教师工作:在集体备课基础上形成具有针对学生学情的"预习提纲"。

学生工作:通过预习解决A级、B级问题,对C级、D级问题形成初步困惑,以便带入课堂(A:识记级内容;B:理解级内容;C:应用级内容;D:拓展级内容)。

2.课中

按六段教学模式实施"生生互动"或"师生互动",让每个人都成为交流者。

3.课后

教师工作:备好课后,设计出学生学习中"未清"问题的解决方案。

学生工作:完成作业,并向学习委员反馈"未清"问题,未清问题列入下节学习内容。

基本原则:预为先导、学为主体、全员参与、师生互动、易讲难引、少讲多练、展示为主、当堂消化、减少作业、前后衔接。

强制规范:教师精讲时间不得超过10分钟,凡是学生能讲的教师不能代替。

(四)课堂模式的灵魂

课堂模式的灵魂为:一个转变,两个前置,三种方法,四个形态。

(1)一个转变

师生角色的转变:教师从一个传统的“讲者”变为“教者”,从一个“教者”变为“学者”,即做和学生一起上学的人。

(2)两个前置

两个前置:问题前置和学习前置;学习是目的、问题是手段,这是课堂循环。

(3)三种方法

三种方法:自主、合作、探究的方法。

(4)四个形态

四个形态:展示交流(驱动师生的内驱力),纠错并落实(学生的考试就是要求精确再现),通过点拨实现提升,通过开放实现拓展。老师要有开放的心态,不害怕犯错误。

四、东庐中学的“教学合一”讲学稿模式

东庐中学的教学改革主要分两大块:一是改革备课模式,实行以“讲学稿”为载体的课堂教学改革;二是改革课外辅导方式,由课外转向课内,不订辅导资料,停止补课,取消竞赛辅导班,实行“周周清”。

(一)改革备课模式,推行“讲学稿”

备课是教育观、教学观念的总体体现,担负着完成教学任务的总体策划和设计的重任,是一个系统工程,既要备好学生,又要备好教材。备课还是解决教师(策划能力),学生(认知水平)与教材(教学内容)三者之间矛盾的主要途径,所以“教学合一”的改革关键是抓好备课。学校要求备课组做到“三定三有”:定时间、定地点、定主备人;有计划、有主题、有记录。将此项规定纳入备课组长与教师的考核,一月一考核,使集体备课落到实处,确保了集体备课的较高质量。

(二)“讲学稿”的编写过程及原则

1.“讲学稿”的编写来自于新的备课模式

新的备课模式可概括为“提前备课，轮流主备，集体研讨，优化学案，师生共用。”备课具体过程为：

①寒、暑假备课。寒、暑假教师了解学生，疏通教材，从纵、横两方面把握知识体系。

②主备教师提前一周确定教学目标，选择教学方法，设计教学程序，将“讲学稿”草稿交备课组长审核。

③备课组备课。组长初审“讲学稿”后至少提前二天将“讲学稿”草稿发给全体组员；由备课组长召集组员集体审稿，提出修改意见；主备教师按集体审稿的意见将“讲学稿”修改后交审核人审查，再由备课组长将审核后的“讲学稿”交分管领导审定，制成正式文本。

④课前课。上课前一天将“讲学稿”发给学生，任课教师对“讲学稿”再次进行阅读理解和补充。

⑤课后备课。第二天师生共用“讲学稿”实施课堂教学，课后教师在“讲学稿”的有关栏目或空白处填写“课后记”，用于下次集中备课时小组用。这是一个不断打磨，不断提升的过程，经验得以积累，教训和问题便成了复习教学的重点和难点。学生则在“讲学稿”相关栏目或空白处填写学习反思等，在反思中成长。

优秀的“讲学稿”来自认真的备课。这样的备课周期比较长，过程完备，环环相扣，虽然看起来过细甚至烦琐，但它是务实的、有效的，是能操作的、可达成的。备课体现在以下几个方面：一是摒弃了传统的备课模式，抛弃的是形式主义，追求的是实际效果；二是将“集体备课”落到了实处，个人备课与集体备课达到了有机的统一。一份好的“讲学稿”，教学思路既是统一的，又是多元的；既有共同的教学目标，又有个人充分施展的空间；既加速了新教师、青年教师的成熟和骨干教师的培养，又促进了中老年教师的进一步创造。由于精选习题，既减轻了学生过重的课业负担，又减少了教师的无效劳动；既体现了合作研究、博采众长，又留有了公平竞争的余地；既把备课时的隐性思维转化成了显性思维，把教师静态的个人行动转化成了动态的合作研讨，又为个人提供了人性化探究、建构的可能。由此将备课这一日常的教学业务工作上升到了教学研究的高度，培训、教研、备课、上课，不再互相游离，而是逐步达到了和谐统一，互为补充，互为促进，相得益彰。

2.“讲学稿”的编写要求

编写“讲学稿”遵循以下基本原则：主体性（确立学生是学习的主体）、导学性（具有指导学生学习的作用）、探究性（尽可能设计可供学生在研究中学习的内容）、层次性（关照不同层次学生的不同需求）、开放性（有可供师生丰富完善的“留白处”）、创新性（有利于培养学生的创新意识）、民主性（师生可共同参与）、实践性（让学生在做中学）。“讲学稿”编写应注意以下几点：

①“讲学稿”应该具有明确的学习目标。

②应注意帮助学生梳理知识结构体系。

③提供适当的学习方法和学习策略的指导。

④提供检测学习效果的适当材料。

⑤注意“讲学稿”与一般教案和讲义的区别，不能把“讲学稿”写成类似学习辅导用书的模式。

⑥不同学科、不同课型的“讲学稿”都应该有各自不同的特色。

大体上说，“讲学稿”的编写主要按课时进行，与教师上课同步，适合于不同课型的教学需要。

（三）“讲学稿”的使用原则

1.根据“讲学稿”内容认真进行课本预习

所有同学必须自行解决“讲学稿”中的基础题部分，学有余力的同学可以做提高题，碰到生疏的、难以解决的问题要做好标记，第二天与同学交流或在课堂上向老师质疑。学生在使用“讲学稿”时应坚持三个原则：自觉性原则、主动性原则、独立性原则。

2.学后反思

课堂上注意做好有关学习方法和规律的笔记，以便今后复习，学完一课后，要在“讲学稿”的空白处写上“学后记”。

3.归类整理

每隔一段时间将各科“讲学稿”进行归类整理，装订成复习资料。

4.对教师使用“讲学稿”的要求

①原则上不允许再布置课外作业，应认真指导学生使用“讲学稿”，在上课前必须抽批部分“讲学稿”（多少酌情而定），以了解学情，再次进行课前备课。

②用“讲学稿”进行课堂教学时，要努力做到：新知识放手让学生主动探索，课本放手让学生阅读，重点和疑点放手让学生议论，提出的问题放手让学生思考解答，结论或中心思想等放手让学生概括，规律放手让学生寻找，知识结构体系放手让学生建构。

③用“讲学稿”进行课堂教学时，要拓展学生的思维，主要包括：第一，引导学生通过展开充分的思维来获得知识，暴露学生思维过程中的困难、障碍、疑问和错误；第二，寻找学生思维的闪光点（创造性思维的火花），及时给予鼓励和引导；第三，课堂教学中除充分调动学生思维外，教师自己的思维也要得到充分展开，在教学过程中激活学生，提升自己，做到教学相长。

④用“讲学稿”进行教学要做到“四精四必”（精选、精讲、精练、精批和有发必收、有收必批、有批必评、有评必补）。

教师必须提高三个能力：

①提高备课中的“厨师”能力。教师必须根据教材精选材料，精选认知策略，精收反馈信息。优选教学方案，优化教学手段，在抓住“重点”、凸显“难点”、破解“疑点”上下功夫，在提高学生能力的“支撑点”上下功夫，在激发学生主体意识的“兴奋点”上下功夫。

②提高课堂上的“公关”能力。教学中教师必须激励、唤醒学生的主体意识，变“要我学”为“我要学”。教师要主动接近学生，通过平等、民主的师生交往，了解学生的知识需要与情感渴求。

③提高教学时的“导演”能力。在课堂教学的实施过程中，教师好比导演，要为学生创造表演的舞台，让课堂充满魅力。教师必须根据教材内容，灵活使用教学手段，做到寓教于趣，寓教于乐，寓教于情，使学生始终处于学习的亢奋状态。

（四）由课外转向课内，改革课外辅导方式

为防止穿新鞋走老路，防止教师囿于旧思维、老办法，在动态中把教育观、教学观、学生观转变到位，紧接着实施了配套改革措施：废除两项管理制度，确立一项新

的课外辅导方式。

1.停止补课

学校开全课程开足课时,杜绝节假日补课以及寒、暑假补课。那种“课内损失课外补”的思想没有了温床,迫使教师改变思路,探究如何在课内做文章;学生的手和脑被解放出来,许多课外活动得以全面开展。

2.取消竞赛辅导班

不设竞赛辅导班,竞赛辅导由课外转向课内,由集中辅导转向日常教学之中,这是“讲学稿”中能力题、层次题的设计要求之一,它既体现了竞赛辅导的要求,又使得每个学生都有一试身手的机会,增强了他们学习的自信心。

3.采取“周周清”的课外辅导方式

“周周清”采取面批、个别辅导以及补标测试的弥补形式。其特点是以个别辅导为主,集中讲授为辅;以学生自我纠错为主,教师指导为辅。适用对象是当周学习内容不能过关的学生。

实行教学“周周清”,一是鉴于师资和生源,既承认差异,又着眼整体提高,要求不过急过高;二是基于这样一个基本认识,即知识和技能的获得有一个接触、理解、内化的过程,破疑解难需要时日。一天一清,一堂一清,过于急促,难以内化,教学的氛围也不够宽松,囫囵吞枣只能导致消化不良;而一月一清的教学进程又过于拖沓,教学节奏过于松散,缺少适度的紧张,难有情绪的亢奋、学习的高效。而“一周一清”便于把握教学节奏的轻重缓急,也符合初中生的认知规律。

“周周清”是在教师认真批改作业、认真测评的前提下,面向全体学生(事实上无论哪一类学生都会有不“清”的时候)查漏补缺。要求教师增强课堂反馈及评价意识,及时、全面、客观地了解教学信息,对学生在学习中出现的失误持宽容态度,积极期待又循循善诱,帮助学生解决疑难,为学生的进步创造机会,维护学生的自尊和持续学习的热情。

“周周清”是在学生及时纠正错误的前提下,进行再学习、再强化、再巩固、再提高,从而掌握本周所学内容。以此施加适度的压力,促使学生端正学习态度,增加课堂“负担”,如提高课堂教学的参与度,增强思维的力度,加大课堂学习的效度,以减轻课外学习的负担。

五、昌乐二中“271”高效课堂教学模式

（一）教育理念

1. 教育观

——教育即成长，教育即解放。

——教育就是对人的成全，培养完整的人。

——教育是“育人”而不仅是“教书”。

——教育就是一个不完美的人带领一群不完美的人走向完美的过程。

2. 教学观

——教为不教，学为成长。

——教学就是“导学做”三位一体。

——教学即引领，教为学服务。

——义无反顾地把发展的主动权放给学生，实现生教生，生帮生，生考生，生评生，在生生互动中享受学习的快乐。

3. 考试观

——考试无处不在。

——考试本身没有问题，问题在于考什么和怎样考。

——考试是通过知识考人品。

——好成绩是全面实施素质教育的必然结果。

课堂是教育教学的主阵地，是素质教育的“牛鼻子”，没有课堂的彻底革命，任何改革都是蜻蜓点水。课堂革命的出发点和最终目标在于改变学生学习状态、实现学习效益最大化，让学生会学、学会，在课堂上享受生命自由奔放成长的快乐。

4. 高效课堂

——素质教育的突破。

——学生的脖子上不能长着老师的脑袋。

——被压抑、被取代的感觉，让学生丧失学习的动力。

——学生的学习、生活经历和认知特点不容被忽视。

——学生精力的流失，主要原因来自老师简单、机械、生硬、霸道的灌输。

5.“271”高效课堂基本理念

——把每个孩子的一生变成一个成功而精彩的故事。

——教育是对人的成全,全人教育,目中有人,在民主和自由的环境中成长心灵。

——素质教育的重心应该并且只有落脚在课堂上才是持久的素质教育、真正的素质教育。

——遵循心理学和社会学规律,打造“271”高效课堂。

——高效课堂是教育本质的回归。

(二)“271”高效课堂的内涵

1.时间分配及内容安排

20%(约10分钟)——教师指导、点拨、答疑。

70%(约30分钟)——学生自学、讨论、展示。

10%(约5分钟)——学生自结、巩固、检测。

2.学生组成方面

20%学生——优秀学生。

70%学生——中等学生。

10%学生——后进学生。

3.学习内容方面

20%的知识——自学能会。

70%的知识——合作学会。

10%的知识——老师教会。

(三)“271”高效课堂法则的含义

1.第一个含义是对时间的划分

“2”是课堂上老师讲课不超过10分钟,不一定是连起来讲,可以是分开讲;“7”是学生学习(自学、讨论、展示)30分钟;“1”是5分钟反刍过关。

2.第二个含义是对学生组成的划分

20%是优秀学生,70%是中等学生,10%是后进学生。一个班50个学生,10个学生是能够自学会的,35个学生是需要通过与同学讨论、老师点拨才能学会的,5个学生是大家帮助的对象，通过小组讨论、老师帮助把这5个学生成绩提高。教师要充分利用好10个优秀学生资源，让他们明白，给别人讲一遍，胜过自己考虑两遍，同时再给他们出自助餐，保证他们学得更好；通过小组互相讨论，促进中间35个学生的向上"分化"，把其中的20%转化成优秀生，以此扩大优秀生比重，同时把原本10%的后进生向着70%的群体推进。从理论上讲，这种模式消灭了"差生"，充分体现了教育对每个学生的尊重。

3.第三个含义是对学习内容的划分

20%是不用讲学生能自学会的，70%是通过讨论才能学会的，10%是同学之间在课堂上展示、互相回答问题，老师的强调、点拨，反复训练才能会的。"2"就是自己学会的，"7"是讨论巩固学会的，"1"是同学帮助、老师点拨学会的，这样就都学会了。

（四）"271"高效课堂模式操作流程

1.课前准备

①老师要提前到教室组织学生准备上课用的书本，发放学案，准备多媒体，做好上课前的准备工作。

②规范板书，学习目标至黑板的右上角。

③鼓励学生通览学案，初步感知本节课复习内容。

④组织课堂，起立并互相问候，把学生的注意力都集中到课堂上来。

2.目标解析

教师简要地解读本节课的学习目标，并联系考试简单解析其地位，增强课堂针对性。

3.回顾训练

①学生自主总结上节课复习内容。

②通过针对性的题目对重点内容进行训练。

③小组展示答案，教师进行点评，并由此引入本节课复习内容。

4.自主学习

①自主学习前由老师提出要求，包括时限、重点、注意事项等内容。

②以学案为中心，结合课本等相关材料，自主学习，强化记忆。

③引导学生在自主学习过程中记录出现的疑点和新发现的问题，准备讨论的自

主内容。

④自主学习时学生必须安静(记忆内容除外),集中注意力,快速、高效、按时完成自学任务,绝不能任务未完成就开始讨论。

⑤引导学生学会在自主学习中理清知识的内在联系,建构好自己的知识网络体系。

⑥学生自主学习期间,老师要一边巡视一边加强对个别学生的辅导。

5.有效讨论

①讨论内容为自主学习过程中记录的问题和学案上老师设计的重点问题。

②讨论规则为讨论前由教师规定讨论的时间和要求,由小组长控制好讨论的进程;先小组内分层一对一进行讨论,并做好记录;在此基础上扩大至小组讨论,其中A层重点帮助解决B层问题,C层旁听学习或先整理C层讨论的成果;然后B层帮助C层解决,A层进行自主拓展;问题经小组讨论未能解决的要以书面的形式反馈至老师手中。

③老师在巡视过程中要积极参与部分小组的讨论,掌握学生出现问题的第一手资料。

6.合作探究

(1)分组展示

总体原则是B层展示,A层点拨,C层提升。

①各组任务不同时,可让各组顺序展示汇报,其他小组负责质疑、提问和补充。

②各组任务相同时,可利用评价调动组与组之间展开竞争,并把竞争结果作为评价依据。

③各组任务互补时,要让相邻两个小组成员相互交换成果并给对方修改和批阅,在批阅过程中学习他人好的做法,同时要注意该同学前面出错的地方。这种展示方法适用于量大的作业或检测的评价。

(2)为点拨评价做好准备

老师负责控制展示进度,调节好课堂氛围,并及时记录出现的典型问题和新生成的学习目标,为点拨评价做好准备。

(3)及时评价

老师针对各组的展示情况进行及时评价,评价形式可用分数、掌声、口头表扬等进行。

7.点拨评价

①对于记忆内容可先进行组内一对一互查,然后由教师提问,由各小组主动回答。

②对于非记忆性内容,老师要针对学生的展示进行纠正、完善,指导学生自己概括和总结所复习的内容,将零散的知识点串成线,形成面,树立主干,形成网络。

③老师围绕既定学习目标或生成学习目标对本节内容进行系统的概括和总结,从整体的角度分析重点,剖析难点,总结出解决问题的方法和规律。

④课堂上要留出一段时间让学生梳理本节课内容,整理笔记。老师引导学生注意别人想到自己却没有想到的答案或创意的记录。

⑤根据内容的不同,高效展示和点拨评价环节可以结合。

8.检测落实

①老师以课堂检测题等形式检查学生对学习任务的落实情况,通过有针对性的练习,巩固所学,拓展知识,形成应用能力。

②下课前学科班长要根据各组的表现和本节课的内容进行总结点评。

③课堂最后由老师小结课堂内容并布置适量作业。作业的布置要精选;要注意指导学生进行拓展提高;要设计分层,不同层次的同学完成不同个性化的作业;要规定时限,由学习小组长督促及时完成收齐上交,由课代表送任课老师处。

④老师要及时批阅作业,及时反馈,并做好个别学生的面批和谈话,强化落实。

六、鱼台一中“四环导学”高效课堂教学模式

(一)“四环导学”教学模式

“四环导学”中的“四环”是指课堂教学活动中的四个环节,依次是:自主学习→合作探究→成果交流→巩固提升。“导学”是指借助学案引导和指导学生进行有效的学习。课堂教学运用“四环导学”的教学方法,旨在让学生体验自主与合作探究的学习过程,让学生体验个人学习和小组合作的成功乐趣;而教师借助学案平台以一个“导”字贯穿课堂教学的每一个环节,引领学生达成学习目标,从而实现高效课堂向高效学习转化。“四环导学”高效课堂教学模式操作流程如图4-2所示。

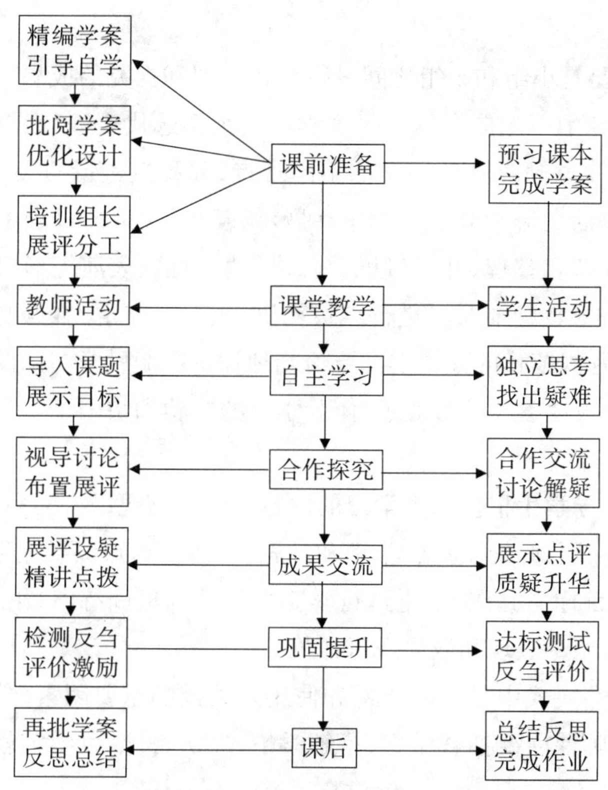

图4-2　“四环导学”高效课堂教学模式操作流程

（二）“四环导学”教学模式操作要领

1. 自主学习

自主学习分为两个阶段——课前和课中。学生课前通过预习课本，基本完成学案内容，以便带着成就和展示的欲望、带着需要解决的问题进入课堂。课中根据其他同学的展示，深化和完善自学成果。课中自学时间的长短应视学案完成情况而定。

2. 合作探究

合作探究主要针对学案中的内容进行学习和组内交流、探究，有时采用分组分任务的形式，有时采用分组不分任务的形式。教师在此环节中，一要巡查，最大限度地掌握学生学习、探究的情况，二要在重、难点突破上进行方法指导，帮助学生形成最终探究成果，为成果交流展示做好准备。此环节主要以小组合作的形式来进行。

3.成果交流

成果交流主要是小组和小组之间进行合作学习和探究的成果交流展示,可分为课前定向展示和课中不定向展示。每个学习小组推选代表进行展示。展示过程中要求每个学生要注意倾听其他同学的不同观点,并积极进行质疑、补充、纠正和评价,实现学习成果的交流和共享。学生在展示、互动、交流的过程中,互相学习和借鉴,对知识加深理解和掌握,并通过说、写、讲、读、对话、表演等形式,使知识转化为技能。在此环节中,教师要及时进行点拨精讲,主要放在重、难点的突破上,学习方法的指导上和解题规范化的强调上。要恰当地评价和激励学习团队,燃起学生学习的热情,让学生积极地参与学习展示,体验学习的成功和快乐。

4.巩固提升

首先,教师引导学生根据课堂学习的内容和活动情况以灵活多样的方式对所学知识进行全面的回顾、归纳、总结、整理和反思,从而达到知识系统化的目的,同时更进一步强化学习目标。其次,学生进行学案上的达标巩固练习,小组间交流练习结果。最后,学生对课堂表现和效果进行评价。

在"四环导学"模式中学案的质量和使用是关键的重要因素,学案编写要精细,容量要适中。教师课前要抽查学案,了解学情,二次备课,以学定教;课后要全批学案,巩固学习成果。

七、河北围场天卉中学"大单元教学"模式

(一)模式建构理念

"大单元教学"模式,立足于"破",大胆向传统课堂教学宣战,敢于质疑和挑战传统教学中的"教材编排""课时安排""学期计划""学年任务"等,把学科知识按照自己的规划重新整合,综合设计,有序实施,从而把"三年"贯通起来。

(二)"大单元教学"模式特色

"大单元教学"模式具有三大特色:大整合、大迁移、大贯通。

1.大整合

大整合按照学科内容进行"单元"归类,打破学科之间"老死不相往来"的限制,把相关联的知识上挂下联,以"大学科"予以围拢归整。

2. 大迁移

跨越学科、学期、学年的界限，实现迁移、对接，形成知识链条的完整性，形成从点到面的迁移，实现了知识教学的有序性、整体性、完整性。

3. 大贯通

"弹钢琴"，把三年的教学计划和规划当成一首完整的曲子来弹奏。在教学流程上，要求教师先"消化"知识，再重新编排课程，把"营养"反刍给学生，然后经过学生"自主消化"，转化成能力和成果。

（三）"大单元教学"模式的基本结构

"三型"，即高效课堂的"预习展示课""提升展示课""巩固展示课"三种课型；"六步"，即明确目标，自主学习，小组讨论，展示拓展，穿插巩固，当堂测验；"一论坛"，即以论坛形式，在"三课"结束之后，以单元为总教学目标，采取滚动循环的手段，由教师"精讲点拨"，对本单元授课环节中挖掘不到的问题，提升不到的层次，进行有效的"二次作业"。

在"大单元教学"模式中，核心是展示教育。"预习展示课"环节，先期让学生达到掌握70%～80%的目标，并在小组内部由组长带领，要求每个成员对自己的学习成果进行"展示"；"提升展示课"是对小组合作学习成果进行展示，通过教师的追问、质疑，进一步明确学习目标，拓展联系更多的相关内容，让学生能够"举一反三"，达到"提升"的目的；"巩固展示课"则是追求知识的"再生成"，教师要善于利用某些奇思妙想，让有"创见"的学生展示自己的独到思维见解，通过学生"兵练兵""兵教兵""兵强兵"的过程，达到对知识的再认识和巩固的目的。"展示"成为高效课堂的灵魂，也成为"大单元教学"模式的支撑。

"大单元教学"模式体现出高效、减负的特点，较为巧妙地处理好了"主体与主导"的辩证关系，既充分发挥了教师无可替代的主导作用，又突出了学生学习的主体地位，较好地规避了"任由学生自主"而导致的课堂无序、效益不好控制等现象，改变了教师和学生的生命状态、学习状态等，实现了教育本质向人的回归。

八、郭思乐的“生本教育课堂”教学模式

（一）理念

“生本教育课堂”就是以学生为主体，让学生主动、自主学习的课堂。具体表现形态为“四突出”“三转变”和“四个基本程序”。

1.“四突出”

（1）突出学生

充分发挥学生主体作用，完全改变教师讲、学生听的局面。

（2）突出学习

整个教学过程处处突出学生的学习、质疑和探究。

（3）突出合作

全班分成若干小组，每小组4～6人，无论是课前准备还是上课时的学习，每位学生都必须在小组内充分发挥其应有的作用。

（4）突出探究

让学生通过自主学习、探究获得知识，形成能力。

2.“三转变”

①变教师灌输式的教为学生自主性的学，使学生获得学习动力。

②变“听懂了”为“学懂了”“会学了”，使学生掌握学习方法。

③变“他律”为“自律”，使学生获得自信、自尊，激发内在的学习潜能。

（二）教学基本流程

流程：前置性学习→小组交流→班级汇报→总结巩固（延伸拓展）。

1.前置性学习，学生先学

所谓前置性学习，就是引导学生在学习新知识前尝试自主学习，了解学习内容。一般是课前预习或前置性作业，不固定，比较灵活。通过前置学习，鼓励学生先学。

关于“前置性作业”的设计，郭思乐提出了低入→多做→深思→高出的设计原则。

“低入”的含义是：简单，根本，开放（可拓展）。起点要低，要求简单，形式开放。

“多做”的含义是：人人可做，人人多做。

“深思”的含义是：通过学生自学，使知识扎根心灵，提高学生的智慧。

“高出”的含义是：例题自己做，难题自己想。

(1)“低入”

“低入”是指教学的起点要尽量低一些，即教师的设计简单化，让学生的活动容易化。抓住“简单、根本”形成开放空间，容纳学生最广大的活动，是整个生本教学的关键。“低入”就是要让孩子们在学习时找到成就感。

① “简单”不是指内容简单或者难度较小，而是设计的环节简单，要留给学生很大空间，让他们去发挥。

②“根本”就是核心，即重要的、有价值的知识或问题。要求教师抓住知识主线，找准教学重难点。理科学习注重学生的探究，文科学习注重学生的大量阅读。

③如何寻找“简单”和“根本”，就是把它们灵魂化，使学生浅池戏水，深池激浪，达到深思高出，是整个备课要注意的问题，这样才产生巨大的学生学习的空间。

要做到“简单”和“根本”，就是要抓住核心。核心指的是：核心内容、核心环节、核心思想、核心技术以及内容、环节、技术、思想的核心——感悟 。

(2)“多做”

“多做”具有两层含义：其一是人人可做，即教师所组织的教学每个学生都能参与；其二是教学过程中，要尽量多地开展活动，使学生在活动中获得知识和技能，了解知识的形成过程，体会探究知识的心理，感受学习的快乐。通过更多、更有效的实践活动，引导学生在大量实践中，通过自己的感悟和思考，从中领悟知识，提升思想。

(3)“深思”

“深思”就是在“多做”中，实现思维的积累和深化，即学生在“多做”的基础上获得大量的感性材料，教师要引导学生多层面、多角度的思考，把知识深化，建构成认知结构。

(4)“高出”

“高出”就是有收获，是前置性学习的质量要求。

2.小组合作学习

4～6人为1个小组，交流讨论，要求教师放弃逐句逐段的讲解，而是抛出有价值的问题，让学生展开讨论。

教师应根据学生的学习基础、能力、特长、性别等因素,按照“互补互助、协调发展,组内异质、组间同质”的原则,灵活分组。常用的分组形式如下。

(1)两人互助式

同桌的两个人就是一个自然的互助学习小组。这种方式能迅速覆盖到每个学生,让每个学生都获得学习和活动的机会。

(2)四人合作式

这种形式是相对固定的一种组织形式,也是教学活动中较常用的一种方式。通常由四人组成,尽量保证每个小组有一个优等生,两个中等生,一个后进生。

(3)大组竞争式

一般以纵向或横向的一排(或两排)为一大组,在教学实践中,经常把这种分组形式用于解决学习中的重点和难点问题。

(4)自由组合式

由学生根据自己的意愿自由组合。这样组成的小组,组内的成员大多兴趣爱好相投,感情相融,有利于激发学生的学习兴趣和培养学生的个性。教师可经常让学生们在课外利用这种方式来互学、互教;或者在课堂上,让学生们在相对固定的小组展示汇报之后,再自由组合进行拓展延伸。

①异质分组:好、中、差生搭配。

②选好组长、明确职责。

③培训组员:学会分工,学会表达。

④给小组个性化命名。

⑤最好语、数、英等学科达成共识,小组固定,给学生学习提供方便。

3.班级交流

交流形式比较灵活,人人参与。有小组代表交流,也有学生与学生、学生与教师的互动,教师在倾听的基础上引导点拨,让学生的思维进行碰撞,让智慧之火熊熊燃烧。

4.总结和巩固

由教师和学生共同完成,延伸拓展,广义探究。在教学中,教师要明确:“学生会的不教,不会的教他们怎么学,学不会的老师教”“先学后教,以学定教”“汇报、质疑、讨论常规化”。

（三）学习习惯培养

1.学会发言

能清楚表达自己的观点，接受他人的意见并改正、补充。

2.学会倾听

乐于倾听别人的意见，努力掌握别人发言的要点，对别人的发言勇于做出评价。

3.学会质疑、反驳

敢于提出不同的看法，表达个人观点，听不懂时请求对方再讲一次。

4.学会组织、主持小组学习

能根据他人的观点，做总结性发言。

5.学会用两种不同的声音说话

组内声音，15 cm以内能听到的声音，称为图书馆声音，保证组内成员听清；再就是全班都能听到的声音（全班声音）。

6.职责轮换

小组成员之间的职责要定期轮换，培养责任意识，体验多种角色，从而进行换位思考，有利于小组合作。

7.机会均等和机会限制

要求人人参与，对发言多的进行次数限制，以便他人也有表达的机会，实现全员参与。

8.合作学习的调控

合作学习的调控应当注意：抓好常规，树立榜样；充分利用示范效应；健全小组奖励机制（遵循激励性、共同提高、小组奖励的原则）；课堂上应该注意恰当运用鼓励语言；让学生学会评价。

（四）在课堂教学中，教师应把握的几个重要环节

1.课前

①以课标为基准，以教材为学习内容，根据学生的具体情况进行教学案一体设计（前置性作业）。

②选择承担研究任务并主讲的学生小组，必要时先培训主讲学生。要运用先进的教育理念，又不能捆绑住教师的手脚，教师的主导作用要时刻牢记在心，要做好一

个帮助者、引导者。

③预设学生可能出现或提出的问题，找到相应解决方案。对于生成性的新问题不能置之不理，这不但是学生也是教师再学习的过程。

④估计引领学生继续思考的切入点可能有哪些，以便在课堂上根据情况随机应变。

⑤准备练习应用或反馈评价所需要的问题，设计一些能激发学生主动参与的能力发展评价项目。

2.课中

①仔细倾听研究小组的讲解思路，观察提问同学的动机情况，仔细做好记录，及时点评。点评要注意即时性，否则不能及时反馈学生展示思路的优点与不足。

②在学生错讲、漏讲、讲解不透、概念出现模糊的地方，要及时组织学生进行讨论。

③要提倡学生之间、小组之间相互评价，以鼓励为主。在学生体验成功的同时也要学会感受挫折，这是人生成长必不可少的两面。

3.课后

(1)教师

①反思、整理、记录教学反思。对课堂上争执不下的一些问题，查阅资料、寻找思路。

②准备练习应用的专题训练资料，解答学生的质疑或单独培训主讲学生。

(2)学生

①反思、整理、补充课堂笔记或是错题集。

②小组内交流心得，完成有关巩固练习并自己批改。

4.生本评研：以学养学，以学养考

①郭思乐提出，生本教育不是不要考试，而是在平时的考查中，去掉考试的控制性，保持考试的检查和练习的功能，以良好的素质来迎接社会的检查和评价，解决现行教育中素质教育和考试之间的矛盾。

②评研就是让学生用研究的态度对待考试，把考试作为对知识的再次学习和研究的过程 。

③“评”是评价，“研”是研讨。“评”要评得实在，评得生动，评出孩子的自信。“研”

要研得深刻，研得透彻，研出孩子思维的火花。

5.评研的操作方法

①教师编制试题→学生做题→互评研讨(互对答案，研究错题)。

②学生编制试题→同学互考→互评研讨 。

③教师再编制试题→学生再做题→再互评研讨 。

④一周一小评，一月一大评，学生自评，小组互评，班级评比，全体学生全方位地参与评研过程 。

九、"翻转课堂"教学模式

(一)"翻转课堂"的内涵

所谓"翻转课堂"，就是教师创建视频，学生在家中或课外观看视频中教师的讲解，回到课堂上师生面对面交流和完成作业的这样一种教学形态。不是视频取代教师。它不是在线视频的代名词，不是视频取代教师，不是在线课程，不是学生无序学习，不是让整个班的学生都盯着电脑屏幕，不是学生在孤立的学习；而是融合了直接讲解与建构主义学习理论，让学生对自己的学习负责，老师做学生身边的"教练"，不是在讲台上的"圣人"的一种手段。增加学生和教师之间的互动和个性化的接触时间，"翻转课堂"与传统课堂教学结构的区别如图4-3所示。

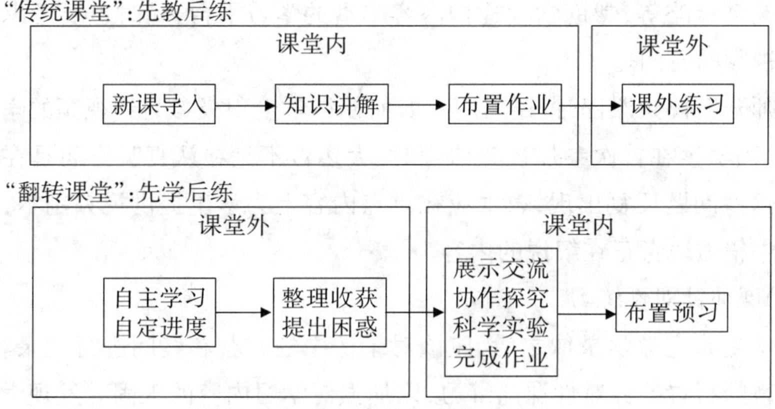

图4-3　"翻转课堂"与传统课堂教学结构的区别

(二)"翻转课堂"教学模块设计策略

"翻转课堂"实现了知识传授和知识内化的颠倒,将传统课堂中知识的传授转移至课前完成,知识的内化则由原先课后做作业的活动转移至课堂中的学习活动。"翻转课堂"的内涵以及建构主义学习理论、系统化教学设计理论,在Robert Talbert教授的"翻转课堂"模型基础上,笔者建构出更加完善的"翻转课堂"教学模型。该教学模型主要由课前学习和课堂学习两部分组成。在这两个过程之中,信息技术和活动学习是"翻转课堂"学习环境创设的两个有力杠杆。信息技术的支持和学习活动的顺利开展保证了个性化协作式学习环境的建构与生成。

1.课前设计模块

(1)教学视频的制作

在"翻转课堂"中,知识的传授一般由教师提供的教学视频来完成。教学视频可以由课程主讲教师亲自录制或者使用网络上优秀的开放教育资源。教师自行录制教学视频能够完全与教师设定的教学目标和教学内容相吻合,同时教师也可以根据学生的实际情况对教学内容进行针对性讲解,并可根据不同班级学生的差异性多版本地录制教学视频。

教学视频的视觉效果、互动性、时间长度等对学生的学习效果有着重要的影响。因此,教师在制作教学视频时需要考虑视觉效果,支持和强调主题的要点,设计结构的互动策略等,帮助学生建构内容丰富的学习平台,同时也要考虑学生能够坚持观看视频的时间。

教师开发视频课程时,还需注意如何使得学生积极参与到视频的学习中去。事实表明,当学生在首次参加视频课程时,大多数不是在认真听讲而是在做笔记。为了避免这些问题反复出现,教师应在重点内容上为学生提供视频副本,这样学生就可以集中精力思考正在解说的内容。

(2)课前针对性练习

在学生看完教学录像之后,应该对录像中的收获和疑问进行记录。同时,学生要完成教师布置的针对性课前练习,以加强对学习内容的巩固并发现学生的疑难之处。对课前练习的数量和难易程度,教师要合理设计,利用"最近发展区"理论,帮助学生利用旧知识完成向新知识的过渡。

对学生课前的学习，教师应该利用信息技术提供网络交流支持。学生在家可以通过留言板、聊天室等网络交流工具与同学进行互动沟通，了解彼此之间的收获与疑问，同学之间能够进行互动解答。

2.课堂活动设计模块

"翻转课堂"的特点之一就是在最大化地开展课前预习的基础上，不断延长课堂学习时间、提高学习效率，关键就在于如何通过课堂活动设计完成知识内化的最大化。建构主义者认为，知识的获得是学习者在一定情境下通过人际协作活动实现意义建构的过程。因此，教师在设计课堂活动时，应充分利用情境、协作、会话等要素充分发挥学生的主体性，完成对当前所学知识的内化。

(1)确定问题

教师需要根据课程内容和学生观看教学视频、课前练习中提出的疑问，总结出一些有探究价值的问题。学生根据理解与兴趣选择相应的探究题目。在此过程中，教师应该针对性地指导学生选择题目。根据所选问题对学生进行分组，其中，选择同一个问题者将组成一个小组，小组规模控制在5人以内。然后，根据问题的难易、类型进行小组内部的协作分工设计。当问题涉及面较广并可以划分成若干子问题时，小组成员可以按照"拼图"学习法进行探究式学习。每个小组成员负责一个子问题的探索，最后聚合在一起进行协作式整体探究。当问题涉及面较小、不容易进行划分时，每个小组成员可以先对该问题进行独立研究，最后再进行协作探究。

在"翻转课堂"中，技术工具和信息资源是学生学习的基础。个性化学习环境的创建能够使学生成为自我激励的学习者，拥有强大的自主学习控制权。学生能够通过教学指导和技术工具进行自我组织的探究性学习。个性化学习环境的设计是基于可协作学习环境中发生的学习而不是整齐划一地传授知识。

随着简便工具被应用频次的增多，创建的个性化网络学习环境变得十分简单，并可利用这样的环境为学习者的社交、职业发展、学习和其他活动提供支持。一旦找到所需的网上资料，就可以使用RSS(Really Simple Syndication，聚合内容，在线共享内容的一种简易方式)进行储存、标签识别、分类或监控，还能够非常简单地对资料进行多目的的转化，无须掌握网页构成的专业知识。

(2)独立探索

独立学习能力是学习者应该具备的重要素质之一。从个体的发展角度来说，

学生的学习是从依赖走向独立的过程。著名教学论专家江山野认为,学生的独立性有四层意义:

①每个学生都是一个独立的人,学习是学生自己的事情,这是教师不能代替也是代替不了的。教师只能让学生自己读书,自己感受事物,观察、分析、思考问题,帮助他们自我明白事理,掌握知识。

②每个学生都独立于教师的头脑之外,不以教师的意志为转移。教师要想使学生接受自己的教导,首先就要把学生作为不以自己意志为转移的客观存在,作为一个具有独立性的人来看待,使自己的教育教学适应他们的实际情况。

③每个学生都有一种独立的要求,他们在学校的整个学习过程中也就是一个争取独立和日益独立的过程。

④每个学生(有特殊原因的除外)都有相当强的独立学习能力。

总之,独立性是一种客观存在的根本属性。在"翻转课堂"的活动设计中,教师应该注重和培养学生的独立学习能力。教师要从开始时选择性指导逐渐转为学生的独立探究学习,把尊重学生的独立性贯穿于整个课堂设计,让学生在独立学习中建构自己的知识体系。

(3)协作学习

协作学习是个体之间采用对话、商讨、争论等形式充分论证所研究的问题,以获取达到学习目标的途径。学习协作活动有利于发展学生个体的思维能力,增强学生个体之间的沟通能力及学生相互之间的包容能力。此外,协作学习对形成学生的批判性思维与创新性思维,提高学生的交流沟通能力,自尊心与形成个体间相互尊重的关系都有明显的积极作用。因此,在"翻转课堂"中应该加强协作交互学习的设计。

在"翻转课堂"的交互性活动中,教师需要随时捕捉学生的动态并及时加以指导。小组是互动课程的基本建构模块,其互动涉及2个人或2～5个人。在"翻转课堂"环境中小组合作的优势:每个人都可以参与活动中;允许和鼓励学生以低风险、无威胁的方式有意义地参与;可以为参与者提供与同伴交流的机会,并可随时检查自己想法的正确性;提供多种解决问题的策略,集思广益。指导"翻转课堂"小组活动的教师,要适时做出决策,选择合适的交互策略,保证小组活动的有效开展。常用的小组交互策略有头脑风暴、小组讨论、浅谈令牌、拼图学习、工作表等。

(4)成果交流

学生经过独立探索、协作学习之后,完成个人或者小组的成果集锦。学生需要在课堂上进行汇报、交流学习体验,分享作品制作的成功和喜悦。成果交流的形式可多种多样,如举行展览会、报告会、辩论会、小型比赛等。在成果交流中,参与的人员除了本班师生以外,还可有家长、其他学校师生等校外来宾。

除在课堂直接进行汇报之外,还可翻转汇报过程,学生在课余将自己汇报过程进行录像,上传至网络平台,老师和同学在观看完汇报视频后,在课堂上进行讨论、评价。

(5)反馈评价

"翻转课堂"中的评价与传统课堂的评价完全不同。在这种教学模式中,评价应该由专家、学者、老师、同伴以及学习者自己共同完成。"翻转课堂"不但要注重对学习结果的评价,还通过建立学生的学习档案,注重对学习过程的评价,真正做到定量评价和定性评价、形成性评价和总结性评价、对个人的评价和对小组的评价、自我评价和他人评价之间的良好结合。评价的内容涉及问题的选择、独立学习过程中的表现、在小组学习中的表现、学习计划安排、时间安排、结果表达和成果展示等方面。对结果的评价强调学生的知识和技能的掌握程度,对过程的评价强调学生在实验记录、各种原始数据、活动记录表、调查表、访谈表、学习体会、反思日记等的内容中的表现。

(三)"翻转课堂"教学模式的实践创新

1. 自主学习"翻转课堂"模型建构

自主学习"翻转课堂"模型建构如图4-4所示。

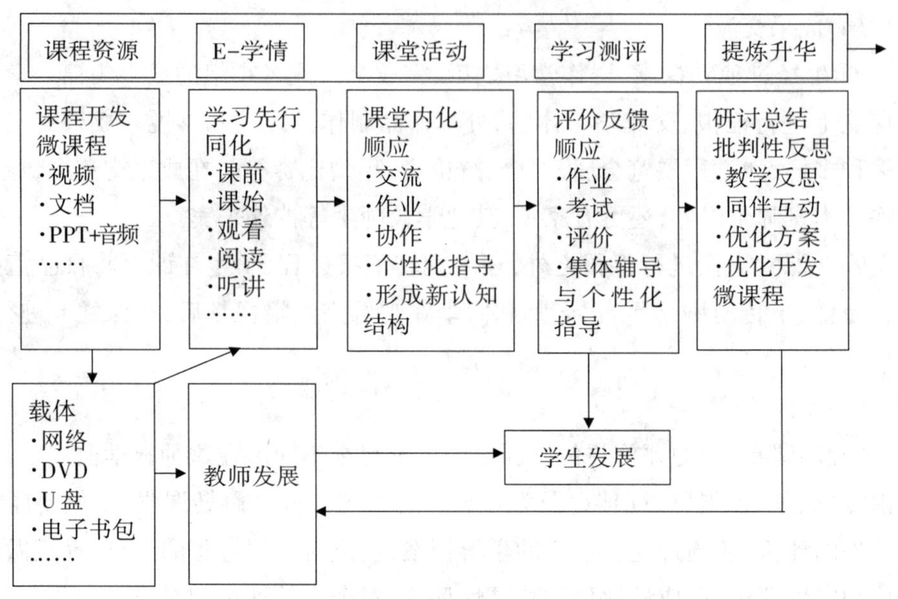

图4-4　自主学习(翻转课堂)模型建构

该模式强调任务驱动,问题导向,要求学生根据预习任务学会结构化思考,由浅入深逐步形成自主解决问题的能力;要求教师学会制作和上传教学视频,善于运用专题学习网站,善于组织交流学习成果,善于在聆听中发现学生的思维脉络,学会智慧指导学生,并且在课堂上对需要帮助的学生做一对一的个性化指导。该模式容易学习,使初涉“翻转学习”的师生快速发现其优越性。

2.协作探究“翻转课堂”模式

该模式(如图4-5所示)同样强调任务驱动、问题导向,是一种基于项目的学习。要求学生能选择探究课题和研究方式,或根据课题、情境选择研究方式,通过小组观察、记录、数据分析等手段从事意义建构;学会平等讨论问题,发展交往能力;在思想碰撞、迁移、联想中激发智慧,形成解决问题的信念、方法和毅力,并通过展示,深化学习成果,享受成就。要求教师善于策划协作探究的主题;善于指导而不是直接要学生怎么做,善于观察、总结、组织交流讨论,善于激励学生探究热情。这种模式尤其适合小学科学和中学的物理、化学、生物等学科的学习,但是需要专家指导。

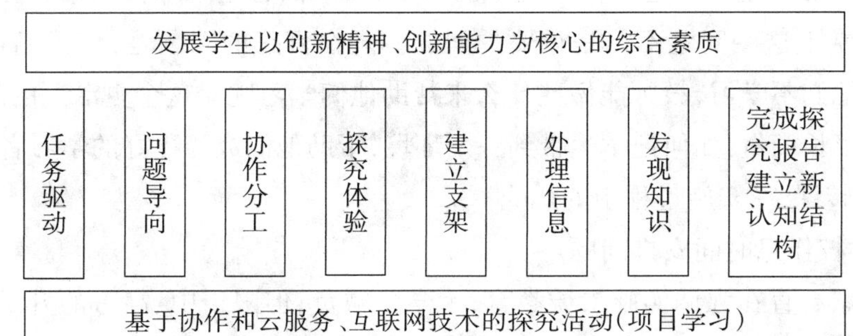

图4-5　协作探究("翻转课堂")模型建构

(四)"翻转课堂"教学模式的优势与挑战

1."翻转课堂"教学模式的优势

(1)"翻转课堂"让学生自己掌控学习

"翻转课堂",利用教学视频,学生能根据自身情况来安排和控制自己的学习。学生在课外或回家看教师的视频讲解,完全可以在轻松的氛围中进行;而不必像在课堂上教师集体教学那样紧绷神经,担心遗漏什么,或因为分心而跟不上教学节奏。学生观看视频的节奏快慢全在自己掌握,懂了的快进跳过,没懂的倒退反复观看,也可停下来仔细思考或记笔记,甚至还可以通过聊天软件向老师和同伴寻求帮助。

(2)"翻转课堂"增加了学习中的互动

"翻转课堂"最大的好处就是全面提升了课堂的互动,具体表现在教师和学生之间以及学生与学生之间。由于教师的角色已经从内容的"呈现者"转变为学习的"教练",这让教师有时间与学生交谈,回答学生的问题,参与到学习小组,对每个学生的学习进行个别指导。当学生在完成作业时,教师会注意到部分学生为相同的问题所困扰,于是就组织这部分学生成立辅导小组,往往会为这类有相同疑问的学生举行小型讲座。小型讲座的美妙之处是当学生遇到难题准备请教时,教师能及时地给予指导。

(3)"翻转课堂"让教师与家长的交流更深入

"翻转课堂"改变了教师与家长交流的内容。多年以来,在家长会上,父母问得最多的是自己孩子在课堂上的表现,比如:安静听讲,行为恭敬,举手回答问题,不打扰其他同学等。这些看起来是表现好的特征,教师回答起来却很纠结。在"翻转课堂"后,课堂上这些问题不再是重要的问题。现在真正的问题是:孩子们是否在学习?如果他们不学习,教师能做些什么来帮助他们学习呢?这个更深刻的问题会带领教师与家长商量:如何把学生带到一个环境,帮助他们成为更好的学习者。

2."翻转课堂"实施过程中的挑战

(1)学校作息时间安排问题

①国家一直在强调实施素质教育,为学生减负,但限于中、高考的升学压力,很多学校仍以应试教育模式帮助学生努力提高学习成绩。因此,实施"翻转课堂"这种需要学生在课后花费大量时间的教学模式,需要学校在教学时间安排上予以支持。

②在"翻转课堂"的教学中,教师不应占有学生晚上学习的时间,应该让其有空观看教学视频。对于不上晚自习的学校,教师要严格控制作业量,学生课后的主要学习任务是观看教学视频和完成少量的针对性练习。对于需要上晚自习的学校,在晚自习的期间教师也不要讲课,让学生在自习课完成"翻转课堂"的课前环节。

(2)学科的适用性问题

目前,国外开展"翻转课堂"教学试验的学科多为理科类课程。理科知识点明确,很多教学内容只需要清楚地讲授一个概念、一道公式、一道例题、一个实验,其学科特点便于在"翻转课堂"中实施。而在文科类课程如政治、历史、语文等人文类课程,在授课过程中,会涉及多学科的内容,而且需要教师与学生进行思想上的交流、情感上的沟通才能起到良好的教学效果。

如何在文科课程教学中应用"翻转课堂"模式,这个问题的解决办法是对文科教师的一个重大挑战,那就是提高教学录像的质量,引起学生的思考。通过教学录像概括课程中所讲授的基本知识点、阐述相关理论,让学生在课后查阅资料并进行思考,然后在课堂中与教师、同学进行交流探讨,逐步深化理解。重庆聚奎中学高中在语文学科实施了"翻转课堂"教学,在《短歌行》诗歌鉴赏课中,教师收集了影视作品中的视频片段、名家朗读,做了针对这一课的"导学案",视频课中除了对诗歌内容本身的鉴赏,还介绍了曹操招揽、爱惜、尊重人才的一些实例。最终,"翻转课堂"教学取得了不错的效果。

因此,对于不同的学科,教师应该采取不同的策略来完成翻转教学,并根据学生的反馈情况推进教育改革。

(3)教学过程中信息技术的支持

“翻转课堂”的实施需要信息技术的支持。从教师制作教学视频、学生在家观看教学视频到个性化与协作化学习环境的建构都需要计算机硬件和软件的支持。

网络速度较慢是当今制约众多学校开展网络教学的负面因素之一。在实施“翻转课堂”教学时,学校要通过各种途径解决这一问题,例如配置高性能服务器,增大网络宽带的接入量。学生在课后是需要通过电脑和网络进行学习的。对于一些缺乏硬件条件的学生,学校应该提供相应的设备支持,例如学校机房应在课余时间内仍对学生开放。

教学视频制作的质量对学生课后学习效果有着重要的影响:从前期的拍摄到后期的剪辑需要有专业人士的技术支持,不同学科的录像设计也会有不同的风格。实施“翻转课堂”教学实验的学校需要给授课教师提供技术上的支持,并在制作授课录像过程中形成流程化的发布范式,为后续教学视频录像提供经验。流程化的发布过程是麻省理工学院开放课件运动成功的重要因素之一。此外,“翻转课堂”成功与否的一个重要因素取决于师生、生生之间的交流程度。利用信息技术为学生建构个性化与协作化的学习环境至关重要,其中涉及教学平台的支持。教师可以根据自己对教学活动的设计选择不同的课程平台。

(4)教师专业能力的挑战

将一种新的教学模式高效地应用在教学之中,教师占据着重要的地位。在“翻转课堂”的实施过程中,教学录制视频的质量、学生进行交流的指导、学习时间的安排、课堂活动的组织,都对教学效果有着重要的影响。加强对教师信息素质能力的培训,在视频录制技术人员的帮助下,录制情感丰富、生动活泼的教学视频,避免死板、单调的讲述。教师在网络教学平台中要引导学生积极地进行理论前沿“翻转课堂”教学模式的研究。

第六节　国内高效课堂教学模式的剖析与反思

纵观国内高效课堂模式理论依据、教学理念、操作流程、模式特色等方面的特点,它们都表现出了以下几个方面的特点。

1.教学理念——突出四个方面

(1)面向全体学生,关注后进生、学困生

洋思中学提出“没有教不好的学生”“让每一位家长满意”,以“教好每一个学生”“办人民满意的学校”作为天职,作为教育信念。

洋思中学的教育理念使老师在教育教学中不放弃任何一个学生,从最后一名学生抓起,课上老师提问最多的是这些学生,释疑、点拨最多的是这些学生,课后谈心交流最多的是这些学生。老师不仅关心他们的学习,也关心他们的生活、思想、情感,以全方位的人文关怀激励学生奋发向上,使后进生有了自尊、自信。

坚信并努力教好每个学生,是人民教师的理想,是人民教师一辈子的追求,是人民教师起码的道德,是人民教师应尽的义务,是办好学校的需要。

(2)以学生为主体

洋思中学的人认为:如果把课堂比作战场,教师就是指挥员,要把打仗的权利交给学生;如果把课堂比作舞台,教师就是导演,把演戏的权利还给学生;如果把课堂比作赛场,教师就是教练员,把比赛的权利让给学生。

杜郎口中学在课堂上搬走讲桌,舞台还给学生。老师就在学生中间,老师也是学生,学生也是老师。每个班级都有一幅自己的标语,如“我参与,我成长,我快乐”“课堂大舞台,人人展风采”“新课堂,我主张”“我的课堂我主宰,我的人生我把握”等,写出的是学生那份走向课堂教学主人地位之后的雄心壮志,以及一展才思的无限快乐。

课堂教学形式多种多样,甚至五花八门,“台上”学生或表演、辩论、讲解和朗诵,或绘画、小组展示等多种形式交相辉映;“台下”学生或蹲、站、坐、跪,地上、课桌上、板凳上挤成一团。这里的课堂完全是学生的舞台,其精神之抖擞,精力之集中,思维之活跃,令所有步入课堂的听课者都为之激动不已。

(3)以学生发展为本

课堂的精彩不是老师妙语连珠的自我表演,而是学生们在探究问题、发现问题过程中精彩的动态生成。教学改革带来教学质量的迅速提高,主要是学生“动”了起来,而不是所有教师突然提高了水平。只要学生有了学习兴趣,主动投入,就不会感觉到负担重。

在杜郎口中学,老师常常这样教育学生:“我们是老百姓的孩子,我们的父母天天盼着我们成才”“我们拿什么报答他们?争气!”“这个社会是靠能力吃饭的,没有能力,不能展现自我,就没有机会。”因此,老师努力培养学生的综合素质,让学生适应社会的竞争。

“一切为了学生的发展”的学生观,使教师充分地认识到学生是学习的主体,敢于放手让学生自己读书,感受事物,观察、分析、思考;同时尊重学生的差异,善于引导他们,使每个学生都得到完全、自由地发展。开放的教学模式,学生最大的收获是什么?那就是:挖掘的是孩子的潜力,培养的是孩子的勇气,张扬的是孩子的个性,奠定的是孩子的信心。

(4)开展“兵教兵”

洋思中学开展了“一帮一”“兵教兵”的活动,让优秀生和后进生结成“帮扶”对子。“兵教兵”活动不但能解决困难生问题,也能促进学优生的学习能力、表达能力、分析能力的提高,使学优生有紧迫感。能把自己理解的东西表达出来,这本身就是一种提高,这就是“兵教兵”的魅力。

杜郎口中学建立“一帮一”学习制度,共同捆绑记分,形成“共同体”;建立学习小组,资源共享,既有合作又有竞争,让不同层次的学生在不同层次取得成功。

“生生互动”的形式,其实就是“兵教兵”。通过生生互动,学生可以互相学习和解决问题,还可以加深对基础知识的记忆和理解,形成良好的学习习惯,增进友谊,学会合作,学会感恩,体验成功。

2.实施策略——先学后教、以学定教、以教促学、以学论教

纵观全国教改名校的各种教学模式,诸如杜郎口中学的“三三六”教学模式,洋思中学的“先学后教,当堂训练”教学模式,江苏东卢中学的“两案合一”“讲学稿”教学模式,郑州四中的“三环节”教学模式等,都是基于新课程核心理念的新型教学模式。这些教学模式共同的本质特征体现在:基于新课程理念,突出先学后教,实现

“教”与“学”方式的本质转变；课堂即“学堂”，尊重学生身心发展规律，还学生学习“主体”地位，以学定教；“教”服务于“学”，以教促学；评价缜密，以学论教。

（1）先学后教

“先学”是指学生先自学，不是学生漫无目的地学，而是在教师指导下的有序自学。教师的指导要做到“四明确”，即明确时间、明确内容、明确方法、明确要求。只有做到“四明确”，学生才能高效率地进行自学。“后教”，不是教师漫无目的地教，而是在学生充分自学后，教师与学生、学生与学生之间互动式的学习。这里的“教”并非是系统讲授，而是启发式的“点拨引导”。“教”的本质在于引导，引导的特点是含而不露，指而不明，开而不达，引而不发。引导的内容不仅包括方法和思维，同时也包括价值和做人。引导可以表现为一种启迪，学生迷路的时候，教师不是轻易告诉方向，而是引导他怎样去辨明方向；引导可以表现为一中激励，当学生登山畏惧了的时候，教师不是拖着他走，而是唤起他内在的精神动力，鼓励他不断向上攀登。教师“讲”的时机，应该是“犹抱琵琶半遮面”，待到所有释疑活动结束，学生仍有较大分歧或存在共疑性的问题时，教师要“该出手时就出手”，这时的“讲”，不仅能体现“释疑”本身的价值，更能搭起一道师生心灵沟通的彩虹。

（2）以学定教

以学生的身心发展素质为基础，以科学的学习规律为依据，以科学的学习方法为纲要，以发展思维、提高学习能力为主线，以素质充分发展为目标，以高效的学习思路为设计蓝图，遵循相应的教学原则，让学生在积极主动的学习活动中，建立合理的知识结构，获得科学高效的学习方法，形成较强的学习能力，养成良好的思维品质。

“以学定教”已经成为课堂教学很重要的一条教学原则。它要求教师要根据学生的兴趣、状态、发展规律等调节教学顺序，并做出教学内容和教学方法的选择，它强调要给学生创造一个相对自由的学习情境，而不是先行做出“想要他们做什么的规范”。实施“以学定教”，就是要根据学生原有的知识经验和情感需求来确定教学内容，适当调整教学顺序，根据学生的思维状态和认知规律来调整教学过程、确定教学方法。新课堂充满了种种“不确定性”因素，作为教师，只有用动态、生成的观念灵活调控课堂教学，以学定教，才能使师生、生生之间产生心灵碰撞，衍生出意想不到的精彩。对“不确定性”资源的利用需要教师对学情有敏锐的体察能力，对课堂有高超的驾驭能力，对教学中的各种意外事件有较强的教学应变机智和创新能力。

(3)以教促学

苏霍姆林斯基曾经这样说过："在人的心灵深处有一种根深蒂固的需要，这就是希望自己是一个发现者、研究者和探索者。"这就要求我们教师在课堂教学中，注意观察和研究学生的这种内心需要，要从讲台上走下来，把"师道尊严"的架子放下来，"与孩子一同成长""恭恭敬敬地向学生学习"，在教师和学生共同探讨新知识的过程中，完善和发展教师的行为，在新的教学情境中不断变革自己的行为方式。采取低重心教学，在课堂上做一个真正的参与者、引导者，而不是传授者、居高临下者。

以教促学，就是要教会学生学会学习。教材是蓝本、是载体。"用教材教"而不是"教教材"；"教，是为了不教，学，是为了不学""不仅要学会，而且要会学""授人以鱼，不如授之以渔。"以教促学、以讲传法、以篇达类。这才应该是教育的真谛。"教"的职责在于帮助：

①帮助学生明了自己想要学习什么和获得什么，确立能够达成的目标。

②帮助学生寻找、收集和利用学习资源。

③帮助学生设计恰当的学习活动和形成有效的学习方式。

④帮助学生发现他们所学东西的个人意义和社会价值。

⑤帮助学生营造和维持学习过程中积极的心理氛围。

⑥帮助学生对学习过程和结果进行评价，并促进评价的内在化。

⑦帮助学生发现自己的潜能和趋向。

前三点教师都能做到；后四点体现教师的才能，是字师、经师、人师的区别。后四点是站在"人生""生命"的高度看待教学，杜郎口中学的成功之一就是帮助学生发现他们所学东西的个人意义和社会价值。

(4)以学论教

以学论教是新型教学模式的教学评价理念和原则。长期以来，课堂教学评价的关注点都是以"教师"为主，如教师的言语表达是否流畅，教师的板书设计是否合理，教师的情感投入是否具有感染力，教师的教学思路是否清晰，以及教师的教学设计是否结构合理、详略得当等，主要关注教师的课堂表现，关注教师是怎么讲的。即使课堂教学评价关注学生的行为表现，也基本上被看作是教师"教"的回应，或者成为教师"教"的点缀。总之，以往的课堂教学评价表现为"以教为主，学为教服务。"

新课程提出了建立"以学论教,教为了促进学"的响亮口号。它使课堂教学评价体系发生了根本的转变,关注学生在课堂教学中的表现成为课堂教学评价的主要内容。以学论教,要实现课堂教学评价体系的六个转变:

①由评教师的讲解精彩度为主,转变为评学生的参与度为主。

②由评教学环节的完备性为主,转变为评教学结构的合理性为主。

③由评课堂的活跃度为主,转变为评每个学生真正进入学习状态为主。

④由评师生的简单问答式的交流互动为主,转变为评学生的交流展示为主。

⑤由评教师的板书设计为主,转变为评学生的作业、笔记等练习为主。

⑥由评教师的基本功为主,转变为评学生的基本素养为主。

3.教学模式——突出三个环节

纵观各地高效课堂教学模式,课堂教学突出了"三个环节"(见表4-1)。

表4-1　课堂教学的"三个环节"

课堂教学模式	预习(自学)	互动(合作)	训练
	学生自学、教师指导	生教生、师教生	学生练习、教师辅导
洋思中学	先学	后教	当堂训练
杜郎口中学	预习	展示、反馈	达标测评
东庐中学	教师编写"讲学稿" 学生自学课本 学生做"讲学稿"习题	学生交流感悟 教师启发点拨	(随堂检测) 课后订正错误
"学案导学"	教师编"学案" 学生自学教材	讨论交流 精讲释疑	练习巩固

教学"三个环节"以课堂为主,向"两头"(课前、课后)延伸。

"预习"向课前延伸;"训练"向课后延伸,也向课前延伸(如学生预习时完成"课后练习"的基础题,"教学合一"教学方法则要求学生上课前必须完成"讲学稿"中的基础练习题);"互动"贯穿全过程(课前同学之间、师生之间交流探讨预习中发现的问题;课后同学互相帮助,教师辅导补缺)。"三个环节"相互交融,"预习"中可以"互动",也可以"训练";"训练"中可以"预习",也可以"互动"。教学是一个发现问题、提出问题、探究问题、讨论问题、解决问题的反复推进过程。

“三个环节”是课堂教学外显形式,“质疑探究”则是课堂教学的主线,是内容,是灵魂,贯穿于“预习”“互动”“训练”整个教学过程。其实,教学很“简单”,就是“三字经”,即“学”“教”“练”。

“学”——自学、预习。

“教”——学生教学生、教师教学生(“互动”“互助”“合作”)。

“练”——作业、考试、实验。

教学的问题就是“学什么、教什么、练什么”和“怎么学、怎么教、怎么练”的问题(教学的“内容”与“方法”的问题)。

教学“三字经”要求学生必须做到“三勤”,即勤动脑、勤动口、勤动手。也就是“三动”,即动脑、动口、动手。

教学生“学会”比“教会”学生难,教学生“会学”比教学生“学会”更难。教学生“会学”,教师必须致力于培养和提高学生的自主学习能力、合作交往能力、质疑探究能力。

4.教学策略——体现四性

(1)预习(自学)的前置性

预习是在上课前,还是在课堂上,教师是否要提供预习提纲,各地做法不同:

①东庐中学的“讲学稿”师生共用,上课前教师把“讲学稿”发给学生,引导学生课前自学教材,并完成“讲学稿”上的题目。“讲学稿”实际是“给学生一个拐杖,让学生尝试自学”。有人指出,“讲学稿”存在着“预设”和“生成”的矛盾。“如果预设都做好了,学生上课时就没有新鲜感。”校长陈康金则认为:生成应该是动态的,预设必须有。“讲学稿”的预设使学生在课前预习时已经解决了很多问题,为老师提供了课堂讨论和拓展的空间,可以有更充裕的时间解决“生成”的问题。

“学案导学”的内容设计容量也要由刚开始的细致、全面到后期的简单、明了,甚至达到学生没有学案,在“隐形学案”的引导下完成合作交流,质疑解疑,总结反思的自主学习过程。当然,达到这种境界,还需要不断尝试、不断总结、不断学习、不断提高来完成。

②杜郎口中学把预习课提高到前所未有的地位,学生没有预习的课不准上,学生预习不好的课不能上。预习就是正课,自学就是正课。给予了学生自主学习的时间和空间,让学生通过“自己独立”和“小组合作”解决了能够解决的绝大部分问题,

建构起初步的知识结构,发现并提出了需要教师指导、分析、提升的问题。

③洋思中学的“先学”,不是要求学生堂堂课都要提课前预习,因为课前预习也有一些困难,如难以保证每位学生都能按要求做到,有时加重了学生的学习负担,无教师指导达不到相应的效果等。而课堂中的“先学”,是在教师的指导下,教师把教学目标转化为学生的学习目标,学生围绕课时学习目标自主学习。

(2)教学过程的互动性

洋思中学摸索总结出来的“教”的原则是:学生会的不教,学生说明白的不重复,学生不会的尽量让学生自己解决问题。教师少讲、精讲,只做点拨性的引导。“教师的责任不在教,而在教学生学”。

东庐中学要求教师用“讲学稿”教学,要努力做到:新知识放手让学生主动探索,课本放手让学生阅读,重点、难点和疑点放手让学生议论,提出的问题放手让学生思考解答,结论或中心思想等放手让学生概括,规律放手让学生寻找,知识结构体系放手让学生建构。学案导学的实施过程,要保证学生有看书时间,保证学生有思考时间,保证学生有讨论时间。教师课堂实施点拨,要讲易混点,讲易错点,讲易漏点。

(3)注重学以致用

洋思中学的“当堂训练”像竞赛、像考试那样,让学生能独立地、快节奏地完成,教师不做辅导,只给答案与结果,让学生自己探索规律,学生不得抄袭。“当堂训练”坚持三条原则:一是发散性思维原则。选练题目能使学生举一反三,触类旁通。二是量力而行原则。选练题目要适度、适量。适度就是难易适中,不拔高又不过于简单;所谓适量就是作业总量以学生在15分钟内能完成为限,又不偏少。三是针对性地布置不同层次的习题。选练题目要分必做题、选做题、思考题。

东庐中学要求每个老师都要“下题海”,对收集到的习题进行筛选、改编,一道题落到“讲学稿”上,要经过备课组每位老师的审核,每个老师都要先做一遍,体会一下难度,议一议题目放的位置是否合适,考虑学生在做的时候可能有什么样的思路,需要设置什么样的台阶,什么样的问题情境。教师要采用面批、个别教学及补标测试等辅导形式,完成“周周清”任务。

(4)注重质疑探究性

“让学生自己提出问题,比老师提出问题再灌输给他们要好得多。”

东庐中学的“讲学稿”具有导学、导思、导练的功能,学什么,如何学,学到什么程度，在“讲学稿”中都有表述。

洋思中学的课堂把学生由传统的接受型变成思考型，这是教育理念的重大变革，但洋思中学的课堂依然是教师预设问题多，学生被动思考多。学生必须按照教师出示的自学提纲去阅读教材，学生必须按照教师出示的习题去巩固练习，整个课堂仍然是学生解答问题多，提出问题少。

传统的课堂导入常常是教师出示问题，引导学生进入文本，而课堂导入是由学生提出问题，而后在探究中解决问题；传统的课堂练习多是由教师出示题目，教师评价，而课堂练习则是由学生自己编题，学生评价。传统的课堂，教师预设的问题多，生成的问题少，而课前精心准备的教师常常被学生出其不意的质疑“问住”；传统的课堂，教师常常要求学生课前预习，课后布置作业，而不倡导学生课前预习，不提倡课后布置作业。从学生被动做题到学生主动编题，是一个“质”的飞跃，是对所学知识的灵活运用，是创新思维的提炼和升华，是新课堂所追求的至高境界，同时学生自编自练更具有亲切感，也更容易激发学生学习的兴趣，感受自我创造的价值。

第七节　高效课堂教学模式建构范例

一、参与式课堂教学模式——“问题教学法”

（一）“问题教学法”的界定

“问题教学法”是以问题为中心展开教学活动的教学模式，是教师通过创设情境，引导学生在自主、合作、探究的学习过程中努力地发现问题，探求解决问题的途径和方法，由此获得基础知识和基本技能，学会学习并形成正确的价值观。“问题教学法”实际上是一种促使学生提出问题、研究问题、解决问题，从而产生新问题的过程。“问题教学法”的基本特征是：以指导学生自主学习为核心，以问题为主线组织课堂教学，注重培养和提高学生的学习能力、创新精神和实践能力。

（二）“问题教学法”的理论依据

1.参与式教学理论

它主张教学中要突出学生主体地位，教师通过组织活动的形式，全面调动学生积极参与,进行创造性的学习与发展。参与式教学是一个过程,教学中不仅要让学生学到知识,更要通过参与的过程来学会学习的方式,其衡量的唯一标准是学生是否有积极思维的参与。主张有效教学要做到:从教师角度出发,尊重学生,热爱学生;从学生角度出发,让学生参与教学的各个环节;从教学内容角度出发,选择合适的课堂组织形式。

2.爱生教育理论

倡导建立一种“学生中心”的教育质量模式,包括“全纳与平等”“有效的教与学”“安全、健康、保护”“参与与和谐”四个维度,其中第二个维度强调实施渗透生活技能教育的课程,实施以学生为中心的有效教学过程,建立开放、互动、“研训一体”的教学支持系统。

3.问题解决理论

问题驱动,激活学生思维。与“解决问题”只是顺序之差,表示其着眼点在于解决问题的过程,不以解决问题为唯一目的。杜威在1910年提出了问题解决的五步法,其方法是:感觉到问题的存在;确定问题的性质,并加以界说;提出各种可能的解决办法;考虑这些解决办法的各种可能的结果;试验其中最有可能达到目的的解决办法。

4.新课程理论

其核心是倡导“自主、合作、探究”的学习方式与“知识与能力,过程与方法,情感、态度与价值观”三维评价目标。教会学生思考,善于向学生展示思维过程,阐明思路的形成、规律发现及证明、方法的合理性选择的过程;教会学生整合知识,建构知识树和思维图的方法;教会学生学习,有效阅读、查找资料、预习、听课、复习、合作及展示学习的方法;教会学生自我管理,多元认知学习策略,学会制订学习计划,进行自我监控及调整。

(三)“问题教学法”的核心理念

以优化课堂为宗旨,打造高效课堂为目的,努力体现“五化”(教学内容问题化,教学问题具体化,具体问题简约化,抽象问题趣味化,理论问题生活化)。优化问题设计是“问题教学法”的核心,问题简约是“问题教学法”的原则,启迪学生问题的欲望是“问题教学法”的目标。

（四）“问题教学法”的课堂结构与实施

“问题教学法”可概括为“三问三议一测”。通过“三问”呈现问题，通过“三议”解决问题，通过“一测”检查巩固。“三问”有两层含义：一是问题的形成要通过问教材、问教师、问学生完成；二是三次提出问题的过程，即小组提出问题、全班提出问题、教师提出问题。“三议”指三次讨论，即小组内讨论、组间讨论、师生间讨论。“一测”指课堂检测，即学生制题，互相检测。

1.具体的教学环节（实施步骤）

辅助环节：问题情境创设（3分钟以内）。

（1）问教材：小组内预习、质疑、讨论（10分钟左右）。

（2）学生问：就小组没有解决的问题在全班质疑、讨论（10分钟左右）。

（3）教师问：教师提出问题、全班讨论（10分钟左右）。

（4）当堂测：学生制题，互相检测（5分钟左右）。

辅助环节：总结升华（2分钟左右）。

2.课堂流程图

课堂流程如图4-6所示。

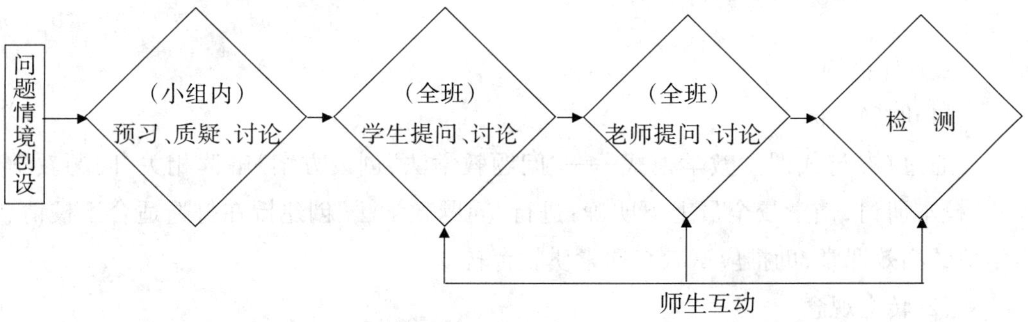

图4-6　课堂流程图

3.课堂实施原则

“问题教学法”强调教师不是以传授知识为目的，而是以激发学生的问题意识，加深问题的深度，探求解决问题的方法，特别是形成学生对解决问题的独立见解为目的。

(1)要以高质量的问题引领课堂

用问题激活课堂是新课程高效教学的兴奋点。对于孔子的教学方法和学生的学习过程,“思孟学派”把它发展为五步学习过程,即“博学之、审问之、慎思之、明辨之、笃行之”。

(2)要以“问题”为依托,实现有效教学

优化问题设计是新课程高效教学的着力点。问题设计的核心是引发学生的认知冲突和思维冲突,目标是指向学习者思维品质的培育。瑞士教育学家裴斯泰洛奇认为:“教育的主要任务,不是积累知识,而是发展思维。”

(3)要鼓励学生发现问题、提出问题、解决问题

精彩的人生必定是会思考的人生。学生善问是新课程高效教学的引爆点。

(4)发现与解决课堂中的新问题

在学习中要善于发现并解决课堂中生成的新问题。

(五)“问题教学法”实施措施和保障机制

“问题教学法”一路走来,始终在实验分析、方案创设、环节论证、方案解读、计划推进、活动促进、交流研讨、专家把脉、观摩借鉴等编织的致密线条中有序、有机地进行。

1.具体措施

(1)明确目标

通过《参与式课堂教学模式——“问题教学法”创设方案》解读相关“问题教学法”校本研讨,使学校全员上下明确:进行“问题教学法”创建旨在打造适合于校情、学情的高效课堂,助推应试教育向素质教育转变。

(2)转变观念

一是转变教师的质量观念;转变把素质教育与高考质量完全割裂开来、对立起来,认为素质教育会降低高考质量,“减负”必然会“减质”的观念;转变对学生发展只重眼前,不重长远,不注重创新精神、独立人格和终身学习能力培养的观念。二是打破学生的学习禁锢,转变学生的学习习惯,培养学生自主学习,敢于表达,乐于与人分享、交流、合作等习惯。

(3)对比试验

我们的建模,提出了参与式课堂教学模式——“问题教学法”名称以及基本思路,并且先在“政史地”教研组进行了试验,全面推行的过程中试验也没有中断。通过试验及时面对出现的问题,修正和完善模式的不足与欠缺。“政史地”教研组近三学期的试验结果标明:学校的参与式课堂教学模式大大地降低了学生成绩的过差率,给建模工作带来了信心和更大的动力。

(4)考察学习

我们先后派上百位教师,十多次赴省内外名校参加以“聚焦课堂转型,解析课程标准,分享名校智慧”为宗旨的全国中小学“课堂改进”研讨会,聆听专家关于课堂教学的报告,观摩不同模式的课堂教学,返校后再做“问题教学法”的观摩课。当然,我们在向外学习的过程中采用了照搬模式的方式,但我们始终保持着清醒的认识,不盲从,不迷信。我们的着眼点始终在观念的转变、方法的借鉴上,我们期待的结果是:博取众家之长,合成符合我们自己的一个模式。

(5)示范引领

我们从“政史地”组教师这个试验的“点”入手,着眼于学科的纵向延伸,以点带面,点面结合。如在英语、数学、语文等学科中鼓励一部分教师照搬,经过这些教师的探索,扶植一部分“问题教学法”教学带头人。以这些教师的示范课、研讨课为载体,使广大教师重新审视自己的课堂。

(6)活动助推

在学校层面上,通过教研组研讨课,校内赛课,“课改之星”评选,促使“问题教学法”课堂模式教学常态化;在市级层面上,以参与式课堂教学模式——“问题教学法”为平台举办研讨会,与兄弟学校间的课堂教学模式进行交流、同课异构,以期教育行政部门和专家把脉诊断、广泛地汲取“问题教学法”健康成长壮大的营养。

2.保障机制

(1)条件

①校领导认识有高度,视野有宽度,思维有深度,合作有信度,执行有力度。

②在“问题教学法”课堂教学模式推广中,学校教师有较强的研究意识。他们普遍能加强二次备课,呈现个性化特色;师生共研,成就学习型组织;参与课题研究,努力成为研究型教师。“问题教学法”课堂教学中教师有较强的合作意识。与学生合

作，了解需要，加强针对性；与同事合作，取长补短，增强有效性；与他校合作，相互借鉴，提高科学性；与科研合作，优势互补，完善理论性；与专家合作，开阔视野，把握方向性。

（2）制度

制度保障有力、跟进切实到位。在“问题教学法”实施、推进以来，学校已明确指出：采用“问题教学法”进行教学，是学校目前学生的学习力所决定的，是学校大多数教师的教学水平所决定的，是一个必然的选择。为此，希望广大教师统一思想、统一认识，提高课堂改革以及采用“问题教学法”进行教学的主动性、自觉性。在课堂上积极落实、勇于创新、不断完善，把“问题教学法”用足、用好，让它在我们提高教学质量的过程中真正发挥作用。

（3）“问题教学法”课堂评价细则

“问题教学法”课堂评价细则见表4-2，“问题教学法”师生活动情况评价表见表4-3。

表4-2 “问题教学法”课堂评价细则

评价项目	评 价 内 容	等 级			
		优	良	一般	差
教案编写	1.教法突出“问题教学法”及多媒体辅助教学 2.依照“问题教学法”之“三问一测”设计，基本环节有：①情境问题激趣；②结合目标分组进行自主学习；③学习小组提出问题并全班讨论；④老师提出预设问题并全班讨论；⑤课堂检测；⑥课后反思 3.目标：①准确体现教材的地位、作用及编者意图，准确把握教学内容的重点和难点；符合学生实际，具体化便于操作。②以提高学生的综合素质为本，知识与技能，过程与方法，情感、态度与价值观合理整合。③师生明确教学目标并围绕目标开展教学活动				

续表 4-2

<table>
<tr><th colspan="2" rowspan="2">评价项目</th><th rowspan="2">评 价 内 容</th><th colspan="4">等 级</th></tr>
<tr><th>优</th><th>良</th><th>一般</th><th>差</th></tr>
<tr><td rowspan="4">课
堂
呈
现</td><td rowspan="3">教师(对“问题教学法”的把握)</td><td>1.教学内容问题化,教学问题具体化,具体问题简约化(复杂问题简单化、多个问题少量化),抽象问题趣味化,理论问题生活化
2.问题作为组织课堂教学的主线贯穿课堂教学全程,问题的设计围绕教学目标并有利于教学目标的达成,问题的来源多样化并注重学生有价值问题的生成</td><td></td><td></td><td></td><td></td></tr>
<tr><td>教师的角色定位和教学方式恰当:创设情景,善导问题,指导学法,组织学习,参与互动</td><td></td><td></td><td></td><td></td></tr>
<tr><td>1.对“问题教学法”模式的运用,基本具备:学生问题呈现、教师问题呈现、问题讨论、问题评价和反馈
2.准确把握各个环节,严禁控制讲授时间</td><td></td><td></td><td></td><td></td></tr>
<tr><td>学生</td><td>学生的学习态度和学习方式恰当,在教师的组织和指导下,在自主和合作的方式中积极主动地进行自主预习,探究性学习,独立思考、质疑和解惑,积极交流、练习和反思,并按要求独立完成课堂检测</td><td></td><td></td><td></td><td></td></tr>
<tr><td colspan="2">课堂效果</td><td>1.情感:学生学习的兴趣和热情得以调动、维持和延伸,在学习中学会做事与做人,达成预设的情感目标
2.认知:学生掌握所学的知识和所需的方法,达成预设的认知目标
3.技能:学生能运用所学的知识和方法,形成良好的学习习惯,生成思维、实践、创新等方面的能力,达成预设的技能目标</td><td></td><td></td><td></td><td></td></tr>
</table>

表4-3 “问题教学法”师生活动情况评价表

学生学习情况					
评议项目		评议结果			
		优	良	一般	差
学习方式的选择和使用	自主性学习				
	合作性学习				
	探究性学习				
学习状态和水平	情感状态				
	交流状态				
	思维状态				
学习成效	情感学习成效				
	认知学习成效				
	技能学习成效				
建议					

教师教学情况							
评议项目				评议结果			
				优	良	一般	差
教师的角色定位	学生学习的组织者						
	学生学习的指导者						
	学生学习的合作者						
	学生学习的评价者						
教师的教学设计与运用	教学目标的设计与运用	目标具体					
		目标准确					
		目标多元					
	教学策略的设计与运用	激励教学策略	自主学习积极性的激发调动				
			教学过程情境化、趣味化、活动化设计				
			合作、竞争式学习的设计				
		问题教学策略	教学步骤基本符合且安排合理科学				
			问题设计恰当且层次化				
			问题的解决评价方式使学生增强自信				

（六）"问题教学法"实施以来的成效、问题及对策

1.初步成果与效果

全体老师对"问题教学法"已进行了初步的研究和实践，成果令人骄傲，应该充分地进行肯定。有两个重要的佐证：一是论文集"让课堂更美好"，二是省市教育厅局的认可及其对借鉴"中英项目"课题的支持。

"问题教学法"在转变教师的观念，改变教与学的方式，促进教师专业发展等方面已经产生积极影响和积极意义。"问题教学法"的研究和实施，使教师的观念和角色发生了明显的变化，课堂以师生互动与交流为媒介，教师由课堂的领导者变成了学生学习的组织者、指导者和参与者。"问题教学法"的实施，明显提高和增强了学生的问题意识，学习和研究的兴趣浓厚，研究问题的能力和解决问题的能力有了明显的增强。"问题教学法"还培养了学生在学习过程中的合作习惯。

"问题教学法"作为全新的课堂教学模式，不仅充分调动了教师和学生的主动性、自觉性，而且把学生从被动的接受角色转变为主动的探究角色，教师和学生都变成了教与学的真正主人，是学习活动的积极参与者和实践者。

2.实施中遇到的主要问题与困难

（1）教师层面

①部分教师观念陈旧，没有彻底转变教学方式。

②部分教师认为让学生探究花费的时间长，教学任务难以完成，往往简化学生讨论，上课还是以讲授为主。

③教师驾驭课堂能力差，在学生学习生成问题，产生歧义，甚至出现错误时教师点拨不到位，错过拓展升华的时机。

④有的教师缺乏预设。

⑤越俎代庖。学生在合作讨论过程中，教师往往把应该由学生完成的总结、归纳、反思的机会剥夺掉，代之以教师自己的"归纳"。

（2）学生层面

我们在实施过程中发现有些学生学习意识不强。这主要表现在几个方面：

①不会学习。部分学生学科基础差，学习自觉性差，课前不预习，讨论时无事可做，这成为高效课堂推行过程中必须解决的一个障碍。

②学习效率低,囫囵吞枣,敷衍了事。

③不善于合作学习,许多同学遇到不会的问题不讨论,缺乏合作意识。

④大部分学生习惯了教师讲、学生听的被动学习方式。一些学生在小组讨论时显得手足无措,无所适从,不能借助学习小组合作完成学习任务。

(3)课堂层面

①由于课堂时间、学生能力水平和教学目标的限制,学生思考和回答的问题的数量必须适量。

②如何解决"问题教学法"和其他教法的关系。

③高效课堂的实施只是停留在要求教师如何进行教学,完成各项检查;学生只是通过课堂质疑老师,而不是质疑自己的学习。

④部分学科以及部分课型与"问题教学法"不相适应。

⑤学生课堂习惯的培养对高效课堂的实施至关重要,应该从学生的习惯抓起,通过正面积极的氛围引领学生,使学生具备能学会自主学习、自主管理的能力,而不是停滞在表象上。

(4)教学评价方面

改革教学评价机制是推进高效课堂、促进课程改革的前提,因此,建立结果与过程并重的教学评价体系势在必行。目前,学校的"问题教学法"从评价层面讲还几乎是一个空白,除了一张课堂评价表之外,没有其他细则性的东西。从多元评价来讲,我们的高效课堂至少应当向以下方向发展:一是从以评价教师的讲为主到以评价学生的学为主;二是从以终结性评价为主到以过程性评价为主;三是从以掌握知识评价为主到以综合评价为主。

3.深化研究方向

对于"问题教学法",既有肯定的说法,又有质疑的声音,这是正常的。我们必须以科学、严谨的治学精神,一分为二地正确地看待这项教学改革。要坚持将"问题教学法"的研究引向深入,包括理论的深入和实践的深入。深入的方向和触角有多个方面,主要表现为以下几个方面:

①如何培养学生的问题意识?

②"问题教学法"如何结合"三学"(学校、学科与学生)实际?在保证学校课堂模式不走样的前提下,鼓励各学科教师在学校课堂模式的基础上,创建和衍生出符合

学科特点的学科课堂模式。

③如何灵活运用“三问三议一测”四个教学环节？不一定每节课都有“四个环节”,但一定要有问题意识;一周上一节“模式”实践研究课即可,但一定要有所反思。

④如何使教师自觉地常态地运用“问题教学法”？研究课堂模式的评价机制,通过课堂普及和课堂竞赛,使贯彻课堂模式常态化。

⑤如何广义地理解“问题教学法”？将“问题教学法”既理解为“模式”,又理解为“方法”(教学方法),还理解为“方式”(教的方式、学的方式)。

⑥如何处理好教学改革与教育质量的关系？教学改革应掌握的原则是:实事求是,积极稳妥,抓住质量,发展文化,要特别处理好教学改革与教育质量的关系(教学过程与出口成绩的关系),也就是说,改革必须出质量。

(七)典型案例

【教学案例1】

《归园田居》其三学案见表4-4。

表4-4　《归园田居》其三学案表

课题	《归园田居》其三	课时	1	授课班级	初二2	课型	新授课	授课教师	操洁
教学目标	知识与技能	1.了解这首诗相关的背景知识。 2.认识把握借景抒情,情景交融的表现手法。 3.概述这首诗的思想内容、艺术特色及语言风格。							
	能力目标	1.通过景物描写,揣摩诗中情景交融的意境,赏析作品的意境美。 2.揣摩诗中精彩语句的含义和技巧,并使之了然于心,成为自己的语言财富。							
	情感、态度与价值观	1.充分体会诗歌特有的节奏及韵律,感受其声韵美;在反复诵读中,领略诗意,感悟诗情。 2.这首诗描绘了田园风光,语言优美,情真意醇。认真体会激发灵性,陶冶情操,丰富文化积累。							
教学重点		1.朗读成诵,体会诗歌的韵律美。 2.品味诗歌的语言,体味诗歌的情味,领悟诗歌的意境。							
教学难点		穿过语言的表象领悟陶渊明诗意田园的内涵。							
教学工具		多媒体							

续表 4-4

<table>
<tr><td>课题</td><td>《归园田居》
其三</td><td>课时</td><td>1</td><td>授课
班级</td><td>初二
2</td><td>课型</td><td>新授课</td><td>授课
教师</td><td>操洁</td></tr>
<tr><td colspan="2">学情分析</td><td colspan="8">学生学习古诗，居第一位的是诵读，但讲解也不可忽视。学生结合课下注释理解诗歌大意已不是问题，但要更深一层次的体会诗人的思想感情，还需要了解作者的生平及诗歌的创作背景。在上个单元，已经学习过陶渊明的《桃花源记》，学生对陶渊明这种追求世外桃源的生活和安平乐道的生活态度有了较深入的理解。这节课就是要求学生在自己的知识基础之上更深刻地理解陶渊明诗歌的意境以及他的人生态度。</td></tr>
<tr><td colspan="2">教学方法</td><td colspan="8">问题教学法、多媒体辅助教学。</td></tr>
<tr><td colspan="2">设计意图</td><td colspan="8">学生学习古诗，往往不知从何入手，更不知用什么方法去学习。为了解决这一难题，我根据新课标对学生学习古诗的要求并结合自己的教学经验，认真研究文本后，把本节课的学习目标设定为“五个会”，即会朗读、会理解、会欣赏、会背诵、会默写。这样的目标即全面又简要。更值得欣喜的是，这样的目标，学生更易于执行与记忆，它为整节课的学习定下了科学的基调。</td></tr>
<tr><td rowspan="2">教
学
过
程</td><td>情景导入</td><td colspan="8">渔人没有找到桃花源，十分的沮丧，他一个人走在山野闷闷不乐，这时他看到远处走来一位老者唱着歌，扛着锄头，很是欢乐。渔人将自己的遭遇讲给老者，老者听后哈哈大笑，随即做了一组诗名曰《归园田居》。</td></tr>
<tr><td>小组内预习、质疑、讨论</td><td colspan="8">1. 自主预习课本《诗四首》的第一首诗歌。
2. 小组合作学习：个人在预习过程中遇到的问题，小组内讨论解决。
从何而归？为何而归？归向何处？归去如何？朗读课文，寻找相关信息，回答上述问题。
(1)从何而归？明确：“尘网”“樊笼”。
追问：“尘网”“樊笼”比喻什么？
明确：官场生活（“羁鸟”“池鱼”是陶渊明自比）。
追问：为什么要如此比喻？表现了诗人怎样的情感？
明确：对官场生活的厌恶。
(2)为何归来？
明确：性本爱丘山（本性）
追问：既然“性本爱丘山”，为何要出仕？
明确：“误落尘网中”。入仕做官，非其本性使然，而是一大失误。（注意炼字“误”）
追问：据我所知，陶渊明一生多次辞官做官，难道是仅仅用一“误”字所能辩解吗？
明确：作者的矛盾心态，即受家庭和儒家思想的影响，有“大济苍生”的抱负；仕途不得志，难以施展抱负。彻底悔悟。</td></tr>
</table>

续表4-4

课题	《归园田居》其三	课时	1	授课班级	初二2	课型	新授课	授课教师	操洁
		也许是一种托词。 追问：所以“性本爱丘山”也许是陶渊明“归”的一个很重要的原因，但是不是最关键的原因呢？ 明确：守拙归园田。 提问：归园田的目的是什么？为什么要“守拙”？如何理解？言外之意是什么？（如果不“归园田”就不能“守拙”） 小结：所以“归园田”是为了保持自己精神上的自由和独立。 （3）归向何处？ 明确：归向园田。 （4）归去如何？请从诗中找出蕴涵作者情感的诗句词语。 明确：“无尘杂”/有余闲/久/复（注意炼字）——自由、安逸、喜悦。 追问：从中可见作者的人格倾向和精神追求是怎样的？ 明确：厌恶官场，热爱田园生活，追求精神上的自由和独立。							
	小组提问、讨论	各组将本组未解决的问题提交全班，师生共同讨论解决。 （预设学生问题） 1.这首诗可分几层意思？ 2.“但使愿无违”的“愿”具体指什么？ 3.这首诗流露了作者怎样的思想感情？							
	教师提问、全班讨论	教师就学生探究后没有触及的教材内容和学生解决而未达到相应深度的问题，教师精心设计提问。							
	学生制题，互相检测	以本节课所学内容为知识点，结合学习过程中的问题，同学制题，互相检测。 诗歌赏析： 过故人庄 故人具鸡黍，邀我至田家。 绿树村边合，青山郭外斜。 开轩面场圃，把酒话桑麻。 待到重阳日，还来就菊花。 1.本诗的作者是（　　）代的（　　），他与（　　）并称为著名的（　　）诗人。 2.这首诗尾联的“就”字有什么作用？ 3.这首诗描绘了一幅什么样的画面，表达了诗人怎样的思想感情？							

续表4-4

课题	《归园田居》其三	课时	1	授课班级	初二2	课型	新授课	授课教师	操洁
课堂小结	《归园田居》(其三)一诗描绘了一幅生动感人的辛勤农耕图:清早起来就下地为豆苗除草,月上树梢才扛着锄头回家,田间小道狭窄、草木缠绕,在夕露中艰难地行进。耕种虽然辛苦,但却符合诗人的意愿,所以也乐在其中了。								
布置作业	1.背诵并默写这首诗。 2.以陶渊明归隐之我见为题,写一篇文章,300字以上。								
教学反思	整节课,我十分注意语文基础知识的教学与落实。在"会朗读、会理解"的层面上,我指导学生学习了古今字词的读音差异,如"荷花"与"荷锄"中"荷"等字的读音,也指导学生理解了古诗字词的意思,如"荒秽"等字词的意思。在"会背诵、会默写"层面上,我注重了学生对知识的积累训练。这些教学环节的成功进行,使学生的古诗知识得到了进一步的丰富。但学生对诗歌的意境以及情感把握不准确,这在于我的引导不到位,以后的课堂上将再接再厉。								

二、"和谐互助"高效课堂教学模式

(一)"和谐互助"高效课堂教学模式介绍

1."和谐互助"的特点

①自下而上。

②简单易学。

③课改与德育零度对接。

④"和谐"是关系,"互助"是方法。"互助"有教师之间的互助, 学生之间的互助,师生之间的互助。

⑤角色决定关系,关系决定生产力。"和谐"是指在竞争和合作中促进学生全面发展;"互助"是指师生在相互帮助中提升自身素质;"和谐互助"就是"和而共谐,助而互进"。"和谐互助"教学模式确立起"以人为本的教学思想,互助学习的教育理念",其核心是使学生"和而共谐,助而互进,为学生终身发展奠基,为学生适应未来生活奠基"。

⑥道生一，一即角色，角色一变天地宽(教学-角色，教育-本色)。

“和谐互助”强调把课堂各要素按对立统一的规律组织起来，使学生在参与中成长，在互助中发展，在和谐的课堂组织关系中学会思考、学会学习、学会合作，从而使其认知、情感、技能得到全面和谐的发展。

⑦教法和学法两种思想的建构。建构主义认为，学习不是由教师向学生传递知识，知识必须由学生主动地建构，由学习者在一定的情境(社会文化背景)下，借助教师和学习伙伴的帮助，利用必要的学习资料，通过意义建构的方式而获得，即知识的获得是个人主动建构的结果。建构主义学习理论把“情境”“协作”“会话”和“意义建构”作为学习环境中的四大要素或四大属性。作为协作学习的一种——和谐互助学习，是围绕呈现不同侧面的情境所获得的认识展开学生两人之间的互助，在互助过程中，每个学生的观点在和其他学生以及教师一起建立的社会协商环境中受到考察、评论，同时每个学生也对别人的观点、看法进行思考并做出反应，并在此基础上由学习者自身最终完成对所学知识的意义建构。

⑧和而不同。

⑨和谐互助不仅是一种教学思想、教学模式，更是一种教育思想、德育思想、管理模式。

叶圣陶先生曾指出：“教师之教，不在全盘授予，而在相机诱导，必令学生运其才智，勤其练习，领悟之广源广开，纯熟之功弥深，巧为善教者也。”他反对“教师滔滔不绝讲课，学生默默聆听”的教学策略，反对“以教师讲解为主的课堂教学”，主张教师在课堂上不应把现成的知识教给学生，而应把学习的方法教给学生，学生的学习过程应该是学生的“尝试理解”“揣摩”在前，教师的“帮助”(学生揣摩不出之后的帮助)在后的教学过程，把学生的学习由被动变为主动，这也正是现代教育思想中学生主体观的体现。

“和谐互助”课堂教学模式，正是基于上述理论而建构的，其实质是：全过程都让学生和谐参与，互帮互助，共荣共进，有力地促进学生自主和谐发展。

“和谐互助”简单说就是学生同桌两人为一个单元组，学习优秀的做“师傅”，学习较弱的当“学友”，课堂上，如果学友遇到不会的问题，师傅负责把学友教会，如果师傅也不会，先向其他师傅请教，再教会自己的学友。教师提问，师傅和学友(简称师友)共同起立，由学友先回答，如遇困难，师傅帮助回答，如果师傅也不会，最后由老师讲解。这样,通过学生帮助学生,"兵教兵",亦师亦友,实现师友双赢。课堂上,教师以学定教,根据课堂上学生互助的具体学情进行巡视点拨、引导,当学生遇到共性的问题时,教师才走向讲台讲解。

2.班主任应确立学习单元组

班主任要对学生进行全面分析,选好师友,同桌两人为小组,师友互助为特征。"谁是小师傅,谁是小学友,不单凭考试成绩来确定的。要对学生的知识基础、兴趣爱好、学习能力、学习习惯与性格品行逐一进行了解,粗线条地划分成四大类:优秀1,良好2,一般3,较弱4。优秀1与一般3为一组,良好2与较弱4为一组。同位之中,一个成绩优秀些,就是小师傅;一个成绩比较弱,就是小学友。师傅、学友不是固定不变的,可以动态管理。经过一段时间,个别师傅会因为胜任不了而被调整为学友,而有的学友会因为进步较大升为师傅。一个班级由班主任负责,协调任课老师,根据各学科的实际情况可对师友做一些微调。

3.组织学生培训

年级主任和班主任对"组长"和"师傅"进行培训。让他们会讲,善讲,成为名副其实的师傅。明确师傅的权利和义务,实行"兵教兵"策略。班主任利用班会课对学生进行思想教育,播放录像,让他们了解和感受这种教学模式,教师示范师友如何合作,学生模仿,也可以进行个别培训,如老师与学生一对一或一对几的培训。各科老师利用课堂向学生讲解师友互助的要求和职责,操作程序等,并利用课间或其他时间对学生进行集体或个别培训。如重点培训几个"高明"的师傅,让他们在课堂上发挥更大的作用。通过"学生教学生""学生练学生",最终实现学生之间的双赢。在学生互助学习过程中,老师要不停地巡视,或者参与学生的互助活动,了解学生如何讲题,方法、路子是否正确,发现问题老师要及时纠正,并适时鼓励表扬,树立他们的自信心和荣誉感。

4.课堂中的五步十环节(以语文、数学为例)

(1)初中语文

教师创设情境,导入新课。

①交流感知。教师出示预习提纲,检测课前预习情况。

第一,学生先各自根据提纲自查,再由师友相互检查,重点查看学友的预习情况。

第二，教师组织师友全班交流展示：识记字词，由学友板演，师傅批阅并点讲重点字词；整体感知文章内容，由学友回答，师傅点评，并做修正补充，进行方法指导。

②研读共品。

第一，教师出示研读提纲（包括选读语段、问题设计及学法指导等），学生先根据提纲自己独立研读课文内容。然后师友互议，可以师傅先说，再让学友说，师傅补充修正；也可以师傅直接提问学友，检查学友的自学情况，并帮助学友完善答题思路和要点。

第二，品读文章中精美的段落、句子，赏析语言的美点、妙点和文章的写作技巧。教师出示问题组，学生先独立精读课文，在书上圈点勾画出相关语句和段落并做赏析，然后师友互相交流。师傅可以先给学友举例示范，教给学友赏析的方法，然后再让学友自己从文中找出相关语句或段落并赏析，师傅帮助学友找出赏析中的疏漏之处并明确改正的方法，以期达到良好的品读效果。

全班交流展示，教师先检查学友的掌握情况，不足之处由师傅补充。教师在此基础上选点精讲，进行学法指导，概括写作技巧。

③互助释疑。

第一，师友互相质疑，共同讨论解决，并将解决不了的疑、难点进行记录。教师巡视，掌握学情。

第二，全班交流，解决疑难。主要采取"生问生答"的形式，学友能解答的，尽量让学友说，学友解答不了的，再由师傅说；学生自己能解答的，尽量让学生相互解答，教师只做必要的提示或补充。

④巩固拓展。

第一，巩固当堂所学知识。教师出示训练内容，学生当堂训练，师友相互批改。教师组织师友在全班交流展示，重点看学友的掌握情况，学友有不足之处，再由师傅补充，教师对重、难点和易错点进行强调。

第二，由课内拓展到课外，加深对课文内容的理解。教师选取与课文相关的文章，进行比较阅读，师友共同研读，讨论两篇文章的异同，然后全班交流，加深对课文的理解。教师出示与课文有关联的具有现实意义的问题，师友互相讨论谈感受，然后全班共同交流心得，加深对课文内容和主题的理解。

⑤总结提高。

第一,师友互相讨论归纳本节课的知识点,然后在全班交流展示。在此基础上,教师归纳知识体系,再次强调重点。

第二,总结收获,布置作业。师友互谈本节课在知识技能、情感、态度、师友互助等方面的学习收获,然后全班交流,教师最后点拨提升;老师布置作业,出示下节课的预习提纲。

(2)初中数学

①交流预习。

第一,学生根据预习作业,在教师的指导下,师生相互提问与这节课相关的知识。

第二,师友相互交流预习新课的情况,包括对概念、例题、课本习题的掌握情况,并相互交流自学中遇到的困惑,教师巡视,参与师友间的交流,通过了解小组自学情况,掌握整体学生预习情况。

②互助探究。

第一,根据学生的预习情况,让预习充分的师友到讲台前就本章课的重点和难点向全体同学讲解,其他学生补充,老师适当点拨或有针对性地进行讲解,帮助突破重、难点,并规范解题步骤,注意培养学习方法和数学思维的能力。

第二,师友按照规范的步骤对概念、例题进一步讲解。师友几人对预习过的课本习题进行板演,师傅批阅,其他学生补充。师友互相纠错并讲解。

③分层提高。

第一,教师根据课前内容并结合学生课堂的掌握情况,运用多媒体出示不同难度的变式题,学生进行口头或书面练习,对于有能力的学生根据自己的接受情况有针对性地选择做拓展题。

第二,集体交流,教师给出正答案后,基础题让学友讲给师傅听,学友解决不了的题让师傅帮忙解决,较高难度的题目经过教师点拨后小组讨论,分层练习。鼓励学友思考中等难度问题,老师在巡视过程中有针对性地检查师傅的情况。

④总结归纳。

第一,教师引导学生回顾本节课新学知识,师友交流、总结知识点和解题方法以及所包含的数学思想。学生集体交流,教师根据情况进行补充、纠正或点评,对表现优秀的师友予以表扬、激励,树立典型。

第二,教师出示知识体系,并强调知识的重难点。

⑤巩固反馈。

第一,根据课堂授课内容及学生掌握的具体情况做灵活安排。教师出示一到两个典型题,学生当堂限时完成,当堂检查或师友交换批改,或自批,或教师收齐后课后批阅。

第二,教师出示下节课预习内容,师友课后互相完成。

⑥"五步十环节"解剖。

交流预习(温故知新,探究新知):先学。

互助探究(师生合作,评价学习):后导。

分层提高(问题训练,分层练习):以学定导。

总结归纳(师生总结,互助评价):学导和谐。

巩固反馈(当堂检测,评价反馈):学导和谐。

(二)"和谐互助"高效课堂教学模式的呈现

1.以学生为主体

教师教学时要做到"五个还给"。

①将时间权还给学生:教师最多讲15分钟,点拨、总结、提升,学生互助学习30分钟,学生占据整个课堂。

②将学习权还给学生:课堂上,应出现学生成对在一起热火朝天边讲边练的场面,有时还会有串位讨教的现象。将4个学习权还给学生:让学生自己去发现解决问题,让学生自己去探索应用规律,让学生自己去概括提炼概念,让学生自己去解读体悟例题。

2."和谐互助"课堂教学结构的实质

以学为主体,以问题为载体,以评价为手段,以任务驱动为动力,以师友互助为纲线。

全过程让学生学习,全过程让学生互助,全过程让学生评价。"教师的责任不在教,而在于教会学生学",实现学生学得精彩,教师导得精彩,师友互助共赢。

（三）实施"和谐互助"高效课堂教学模式的具体措施和保障机制

1.出台评价方案

科学、有效的评价是"和谐互助"高效课堂教学策略发展的推手，评价方式多元，评价及时、中肯且有很强的激励性，应是我们追求的目标。学校倡导以学科教师随堂评价为主，以班为单位设计评价办法和评价表册，班主任同各科任课教师商议，把每一个学科的师友和谐互助评价表尽快完成并张贴，每周一次汇总，年级部每周一升旗仪式对各班优秀师友小组通报表扬，学校每学期总结表彰一次。学校每学期收集、编辑、出版一期《因我而幸福》专刊，大力宣扬"和谐互助"的典型。

2.总结反思

学校要分年级或分学科召开教师、学生、家长代表等座谈会，认真倾听他们的意见和建议。具有推广价值的典型经验和做法予以总结和提升；出现的问题应进行深层次研究和探讨，寻找解决问题的方法和策略。

每位教师要坚持写教学反思，及时记录教学中的问题、经验和心得体会，并从理论层面进行分析和阐述。每位教师在本阶段及此后每个学期分别写出一至两篇体现课堂教学改革成果的研究性论文。

主要目标是要通过"和谐互助"教学策略把课内与课外、教师集体讲解和学生一对一讲解结合在一起，实现点对面与点对点的结合，极大地增加课堂有效学习时间，将一个教师关注全班每个学生，演变成了全班一半的师傅关注另外一半的学友。并且师友在课外也要密切，由知识传授扩展到学法指导，由习惯规范扩展到兴趣培养。尤其从学生的学习状态看：师友互助能真正动起来，能够通过互助解决问题，并能将新知识纳入到自己原有的知识体系中。真正实现"时间+策略=高效"的目标。

3.形成长效机制

在总结、反思、研讨的基础上，调整完善实施方案，进一步明确方向和目标，制定有利于促进教师专业发展，有利于深化"和谐互助"课堂模式建构，全面提高教育教学质量的制度和措施，实现"和谐互助"课堂常态化、卓越化，并形成创建"和谐互助"课堂模式工作长效机制。

通过"和谐互助"教学策略对教师的教学技能和专业化水平提出更高的要求。要做到高效的备课，高效的点拨，高效的总结，高效的提升，高效的展开师友互助。

通过这一教学策略更好地诱发教师的创新能力，要求教师在全面实施“和谐互助”教学过程中，要不断改革创新，使“和谐互助”教学策略更加完善，更加富有生命力，并且将这一教学策略的应用能在全县乃至全市范围内起到示范引领作用。

4.课堂实施的保障体系

各学科依据学科特点，按照“示范带动、同伴互助、自主发展”的模式，在全校范围内学习推广试点学科的经验，全面推进，使每位教师明确课堂的目标和要求，掌握并运用新的教学方法和策略，研究制定出新授课、复习课、讲评课等课型教学模式，大胆实施，全面提高课堂教学效率，快速提升教育教学质量。具体课堂评价标准见表4-5。

表4-5　“和谐互助”课堂教学模式评价表

评价项目	评价指标	分值	得分
教学目标（3分）	准确、具体，具有层次性、生成性，可操作性强，切合学生实际	3	
教学内容（8分）	1.内容把握准确科学，条理层次清晰，重点突出，内容的呈现符合各科学习的规律和特点	4	
	2.关注本节课与课程标准的联系。关注知识与生活的联系，体现教学的实践性和交际性	4	
教学过程（30分）	1.课堂氛围民主、平等，师生、生生关系和谐，认真倾听别人的意见，合作积极、愉快。教师、学生、文本之间进行形式多样、频率适当、有思维含量的对话与交流，学生思维活跃，参与面广	10	
	2.教与学关系和谐，时间分配科学，以学为主，充分调动学生的各种感观，让学生充分思考、合作，动口、动手进行自主和高效的学习	10	
	3.教师在授课过程中注重师友合作方面的培训，及时发现问题及时予以纠正	5	
	4.师友的评价方式灵活多样，教师在授课过程中对师友的回答适时给予评价和激励	5	

续表4-5

评价项目	评价指标	分值	得分
教学效果（10分）	1.师生保持良好的情绪状态和交往状态，在师友合作学习过程中表现出较高的积极性，情绪高涨，状态良好；师友回答问题积极，准确度高，有深度，师友评价积极且语言流畅，合作学习效率高，课堂探讨气氛浓烈	5	
	2.学生的思维品质和能力得到锻炼和优化，能应用所学知识解决真实问题，学生的观察能力、分析能力、思维能力等综合能力得到发展和提高	5	
教师素质（6分）	1.基本素质。教师有良好的师德，敬业爱生。仪表端庄，教态自然。语言规范，作风民主。组织教学到位，板书设计合理，并能有效地补充课件。有较强的应变能力	3	
	2.学科素养。教师的学科知识功底深厚、扎实，教学视野宽广，能创造性地使用教材，能熟练和创造性地运用各种教学资源	3	
创新教学（3分）	在教学设计及课件使用等方面具有创新，形成独特的教学风格，教学效果显著	3	
课件（20分）	1.课件规范、清晰、适用、可操作性强	6	
	2.课件内容准确，问题设计要有针对性	6	
	3.课件对学生的自主探究有很好的引领和铺垫作用	4	
	4.课件能体现教师的个体风格	4	
反思（20分）	1.本节课的内容是如何体现课程标准的	6	
	2.本节课是如何完成教学目标的	4	
	3.本节课的亮点	4	
	4.本节课的问题与对策	6	

（四）实践“和谐互助”高效课堂教学模式的成效、问题及对策

1.“和谐互助”高效课堂教学的成效

“和谐互助”高效课堂教学策略的应用与推进，已经为师生带来了可喜的变化，在课堂上，建立了互动型的师生关系，把学习的主动权还给学生，师生关系更加和谐，同学关系更加融洽，一些后进生的行为习惯也明显好转。教育家叶圣陶先生说：“人要是各种好习惯都养成了，我们的教育目的就达到了。”尤其是在课堂上，师友之

间互帮互助,各组之间充分讨论成为各科课堂常态,原来课堂上学困生睡觉、各行其是的现象很少见了,尤其在历史、地理、生物等小科目课堂教学上,教师和学生的教学积极性空前高涨,教学效果明显改善、教学质量大幅度提升。

2.主要问题及对策

问题:学习优秀的学生不愿意当师傅怎么办?

对策:有些成绩很好的学生不爱给学习太弱的学生当师傅。这类学生往往学习能力非常强,给悟性太差的学生讲题对这些优秀生来说就不是一种幸福,而是一种痛苦,所以那些聪明好学基础不太好的学生最适合做他们的学友。不过大多数学生责任心都很强,很热心地去帮助需要帮助的同学,当互助变成一种习惯,互助课堂便会变成一种自然。

问题:师傅数量不够怎么办?

对策:对于弱势班级师傅严重缺乏,可以慢慢培养。许多学生虽然基础不是很棒,但如果把他们变为师傅以后他们的责任心与能力都会提高很多。对于这样的班级,教师在讲课的时候需要更加详细,对这些弱势师傅需要课下多培训,平时多鼓励。

问题:如何给学友讲题?何时给学友讲题?如何指导学友讲题?课堂如何管理督促帮助学友?课外如何管理督促帮助学友?如何做好学友的思想工作?自己碰到解决不了的问题怎么办?

对策1:专题培训学友

在对师傅培训的同时,教师并不是对学友不管不问了,相反,特别加强了对他们的训练。不但要让他们学会,还要有高要求的准确率,以及做题的高效率和对时间珍惜的意识,培训他们如何与师傅合作、交流,如何发现师傅的优秀品德,如何模仿师傅,如何与师傅比速度、比效率,如何学习培养好的学习习惯等。

对策2:专题培训师友

定期在班级选择优秀师傅、优秀学友进行经验交流,谈谈师傅如何培养学友,学友如何适应并超越师傅,师友如何互助、如何发挥专长优势等问题。召开"师友心与心交流"和"帮助别人等于帮自己,尊重别人等于尊重自己"等主题班会,开展"我给师友写封信"和互助学习案例征集活动,培养师傅的责任心,培养学友的上进心,让学生从内心深处融入师友和谐互助。

问题:师友怎样做才能在课堂上更加充实有效,怎样才能做到培优补差?

对策:这就要求让学生全过程“吃自助餐”。如设计的训练题分为必做题、选做题和思考题。三种题型难度逐步升级,以满足不同学生发展的需求。

①必做题:针对所有学生,务必全部会做;师傅需要负责学友必须掌握。

②选做题:在必做题的基础上完成,这种题型一般是良好学生做的,教师鼓励较弱学生去做;师傅需要和学友互助解决,并尽力教会学友做。

③思考题:这是针对特优生的,是一种高难度的题型,是培优的需要,但不排斥其他同学参与完成;在时间允许的情况下,师傅可以鼓励学友尝试挑战思考题,师友互助共同尽最大力量解决。

这样就能满足不同学生的不同需求,使不同学生能够针对自己的实际,让好学生“吃得饱”,让一般学生“吃得了”,最终达到“水涨船高”,让课堂成为“培优补弱”的主阵地,成为“因材施教”的主阵地。

问题:互助学习会影响优生发展吗?

策略:夸美纽斯曾说:“假如任何事情他只听到或读到一次,它在一个月之内就会逃出他的记忆;但是假如他把它教给别人,它便变成了他身上的一个部分,如同他的手指一样,除了死亡以外,他不相信有什么事情能够把它夺去。”所以他的劝告是,假如一个学生想获得进步,他就应该把他正在学习的知识天天教别人,即使他的学生需要雇来,也应去教。陶行知也曾说过:“既要使别人明白,自己就自然而然得格外明白了。”这就告诉我们一个道理:帮助别人就是帮助自己。其原因为:第一,课堂上遇到问题的时候,教师一般不讲,而是让师傅讲;学友自己可以学会的,师傅就让他们自己钻研。在这种课堂教学上,师傅和学友完全处于“动”的状态,师友训练的质量大大提高,师傅思维的层面越来越宽,在帮助后进生解决疑难问题中通过纠正错误、训练一题多解,使师傅对知识的理解领悟更加透彻,可培养他的创新精神、求异思维等能力,而师傅在给别人讲的过程中又是一种熟练的过程。第二,师友结对,师友共荣共进,当师傅的想教会学友,必须仔细熟练掌握教材才能给学友讲明白,要会如何分析题,把题和更多的相类似的题、相应的知识点与拓展点联系起来,从而掌握更多的教学技巧。

学校研究推广的“和谐互助”教学策略,得到了越来越多的教育同行的充分认可,有越来越多的热心课堂教学改革的学校和教师加入到研究运用“和谐互助”教学策略这一行列中来。这对我们来说，既是肯定，更是鞭策！我们相信“真金不怕火炼”，天道酬勤，有耕耘必有收获。我们坚信，有各级专家的热心指导，有兄弟学校的高度关注，有我校全体师生的共同努力，“和谐互助”教学策略必定会长成一棵枝繁叶茂的参天大树。

【教学案例2】

《声音的产生与传播》（第一课时）

1.教材分析

《声音的产生与传播》（第一课时），是北师大版八年级物理第四章第一节的内容。本节课我在安排上采用了先科学探究，后得出结论，进一步应用。这也是学生学习新教材的重要形式的具体体现。

本节课学习目标：

①通过本节课的教学，要求学生能够理解声音是由物体振动产生的。

②培养学生的实验能力（会做物体振动发声的实验）、归纳概括能力和演绎推理的能力。

③培养学生留心观察自然现象，并从现象中发现规律的科学态度。

教学重点：通过本节学习，学生能够理解声音是由物体振动产生的。

教学难点：学生体会分析具体的声音产生原因。

2.学情分析

八年级的学生刚开始学习物理，对物理比较感兴趣，发言积极，喜欢主动表现自我，课堂气氛比较活跃。课堂上需要教师进行积极、灵活的调动。学生心理和认知发展规律要求在教学中要充分调动他们的激情。

3.学法分析

以自主探究为主，学生在学的过程中要分析事例→提出问题→动手实验→分析归纳→巩固练习。学法运用了讨论法、师友合作交流探讨法。

4.教法分析

本节课采用以实验的科学探究方法为主，以理论讲解为辅，运用“和谐互助”高校课堂模式，设计简单易操作的实验探究活动激发学生的学习兴趣，同时提高学生与他人的协同、合作能力。

5.教学过程

教学过程见表4-6。

表4-6 教学过程

教师(学生)活动	延伸与补充
一、新课引入(师友互助3分钟) 1.欣赏音乐,让学生说出歌词中唱到的发声的物体有哪些? 2.让学生举出生活中还有哪些声音? 3.提出问题:声音是怎样产生的? 二、交流探究(1)(师友交流10分钟) 实验1:用两只手指轻放在喉部,然后发出声音。你发现什么现象?你知道什么在振动吗? 实验2:敲击一下鼓面,听到_____,发现撒在鼓面上的纸屑________。说明鼓面在________。 实验3:拨动拉紧的橡皮筋,你听到声音了吗?橡皮筋在做怎样的运动________。 实验4:敲击一下音叉,听到________,发现音叉________。用手扶住音叉,音叉停止振动,还能听见声音吗? 实验5:发声的音叉触及水面看到什么现象?发声的音叉触及悬挂的乒乓球看到什么现象?结论:由以上现象可得出发声的音叉在做怎样的运动? 思考: 1.乒乓球在实验中起到什么作用?(把音叉的微小振动放大,便于观察) 2.实验中应用了什么物理研究方法?这种方法有什么作用? 提示:实验中应用了"转换法";"转换法"可以将不易观察到的现象转换(或放大)为易直接观察到的现象,使现象更明显。 提出问题:想想看由以上现象可知物体发声时有什么共同的特征? 得出结论: 1.声音的产生是由于物体的振动产生的。 2.一切正在发声的物体都在振动,这样的物体叫声源。 3.气体、固体、液体都可以作为声源。 4.振动停止,发声停止。	学生活动: 1.欣赏音乐,让学生说出歌词中唱到的发声的物体有哪些? 2.让学生举出生活中还有哪些声音? 教师补充: 使用多媒体展示不同发声体。 教师点明: 探究目的是通过实验体验声音的产生原因,领悟比较、归纳方法的应用。 学生活动: 学生课前准备器材,在教师引导下实验,领悟比较、归纳体验声音的产生原因。 学生活动: 提出问题,学生交流讨论,得出答案。 教师补充提示。

续表4-6

<table>
<tr><th>教师(学生)活动</th><th>延伸与补充</th></tr>
<tr><td>三、交流探究(2)(师友交流5分钟)
1.弦乐器是靠弦的振动发声,声源是弦。
2.管乐器是靠管内空气柱振动发声,声源是管内空气柱。
3.打击乐器是靠被打击的部分的振动发声,声源是被打击的部分。
4.口琴是靠簧片的振动发声,声源是簧片。</td><td>教师、师友互助得出结论。
学生活动:
让学生使用不同乐器,体验、领悟、比较、归纳总结。</td></tr>
<tr><td>你知道吗?
1.蜜蜂快速扇动翅膀引起空气振动发出嗡嗡的响声。
2.鸟鸣叫靠气管和支气管交界处鸣膜的振动发声的。
3.青蛙鸣叫靠气囊的振动发声的。
4.雄蝉鸣叫是腹部下方有一层薄薄的发音膜,当发音肌收缩时,引起发音膜振动,这些振动通过共鸣室的放大,最后发出非常响亮的声音来。</td><td>提升学生学习兴趣。</td></tr>
<tr><td>四、巩固练习(师友交流5分钟)
1.声音的产生是由于物体的______。
2.一切正在发声的物体都在______,这样的物体叫声源。
3.吉他发声时,弦在_____,用手按住弦,发声______。
4.说话时,声带在______,不说话,则声带不振动。
5.吹笛子时发出的声音是(　　)振动引起的。
A.人嘴　　B.笛子　　C.笛子中的空气
6.锣发声的时候,用手按住锣面,锣声就消失了,这是因为(　　)。
A.手挡住了声音,锣声无法传播　　B.锣面停止振动
C.声音被手传走,空气中无声波　　D.锣面振动变小</td><td>先独立完成,再师友交流。</td></tr>
<tr><td>常识拓展:
唱片上记录声音的沟槽:振动可以发声。如果将发声的振动记录下来,需要时再让物体按照记录下来的振动规律去振动,就会产生与原来一样的声音,这样就可以将声音保存下来。
五、总结归纳(师友交流2分钟)
1.知识方面:
2.师友互助心得:
3.金牌搭档:</td><td></td></tr>
</table>

续表4-6

<table>
<tr><th>教师(学生)活动</th><th>延伸与补充</th></tr>
<tr><td>六、当堂作业
1.常言道:风声、雨声、读书声,声声入耳。其中的风声、雨声、读书声分别是_____、_______、_________振动产生的声音。
2.如图4-7所示的实验现象表明___________________。

图4-7　小纸片在播音的扬声器中跳动
3.在2010年上海世博会闭幕式上,最后的一幕《多元·融合》音乐响起,这是一个全方位体现当今中国包容、发展理念,具有科技含量和神秘、典雅意境的节目,由两位"未来人"击奏世界首创的磁悬浮大型编钟,悠扬的编钟声是由编钟的_____产生的。
4.初春时节,柳树发芽,你可以折一根柳条,把皮和芯拧松,抽出木芯,用刀把嫩皮的两端修齐,就制成了"柳笛"。用力吹,柳笛就发出声响。该声音是由于_____ 的振动而产生的。
5.将发声的音叉与面颊接触,有"麻"的感觉,这使我们体会到了(　　)
A.发声的物体在振动
B.声音能通过固体传播
C.真空不能传播声音
D.声音传播是能量传播
6.下列古诗句中描述的声音现象是由空气振动发声的是(　　)
A.两个黄鹂鸣翠柳,一行白鹭上青天
B.李白乘舟将欲行,忽闻岸上踏歌声
C.两岸猿声啼不住,轻舟已过万重山
D.夜来风雨声,花落知多少</td><td>根据时间,先独立完成,师友交流 ,再全班交流。

多余部分布置为家庭作业</td></tr>
</table>

6.教学反思

《声音的产生与传播》这节课知识点比较简单,有些在小学自然常识课中学过,也有些是学生已有的生活经验。因此在本节课的教学设计中更注重对学生知识的形成性教学,强调学生对学习中“过程与方法”“情感、态度与价值观”等《初中物理课程标准》提出的课程目标的达成。由于学生才刚刚接触“科学探究”这种教学方式,本节课采用这种探究式课堂教学方法无疑是个有益的尝试。

反思一:物理教学要巧用身边的器具、生活中的器材,利用坛坛罐罐做实验,一来实验器材学生能找到,有亲近感,做物理实验不难;二来物理实验就在身边,可以在玩中学,学中玩,学生兴趣高。这不仅符合新课改思想,也符合学生的年龄特点和兴趣爱好。作为希望学生喜欢上物理课的老师,何乐而不为呢!

反思二:提出问题是物理课堂教学不可缺少的环节,学生有问题提出,说明学生动脑筋了,这是对老师教学内容思考的结果。本节课的成功之处,就是充分提高了学生提问的积极性,并通过师生互动,肯定了学生的思考,使学生把物理和生活有机、自然地联系起来了,拉近了物理与生活、物理与学生的距离。

反思三:把情感教育、行为教育、纪律教育与物理课堂教学结合起来。如感觉声带振动,让学生们说:“请自觉遵守课堂纪律!”之类的话。

另外,在教学设计中对“学生状况”“实验探究中可能出现的探究方向预测及处理方法”“教材内容”等都做了较为客观全面的分析,特别是对学生的各种见解、一些不太成熟的观点、甚至是错误的想法也大胆地进行了课前的猜想和预测,并且对学生的错误想法在课堂中都采取给予正面积极评价的做法,这无疑在一定程度上帮助了学生克服对科学探究的神秘畏惧心理,减轻了学生科学探究的压力,增强了探究学习的信心。

本节课还存在很多缺点,如学生参与讨论的过程中个别学生参与程度不足等。我认为课改就是需要不断地改才行,在今后的教学中我也应该及时地改正自己的缺点,努力为学生的学习活动创造适宜的情境,激发学生的兴趣。

三、“自主导引五环”参与式课堂教学模式

（一）“自主导引五环”参与式课堂教学模式的理论依据

1.陶行知先生的“教学做合一”理论

①事怎样做便怎样学，怎样学便怎样教。

②对事说是做，对己说是学，对人说是教。

③教育不是教人，不是教人学，乃是教人学做事。

无论哪方面，“做”成了学的中心，即成了教的中心。“教学做”是一件事，不是三件事。我们要在做上教，在做上学。不在做上用功夫，教固不成为教，学也不成为学。

2.郭思乐的生本教育理论

一切为了学生，高度尊重学生，全面依靠学生。

3.罗杰斯的“以学生为中心”的学习观

信任尊重学生，放手让学生自我选择、自我发现，不同学生、不同程度的成功体验会激发学生想再次获得成功的欲望，由此产生的良性循环会使学习积极主动性不断增强。

4.皮亚杰建构主义理论

学习不应看成对于教师所授予的知识的被动接受，而是一个以学生已有的知识和经验为基础的、主动的建构过程。

5.布鲁纳的认知、发现说

发现学习法的特点是关心学习过程胜于关心学习结果，具体知识、原理、规律等让学习者自己去探索、去发现。

6.《基础教育课程改革纲要（试行）》

教师在教学过程中应与学生积极互动、共同发展，要处理好传授知识与培养能力的关系，注重培养学生的独立性和自主性，引导学生质疑、调查、探究，在实践中学习，促进学生在教师指导下主动地、富有个性地学习。教师应尊重学生的人格，关注个体差异，满足不同学生的学习需要，创设能引导学生主动参与的教育环境，激发学生的学习积极性，培养学生掌握和运用知识的态度和能力，使每个学生都能得到充

分的发展。

（二）"自主导引五环"参与式课堂教学模式的核心理念

①我的课堂我做主。

②学生中心、活动为主、平等参与。

（三）"自主导引五环"参与式课堂教学模式的建构原则

1.科学性原则

按照生本教育理论，培养新的教与学的习惯，使教法与学法更适合学生的认知规律，更加科学有效。

2.主体性原则

学生是学习的主体，课堂是学生学习的主要场所，杜绝教师一言堂，要真正理解学习的科学过程，用讨论代替讲述，用互动改变被动，用争论取代提问，让学生主动学习，自主发展。

3.人文性原则

要把课堂教学改革着眼点放在尊重学生主体地位，注重培养学生自主能力和创新精神上。学生基础有差异，智商有高低，能力有强弱，教师的主要任务是发掘潜能，因人施教，启迪学生的智慧，在课堂教学上要体现对学生学习的尊重，允许学生发表与教师、别人不同的见解，鼓励学生质疑问难，允许学生出错，努力营造和谐的课堂学习氛围，让每个学生按自己的需求主动学习。

4.学为主导原则

学生要学会一定的文化知识，增长才干，形成能力，重要的方面是要经过自己的切身体验、感悟、思考来获得的。学生的潜能是无穷的，学生是教育教学活动的重要资源，教师要相信学生。学生学会任何东西，最终都要通过自己的内化，所以，这个最后过程并不是教师完成的，就这个意义来说，人的获得最终不是依靠教，而是依靠学，学生所学要比教师所教要重要得多。

5.适时干预原则

明确学生学习的三个环节：预习、展示与反馈。做到预习到位，展示充分，反馈及时。教师设计在先，导演在后；组织在先，调控在后。学生预习有效，集体展示，个性反馈，在教师的指导下主动学习。

6. 合理评价原则

尊重被评价者的主体性，提高被评价者在评价过程中的参与程度；评价应该致力于对被评价者的理解，应该成为一个充满人性关怀、充满同情与理解的过程。评价成为自然学习环境的一部分，而不是学习后外加的部分；评价是每时每刻都在进行的，不需要为评价而教；评价可以在具体学习情境中轻松进行，有时学生不需要明确意识到正在评价。

（四）“自主导引五环”参与式课堂教学模式的简介

1. 三个特点

先学后导，分层递进，交流提升。

先学后导：学生自主学习，自悟自得，合作交流，相互启发，共同探究，教师适时做必要的指导和引领。

分层递进：教学设计和题目注重分层分工，从易到难，循序渐进，使不同层次的学生都有收获。

交流提升：小组明确任务，自主探究，组内、组组交流展示，形成最佳方案方法，师生点评追问，拓展知识，提升能力。

2. 三大模块、三大课型

导学—展示—测评。三种课型是一个有机的整体，前一种课型是后一种课型的基础，后一种课型是前一种课型的提升和发展。导学为前奏，展示为阵地，反馈为回归。

导学：学生在教师引导下自主学习，明确并基本完成目标任务，掌握学习方法，生成本课题的重、难点，使学生具备展示的能力。

展示：展示交流学习成果，进行知识的迁移升华和思维能力的提升。展示环节是生生、师生、组组互动的过程。主角是学生。自主探究，合作交流，小组展示，点评追问，解放思想，挖掘潜力，培养能力。

测评：对预设的学习目标进行回归性的检测，通过学生辨析、质疑，完成知识的检测巩固，达到弱生保底，优生拔高的效果，从而使全员参与课堂，人人有事干，人人有收获。

3.“五个环节”

“五个环节”是预习前测,明确目标,分组合作,交流展示,达标测评。

预习前测:教师对于前置作业进行检测,一般是最基础的知识,以便及时反馈学生掌握的情况。

明确目标:通过学生交流预习情况,明确本节课的学习目标,将任务平均分配到小组。

分组合作:各学习小组由组长带领自主学习,交流探讨,组内、组组协同完成任务。

展示提升:各小组根据组内交流讨论情况,对组内的任务进行讲解、分析,师生点评追问。

达标测评:教师以各种形式检查学生对学习目标的掌握情况,对本节课予以小结。

(五)“自主导引五环”参与式课堂教学模式操作步骤

1.导学课

预习是“自主导引五环”课堂教学模式的重要起点,也是导学课的基础,学生预习不充分,对新的知识点一知半解,含含糊糊,久而久之的囫囵吞枣,学生就会失去自信,厌学情绪由此而生。可见,充分的预习是学生乐学的基石,作为教师要在学生预习这一环节上大做文章。

2.导学课的一般操作步骤

(1)自主预习

①课前自主预习。首先读文本,然后查阅资料,可利用图书室的图书或上网查阅资料,完成前置作业。

②课中集体预习。教师引导学生利用不同的形式,如自己独立阅读,同桌比赛阅读,小组讨论交流;可以在自己的位置上读,也可以到黑板上把重点知识摘抄下来,还可以到其他小组找朋友交流等。

(2)小组交流

小组长带领组员进一步细化预习提纲上的知识点,并对课本上的疑难问题进行解疑,教师穿插其中,解疑解惑,指导学生。学生也可以自由发言,向同学、老师提出不同的问题，师生共同解答。

(3)分配任务

结合预习提纲，教师分配学习任务，为预习展示做准备。

(4)预习展示

学生以组为单位，把本节课的任务进行讲解、分析、拓展、点评。

(5)预习反馈

学生做一些典型题目进行反馈，反馈一般以题目的方式进行，可分为基础闯关和能力升级两部分。可让学生板书，也可以让小组长进行抽查或教师抽查等，并及时公布反馈的结果。

(6)课堂小结

①学生自由发言，说出自己在本节课中的收获，还可以提出不同的见解，发表不同的看法，师生互动。

②教师综合学生在本节课的知识掌握情况，对下一节课的内容提前做好预设。

3.展示课

展示就是展示导学课或导学环节的学习成果，进行知识的迁移运用和对规律进行提炼与提升。展示内容的选取：一是简单的问题不展示，无疑问的问题不展示，展示的是重点问题，难点问题，有争议的问题，一题多解的问题，能拓展延伸、提高学生能力、开发学生潜能的问题，体现在导学提纲上的多数是能力升级中的问题；二是选取有价值、有代表性的问题进行展示。文科多为诵读、赏析、谈感悟、编排课本剧及与文本联系紧密的诗词歌赋等；理科则展示解题过程和思路。

4.展示课的一般操作步骤

(1)预习前测

目的是巩固解决问题所运用的知识点，为学生顺利地完成本节课的任务扫清知识上的障碍，一般通过学生交流预习情况，明确本节课的学习目标。

(2)明确目标

基本知识巩固之后，教师据此说出本节课的目标和重、难点，展示课上的目标与预习课上的目标不完全不同，展示课上的目标除了基本知识与基本技能之外，更侧重的是规律和方法的总结，以让学生形成技能和技巧。

(3)分组合作

教师将本节课展示的问题分给小组,然后每个组长负责再将任务分给组员,组员分工合作,一般分配原则是:中等生讲解、分析,优等生点评、拓展。在这个环节需要注意的是:一是各组任务尽可能要均衡,每个小组分配任务的多少应根据题目的难易来确定,如果此题目有不同的做法,或能够根据此题目进行拓展或延伸,或能够进行变式训练,一般是两组一题,如果题目涉及的知识点较少,规律和方法较少则一组分一个题目;二是明确完成任务所需的时间,有时间限制,学生就会有紧张感,行动起来会迅速一些。

(4)交流展示

通过分组合作对问题的再交流,学生对本组的问题进一步的理清思路,加深了理解。对题目进行讲解、分析,其他同学进行点评,说出所运用到的知识点、解题关键点、易错点、总结的规律,或由此题进行知识拓展、变式训练等,学生也可以提出自己的疑问,其他同学或教师给予解答。

(5)达标测评

学生展示完后,给学生几分钟的时间对自己组没有展示的题目进行疑难交流,重点是小组长对组员进行帮扶或检测。测评可以是学生谈收获,大致内容为"通过本节课,我学到了什么,还有什么问题,向其他同学请教"等,也可以是教师根据展示情况设置几个题目或问题进行单独抽测并及时反馈课堂效果。

5.测评课

新授课的测评,一般当作下一节导学课的一个环节。教师抽取导学课或展示课中学生还未解决好及学习不理想或重、难点题目,反馈偏科生和待转化生的掌握情况;也可选取与其相类似的题目,考查学生的迁移运用能力。目的是查缺补漏,促进提高,这是促优补差的一种好方法。

6.测评课的一般操作步骤

(1)出示目标

让学生明白本节课的学习内容、重点以及难点。

(2)分配任务

不同层次的学生领取不同的题目,而且独立完成。为了尊重每一位学生,将学生按照学习能力的高低分为不同的队伍,如草莓队、苹果队、西瓜队等。

(3)合作交流

同一层次的学生相互交流,取长补短。

(4)分层帮扶

优帮中,中帮弱。

(5)情况汇报

汇报帮扶情况,确定是否进行新课。

(六)建章立制,细化保障措施,保证“自主导引五环”参与式课堂教学模式有效运行

1.改变备课方式,优化教学内容,落实高效课堂

(1)变“个体备课”为“集体备课”,提高教学设计的实效性

成立年级学科备课组,由备课组长负责,开学初召开备课组会议,确定单元或章节主备人,每周星期五之前,备课组长组织组内成员对下一周教学内容的重、难点,教学方法,“导学案”设计等方面进行商榷,然后主备人依据大家的意见,结合集体的智慧,执笔书写“导学案”,超周备课,备课组长审批后交学校文印室印刷,任科老师提前一天将“导学案”下发到学生手中。辅备人结合学生实际,对“导学案”做深入的推敲、斟酌,进行个性化设计。

制定了《榆中县小康营中学“集体备课”管理办法》(试行稿),不断完善、严格落实《榆中县小康营中学常规管理细则》《榆中县小康营中学教学常规奖惩办法》《榆中县小康营中学“导学案”书写、作业批改要求》,确保了集体备课不搞形式,不走过场,使“自主导引五环”参与式课堂教学模式走得更稳、更远。

(2)变“教案”为“导学案”,增强备课的引导性和有效性

首先改变了备课形式,将教学流程定为环节、措施、时间分配和预习、展示、反馈提纲两部分;其次,改变了备课内容,提纲主要是贴近学生实际、贴近课标、贴近教材的问题串或习题,环节、措施和时间分配主要设计学生课堂学习的具体操作方法及每个环节的时间分配,这样的设计既体现了学生主体理念又便于操作;最后,强化了备课交流和辅备人的个性化修改,设计了榆中县小康营中学“导学案”。

实施三级审批制,即备课组长审批本组教师的“导学案”,学科主任审批学科组成员的“导学案”,教导主任审批学科主任的“导学案”,谁审批谁负责。教导处对教师的“导学案”、课堂教学情况、学生作业和“导学案”下发情况进行抽查,每学期期

中、期末两次大检查，将抽查和检查结果按月统计公布，每年汇总，作为年终考核内容之一。

2.变革学习组织形式，建立学习小组，确保高效课堂

我们依据学生成绩高低、性格、性别、志趣爱好等方面的差异，将学生分为若干小组，6人小组为最佳划分。在学习小组划分的实践中，我们总结出了确立小组分配的四原则：成绩均衡的原则，性格搭配的原则，性别互补的原则，住所就近的原则。

科学、合理地划分学习小组，形成了强有力的班级学习的基本活动单元，也实现了小组合作学习"三步走"：一是独学，即自主独立预习；二是互学，即帮扶对子两人互查互学；三是群学，即小组合作，达成共识，全班展示小组成果。学校也先后制定了《榆中县小康营中学学习小组管理办法》和《榆中县小康营中学学习小组评价标准》，规范了学习小组的组建方式，明确了学习小组的职责。

3.建构多元、立体的评价体系，推动高效课堂稳步、有效推行

(1)科任教师评价

课堂教师用表格、图表或学生喜欢的图案等显性评价方法，把学生的作业和课堂参与情况，小组的凝聚力、竞争力以及课堂学习习惯等，均作为课堂学习的评价范畴。坚持节节评价，周周汇总，期中、期末各班评选出一个优秀小组进行表彰奖励。使课堂评价规范化、立体化，极大地调动了学生参与学习的积极性。

(2)学科组评价

学科主任对本组教师的课堂教学情况进行抽查、评价和反馈，评选出优秀课、一般课和待提高课，并将其作为教师考核的依据之一。

(3)班主任评价

班主任主动进课堂，对本班任课教师和学生的课堂表现进行抽查，在每天的课间操时间进行点评，及时反馈学生在课堂上的参与情况，并将评价结果进行汇总、公示，每周评选发言积极分子、创新之星、进步之星等，较好地消除了班主任与学生间的真空地带，搭建起了班主任和学生沟通交流的桥梁，培养了学生相互找差距、找不足的可喜局面。

(4)年级组评价

年级组的评价主要是在年级组长的组织和安排下，每天由值班老师对本年级一天来的课堂情况进行综合评价。这项评价的启动，形成了班级之间、学生之间的相

互竞争的良好氛围。

(5)学校层面评价

由办公室、教导处、政教处、总务处、值周组联合组成综合评价组,分别对课堂教学进行综合评价。各部门天天有抽查,时时有反馈(教学楼一楼大厅),月月有汇总,其结果作为班主任津贴发放、优秀班集体评选依据和教师年终考核重要条件。学校根据课改实际,不断修订《榆中县小康营中学"自主导引五环"参与式课堂教学模式课堂评价办法》《自主导引式课堂要求》《一堂好课的评价标准》《小康营中学课堂标准》《小康营中学观课议课方法及要求》等保障制度,确保"自主导引五环"参与式课堂教学模式的规范化、高效化。

(七)"自主导引五环"参与式课堂教学模式的成就、问题、对策

1."自主导引五环"参与式课堂教学模式取得的成就

(1)奠定了学生终身发展的习惯和方法性基础

自主学习与合作学习成了主要学习方式。无论是理科定律、定理的探究性学习或实验课的探究性学习,还是文科的探究性学习,都体现了以学生为本,尊重人、赏识人、展现人、改变人、塑造人成了教学的核心,把课堂还给学生的教学理念和教学方法已经切切实实地成为教师的课堂教学行为。学生交流、合作、探究的意识和习惯得到很好的培养。学生养成了热情、礼貌、敢于发表自己的看法和观点以及语言的条理性等良好品质。截至目前,已经有200多名学生在国家、省市县各类比赛中脱颖而出。

(2)实现了教师教学理念的转变和教学方法的创新

教学设计实现了为学生的"好学"而设计,渗透了"学生中心,活动为主,平等参与"的核心理念,真正还课堂于学生、还学习的权力于学生。

教师的综合素养提升了,教师的学习风气、研究风气日渐浓厚,全校教师的实际教学能力和学校的综合教育实力明显增强。教师能够在学校的引领下,自觉地把课改中产生的问题或困惑转化为课题进行研究和实践。

(3)提高了学校办学品位,提升了学校影响力

在"自主导引五环"参与式课堂教学模式的改革和探究实践过程中,我们认真反思,群策群力,聚焦课堂,突破课堂,打造课堂,一举摆脱了落后的格局。实现了2009

至2013年学校综合教育质量评估名列全县前列的可喜局面。学校也荣获四个"榆中县初中教育质量优秀奖"，一个"兰州市教育质量优秀奖"。2011年和2013年学校分别被评为"榆中县先进教育集体""兰州市先进教育集体"。迄今为止来我校参观考查学习的领导、专家、教师已20000多人(次)。

2.实践过程中的主要问题与对策

(1)主要问题

①"集体备课"中的"初备"环节做得不够精细，部分教师对教材的挖掘和整合欠科学，"导学案"的撰写随意，使课堂教学效率大打折扣。

②小组学习中，组内帮扶对子的互学没有落到实处，课堂展示环节没有广度和深度，小组学习黯然失色。

③课堂教学精细度不足，耐不住品味，教师机智驾驭课堂的能力尚不足。

④怎样让教师在教书育人的同时，不断提高自己的教育教学智慧，使发展自我变成内驱力，这是教师专业发展方面有待解决的棘手问题。

(2)措施与对策

①强化"集体备课"，进一步细化备课措施，狠抓"初备环节"，通过说教材、论课标等教师论坛活动，提升教师的业务素养，提高课堂教学效率。

②引领教师，加强学生"兵教兵、兵练兵"活动，使学生"互学"习惯化，为高效课堂奠定基础。

③谋求专家专业引领，提升"自主导引五环"参与式课堂教学模式的内涵。通过走出去做报告、开展校外公开教学雕琢骨干教师，打造学校名师。

【教学案例3】

学生眼里的课堂——有一个词叫"改变"

不知道谁曾经说过："环境可以改变人，甚至是一个人的一生。"起初，我不懂，曾怀疑"命运不是掌握在自己手中，命运之门是需要自己来叩击的，为什么又说环境可以改变人呢?"我百思不得其解，直至我上了初中，才真正明白了这句话。

从古至今，学生必须在课堂上坐着，必须一心一意、专心致志地听老师讲那"之乎者也"。只有等到老师检查我们所吸收的知识时，学生才可以离开那相依为命的椅子。每堂课都是那么严肃,庄重的让人窒息,学生等待下课,放学,犹如犯人等待出狱。没有哪一个学生爱上学校,死气沉沉的学校让人厌倦。

自上了初中,我从一个内向文静的小女孩彻底改头换面。妈妈说:“你变了,变活泼了!”朋友说:“你变了,你已经不是那个从来不表达自己想法的木偶了。”亲戚说:“你变了,是初中学校生活改变了你。”是学校环境又重新将我塑造。初中生活是以学生讲解展示为主,老师真的只是“引路人”。每天的课堂都显得那么轻松自在而且自然。课堂上有竞争,但竞争不是狭隘的排挤,而是积极参与,是认识他人,超越自我,是精益求精,更上一层楼。竞争也许让我们难以接受,发展艰难,但它能使强者站得更挺,走得更稳,产生更强的斗志。“穷且志坚,不坠青云之志。”

初中的课堂环境将我改变,初中的课堂竞争将我历练,将我重新打造,打造成一个全新的我,自信的我,坚强的我。

我真的可以说,我坚信:“环境可以改变一个人,甚至包括他的一生。环境可以塑造全新的一个你!”朋友,别让社会环境来适应你,我们不可以选择社会,但我们可以选择改变。

【教学案例4】

探究三角形相似的条件

首先我让每位学生画一个三角形,使$\angle BAC=60°$,然后比一比,想一想,试一试,你们画出的三角形一定相似吗?

甲生:我画出的是一个直角三角形。

乙生:我画的是一个等边三角形。

丙生:我画的是两个底角均是60°的等腰三角形。

丁生:我画的是一个角为60°的钝角三角形。

老师追问:它们都一定相似吗?

乙生:不一定。

老师又追问:为什么?

3组2号:因为我们可以运用相似三角形的概念来判定两个三角形相似,也就是对应角都相等,对应边都成比例的两个三角形相似,两者缺一不可,现在这

个条件下，连对应角相等都不可能。（参与同学给气球“充气”，2、4组领先）

5组1号大声说：不是不可能，只是不一定。

5组齐声：对，不一定相似。（5组记录员给气球“充气”，2、5组领先）

老师：再画一画，老师相信你们一定能画出相似的三角形，于是，我让学生双号画$\triangle ABC$，使得$\angle A=60°$，$\angle B=30°$；单号画$\triangle A_1B_1C_1$，使得$\angle A_1=60°$，$\angle B_1=30°$。

老师追问：$\angle C$与$\angle C_1$有何关系？

3组3号抢答：相等。（三组记录员给气球“充气”，3、5组领先）

老师追问：为什么？

1组2号：因为三角形的内角和是180°，因此$\angle C$与$\angle C_1$的都等于90°，所以它们相等。

老师追问：所以这两个三角形相似吗？

2组1号：不一定。

4组1号：一定。（两生辩论）

5组2号：因为三对对应角相等，但对应边不一定成比例。

4组2号：一定成比例，你没看见都是直角三角形了吗？他们的三边符合勾股数，如$\triangle ABC$的三边分别为3、4、5，而$\triangle A_1B_1C_1$的三边分别为6、8、10，它们对应边的比为2；再如，$\triangle ABC$的三边分别为3、4、5，而$\triangle A_1B_1C_1$的三边分别为9、12、15，它们对应边的比为3。

3组1号：对，我们学过的勾股数的倍数仍然是勾股数，不管怎样它们的对应边的比都相等，也就是说直角三角形的三边永远成比例，不用说了，两个锐角对应相等的直角三角形就一定相似。（参与组记录员给气球“充气”，3、4组领先）

1组3号：直角三角形太特殊了，一般三角形有两个对应角相等就一定相似吗？

老师追问：如果改变$\angle A$、$\angle B$的度数，保证$\angle A=\angle A_1$，$\angle B=\angle B_1$，再试一试。同学们又开始画。结果同学们认同：“两个对应角相等的三角形是相似三角形”，得出了三角形相似的判定条件之一。

“有一个角对应相等的直角三角形也相似”2组1号大声说。（掌声，1组为“擂台组”）

案例反思：课堂评价标准将学生置于评价的核心，保证了学生的主体地位，用表格、图表或学生喜欢的图案等形式和方法，使评价规范化和立体化，后进生参与学习的积极性和热情被极大地调动起来了。把学生的前置作业、作业、课堂参与情况、小组的凝聚力、小组的竞争意识以及课堂学习习惯等，均作为课堂学习的评价范畴，进行小组评价的课堂管理模式，坚持节节评价（开展“看谁家的气球升得高”的评价活动），周周汇总，每周表现突出的小组定为本周的“擂台组”，在班上掀起了“打擂台”的热潮，每周的“擂主组”可享受周末无作业的待遇，通过课堂评价激发了学生学习的主动性和积极性。

四、“学—思—习—行”灵动课堂教学模式的研究

（一）“学—思—习—行”灵动课堂教学模式的理论依据

唯物辩证法原理：唯物辩证法告诉我们，任何事物的发展都是内因和外因共同作用的结果，内因是事物发展的依据，外因是事物发展的条件，外因必须通过内因才能起作用。在教学过程中，教师属于外部条件，是外因。学生是学习的内因，教师必须通过学生的学才能充分调动学生内在的积极性、主动性。同时辅以教师的指导，维持和发展学生内在的积极性、主动性。

孔子的“学”“思”“习”“行”学习法：“学”——博学多问，“思”——学思结合，“习”——学习结合，“行”——学行结合。

维果斯基为代表的维列鲁学派理论、斯金纳的操作主义学派理论、班杜拉的社会学习理论及齐莫曼自主学习理论，均对学生自主学习，形成高效学习团体方面提供了强有力的理论支撑。这些方法既包括如何组织学生分组进行简单任务的学习，也包括在班级里组织学生进行自我学习。

学校的灵动课堂核心理念：在人本理念引领下，通过教与学，搭建教师与学生共同成长的平台。从师生共同成长的角度出发，以成长的眼光看灵动课堂的建构，本着“学生在教师发展中成长，教师在学生成长中发展”教学相长的理念，探讨灵动课堂的内涵、建构与发展。

（二）“学—思—习—行”灵动课堂教学模式的主要观点

①重视启发式教学，学思结合，知行统一。

②关注学生的学习需求，关注学生的情感需求，关注学生的情感提升，关注学生

的生命成长。

③通过学生操作活动、参与教学活动、思维活动三个层次的活动来打造有活力、有智慧的灵动课堂。

④实现高效课堂与有效教学。

⑤实现教师与学生共同成长。

（三）“学—思—习—行”灵动课堂教学模式的基本概念

1.“学”

自学、助学、导学。“学”是指对知识的感知和理解活动，包括学生学习掌握知识和技能，教师研究文本、研究学生。

2.“思”

个体、同伴、群体思考。“思”是指学习中的探究和交流活动。学生发现问题，探究质疑；教师设疑问题，适时引导。

3.“习”

复习、练习、演习。“习”是指学生重复动作、巩固知识和尝试解决问题的活动。教师归纳知识，设计练习，整合方法促使学生多元练习，达成学习的有效性。

4.“行”

研究、行动、实践。“行”是指把学到的知识不断地加以应用，学以致用。学生系统整理，形成新的知识结构，反复实践与应用基础知识，形成基本技能；教师强化技能、提高知识的应用能力。

概言之，“学—思—习—行”就是在40分钟有限的课堂时间内，通过教学模式操作流程的各个环节层层递进，相互交融，提升学生学习能力、思考能力、练习能力、实践能力的培养，达成课堂教学的高效率、高效益、高效果。

（四）“学—思—习—行”灵动课堂教学模式的主要特征

1.关注全体

面向全体学生，让不同层次的学生都拥有参与、发展和成长的机会。

2.互动交流

师生双方在教学中共享知识与经验，共同体验情感的投入与共鸣，共同感悟生命的意义与价值。

3.素质提升

通过学生思考体验，提升学生的情感、态度、能力、价值观和生活方式等发展指标，使学习过程成为学生综合素质全面发展的体验过程。

4.思维拓展

创设宽松、活跃的氛围，让学生各抒己见。学生的兴趣、个性、智慧及人格等在学习交流中得以呈现，提供学生思维质量提升的空间。

（五）“学—思—习—行”灵动课堂模式基本教学环节

1.创设情境

通过语言描绘、实物演示及多媒体电脑演示等手段创设生动有趣、直观形象的学习情境。使学生感受到学习内容与现实生活的密切联系，增强学习和应用学习知识的信心，进而调动学生学习的积极性和兴趣，发展学生的思维能力。

2.自主探究

创造机会让学生自主分析问题、生成问题、解决问题，促使学生最大限度地参与到学习过程中。

3.互助交流

学生通过观察、实验、猜测、交流等活动逐步形成自己对知识的理解，形成有效的学习策略。

4.教师点拨

学生根据内容，提出新的疑难问题，教师引导其他学生共同解决；也可根据课堂生成情况向学生再次提出深层次的疑难问题，起到画龙点睛的作用。

5.跟踪强化

教师充分利用与生活实际相结合的具有针对性、趣味性及多样性的练习，为学生创设应用相关知识、方法的机会，使学生熟练掌握这些知识、方法的实际应用。

6.归纳延伸

教师对本节课学习的内容进行归纳和概括，帮助学生将零碎、分散的知识整理成有条理的、系统的知识。学生将所学的新知识内化，与原有知识融合形成新的知识。

(六)“学—思—习—行”灵动课堂模式操作的基本要求

1.落实“三主”

学为主体,教为主导,练为主线。

2.倡导“三自”

自主学习,自主探究,自主交流 。

3.鼓励“三动”

动脑,动口,动手。

4.实现“三会”

会思,会学,会用。

(七)“学—思—习—行”灵动课堂模式的学科体现

1.“学—思—习—行”语文课堂教学模式

(1)低年段

学思结合,读文想象,说写并进,奠定习作基础。

看图激趣,读文铺垫-学字识词,深入文本-诵读想象,创设情境-联系生活,指导说话-说写结合,循序渐进。

(2)中年段

学思结合,品读联想,片段练笔,点燃创作激情。

初读课文,整体感知-品读词句,质疑问难-情感朗读,理解感悟-实践练笔,语言运用-升华情感,文意兼得。

(3)高年段

学思结合,赏文品悟,仿放结合,提升创作激情。

初读课文,质疑问难-深读文本,品味内涵-赏读文段,领悟写法-悟中模仿,自主创作-评价改进,个性创新。

2.“学—思—习—行”数学课堂教学模式

计算教学:旧知再现,知识迁移,总结规律,应用拓展。

概念教学:创设情境,自主探究,跟踪训练,拓展延伸。

解决问题:情景导入,理解新知,总结归纳,巩固拓展。

空间图形:形成表象,识图画图(或公式推导),形成技能,实践应用。

练习课：讨论交流，知识梳理，提炼总结，分层练习。

复习课：知识梳理，核心提炼，体系建构，拓展延伸。

3.“学—思—习—行”综合学科课堂教学模式

艺术教学：体验与发现，实践与创作，欣赏与评述。

英语教学：情趣导入，情景呈现，操练巩固，拓展延伸。

体育教学：热身准备，体验实践，拓展提高，调节放松。

品德教学：引入主题，动之以情；探究活动，晓之以理；拓展延伸，明理导行。

科学教学：探究与实践，整理与归纳，反馈与评价。

（八）“学—思—习—行”灵动课堂模式学科流程图示例

1.语文学科

读：低年段，识字学词；中年段，细读句段；高年段，读文赏段。

想：低年段，读文想象；中年段，品味联想；高年段，品悟内涵。

写：低年段，说写并进，奠定习作基础；中年段，片段练笔，达成习作目标；高年段，仿放结合，提升写作能力。

课堂模式语文学科流程如图4-8所示。

2.数学学科

学：自学、助学、导学。了解数学情境，表述数学信息，提出问题。包括自学理解的内容，互助学会的问题，迷惑不解的内容等。

思：个体、同伴、群体思考。通过教师的引导，提供学生独立提出问题、思考问题的机会，展示个人提出数学问题、分析问题的策略。鼓励学生对同一个问题发表不同的看法，鼓励学生多问。

练：复习、练习、演习。包括跟踪练习及课堂作业。要求目的明确，题目精选，渗透学科思想、方法规律。要考虑题目的层次性，由易到难；考虑不同层次的学生，有的放矢，学生做到心领神会。

课堂模式数学学科流程如图4-9所示。

教师
引入文体
激发兴趣
依托文本
引领想象
走出文本
指导写作
读
想
写
学生
读懂课文
赏词学段
品味联想
感悟内涵
说写并进
笔下生辉

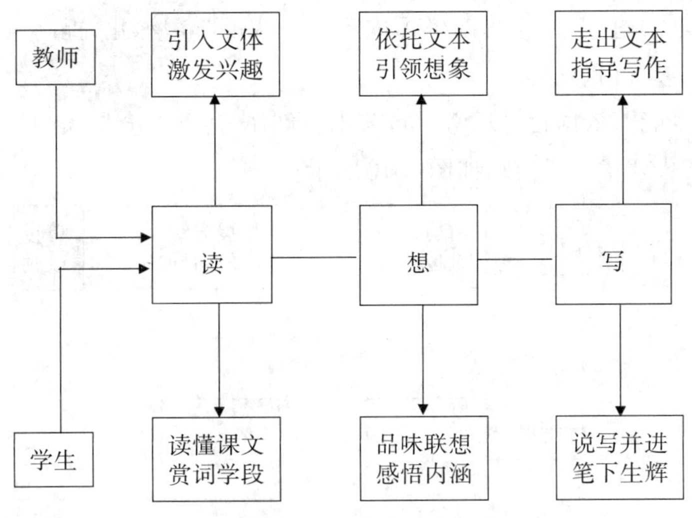

图4-8 课堂模式语文学科流程图

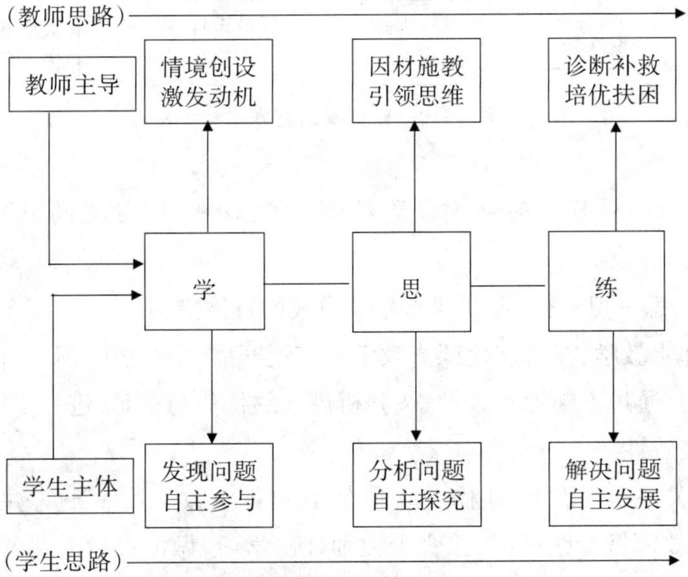

(教师思路)
教师主导
情境创设
激发动机
因材施教
引领思维
诊断补救
培优扶困
学
思
练
学生主体
发现问题
自主参与
分析问题
自主探究
解决问题
自主发展
(学生思路)

图4-9 课堂模式数学学科流程图

3.艺术学科

赏:学生通过教师有意识、有目的的学前赏析,对艺术进行初步的了解与欣赏,为后期学习奠定基础。

思:在学习过程中,学生对学习内容进一步的学习深化,提高自己的认识,进而产生自我思考、自我见解。

创:学生能够依据自己思考进行艺术再创作,达到融会贯通的目的。

课堂模式艺术学科流程如图4-10所示。

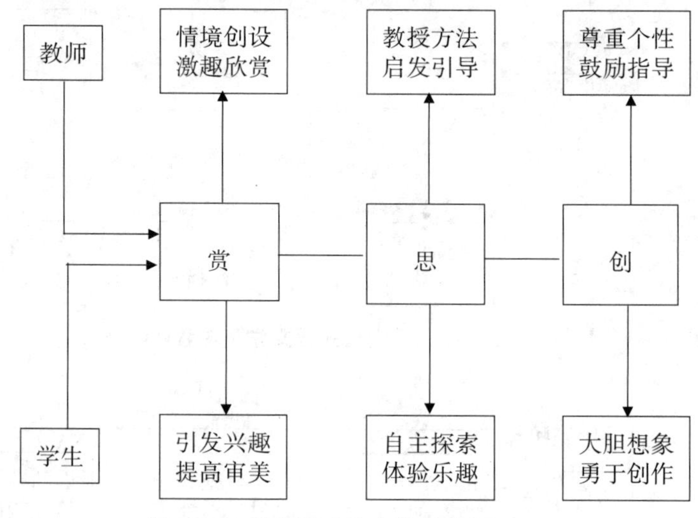

图4-10 课堂模式艺术学科流程图

(九)"学—思—习—行"灵动课堂教学模式实施的具体措施和保障机制

1."学—思—习—行"灵动课堂教学模式的具体措施

立足课堂教学,在常态化课堂教学中广泛开展"学—思—习—行"灵动课堂教学模式的应用,通过不断地实践摸索,分析模式的优势与不足,进一步提升教学模式的功能性与实效性。

围绕"关注学生需求,建构灵动课堂,提高课堂教学效率"这一主题,邀请校内外专家、骨干教师做专题讲座,派骨干教师外出学习,做汇报示范课及主题报告,实现专业引领。

以教研组为单位,开展"学—思—习—行"灵动课堂教学模式系列主题的组内常态课听评活动,搭建教研平台,进行同伴互助研究与培训,提高教师团组参与教学模式研究的积极性与实效性。

以备课组、课题组为单位,开展有效备课和阶段课题专项研讨活动,促进教师个体备课与科研的实效。

通过开展以关注学生需求、教师需求为主题的“六个一”活动,了解学生对课堂的需求,对教师的需求,对学生的需求,推进教师个人行动研究培训。每年“六个一”的主题各不相同,以2013年为例,“六个一”内容为“我的家访故事”“我的得意门生”“我的教育格言”“我崇尚的教育专家”“我欣赏的教学事件”“我阅读的经典佳句”。

积极创造机会,搭建平台。各级各类骨干教师发挥在教育、教学、科研、质量等方面的带头作用,教研员、名师与骨干教师、骨干教师与青年教师发挥“师徒结对”的帮教作用。

2.“学—思—习—行”灵动课堂教学模式的保障机制

(1)有效备课

学校要求全体教师要重视课前备课,在对《课程标准》、教材及学生三者准确把握的基础上,合理地将“学—思—习—行”教学模式渗透进教学设计中。设计时要胸怀三观:胸怀学生观,重视学生的生活体验,关注学生的心智特征;胸怀效率观,环节设计要讲究效率,促进学生发展;胸怀创新观,要敢于打破教参的束缚,冲破传统的思维定式,亮出自己的特色,形成自己的风格。还要注重教后的反思与二度设计,凸显备课延续性与有效性。同时,尝试进行备课改革研究,凸显学校教学特色,提升备课实用性,增强课堂教学实效。教研组内研讨交流,提出建议,学校整合借鉴进行备课改革。

(2)有效上课

学校以“关注学生需求,建构灵动课堂,实现课堂教学的高效”为主题,要求教师注重课堂基础知识的掌握与基本能力的培养;注重学生创新思维与实践能力的培养;注重学生主动、有效、全程的参与;注重课后的多项反思;注重不同年级、不同课型课堂教学模式研究;注重大胆创新,展示自己的教学特色,形成自己的教学风格。教师严格按课表上课,不得挤占其他课程,向课堂40分钟要质量,通过课堂教学模式的实施贯彻,保证课堂教学的实效,努力实现课堂教学的高效。领导班子、教研室、备课组与年级组在随堂听课中发现问题,及时认真地做好整改工作,实现课堂教学的高效。

3."学—思—习—行"灵动课堂教学模式的课堂评价

通过学生思维、学生行为、学生气质、师生情绪、课堂氛围、教学效果六个方面对"学—思—习—行"灵动课堂教学模式进行课堂评价。

(1)学生思维

学生围绕要讨论的问题积极思考,能进行质疑,提出有价值的问题并开展争论,回答有自己的思考或创意。

(2)学生行为

学生全员参与活动,积极主动地投入思考并踊跃发言,自觉进行练习。

(3)学生气质

学生上课注意礼貌,声音清晰、洪亮,使仪表仪态内化为自身素质,形成一种自然体现和流露。学生能够在课堂上应付自如,充满自信,具备良好道德修养。

(4)师生情绪

师生关系融洽。教师能充分调动学生对学习的好奇心与求知欲。学生的学习过程愉悦,学习意愿得以增强。

(5)课堂氛围

课堂气氛民主、和谐、活跃。学生在学习过程中友好分工与合作,遇到困难时能主动与他人交流、合作,共同解决问题。

(6)教学效果

学生掌握应学的知识,全面完成学习目标。学生的学习能力、实践能力和创新能力得到增强,有满足、成功和喜悦等积极的心理体验。学生课堂学习情况评价表见表4-7。

表4-7 学生课堂学习情况评价表

<table>
<tr><td>班级</td><td></td><td>时间</td><td></td></tr>
<tr><td>课题名称</td><td></td><td>课题类型</td><td></td></tr>
<tr><td>项目</td><td colspan="2">评价指标</td><td>评价等级</td></tr>
<tr><td>学生思维</td><td colspan="2">1.学生普遍具有问题意识,敢于质疑问难
2.学生通过认真观察,能够主动发现和提出问题
3.学生善于思考,能提出解决问题的策略,表达自己独特的见解
4.不同程度的学生均得到发展,从整体上达到教学目标</td><td></td></tr>
<tr><td>学生行为</td><td colspan="2">1.学生能够主动参与课堂学习,投身在自主探究、动手操作、合作学习之中
2.学生善于倾听,在倾听中思考,在倾听后评价他人发言,及时补充自己的想法
3.学生养成自主学习的习惯,有竞争意识和合作意识
4.学生积极参加小组学习活动,分工明确,主动与同学合作交流,并且能够确实解决问题或产生新的认识</td><td></td></tr>
<tr><td>学生气质</td><td colspan="2">1.学生精神饱满,坐立端正,表情自然,脸带微笑
2.学生的发言响亮、清晰
3.学生普遍具备良好的学习意志品质和道德品质
4.学生在课堂上应付自如,充满自信</td><td></td></tr>
<tr><td>师生情绪</td><td colspan="2">1.师生关系融洽
2.教师能尊重学生的观点,充分调动学生对学习的好奇心与求知欲
3.学生的学习过程愉悦,敢于发表自己的意见,学习愿意得以增强</td><td></td></tr>
<tr><td>课堂氛围</td><td colspan="2">1.课堂气氛民主、和谐、活跃
2.学生在学习过程中友好分工与合作,遇到困难时能主动与他人交流、合作,共同解决问题
3.教师态度亲切自然,学生主动参与活动,学得轻松愉快</td><td></td></tr>
<tr><td>教学效果</td><td colspan="2">1.学生掌握应学的知识,全面完成学习目标
2.学生的学习能力、实践能力和创新能力得到增强,有满足、成功和喜悦等积极的心理体验
3.学生富有浓厚的学习兴趣,高涨的学习热情</td><td></td></tr>
<tr><td colspan="2">课堂亮点</td><td colspan="2">改进建议</td></tr>
<tr><td colspan="2"></td><td colspan="2"></td></tr>
</table>

注:评价等级分为A、B、C、D四个等级。

（十）“学—思—习—行”灵动课堂教学模式的成效、问题及对策

1.教学模式实施开发所取得的成效

在对教学模式的不断研究和对灵动课堂的认识深化中，教师的教学方法和学生学习的方式都发生了巨大的变化，学校的课堂教学发生了根本性转变，体现了学校课堂教学灵动、高效的特色。

（1）师生角色的转变

在灵动课堂的深入开展下，随着课程内容的丰富与教材内容的改变，师生角色也重新进行了定位，学生成为课堂的主体，主动学习、自主学习。教师成为课堂的主导，充当课堂的组织者和引导者，注重学生的主体性培养。

（2）教学方法的转变和学习方式的转变

教师在课堂教学中以生为本，积极引导，关注学生的学习方式、学习愿望和学习能力的培养，鼓励学生主动探究和思考。学生也能积极主动地思维，积极动手、动口、动脑，主动参与课堂活动，进行探究性的自主、合作。

（3）模式观念的转变

俗话说：“教无定法，贵在得法”，没有哪一种模式是普遍适用和最好的。学校在开展灵动课堂教学模式的研究中，依托模式，但没有迷信模式。相反，许多教师在模式的引领下能有意识地鉴别模式的作用，合理地运用模式教学，从而科学地引导学生探究知识，发展个性，使学生的知识和情感能和谐发展。这是我们在“学—思—习—行”灵动课堂教学模式研究过程中可喜的收获。

在教学模式的实施引领下，学校取得了长足的进步发展，连续四次获得兰州市教育质量优秀奖，连续五次获得城关区教育质量金杯奖及城关区教育质量永久性金杯。学校先后获得全国“双有教育”主题活动先进集体，国家体育传统学校，甘肃省“教育工作先进集体”，甘肃省“精神文明先进单位”，兰州市“文明单位”，兰州市“示范性小学”，兰州市“小公民道德建设示范基地”等称号。学校82名教师中教学骨干、教学能手、教学新秀共47人，占全校教师的57.6%。随着学校高效课堂教学模式研究与实践的不断深入，实现了学生、教师、学校的三维共同发展，践行着学校“师生共进”的办学理念。

2.教学模式实施开发过程中出现的问题及对策

(1)问题

①机械依赖模式现象仍然存在。在模式实施开发过程中,学校大部分老师在课堂教学中能够通过分析整合、融会贯通地进行模式的合理应用,但仍然有部分老师受专业素质、角色定位和各种条件的限制,存在课堂教学过程中对模式机械死板的应用,生搬硬套等现象。

②"学—思—习—行"各个环节的合理有效安排仍是我们需要继续研究的内容。在课堂有限的40分钟时间内,如何将各个环节按照教学目标和教学要求进行合理的时间分配、比重安排、相互交融、环节优化,仍需进行进一步的研究探索。

③存在大班额问题和模式教学中关注学生全体需求之间的矛盾。"学—思—习—行"灵动课堂教学模式以关注学生需求为目标,对六七十人的大班额来说,如何使教学模式的开展实施让课堂是每一个孩子都能受益,仍是我们需要继续研究探索的问题。

(2)对策

①进一步推进与深化课堂教学模式的认识与理解,切实提高课堂教学的有效性。学校要有计划、有组织、有重点、有考核地组织教师进行课标和教材的再研读,开展课堂教学模式的研究与实践,把它作为提高教师专业素养,促进教师专业有效发展的重要举措。

②进一步对"学—思—习—行"灵动课堂教学模式各环节进行优化,将知识获取、能力培养、情感、态度在教学模式中加以整合,使各个环节能够根据教学目标、教学要求的需要有机衔接,水乳交融。

【教学案例5】

《平行四边形和梯形》教学设计

1.教学内容

《义务教育课程标准实验教科书数学(四年级上册)》第70~71页例1,练习12相关练习题。

2.教学目标

①认识平行四边形和梯形,掌握平行四边形和梯形的特征。

②理解长方形、正方形是特殊的平行四边形，正方形是特殊的长方形，会用集合图表示四边形间的关系。

③培养学生动手操作能力，发展空间思维能力。

3. 教学重点

①掌握平行四边形和梯形的特征。

②理解长方形、正方形、平行四边形及梯形间的关系。

4. 教学难点

长方形、正方形、平行四边形及梯形间的关系。

5. 学思练训练点

在操作活动中培养学生的观察分辨能力以及空间思维能力。

6. 教学准备

教具：多媒体课件、长方形、正方形、梯形。

7. 教学过程

(1)游戏导入，激发兴趣

①猜图形。教师出示平面图形，一位学生背对教师，根据其他学生提供图形的特点和相关信息，猜是哪个平面图形。

生：有4条边，4个角，4个角都是直角——长方形。

生：有4条边，4个角，4条边的长度相同——正方形。

生：有4条边，4个角，学生猜不出，引入平行四边形和梯形。

板书课题：平行四边形和梯形。

师：观察刚才猜的这几个平面图形，看看它们有没有共同的特点？

生：4条边，4个角。

教师引导学生小结：像这样由4条边围城的平面图形称为四边形。

②议一议。是不是所有的四边形就只有这些？(引导学生了解除了长方形、正方形、平行四边形和梯形外，还包含有其他的一些四边形)

(设计意图：长方形、正方形的特征是学生熟悉的，因此提供的信息既准确又充分，而平行四边形和梯形的特征学生描述起来就有些困难，这样学生对要学习的问题就能产生浓厚的兴趣，从而激起了学生的求知欲望，自然进入了新课的学习)

(2)动手操作,自主探究

①平行四边形及平行四边形、长方形、正方形间的关系。

动手操作:

猜一猜:学生猜猜平行四边形会有哪些特点?

找一找:学生利用学具通过测量、平移等方法自己寻找平行四边形的特点。

说一说:和同桌交流自己发现的平行四边形的特点,并利用实物展示台向大家汇报平行四边形的特点。

合作交流:教师和学生一起归纳平行四边形的特点并板书:对边平行且相等,对角相等,内角和为360°。

学生自己说说怎样的图形称为平行四边形。

课件演示平行四边形的定义。

跟踪训练:判断图4-11中哪些是平行四边形?

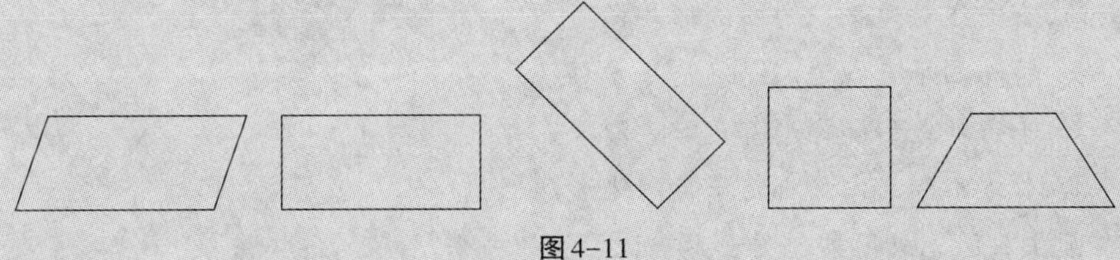

图4-11

对比辨析:

辩论:长方形和正方形是不是平行四边形?

归纳:长方形和正方形是特殊的平行四边形,正方形是特殊的长方形。

(设计意图:平行四边形概念的建立,打破了传统的教学模式,采用了动手操作、对比认识的方法,感悟、理解并归纳平行四边形的概念。学生对平行四边形已有感性认识,但要用语言准确表述定义,对小学生来说,难度较大,为此分4个环节来帮助学生认识、理解、归纳概念。在探究活动中学生直观地理解并归纳出平行四边形的概念,教师不是把现成的知识灌输给学生,而是让学生通过观察、操作、归纳自主建构概念,以教师单纯"教数学"变为学生创造性"学数学")

②梯形的特点及种类

对比:课件出示梯形,引导学生进行讨论,梯形同平行四边形相比它最大的区别在哪儿?

辩论:只有一组和有一组的区别是什么?

验证:课件演示验证梯形只有一组对边平行。

归纳:只有一组对边平行的四边形是梯形。

拓展:教师利用多媒体课件介绍梯形各部分的名称;教师介绍梯形、等腰梯形、直角梯形及其他形状的梯形;学生举例说说,生活中哪些建筑物或物体的表面是梯形?

(设计意图:梯形概念的建立,采用了对比、发现、验证、归纳等方式,使学生逐步理解梯形的概念及特点。这样将数学思想方法渗透到教学中,为今后学生的学习奠定基础)

③四边形间的关系。

判断下列说法是否正确。

A.有一组对边平行的四边形是梯形。(　　)

B.特殊的平行四边形一定是正方形。(　　)

C.平行四边形和梯形都是四边形。(　　)

D.长方形和正方形都是平行四边形。(　　)

师生共同完成用集合图表示四边形间的关系。

老师:如果我用一个圈表示正方形,让你也用一个圈来表示长方形,你会怎样来画?(同样用圈表示平行四边形、梯形、四边形)

学生:在黑板上补充完成集合图。

用自己的话结合图来说说四边形间的关系。

(设计意图:在学生建立概念之后,设计了应用概念判断的环节,在学生的认知冲突中完成对于新知的顺应,完善学生的思辨能力。其中判断“长方形是不是平行四边形”学生出现争议,于是根据生成引导学生分成两组选代表进行辩论,来解决“长方形是特殊的平行四边形”。教师为学生搭建了质疑、争论、思维碰撞的平台,在争论中,学生更深入理解了平行四边形的概念,即“是两组对边分别平行的四边形”,进而明确长方形符合这一特征,也是平行四边形,但它有特殊性,特殊性在于它的四个角都是直角,这也为下面“确立关系”的环节做了埋伏)

（3）巩固训练，理解内化

①自由看书，鼓励学生质疑问难。

②在梯形里画一条直线，看一看能将梯形分成哪些图形？

（设计意图：学生经过动手实践、合作交流、反馈练习，本节课的教学目标已基本达到，再引导学生将以前所学的零碎的、不完整的、模糊的信息通过看书讨论，进行整理归纳，使之上升为理性的、完整的真知，学生能清晰明了地正确理解、掌握新的知识）

（4）拓展延伸，发展概念

在平行四边形的任意一组对边之间画一条垂线段，并沿着这条垂线将平行四边形剪开，看你能拼出什么图形？

（设计意图：运用新知拓展思维，加深认识，增强了学生的参与意识和主体意识，渗透平行四边形和梯形的图形分割和图形拼组的知识，充分体现了"玩中学，学中玩"的新课程理念，也为学生学习梯形的面积做了铺垫）

五、"互动"教学模式

（一）"互动"教学模式建构的理论依据及教学模式

现代教育理论认为，教学是一种双边活动，是教与学相互作用的过程，以期达到提高学生整体素质，发展学生创造潜能的终极目的。教与学既对立又统一，在这对矛盾中，双方都是积极因素，把两者的积极因素充分调动起来，以教促学，以学促教，以学促学，使整个教学过程处于共振、互动和合作之中，这就是课堂教学中的"互动"教学。

所谓"互动"教学模式，就是把教学过程看作是一个教与学统一的交互影响和交互活动的过程，通过调节师生关系及其相互作用，形成和谐互动关系，达到提高教学效果的一种教学模式。该教学模式的运用，可以提高教学效果和效率，使师生双方在交流互动中都得到提高。所谓"互动"化学课堂教学模式是在化学教学过程中师生共同参与、积极互动、平等对话、合作探究完成化学教学任务的程序。其目的在于转变学生学习化学方式，形成和谐的师生互动、生生互动。教师是学生学习的合作者、引导者和参与者，教学过程是师生交往、共同发展的互动过程，学生通过独立自主学习和合作讨论，体验知识的探究过程，掌握科学方法，提高综合运用所学知识解决科学问题和实际问题的能力。在新课程中，传统意义上的教师教和学生学将让位于师生互教互学，教师将由居高临下的权威者转向“平等中的首席”，彼此形成一个真正的“学习共同体”。“互动”教学的操作模式如图4-12所示。

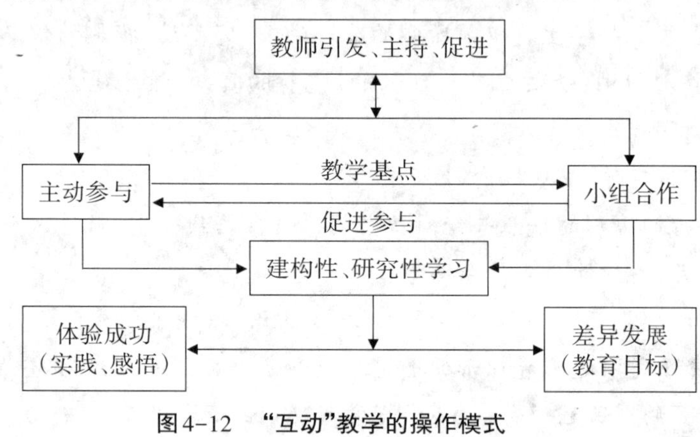

图4-12 “互动”教学的操作模式

（二）“互动”教学模式的操作策略

1.情境诱导，营造良好的互动氛围

创设情境是教学的起始环节，是为激发学生学习兴趣以问题或任务为核心的教育平台，是支撑师生互动、共同建构知识的探究环境。所谓情境诱导，就是为了达到既定的教学目的，根据教材内容和学生的特点，引入或创设与教学内容相适应的具体情境，让学生置于特定的教学情境之中，引起学生的情感体验，激活思维，容纳多样化的学习方式，以提高教学实效，促进学生全面发展。因此，教师在新课导入时，要生动直观、富有启发性，要善于运用直观演示、故事、多媒体动画等手段，努力使抽象问题具体化、深奥原理形象化、枯燥知识趣味化，学生通过观察感知产生疑问，发现问题，引发认知冲突。如在讲解有机化学中的糖类、蛋白质时，教师可以先展示相关的实物样品或展示多媒体图片，然后提出问题：这些营养物质在人体内是怎样进行消化的，它们具有哪些性质呢？通过提问引起学生强烈的好奇心和求知欲。又如在“物质鉴别”教学中，可设计这样一道练习：妈妈在做饭时不小心弄混了盛放纯碱和食盐的瓶子，你能用厨房中的物质帮她鉴别一下吗？通过创设这样一个真实亲切的生活情境，使学生轻松愉快地巩固了Cl^-和CO_3^{2-}的鉴别，让学生体会到化学来源于日常生活，激起学生兴趣，引发探究热情。总之，教师要建构一种宽松探究的心态，进行情境诱导，呈现巧妙适宜的问题，使学生产生探究的内驱力。

2.指导预习，提出问题，引导学生思维

精心创设恰当的问题，激发学生认识上的冲突、思维上的活跃，培养学生的创新意识、创新能力，这也是化学教学的关键。提出问题，引导思维，就是把要学的知识作为问题呈现出来，使新知识与学生认知结构中已有的知识建立起人为的和实质性的联系，使学生通过运用各种策略活跃思维、获得新知识。在此过程中，教师要为学生提供思维的材料，使之有"物"可思。在教学中，教师要把一个个新的知识点，分别设计成学生通过运用各种手段可以解决但无现成答案的问题，引导学生进行推想。例如在"一氧化碳还原氧化铁"这一实验中，教师给出7个预习问题，要求学生认真回答，确保弄懂实验的原理，注意实验的细节，更好地掌握科学的方法。

3.合作学习、释疑解惑

针对学生在探究中提出的疑难，指导学生用假设的方法，有根据地进行猜测、联想，明确问题解决的途径和方法，让学生组成合作小组共同探讨。在组织学生交流过程中，教师可以铺设若干符合学生认知规律的子问题，放手让学生动脑思考、动口讨论、动手实验、合作学习寻找解决问题的办法。如在"中和反应"的教学实例中，教师设计好已有的教学问题，然后让学生一起动手实验，在实验中通过自己观察现象、合作交流、讨论而对这一知识点有详尽的了解，深刻掌握。操作时要注意保证让学生有足够的时间进行探索，对探索过程中的不同见解、疑难问题，在讨论交流中要各抒己见，互帮互助，共同提高，培养了学生的表达能力、合作精神和团队意识，而教师则在旁边加以指导，适宜地进行解释，帮助学生解决思维上的困惑和探究中的盲点。这种合作互动模式非常有利于活跃课堂气氛，改变学生单调的学习方式，为学生学习化学提供广阔的空间，激励学生真正投入到对知识的追求和探索中去，使学生的自主意识、探索意识、创新意识不断得到增强，教学中教师要最大限度地发挥学生讨论的积极性和创造性，同时要注意对学生的讨论及时进行恰如其分的启发，因势利导地调控讨论进程。

4.教师引导师生共同归纳总结，解决问题

讨论问题的目的是要解决问题，形成结论。对待问题，虽提倡学生讨论乃至争论，但也不能喋喋不休，教师应不失时机地进行引导，师生共同对所学内容进行归纳。学生通过前面的学习，已基本掌握新知识，在此基础上，教师引导学生进行归纳、总结，理清知识的内在联系，把零散的知识纳入系统的知识结构之中。在这种教学互动中，教师要努力寻求知识生成、知识扩展的发散点，要善于打开学生思维的空间，释放学生的想象力和创造力，开发学生学习的潜能。通过互动和分散思维，达到前后知识系列化的目的，使学生对知识的掌握达到结构化、网络化和系统化，有助于学生理解和记忆所学的知识，还有助于学生将所学的知识融会贯通，进而做到举一反三，综合运用。在这一环节中，凡是学生能自己解决的问题，教师可以少讲，甚至不讲，在信赖中充分挖掘学生的潜能，突出了学生的主体地位。

【教学案例6】

《化学能与电能》(第1课时)教学设计

1.教材分析

本节内容是重要的化学反应原理知识，也是深入认识和理解化学反应特点和进程的入门性知识，同时本节内容又是在社会生产、生活和科学研究中有广泛应用的知识，是对人类文明进步和现代化发展有重大价值的知识，与我们每个人息息相关。知识的重要性决定了本节学习的重要性。本节内容主要分为三部分内容：火力发电、原电池实验探究(包括概念、工作原理、组成及创造性应用)和技术产品(各种化学电源的设计、工作原理和应用)。其中，第二部分是重点也是难点，是本节内容的核心部分，应当重点介绍；第三部分中的燃料电池是生活中的新产品，可用于学生扩充视野，提高分析问题、解决问题能力的典型材料。

初中化学已经从燃料的角度初步学习了“化学与能源”的一些知识，在选修模块“化学反应原理”中，将从科学概念的层面和定量的角度比较系统深入地学习化学反应与能量。《化学能与电能》部分既是对初中化学相关内容的提升与拓展，又为选修“化学反应原理”奠定必要的基础。由于学生之前没有电化学的基础，理解原电池原理有一定的难度。所以本节内容设置了大量的探究性素材，为了更好地实施探究教学，需对教学资源进行有效整合：

①教材中的教师演示实验2-4变为学生动手实验。这样学生不仅能观察到明显的现象，还能直接参与知识的获得过程，获得直接的体验。(自主、互动探

究1)

②将教材中“组成原电池的条件”设置为“科学探究”，为学生提供充足的时间探究，让学生通过实验获得直接经验，再通过对比分析，归纳出规律，最终得出组成原电池的必要条件。(自主、互动探究2)

③在上述内容完成后，学生通过原电池原理的应用以及了解电池的历史，不仅可以体验学习化学的乐趣，同时也拓展了学生的知识视野。(自主、互动3)

这样对教学资源进行整合后，学生就可按“自主、合作、探究、发展”的方式进行学习，从而变被动学习为主动求知。

2.学情分析

(1)知识基础

学生通过必修I的学习，已经了解了氧化还原反应的实质是电子的得失或偏移，通过初中物理的学习已经知道带电粒子的定向移动形成电流，知道电流形成的基本条件：有电源、形成闭合回路。但是学生对于将一个氧化还原反应分为两个反应在两个不同场所发生这种情况是第一次接触，因此在本节课教学中设置了“将锌粉和稀硫酸直接接触进行反应”演示实验和“如何检验是否有电流产生?”这一问题，淡化了其中相对于他们知识水平而言较为难以理解的电极电势的知识，从实际需要出发，实现氧化剂和还原剂分开的设计思想，然后通过实验事实的直观材料去分析原电池的工作原理，降低难度，符合学生的认知规律。

(2)实验技能基础

高一学生已经具备一定动手能力和实验设计能力，同时学生也已经具备一定的电路组装能力。因此本节课通过整合实验资源，让学生通过不同的实验器材组合不同的实验，从而获得大量的感性认识，然后对这些感性认识加以分析，从而掌握原电池的组成条件。

3.教学目标

(1)知识与技能

通过Cu-Zn原电池的原理了解常见的化学能与电能的转化方式；通过举例说明化学能与电能的转化关系，能设计并完成化学能与电能转化的实验操作；通过对比不同电极材料和电解质的组成，能描述原电池原理及其形成条件，并能完成简单原电池电极反应式的书写。

(2)过程与方法

通过实验探究获得原电池概念及形成条件,进一步理解实验探究的意义,提高实验操作能力,能对学习过程进行计划、反思和评价,进一步增强自主学习化学的能力;通过思考、交流、比较、归纳,认识事物变化的本质特征。

(3)情感、态度与价值观

通过实验探究,形成主动参与意识与团队合作意识,增强勇于探索问题的思维意识,体验科学探究过程;通过对原电池原理的应用及了解电池发展历史,体验学习化学乐趣,拓展知识视野,关注能源问题,形成正确的能源观。

4.教学重点和难点

(1)重点

原电池的概念与组成条件;原电池的工作原理,正、负极判断及简单的电极反应的书写。

(2)难点

原电池的工作原理及化学能转化成电能的装置设计。

5.设计思路

设计一套可以将化学能转变成电能装置的必要性→设计一套可以将化学能转变成电能装置的可行性(氧化还原反应实质的分析)→设计一套将化学能转变成电能装置(原电池)→分析原电池的形成条件→研究原电池的工作原理(氧化还原反应的实际应用)。要完成上述教学过程,可以设计如下几个问题:"能否实现将化学能直接转变成电能?""如何实现将化学能直接转变成电能?""如何确保实现将化学能直接转变成电能?"和"化学能是如何直接转变成电能的?",学生在思考这些问题的过程中,思维的发散性和缜密性都得到了一定程度的锻炼,同时也加深了对氧化还原反应的理解,了解氧化还原反应和原电池装置之间的联系。在实施过程中,要对教学资源进行有效的整合,如在探究原电池的原理这一环节,由于高一学生的抽象思维能力较弱,需要把抽象的原电池实验理论形象化,使学生更好地认识化学原理,所以通过用多媒体模拟动画实验,展示了原电池中电极电子的得失及电子的流向,让学生直观地感受原电池的原理。又如在实验用品的选择上,提供多样化的实验用品,如提供给学生探究原电池的形成条件的用品有Zn片、Cu片、石墨棒、铁钉、玻璃棒、稀硫酸、无水乙醇、电流表、烧杯、导线若干，要求学生能用控制变量的思想将实验方案进行分类→组装实验用品进行实验→通过实验确定是否有电流产生→确定原电池的形成条件，这样对原电池的组成条件这一知识的理解也就顺理成章了。

(1)创设教学情境，引入教学探究

讲述：燃煤发电的一系列能量转换过程，即化学能→热能→机械能→电能。分析利用火力发电的利弊。

设问：火力发电的这些缺点催生了新的电能发生装置，能否找到一种装置能把化学能直接转化成电能？

(2)创设问题情境和实验情境，通过合作探究原电池的工作原理。

学生实验见表4-8，教师指导。

表4-8　学生实验

实验1	观察记录(你看到了什么?)	结论(小组讨论)
将锌片和铜片平行插入稀硫酸中，观察现象	锌片表面有大量的气泡放出，铜片表面无现象	锌可以和稀硫酸反应生成氢气而铜不和稀硫酸反应：$Zn+2H^+ \xlongequal{} Zn^{2+}+H_2\uparrow$
再使锌片和铜片接触，观察实验现象	铜片表面有大量的气泡放出	铜片上有氢气生成

提出问题：你的头脑中产生了什么疑问？做一个合理的假设解释你的疑问。

学生假设：电子从锌片跑到铜片上。

追问：如何证明电子转移到铜片上？

学生回答：用电流表检验。将锌片和铜片用导线连接起来，在导线之间接入电流表，将锌片和铜片平行插入稀硫酸溶液中观察实验现象。

教师指导：学生动手实验(见表4-9)。

表4-9 学生动手实验

实验2	观察记录(你看到了什么?)	结论(小组讨论)
将锌片和铜片用导线连接起来,在锌片和铜片导线之间接入电流表	电流表指针偏转	锌片和铜片之间有电子的转移

教师:有电流产生。从能量变化的角度分析这是什么装置?

学生:化学能直接转化为电能的装置。

讲解:化学能直接转化为电能的装置叫作原电池。

小组讨论:在锌片和铜片表面分别发生了哪些变化?电子从哪里来,到哪里去?电池的正极和负极分别是什么?判断依据是什么?溶液中有哪些看不见的现象?

小组汇报:由于Zn失去的电子经导线转移到Cu片上,故导线上有电流通过,因此电流计指针发生偏转。电子由锌片流向铜片,根据物理学知识,电子移动方向与电流方向相反,电流由铜片流向锌片,铜片为正极,锌片为负极。负极Zn:$Zn-2e^{-}=Zn^{2+}$;正极Cu:$2H^{+}+2e^{-}=H_2\uparrow$;Zn失去的电子成$Zn^{2+}$进入溶液,溶液中的阴离子移向负极Zn,阳离子移向正极Cu。

模拟动画:原电池中电极电子的得失及电子的流向。

过渡:原电池是化学能直接转化为电能的装置,那么要构成一个原电池需要哪些条件呢?

(3)创设实验情境,探究并总结归纳构成原电池的条件

①实验探究:用Zn片、Cu片、石墨棒、Fe钉、玻璃棒、稀硫酸、无水乙醇、导线、电流表、烧杯等设计对比实验(见表4-10)归纳构成原电池的条件。

表4-10 对比实验

我设计的原电池	实验现象	电流表是否偏转	能否构成原电池	电极的确定
Cu片、Fe钉、稀硫酸	铜片上有气泡产生	指针偏转	构成原电池	铜片为正极,铁片为负极
Fe钉、石墨、稀硫酸	铁钉上有气泡产生	指针偏转	构成原电池	石墨为正极,铁钉为负极
Cu片、Fe片、无水乙醇	两极均无气泡产生	指针不偏转	不构成原电池	
……	……	……	……	……
结 论	活泼性不同的两个金属或金属与非金属导体和电解质可以构成原电池			

②讨论总结：

形成条件一：活泼性不同的两个电极中，负极为较活泼的金属；正极为较不活泼的金属或非金属导体如石墨等。

形成条件二：电极需插入电解质溶液中。

形成条件三：必须形成闭合回路，可概括为“两极一液成回路”。

(4)知识升华：原电池原理的应用以及电池发明史，拓展知识视野

①课堂练习：请你当医生，格林太太的故事(略)，体会原电池原理在生活中的应用。

②阅读材料：伏打电池的发明史。

③课后作业：

第一，回家收集材料：Fe片(Al片)、Cu片、导线、水果(饮料)、电流计(去掉电池的音乐卡片、发光二极管或手电筒用小灯泡)，请设计一个装置使电流计指针发生偏转(音乐卡片重新发出响声、发光二极管或小灯泡发光)，并画出设计草图。

第二，回家收集废干电池并拆开，弄清它的构造及原理。

6.教学反思

①将教学内容分解为四个教学环节，在每一个教学环节中通过几个不同层次的问题，采用互动的教学形式，取得了良好的教学效果。

②设置有利于师生、生生之间互动的有效问题，可以激起学生的参与兴趣与热情。从互动教学的角度来看，教师所设计的问题是十分关键的，如果教师设计的问题过于简单，仅仅是对与错的问题，缺乏探究的必要，这样的方式虽然对于活跃课堂气氛有一定的作用或意义，但它不是真正意义上的互动，容易导致学生的思维出现非此即彼的线性思维，而缺乏复杂思维和多维思维。因此互动教学过程中，教师要设计由易到难的问题，让学生对贮存的知识或信息有一定的加工处理。

③充分尊重学生的人格，努力营造宽松的互动空间。建构主义学习观认为，知识并不能简单地由教师或他人传授给学生，而只能由每个学生依据自身已有的知识经验主动地加以建构，学习活动是学生认知框架的不断变革或重组，是新的学习活动与原有认知结构相互作用的直接结果。互动式教学模式并

不否认和排斥教学的其他形态，而是强调各种形态的相互补充和有机结合，我们在化学教学中逐步由课堂中心向课外活动延伸。通过开展研究性学习活动，让学生在活动中获得丰富多彩的学习体验和个性化的创造性表现。

④本节课以问题为导向，以实验为依托，以探究为方法，以多媒体为手段，通过设计有效的互动情节，对教学资源的有效整合，不断创设问题情境和实验情境，帮助学生自主建构知识，通过模拟实验，让学生体验了科学探究的过程。教学过程始终围绕着化学能转变成电能这一核心问题展开，教学设计注重氧化还原反应与原电池原理之间的联系，让学生更深刻地认识到原电池是氧化还原反应知识的应用，真正体现了对氧化还原反应这一主干知识的理解的螺旋式上升，符合新课程理念。对原电池构成条件的实验探究设环节，不同的学生设计出不同的实验装置，实现了教学过程中学生学习的自主性，同时让不同层次的学生得到不同程度的发展，也是这节课的特点之一。另外，通过电池发展史的引入，拓展了学生的知识视野，从而真正改变了学生的学习方式，实现课堂教学效率、效益的最大化。

六、"科学探究学习"教学模式的建构

"科学探究学习"主要利用各种信息和原有的认知网络对问题进行假设，通过科学实验（或逻辑推理）来获得实验现象及数据，并进行验证（或论证），得出相应结论，从而建构新的认知网络。运用这个模式的关键是控制好内外条件，真实地记录实验现象或有关数据，进行合理的逻辑推理使科学探究性学习建立在科学的基础上。它更适合理科特别是化学学科的课堂学习。它的操作步骤如图4-13、4-14所示。

两个模式区别在于问题的来源，模式（1）的问题来源于学生对教师创设的问题情境的观察与思考，模式（2）的问题则来源于学生对社会、对自己的生活和学习等实践活动的观察与思考。有的问题比较明确，有的问题比较模糊，通过集体讨论共同提出问题。

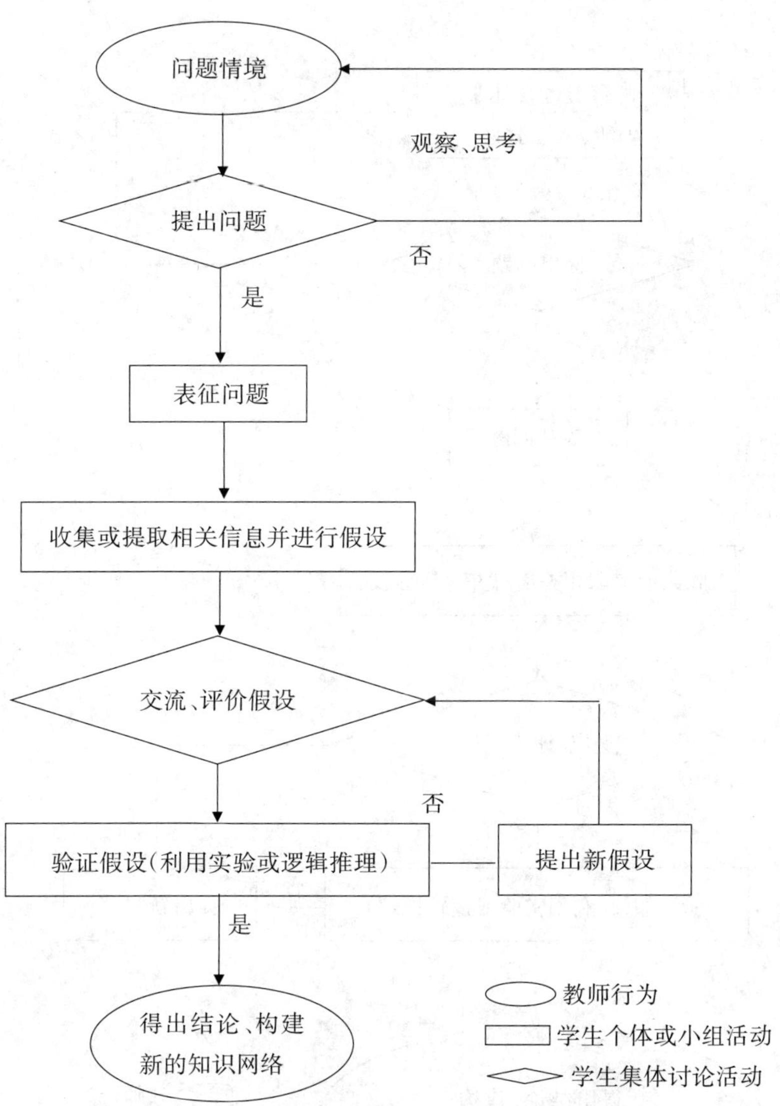

图4-13　“科学探究学习”的操作模式（1）

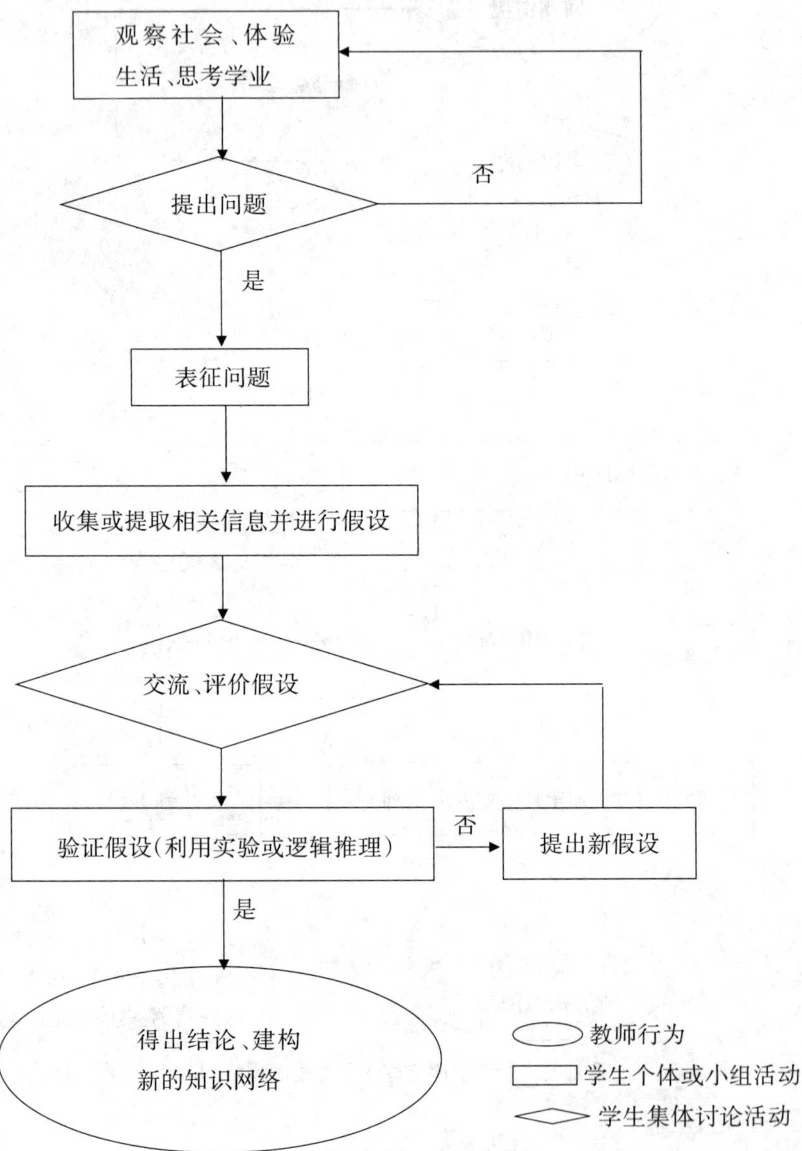

图4-14 "科学探究学习"的操作模式(2)

表征问题即审题，首先应明确问题的条件，把问题中的每一个陈述转换并综合成条件与目标统一的心理表征，然后识别问题的类型、区分出问题中有关与无关信息。由于原有知识结构的不同，对问题的理解或表征也会有所不同。在各自对问题表征的基础上，每个人进行相关的资料收集及原有认知结构的提取，在终点目标的指引下，综合问题的已知条件，选择合理的步骤、方法和策略，对问题的解决方案进行假设，提交集体讨论。在对方案的评价与讨论中，问题的思考与分析就会更加深入，思维的火花就会不断闪现，创造的激情就会不断喷发。经过实验验证或逻辑推理，大家认同则得出相应的结论，并把整个学习过程中的新旧知识、各种技能及情感体验进行整合，形成新的知识结构，逐步形成相应的研究态度，养成良好的研究方法和研究习惯，为下一次的科学探究性学习打好基础。经过验证被大家否决的方案则继续收集资料，通过思考与分析提出新的方案。然后重复上述几个步骤，直至得出结论。

【教学案例7】

《铜与浓硝酸的反应》的教学设计

教师在铜与浓硝酸的反应演示过程中，学生经常会提出一些疑问：按照教材的操作和装置，当铜与浓硝酸反应，导气管直接插入氢氧化钠溶液中，很容易发生倒吸；氢氧化钠溶液对二氧化氮气体的吸收有限，有污染空气的可能；二氧化氮尾气没有综合利用。基于此，教师组织学生开展科学探究性学习，以改进铜与浓硝酸的实验。

1.确定课题，成立课题组

经过教师和学生的讨论，选定“铜与浓硝酸反应实验的改进”作为研究课题，着重解决二氧化氮尾气的吸收和利用问题。学生依据各自的个性特长自由结合，组成课题组(一般4~8人)，产生组长。

2.设计方案，撰写开题报告

学生查阅大量资料，提出可以通过以下若干种途径改进实验装置：

方案一：利用注射器完成铜与浓硝酸反应的微型实验。

方案二：将铜与浓硝酸的反应和二氧化氮与水的反应结合，完成二氧化氮的喷泉实验。

方案三：使铜与不同浓度的硝酸反应，观察一氧化氮和二氧化氮之间的相互转化。

……

以班为单位组织开题报告会，各课题组选派一位代表向老师和全班同学汇报，大家质疑提问，小组成员现场作答。指导教师根据开题报告和全班讨论的情况，对方案进行评价，并提出修改意见。

3. 实验验证，开展研究

学生设计实验方案，分组讨论后，确定实验装置和步骤，由教师认可后，进入实验室完成相关实验。学生的实验报告如下。

(1)实验改进一(验证方案一)

①用注射器吸取少量浓硝酸，用橡胶塞密封针头，翻转至针头向上，使浓硝酸与注射器内的铜片接触，开始反应，观察NO_2的生成，如图4-15所示。

②翻转注射器至针头向下，使铜片与浓硝酸脱离开来，反应停止。

③将针管内液体排出，吸进少量水，振荡，看到气体由红棕色变为无色，说明NO_2与H_2O发生反应。

图4-15

④实验结束后，吸入少量空气缓缓注射到氢氧化钠溶液中，处理余气，防止污染。

(2)实验改进二(验证方案二)

①向烧瓶中加入少量浓硝酸，并在靠近橡皮塞的长导管处缠上螺旋状铜丝。

②缓缓倒置烧瓶，下端连接一个盛有NaOH溶液的塑料瓶，如图4-16所示装好仪器，铜与浓硝酸开始反应。

③当烧瓶内充满二氧化氮气体时，一手堵住导气管管口，另一只手挤压塑，使少量水进入烧瓶，立即形成喷生成少量$Cu(OH)_2$絮状沉淀。

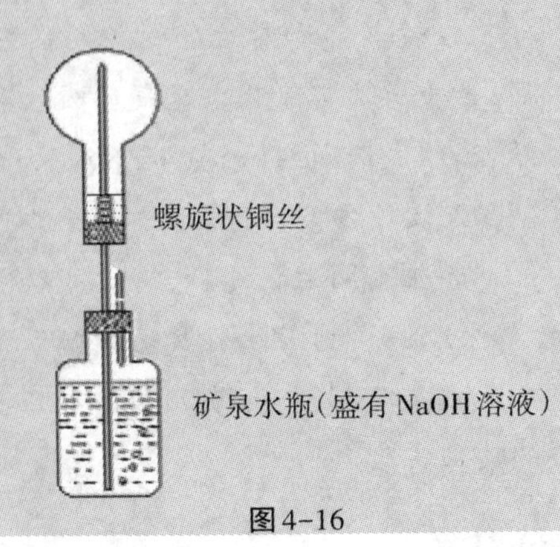

图4-16

(3)实验改进三(验证方案三)

①向试管中加入一定量的碳酸钙固体,再加入过量的稀硝酸,并迅速盖上带铜丝和导管的橡皮塞,如图4-17所示。

②待空气排尽后,将铜丝插入到溶液中,此时可看到铜与稀硝酸反应产生无色NO气体。(如反应不明显,可稍加热)

③用注射器向试管内推入氧气,可看到无色NO气体变成红棕色的NO_2气体。

铜丝

图4-17

4.反馈评价,成果交流

在学生自评、组间互评的基础上,综合考虑实验的可行性、科学性、安全性等方面因素,学生们认为第二种实验方案比较好,主要优点是:它将铜与浓硝酸反应的实验、二氧化氮与水反应的喷泉实验巧妙地组合在一起,装置简单,操作简便,现象明显,无污染,适于作为“家庭小实验”。

七、实验教学模式

(一)实验探究式

化学是一门以实验为基础的学科。传统的实验教学模式无论是演示实验还是学生实验,从药品的种类、用量,到实验的方案、步骤,甚至是实验的现象和结论,都是规定好的,老师和学生的任务仅仅是验证那些结论。就是学生实验也是许多演示实验的简单模仿和再现,没有给学生充分的机会独立思考、发现问题、提出建设性的实验方案、动手探索结论,不利于学生学习能力和创造性思维的培养。实验探究模式是指以化学实验为载体,以实验探究为主线,以培养学生动手能力、实践能力和创造能力为主要目标的课堂实验教学模式。其表现为学生的学习活动与科学家的探究活动相似,是学生对学科未知领域探究和发现的一种学习活动。该模式的基本思想是:实验教学的任务不仅在于传授学生一定的化学知识,使他们对化学现象有正确的、巩固的认识,还要培养学生学会化学科学研究方法,让学生去主动发现问题,探求和解决问题,掌握知识的形成过程,发展学生的科学思维和创造思维。其教学模式如图4-18所示。

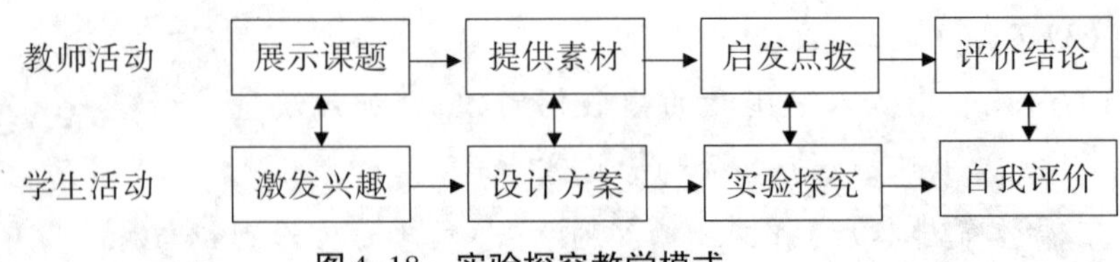

图4-18　实验探究教学模式

本模式是围绕某个实验探究主题,设计出实验方案,通过学生的实验探究,依据实验现象和事实,归纳概括得出结论的一种教学范型。可用于化学习题、化学实验、化学基本原理、元素化合物的教学。在现今普遍采用的"实验—观察—分析—结论"的验证性实验的教学中,实验探究模式以其生动的魅力和丰富的内涵在化学教学中发挥着独特的作用,在培养学生的探究能力、创造能力、实践能力等方面有着特殊的功效。

1.教的策略

教师一方面要允许学生有形形色色的猜测、想象,强调独立思维、直觉思维和洞察力的养成;另一方面要指导学生明确因果关系,强调逻辑推理,而不是胡乱猜测,同时要重视对学生探究技巧的培养。在学生实验探究的过程中,教师要注意引导学生认真观察、深入思考、发现规律,要加强巡视辅导,不仅随时规范学生的实验操作,还要布疑、集疑,做到心中有数。在学生实验探究得到初步认识的基础上,教师要注意引导学生自我评价和互相评价,用多种策略去探求最佳的途径。

2.学的策略

在化学实验探究的过程中,要善于综合运用已学过的知识,力求从不同角度、不同仪器、不同实验方法去尝试,要敢于打破"常规"去思考,不被"成见"所束缚。即要有思维的独立性、主动性,又要有合作精神,既要有"求同"思维,又要有"求异"思维。

【教学案例8】

金属的化学性质复习课教学设计

1.教学目标

①建构金属化学性质的认知结构,能运用有关知识解决简单的问题。

②对简单的问题有探索的心态,获得探索的情感体验。

③在合作中共同探索解决问题的方案,能用简练的语言表达自己的观点。

2.教学过程

(1)问题情境

投影显示古代精美的金属工艺品,展示金属矿石。

(2)提出问题

将金属矿石转变成精美的工艺品,需要哪些化学知识?展示金属活动性顺序表,现有两种常见的金属铁和铜,如何比较它们的活动性强弱?

(3)表征问题

明确回答问题的关键是金属的化学通性。

(4)收集或提取相关信息并进行假设

采用小组讨论的形式,尽可能多地设计方案证明铁比铜活泼。

(5)集体交流、评价方案

学生方案1:把两种金属分别投入稀硫酸中,如铁能反应产生气体,铜不能,则说明铁比铜活泼。

学生方案2:把铁片投入到可溶性铜盐溶液中,如铁片上有红色的铜析出,则可证明铁比铜活泼。

学生方案3:用同种氧化剂(如氯气)分别与两种金属反应,通过观察反应的条件及反应的剧烈程度来判断两种金属活动性的相对强弱,如反应条件较低或反应较剧烈,则该金属较活泼。

学生方案4:铁能在高温条件下与水蒸气反应,而铜不能与水反应,则可证明铁比铜活泼。

学生方案5:用两种金属作为电极,插入电解质溶液中,用电流计和导线连接两种金属,观察电流计指针的偏转,通过分析正、负极来确定两者的活动性强弱。作为负极的金属比作为正极的金属活动性强。

验证假设:提供一定的实验用品,以小组合作方式探究,尽可能多地设计方案,进行实验验证。

仪器与药品:稀硫酸、铜条、铁钉、硫酸铜溶液、试管若干。

学生实验方案1:把铜条和铁钉分别置于稀硫酸中,铁反应产生气体,铜无明显变化。证明铁比铜活泼。

学生实验方案2:将铁钉置于硫酸铜溶液中,铁钉表面有红色物质覆盖,说明铁能从铜盐中置换出铜，故铁比铜活泼。

学生实验方案3：把铜条和铁钉分别置于同种稀硫酸中，铁反应产生气体，铜无气体产生。然后将铜条靠在铁钉上，大量气泡从铜条上冒出，铁钉上气泡明显减少。证明铜条充当了正极，铁钉充当了负极，所以铁比铜活泼。

得出结论、建构新的知识网络：在小组交流过程中，有些组的方案较少，有些组方案虽多，但也有遗漏。通过启发得出的有些方案出乎大家的意料之外。要合理、全面地设计方案，必须具备系统的金属的化学通性，在掌握金属通性的基础上，把它应用于问题解决中，才能更有效、全面地设计解决问题的方案，并从中选出最佳方案付诸实施。最后用树形或思维导图等形式，共同分析上述各种方案，复习并提炼有关金属的化学性质，建构知识网络。

3.课后反思

新课程倡导以"主动参与，乐于探究，交流与合作"为主要特征的学习方式，这是广大教师课堂教学中所要积极探索的问题。在本节课的教学中，力图尝试指导学生使用这种方式进行学习，让广大学生不但要"学会"，还要"会学""乐学"，当仁不让地成为教学活动的主体。不但要授人以鱼，还要授人以渔，更重要的是让学生快乐地掌握这种"渔"的过程。实践证明，利用本教学设计编写的教案较好地完成了专题复习目标，在活动与探究中，引导学生认真探究实验，对实验现象进行思索归纳，并与同学、教师进行交流和讨论，得出结论。本教案具有较强的可行性，而且凸显了学生在学习过程中的主体地位，教学效果良好。三维教学目标，可以得到很好的落实。课堂教学较好地实行了以学生为主体，教师为主导的新模式，加上现代教学媒体的恰当运用，起到"画龙点睛"的作用，引导学生由宏观实验步入微观的分析推理，很好地体现了化学学科的特点，以实验为手段，以现象为切入点，引导学生步入化学学科学习的"神秘领域"。和与以往课堂常规教学相比，本节课的课程设计，除站在知识纵向联系上把课本内容顺畅合理地完成之外，还引入了课本上没有的探究实验，具有原创性和可实践性。在本节课中，知识容量大，纵向深，所以应做到"四化"：提炼知识，教学内容问题化；引导方法，解决问题有序化；衍变发散，有序知识运用灵活化；刻化知识，知识记忆重点化。实施课堂教学后，本节课还需修改和补充：

①受课堂教学时间的限制以及高一学生的实验动手能力的影响，铝与氧气

反应的科学探究还不够开放，以后在日常的课堂教学中还需要注意，尽可能地把更多的话语权还给学生。

②学生实验前，对一些基本操作强调得不够仔细，同时也说明学生的基本实验能力还有待加强，这样在平时的教学中需注意强化。

③对课堂的调控和与学生的交流还有待加强，对学生回答完问题的肯定和鼓励做得不好，语言还需要精练，不应过多的重复学生的话。

④在教学中，还应着力地训练自己的教学语言，力争做到语言生动形象又不失严谨的最高境界。由于课堂时间的限制，有些学生的思维火花没有被深刻地挖掘出来，很是遗憾。如胆子可以再大一些，多给学生提供一些实验仪器，让学生不仅自己设计，而且按照自己的设计组装，完成实验，则更能体现新课改的精神。

(二)实验假设验证式

实验假设验证式教学模式如图4-19所示。

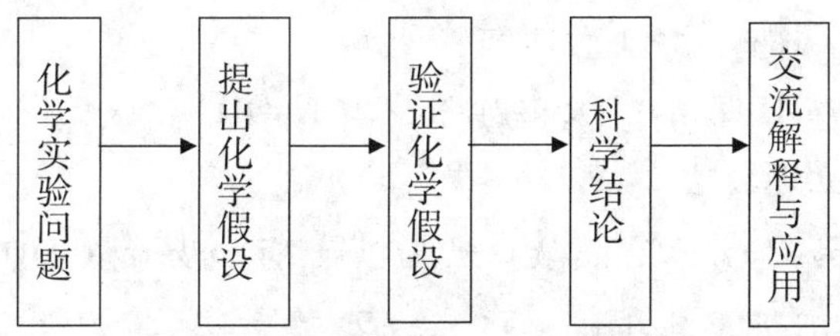

图4-19　实验假设验证式教学模式

【教学案例9】

Na_2O_2的漂白原理

1.提出问题

Na_2O_2为什么能漂白？

2.提出假设

原因1：Na_2O_2与有色物质反应，使其褪色。

原因2：Na_2O_2与水反应后，生成一种不稳定且能缓慢释放氧气的物质H_2O_2，H_2O_2能与有色物质反应，使其褪色。

原因3：Na_2O_2与水反应生成氧气，氧气与有色物质反应，使其褪色。

3. 实验验证

在1到4号试管中分别放入0.2 g的 Na_2O_2 固体，并滴加适量的水，然后进行以下实验。实验过程及现象见表4-11。

表4-11　实验过程及现象

实验编号	实验操作（对 Na_2O_2 与水反应后的溶液）	实验现象
1	加入两滴酚酞	溶液变红色，振荡后红色消失
2	放置6小时后，加入两滴酚酞	溶液变红色，振荡后红色慢慢消失
3	放置24小时，加入两滴酚酞	溶液变红色，长时间振荡后红色消失
4	先将溶液加热，煮沸2分钟，再加入两滴酚酞	溶液变红色，振荡后红色不消失

实验分析 Na_2O_2 与水反应后的溶液，随着时间的推移，其漂白的速度减慢，将 Na_2O_2 与水反应的溶液加热煮沸后，则失去漂白性，说明 Na_2O_2 与水反应生成了一种不稳定能缓慢释放氧气的中间产物这一假设是成立的，中间产物究竟是不是 H_2O_2，我们增加了如下一组对比实验：

①在10%的 H_2O_2 水溶液中加入少量NaOH（含少量酚酞、下同）的红色溶液，振荡，红色立即褪去。

②将10%的 H_2O_2 水溶液敞口放置2天，再加少量NaOH的红色溶液，振荡，红色退去，但速度明显比①慢。

③将10%的 H_2O_2 水溶液加热煮沸 2 分钟，再加同等的NaOH溶液，振荡，不褪色。

通过对比实验，进一步验证了假设是成立的，即 Na_2O_2 与水反应的中间物是 H_2O_2。

4. 结论

Na_2O_2 与水反应的中间产物是 H_2O_2。H_2O_2 与有色物质反应，使其褪色。

5. 交流、解释与应用

① Na_2O_2 的漂白性实验的研究方法，探究臭氧、氯水、漂白粉、二氧化碳等的漂白原理。

②Na_2O_2 能漂白哪些物质？ 它能使高锰酸钾溶液褪色吗?

八、“学案导学——自主学习”教学模式

（一）“学案导学——自主学习”教学模式的内涵

学案即学习方案，是教师围绕学习目标设计的课前学习材料。“学案导学——自主学习”是以学案为依托，以学生自主学习为主线的学习方式，既着眼于当前知识掌握和技能的训练，又注重了学生能力的培养。从教的角度来说，这种教学模式是以学案为导学材料，以小组合作学习为组织策略，自主合作，促进学生深层理解知识的教学活动；从学的角度来说，这种教学模式是学生对学案设计的一系列问题的思考、探究、解答，进而完成自主学习的过程。

（二）“学案导学——自主学习”教学模式的设计

学案教学中，学案的设计是关键。

1.设计课前预习活动

课前预习活动包括学习目标、问题思考、学法指导三个方面的内容。

(1)学习目标

学习目标是学习者对学习结果的预期，对学习起着定向和标准作用。课前让学生明确学习的重点、难点，可以保证学生将注意力指向重要的学习材料，强化知识间的联系，提高课堂听课效果和学习的效率。描述中可用“识记”“理解”“会用”“综合”等行为动词。

(2)问题思考

问题思考指根据学习目标，结合学习内容，设计问题，引领学生结合预习的内容展开思考。这样有利于促进学生深入研读教材，也有利于培养学生分析问题、归纳问题的能力。

(3)学案潜含学法

以学案设计的内容和活动为载体，引导学生将一些重要化学结论的导出过程挖掘出来，将教材隐含的学习策略、科学方法、思维过程加以抽象和概括出来，丰富学生的学法体验，使学法更易于学生领悟、内化、运用。

2. 课堂学习内容

学案的主体部分是课堂学习内容，包括问题探究、总结反思、课堂练习等内容，

根据教学内容的不同而有所变化。

(1)问题探究

根据教学目标,围绕重点内容,少而精地设计探究问题或安排探究活动,使学生能够在课堂上深入思考,充分交流。

(2)总结反思

教师在设计学案时,在课堂上留有3～5分钟时间,指导学生对本课中学习的内容进行总结反思,巩固所学知识,发现存在问题。这是自主学习过程中的一个重要环节,是提高教学效率的一个重要策略,也是培养学生自主学习能力的一个重要途径。长期坚持这样做,能够逐步引导学生形成自主学习的良好习惯。

(3)课堂练习

学生通过课堂练习,可对课上所学内容进行及时巩固。

3. 课后作业

学案附属部分是课后作业,即布置课后练习或课外实践活动。

学案中布置课后练习或课外实践活动是促进课前、课内、课后学习活动的一体化。课后练习应尽量联系生产、生活,让学生的学习兴趣延伸到习题中去。

(三)"学案导学——自主学习"教学模式的实施

1. 指导学生依据学案认真预习——以案导学

课前预习是"学案导学"教学法极其重要的一个环节,它既能充分体现学案的导学功能,又是实现"主体先行"的关键环节。教师提前将学案印发给学生,学生以学案为依据,以学习目标为主攻方向,主动阅读教材、查阅资料、探讨实验,在尝试中获取知识,提高主动学习能力。

2. 依据信息反馈,讨论解疑——以案论学

在课堂上,教师要组织学生交流课前的预习情况,了解学生在预习中存在的主要问题。如"氯气"的学案中设计了这样一个问题:现利用二氧化锰和浓盐酸为主要原料,请选择合适的装置来制取一瓶氯气,并说明选择的原因。这是个开放性的问题,每位同学都能设计出或简单或复杂的答案,通过小组间的相互交流,查漏补缺。教师也可针对学生不能解决的问题,通过学生个体发言、全班辩证等多种讨论方式,互相启发,消化个体疑点。

3.教师精讲点拨，启发引领——以案点学

课堂上，教师可根据学生自主学习的信息反馈，准确把握学情，进行精讲点拨。精讲，对于难度较大的问题，教师要针对其疑点，讲清思路，明晰事理，以问题为案例，从个别问题中推出解题的一般规律，以达到触类旁通的教学目的。例如在学习卤代烃和醇的消去反应时可以点拨学生推导出消去反应的原理，这样，学生在教师指导下归纳出新旧知识点之间的内在联系，建构知识网络，从而培养学生的分析能力和综合能力。

4.当堂达标训练，知识迁移拓展——以案考学

教师利用学案上设计的典型习题，对学生进行当堂训练。教师收集答题信息，然后出示参考答案，小组讨论，教师讲评，针对学生出现的问题，教师可及时补充练习题，给学生内化整理的机会。

完善学案导学任重而道远，我们需要更新教学理念，吸取传统教学的优点，融合学案导学的优势，提高学案编写水平和教师导学能力，调动学生自主学习的积极性，加强学生自主学习能力的培养，师生共同促进，探究学案导学的最佳模式，轻松有效地进行教学。

【教学案例 10】

《乙烯　烯烃》的教学设计

1.学习目标

①乙烯的分子结构特点(能写出乙烯的分子式、结构式、结构简式、电子式，知道乙烯分子空间构型)。

②理解乙烯的化学性质(氧化反应、加成反应、加聚反应)。

③理解加成反应、加聚反应的含义和反应机理。

④了解乙烯的用途。

2.学习任务 1：乙烯的结构

观察分子模型，完成表 4-12(乙烷和乙烯结构的对比)。

表 4-12　乙烷和乙烯结构的对比表

	分子式	结构式	电子式	结构简式	空间构型
乙烷					
乙烯					

3.学习任务2:乙烯的化学性质

(1)氧化反应

①对比乙烯与甲烷燃烧现象的区别,解释现象差异的原因。写出乙烯燃烧的现象和化学方程式。

②对比乙烯与甲烷与酸性KMO_4溶液反应现象的不同,说明了乙烯的什么性质。

(2)加成反应

观察乙烯与溴的CCl_4溶液反应机理。写出乙烯与溴的CCl_4溶液、HCl、H_2O反应的化学方程式。归纳加成反应。

4.学习任务3:加聚反应

观察加聚反应的机理,写出乙烯制聚乙烯的反应方程式。归纳加聚反应、聚合反应的概念。

5.学习任务4:乙烯的用途

①通过观看视频、图片,说明为什么把乙烯的产量作为衡量一个国家石油工业发展水平的标志。

②乙烯在农作物增长中有什么重要作用。解开背景材料中的谜底。

6.课内作业

课本第113页的第1、3、4、5题。

7.课外作业

实践与探究:乙烯产品的广泛使用在很长一段时间内给我们的日常生活带来便利,但也应该看到,近年来乙烯产品的另一个负面影响也就是“白色污染”正日益加剧。请同学们在课余时间内去调查一下你们家乡的“白色污染”状况,并思考一下,我们可以从哪些方面入手,采用什么方法来减少“白色污染”?

第五章　高效课堂教学的保障措施

第一节　建立有效保障机制，有序推动高效课堂建设

一、价值引领，铸成高效课堂理念

学校的领导和管理最重要的就是教育价值的引领。学校有没有凝聚力关键在于有没有共同的教育价值观，共同的教育价值观铸成了从校长到教职工的共同信念，它包括办学宗旨、办学理念、办学方略、办学追求、培养目标等，在教育和管理实践中形成学校文化，成为集体默认的信念，使全校师生具有共同的教育理想、思维模式和行为模式。高效课堂的建构是学校和老师实现教育理想主要的途径，它更需要价值的引领，需要学校文化的梳理、传承、重建，它是学校师生价值观的碰撞、内化、重塑，仅靠少数老师自觉自愿地尝试是难成气候的，也是不现实的。学校要通过专题研讨和各种各级会议，不断强化对高效课堂建构理念的更新、组织策略的研训、教学模式的建构、教学案例的反思研究，保证高效课堂顺利实施。

二、处理好高效课堂推进中的关系，保证高效课堂建设有序推进

1.处理好整体参与和分类推进的关系

学习推进高效课堂要结合学校、校长、教师和学生的实际，在整体移植或学习他校经验的同时，必须思考哪些经验是适合我们的，要区分学校类型，研究适合于各自实际的小学、初中、高中各个学段的推进策略，不能搞“一刀切”。

2.处理好学习先进经验与提升或优化本地本校优秀教学经验的关系

既要很好地学习借鉴改革的成功经验,又要吸收借鉴本地一些教师的优秀教学经验,把先进学校的教育教学经验精髓与本地本校的优良教学方法相结合,在继承和发扬本地学校经验的基础上,把先进的经验内化为教学行为,做到兼收并蓄,推陈出新。

3.处理好形式和内容的关系

高效课堂不是一种教学形式,其内涵是调动学生主动自主学习的积极性,使学生真正成为学习的主人。它不是用"满堂问"替代"满堂灌",不是课堂看似热热闹闹、没有学科素养的有效培养。教师要切实采取措施充分调动学生学习的积极性、主动性,让学习成为学生的需要。

4.处理好高效课堂与德育的关系

高效课堂必须依靠学生坚强的意志、刻苦的毅力,学生之间的相互配合、互相帮助,要加强德育工作,培养学生集体主义的荣辱观、助人为乐、坚强乐观、刻苦钻研的优秀品质,在帮助别人的同时锻炼自己、提高自己。

5.全面提升与重点培优的关系

高效课堂的显著标志就是克服和转化后进学生,高效课堂不是补差的教育,而是为了促进全体学生的共同提高。

6.处理好推进高效课堂与抓教研、形成校园文化的关系

推进高效课堂不是简单的教学方法改革,要认真地研究教风、学风建设的策略,激发师生潜力,将高效课堂纳入学校校园文化,使学校都形成积极向上的教研文化,让研究成为教师的工作习惯,让创新成为一种自觉行为,让教师在良好的群体中得到熏陶感染。要努力引导教师更新教学观念,用各种先进的、前沿的教育思想和教育理论武装教师、引导教学,让教师通过学习与思考、反思与重建、实践与创新,真正将自己的行为与先进的教学观念建立联系,自觉地把高效课堂作为课堂教学的追求。

7.处理好常规管理建设与建构教学模式的关系

高效课堂必须要落实在常规管理中,好的常规往往潜在于成熟的教学模式当中。因此,科学建构教学模式,不断优化教学方法,必须要规范教学常规,提倡每位教师都能自觉尝试对课堂进行模式建构,并在建构模式的过程中体现出更高的专业

精神和专业追求。

8.处理好高效课堂建设与形成长效机制的关系

推进高效课堂关键在教师，难点在课堂，焦点在评价，但管理在校长。因此，推进高效课堂必须要校长带头、全员参与、科学管理、联动推进。推进高效课堂不能单靠教师，也不能单抓课堂，没有制度保障的课堂改革是不可持续的。推进高效课堂必须要从管理、评价、教研、考核等方面建立一整套制度，加强常规管理，建构长效机制。以先进教育教学理念为基石，以提高教师队伍素质为关键，以培植学校“核心竞争力”为重点，以培植独特的校园文化为载体，以课堂教学改革为抓手，以提高教育教学质量为根本，以学生全面发展为目标，以评价体系建设为保障，实现学校的内涵发展和质量提升，这才是真正意义上的高效课堂。

三、强力推行集体备课，保证高效课堂的质量

1.集体备课的内涵

集体备课的策略就是集体商讨教学方法，明确教学目标，共同设计教学过程，进一步研究教学中的重点、难点。同时要结合学生的年龄特点，兼顾每位学生的实际情况，共同探讨提升课堂效率的方法，使教案真正为教师所用，为优质高效的课堂教学做好充分准备，进而实现教师们的共同发展。

2.集体备课的原则

(1)合作原则

同年级同学科的教师要加强合作与交流，互相学习，共同研究，充分发挥集体的智慧和力量。

(2)时效原则

集体备课力求从实际出发，解决实实在在的问题，让备课真正为上课服务。

(3)研究原则

参与集体备课的教师要把参与集体备课当作是研究教材、研究教法、研究学生的难得的研究性学习活动，积极参与、主动研究，在研究中发现问题，解决问题，每位教师都要成为研究型教师，整个教师队伍成为研究型教师群体。

3.集体备课的流程

明确任务→个人初备→集体研讨→整理完善→二次备课→教后反馈→教学反

思→检查评价。

(1)明确任务

在教导处和教研组的组织下,可由备课组提前一周确定下次集体备课的内容和中心发言人(主备人)。

(2)个人初备

备课组的几位教师要对确定的备课内容进行认真钻研、思考,提出教学设计思路。

(3)集体研讨

在钻研教材的基础上,备课组教师对备课的内容进行集中研讨,先由中心发言人阐述本单元在教材中的地位及前后联系,单元教学目标,三维教学要求,教材重难点,突出重点、难点的方法,每课课时分配,作业与练习设计,教学方法的设想等;其他教师各自发表建议,实现教学上的"五统一",搞好"六备",钻透"四点",精选"两题",最终形成教学设计的总体框架。

(4)整理完善

根据集体研讨的结果,由一位教师执笔撰写,进一步加工、整理、完善,形成完整的操作性强的教案,复印后分发到备课组教师手中。

(5)二次备课

由个人在集体备课的基础上,根据本班具体情况,对教案进行修改补充,甚至再创造,融入自己的创新和教学风格,力求体现一种共性和个性的完美结合。如果说集体备课备的是共性,备的是统一的话,那么二次备课就应该是备个性、备特色、备效率,是课堂效率提高的显现。教师要在掌握课标、吃透教材、把握学情、了解环境、把握学科特点的基础上,依据新课程教学设计的两个基本思路(要以学科课程内容的结构特点来设计和组织教学,要以解决问题过程的活动线索和学生心理发展过程、活动训练为线索来设计教学),高质量落实备课标、备教材、备学生、备方法、备媒体、备程序、备作业的常规要求,做到规范备课。在此基础上,教师要勇于不断超越自我,创造性地开展有效备课,逐步让每一节备课都能做到目标明确、重点突出、线索清晰、方法得当、结构分明、内容精当、富有内涵,形成有个性、有创意的教学设计,为建构高效课堂奠定基础。

(6)教后反馈

在教学结束后,备课组教师要及时交流教学情况,反馈教学效果,对教学实践中出现的新问题进行探讨,提出改进措施。

(7)教学反思

在反馈的基础上,各位教师要根据自己教学的实际情况,认真撰写教学反思,分析成与败,总结得与失,从感性经验上升到理性认识,提升自身的理论水平。

(8)检查评价

教导处、教研组要对集体备课的全程进行监控,最后做出总结和评价,列入优秀备课组考评。一所好的学校对教师的评价方法,直接影响着教师的工作方向和热情。为了提高教师对集体备课的重视程度,使集体备课真正发挥实效,应对《教师量化考核方案》进行重新修订,加大集体备课的考核力度。在评价时,我们注意要重视评价过程:看看该老师能否积极参与集体备课;能否在深钻教材的基础上提出有价值的问题;能否查阅资料、补充教学内容;能否在集体研讨时,发表有个性的见解;能否有博才众人之长,运用到自己的教学实践之中。制度和人性有机结合,提高集体备课的实效。

四、积极开展课例研究,在研究反思中促进高效课堂的发展

课例研究是以课例为载体,以反思为前提,以观察为手段,以教学问题为对象,以互动对话为特征,以行为改变为目的的教学研究,是校本教研的有效形式。它是以课堂案例为载体,以专业教师共同参与研究为保证,以解决当前的课堂教学问题为价值取向的教学研究活动。常见的类型有以下几种。

1.课例研究的基本形式

(1)意外式课例研究

意外式课例是反映师生巧妙处理教学中发生的出人意料而又合乎情理的偶发事件的课例。意外式课例的特点是:既在出人意料之外,又在情理之中,问题格外集中,矛盾十分突出,故事情节不复杂,但能使人由小见大,深受启发。

(2)问题式课例研究

通过定性或定量观察,以归纳的方式发现和整理而直接获得的,然后从中找到有研究价值的、能够连接新课程理念的典型问题,围绕这些问题进行反思和行动。

(3)主题式课例研究

预先由学校或教研组通过调查研究等方式,发现和梳理出当前迫切需要解决的、具有典型意义的课例主题,然后,组织教师联系主题进行观课,重点揭示教师教学行为中与主题相关联的问题。

(4)一人同课多轮课例研究

一人同课多轮的课例研究是指教师针对某个课例,经过充分备课后,在多次教学体验中不断反思教学中存在的问题,反复修改、调整、完善教学设计,从而改进教学的研究活动。一人同课多轮的课例研究简单实用,便于个体研究操作,可以在教师的日常课中进行,但教师应有自我发展的长期计划,自我反思的良好习惯,如修改教案、写教后记等。教学实践中,平行班中第一节课总是令人不满意,预设与生成在真实的课堂中往往不协调。第二、三节课是老调重弹,还是反复改进呢？思想支配着行动,如果我们坚持课后反思,并及时调整、修改,甚至重新设计教学方案,相信教学将越来越精彩。一人同课多轮的课例研究虽说可以是一种个体行为,但为了研究更趋科学有效,防止个体化倾向,一些重要课例需要其他教师的听评指导和专业引领,借助同行对自身的评价进行反思,虚心进行交流、切磋、琢磨,最终实现共同提高。

(5)同课异构课例研究

同课异构的课例研究是指由两位或两位以上的教师在不同的教学班讲授同一教学内容,一般以教研组为单位,集体分批听课,再统一进行比较分析研讨的活动。同课异构的课例研究给我们提供了一个参照和比较,让我们在对比中更容易学习到不同的教学风格和教学方法,也更容易区别和判断出怎样才是一节好课,如果讲不同的教学内容,似乎难以看清谁对教学内容的理解、处理更为准确和贴切,但同一教学内容这一比较却很鲜明,所以说这也是校本教研的一种有效形式。

(6)同课同构课例研究

同课同构的课例研究指教研组选定共同课题,采用集体备课,即共同确定三维目标、设计教学过程等,再由两位或两位以上的教师执教,以教研组为单位的听课评课活动。同课同构的课例研究是建立在集体智慧上的教学实践活动,因此就课堂教学的宏观过程而言,是否存在问题仍需关注,但不是关注的重点,这种课例研究的亮点是对教师执行教学设计能力的对比,对教师教学风格个性化特征的对比。看谁的应变能力、组织能力强；看谁对重点难点、三维目标理解把握更准；看谁主导学生主动参与的能力更高；看谁的语言精练、板书合理等。

(7)跟踪式听课课例研究

跟踪式听课是指所有专业教师针对某个具体调查或要解决的问题开展的跟踪式听课评课、提出方案、解决问题的教研活动。它的活动模式是：听课→反思→再听课→再反思……直至问题解决。它可以是针对某个专题问题对全体教师进行的跟踪式调查。例如学校曾经为了促进教师教学观念的转变，确定了"让学生成为主体，让探究进入课堂"的教研活动，校领导及相关人员随时深入课堂听课，并把它作为评课的主要依据，这个活动的开展有力地推进了教师教学观念的转变。它也可以是针对某个教师在教学中出现的某个方面的问题进行跟踪式听课。例如组中一位中年教师讲话时的一个口头禅根深蒂固，句子间不用"那么""好像"连不起来，学生反映听课费神、烦躁。教研组通过讨论建议：该教师要有改进的意识和行动，只要持之以恒、循序渐进，开始时语句间通过停顿甩掉这个"讨厌鬼"。为此教研组跟踪听课五次，时间长达一学期，问题终于得到解决。

2.开展课例研究的策略

(1)主题明确

与任何一项研究一样，课例研究也要有一个明确的主题。了解教师们在新课程的实施过程中碰到了哪些问题，将最具有典型意义的困惑和最急需解决的问题作为研究的主题。

(2)过程真实

内容真实，才有实际意义。课例研究中的案例应该是原生态课，即我们通常说的常态课，而不是公开课，更不是多次演练过的展示课。因为只有把平时教学的真实课堂展示出来，才能准确地找出问题，才能切实解决问题，课例研究才有一定的价值。这样的课例研究总结出的经验、方法，才适合本校教学的实际，才具有可操作性。

(3)视角新颖

课例研究要从习以为常的事情中观察出新问题，要有高的见解，新的思路，要有自己独特的见解。

(4)方式灵活

研讨教学问题的目的绝不是对授课情况做出好坏的简单评判,因为对上课好坏的议论只会彼此伤害。研讨的焦点是针对授课中的“困难”和“乐趣”所在,让大家共同分享。如相互交谈:这节课哪里有意思?哪里比较困难?学生有哪些表现?问题解决的过程和效果等。

(5)认识到位

一个优秀教师必然是在行动中成长起来的,而教师的成长过程,必须通过具体的课例来感悟和提高。我们应该有这样一种认识,开展课例研究,不是在作秀,不是在搞形式,而是着眼于教师的成长,着眼于教师专业水平的提高,着眼于寻找教育教学的基本规律。不能把它视为任务来完成,更不能把它看成是一种负担。明确了这一点,开展课例研究才有内驱力。

(6)全员参与

“三人行,必有我师焉”,每位教师的理论知识、生活素材、实践经验不同,在课例研究中,通过互相学习、合作交流、取长补短、集智广益,达到共同提高。独自的行动,封闭的思维,必然导致知识狭隘,视野窄浅,不利于自我的提高与发展。

(7)专家引领

如果课例研究始终停留在校内开展,就容易使活动在同一水平上简单重复,难有突破性的进展,参与的教师也容易产生厌烦情绪,受限于本校的整体水平,也难于解决一些教育教学中深层次的问题。

第二节　在教学反思中与高效课堂共同成长

一、教学反思内涵

《现代汉语词典》中这样定义反思:反思是思考过去的事情,从中总结经验教训。教学反思有着更为深厚的内涵,其理论源头可以追溯到1910年杜威的著作《我们怎样思维》,他就倡导教师进行教学反思。在杜威看来反思的出发点是对问题情境的困惑,经过分析、假设、推理与检验而最终达到解决问题的目的。教学反思是教师以自己的教学活动过程为思考对象,对自己所做出的行为、决策以及由此产生的结果进行审视和分析的过程,是一种通过提高参与者的自我觉察水平来促进能力发展的途径,被认为是“教师专业发展和自我成长的核心因素”。

二、教学反思的作用

当前国内外众多教育研究表明:在“课堂拼搏”中“学会教学”是许多优秀教师获得发展的重要历程。思之则活,思活则深,思深则透,思透则新,思新则进。反思是教师专业成长的重要经历。

美国学者波斯纳曾经提出教师成长的公式为:教师成长=经验+反思。无独有偶,我国特级教师袁蓉也从自己的教学实践经验中总结出:教学成功=教学过程+反思。相反,一个教师如果仅满足于获得经验而不对经验进行深入的思考,即使是有多年教学经验的教师,也只能停留在一个新手型教师的水准上。

1.课前教学反思进一步明确教学目标,确定教学起点,检验预设方案

作为备课(教学设计)后期工作的一个环节,课前的教学反思,其重要性是不言而喻的。

①反思教案的编写与学生实际水平的吻合程度,是课前教学反思的首要内容。其目的:一方面在于进一步明确教学目标,对自己的教案进行查缺补漏、吸收、内化,重新审视这个教案的利弊得失;另一方面则在于关注学生的需求,准确把握学生的最近发展区,使教案更加符合学生现实。

②反思教案的重要工作还在于检验预设方案的可行性,有意识地增添必要的备用方案。其实,精彩的课堂生成,来自于课前的精心预设。

③课前教学反思还可以促进同伴互助的开展,这就需要教师主动与同行沟通、有针对性开展专题讨论,听取他人的“高见”,例如在课前,利用教研活动时间,围绕自己备课中的某一问题,进行聚焦式研讨,取长补短。

其实,无论是反思预设方案与学生实际、教学实际的吻合程度,还是有针对性地开展反思性的专题研究,其核心都在于检验预设方案,进一步明确教学目标,确定教学的起点。

2.课中的教学反思,可以调控课堂进程,处理好预设与生成

课堂教学是一个复杂的动态系统,教学过程中常会出现新情况、新问题。课堂上的教学反思,可以及时调整课堂教学进程,确保预期教学目标和理想教学效果的

实现。

正如拉博斯凯设计的教学反思的一个基本模式(如图5-1所示)所分析的:教学反思活动主要有三个部分组成,一是动力(动力形成阶段),二是行动(进行反思阶段),三是结果(解决问题阶段)。

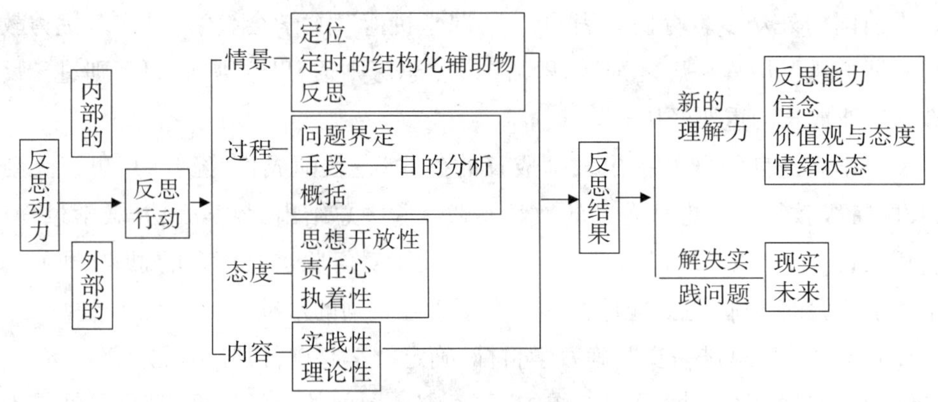

图5-1　拉博斯凯的教学反思模式

正是在反思动机的作用下,教师才将潜意识的反思付诸行动。其实,反思行动总是处于特定的情境之中,并指向特定的内容。教学反思的直接结果是教师“新理解力”的形成,而解决实践问题则成为教学反思的最终目的。

对于课堂教学来说,预设生成是永远无法回避的问题,准确把握预设生成的内容,是课堂中教学反思的首要问题,而针对预设生成的这种反思,应该围绕预设的充分性、机遇把握的贴切性、生成的实效性等内容而展开。

事实上,课堂教学是一种有目的、有意识的教育活动。教学不只是单纯的“预设”操作——原有教案的展开过程,而更是课程创新与开发的过程。因而,没有预设的课堂是不负责任的课堂,而没有生成的课堂是不精彩的课堂,预设与生成两者是互补关系。正如笔者指出的:在课堂中的教学反思,集中解决两个问题至关重要,一是哪些内容需要预设、哪些需要生成;二是从课堂的随机生成的实际效果,反思教案预设的效果。

作为第一个问题,无论课堂教学的生成成分多么大,在课堂教学的内容中,课堂教学目标、基本的课堂教学结构等,相当分量的内容需要精心预设,而体验性的过程、探究发现的过程、偶发性的过程等内容,往往需要随机生成。

作为第二个问题,着重围绕预设的充分性、机遇把握的贴切性、生成的实效性,以及预设、生成的内容与相应学科内容的吻合程度等方面展开。当然,这些方面,多数都可以在教案的设计阶段同步展开。

3.课后反思,提炼亮点,激发智慧

课堂是教师实践教育活动的主阵地,在讲课技能技巧、教学手段、教学方法、教学模式等方面,教师进行课后的及时反思,寻找自己教学中的漏点、遗憾及亮点,及时地积累教学的经验和体验,进而提炼亮点、激发智慧。

教师的专业自信和自我认同是促进教师可持续发展的动力。在课后反思中,作为学校组织者、专业引领者,帮助教师在进步中获得职业自信和自我认同,鼓励教师在看到自己进步的同时,收集成功案例和反例,并进行提炼和升华;同时,对教学中的热点问题进行再思考,诸如如何改变角色,教学方式的新变化,课堂教学课程资源的发掘和有效利用,引导和促进学生探究、自主、合作的学习等。正是作为个体的教师,通过分析和评价自己的讲课,在反思中发现自己内隐的教育观念,进而能更为清楚地看到自我成长的轨迹和内在专业结构的发展过程,为更好地实行专业发展的自控和调节奠定坚实的基础。同时,正是通过课后反思,才能在教师已有的案例知识中凝练出教学智慧,不断提升教学专业能力,实现课堂教学的高质量和教师个体的不断发展。

4.反思课堂教学实践,集体观摩,共同提高

新课程实施以来,大量实践证实传统的“说课-授课-议课”的教研模式,对教师专业成长的实际促进作用并不是很大。“授课-反思课-议课、再研究”已经成为教师专业成长的有效载体之一。其中,在“授课”环节,首先提出需要研讨的问题及需要作为情境的课例,然后指定专人备课。在听课时,教师明确所要观察的教学现象和反思的主要问题,能够结合自己的经验,反思本节课上教师教学行动及其背后形成的原因,初步形成自己的认识。这样就丰富了教师对教学的感性认识,为反思做好必要的知识储备。在“反思课”环节,先由授课教师围绕本节课的知识序列、教学的预设和生成、三维目标达成及需研讨问题的进展情况立即进行教学反思,尤其是反思教学细节和自己在课堂上的教学把握的适切性。在“议课、再研究”环节,主要是围绕教学问题的解决,从学生课堂实际状态入手,总结课堂教学的利弊得失,重新审视原来的教案,给出修正和完善。在这种活动过程之中,教师的专业经验得以积淀、

专业能力得以提升。不难看出,"授课-反思课-议课、再研究"模式,正是把教师个体的课前反思、课中的反思与教研活动、同伴互助(专业引领)巧妙地结合在一起。而活动组织者在反思课和议课的关键时刻,进行恰当的设疑,往往能促使教师对问题进行深入思考,进而在反思中得以提高。

三、教学反思的原则

1. 时效性原则

反思要与教学同步进行,及时记录本节课后的发现和想法,及时分析收集到的教学信息,及时对教学结果做出评价和鉴别。

2. 广泛性原则

教师要以开放的心态广泛地吸纳不同的建议和观点,全面地利用各种相关的信息,并从多个角度进行教学活动的思考和探究,以使教学反思的结果能全面地反映教与学的动态过程。

3. 探究性原则

教学反思要求教师要对日常教学活动进行不断地思考和探索,及时地发现和解决教学中的实际问题,是一种理性的、复杂的智力探究活动。

四、教学反思的基本策略

教师要善于对自己的工作回过头来总结,坐下来反思。教学反思能力并不是一项与生俱来的或是会随时间流逝而自然形成的能力,它需要教师有意识地、有计划地自我培养和自我提升。"实践出真知",教师的反思能力应在自身的反思过程中得以形成和提高。

1. 积极学习教学理论,学会多角度的反思方法,奠定教学反思的基础

学习教学理论是反思的知识基础,而参加教育科研,则是反思的能力保障。上好课是写好教学反思的前提和基础。教师以一丝不苟的态度和精益求精的精神投入课堂教学,才能为教学反思的写作提供丰富的素材和思维的广阔空间。日常教学行为反思也是教育科研的基础,教育科研是对日常教学行为反思的升华,在教育科研中形成的方法、技术有助于提高反思能力。在知识更新速度极快的今天,通过培训可以使教师掌握比较前沿的学科知识和教育学、心理学知识。在科学理论的指导

下,教师对自身的教学就能够站在新的高度进行反思,找出自身的不足之处。如果只是"闭门造车",就会造成视野不开阔,教学方法和思路的单一。

教学反思的特征:首先表现为自觉性。不能把反思当成一种硬性任务,而是一种自我需要,反思主要是一种个人的内省行为,需要个人的自觉、自为。当这种自觉、自为成为一种行为习惯后,不需要从外部施加影响,就能使一种理想的行为得以持续。其次,表现为超越型。反思是一种手段,反思后则奋进。存在问题就整改,发现问题则深思,找到经验就升华。基于这一点,反思的宗旨就在于教师要敢于怀疑自己,敢于和善于突破、超越自我,不断地向高层次迈进。另外,教学反思是教师自身自觉地把自己的教学实践作为认识对象进行反观自照,属于"个人奋斗",所以教学反思具有别人不可替代的个性化特征,有助于形成完全个性化的教学模式与教学风格,这就要求在反思时不能照搬别人的经验,应该根据自己的实际情况与实际需要总结得失,使自己更快地成长。教学反思可以从以下几个角度进行多向反思。

(1)从怀疑处反思

从怀疑处寻求问题,至少产生两个角度以上的思考,如教学方法的使用是否科学。从"是"与"否"两个角度,还可以衍生出怎么才能"更科学",怎么才能避免"不科学"等举一反三的思考。

(2)从转换立场处反思

一个教学细节,从教师、学生、家长的角度来看也会不同,细究之,从学生的不同层次来看也是如此。因此,反思中,要有机地寻求转换立场,多角度来"包围"反思主题,才能增强反思的深度与客观性。

(3)从转换知识系统、学科领域处反思

综合实践、跨学科教学实践是课程标准的新理念。因此,反思有时也应从转换知识系统、学科领域来寻求不同的答案。

(4)转换时空处反思

环境、时间的变化影响了人们的认知。每个教学细节都有其发生、发展的时空特性,一堂课、一个教育教学过程的成功与失败都有诸多偶然因素,不要因为成功或失败就放过或忽略潜藏其中的问题。

(5)从假设性问题处反思

注重思维的设计性是培养创新思维的要点。假设是逻辑思考的重要方式。一种假设就代表一种新思维、新概念，甚至能产生与已有的问题相悖的结果。反思中提出一个假设，就可能是在发现问题后寻找到的解决问题的一把钥匙。

(6)从联系对比处反思

对比体现差异，联系体现衔接，通过横向、纵向的联系和对比，我们就可以从中发现许多新的问题。

(7)从事物本质处反思

哲学是所有科学的基础，心理学、教育学是教育科学的基础。要学会做更深层次的反思，就必须掌握哲学原理，学习心理学、教育学知识，才能使“反思”更全面、更科学、更客观，才能提高“反思”的含金量。

2.选准反思对象

教学反思的主要对象有：回顾反思，记录改进自己的教学行为和理念；观摩反思同事的教学行为和理念，参与集体交流研讨，诊断自己或同事的教学问题，提出解决问题的对策；分析反思公开发表的课堂实录（课例）意图、理念，对比反思自己的课堂教学，发现别人成果的可借鉴之处。

3.熟悉反思过程

反思过程一般包括以下几个步骤：发现问题→分析问题→提出假设→验证假设。从文体结构上，我们建议把教学反思看成“一事一议”的实用性论文。其写作结构概括为“教学实例→得失（成败）分析→理性思考”，其中第三部分是重点，应该详写，尽量写出深刻的切实可行的方案策略。

五、教学反思的内容

1.反思教学的成功之处

一堂成功的课，往往给人以自然、和谐、舒服的享受。每一位教师在教材处理、教学方法、学法指导等方面都有自己的独特设计，在教学过程中会出现闪光点。如能激发学生学习兴趣的精彩导语，激发学生参与学习的过渡语，对学生做出合理赞赏的评价语；教学过程中达到预先设计的教学目的，引起教学共振效应的做法；课堂教学中临时应变得当的措施；层次清楚、条理分明的板书；某些教学思想方法的渗透与应用的过程；教育学、心理学中一些基本原理使用的感触；教学方法上的改革与创新等。如能及时详细地记录下来，可作为日后教学工作的借鉴，有助于不断改进教学方法,提高教学能力。

2.反思教学的不足之处

在课堂教学中,每节课总会有这一些不尽人意的地方,即使是成功的课堂教学也难免有疏漏失误之处。例如有时候是语言说话不当,有时候是教学内容处理不妥,有时候是教学方法处理不当,有时候是练习的习题层次不够、难易不当,有时候是板书设计没有突出重点、没有给学生思考的空间,有时候是小组自主学习流于形式,有时候是没有关注学生情感、态度与价值观的发展等,对于这些情况,教师课后要冷静思考,仔细分析学生冷场、不能很好掌握这方面知识的原因。然后对它们进行系统的回顾、梳理,并对其做深刻的反思、探究和剖析,并做出日后的改进措施,以利于在日后的教学中不断提高,不断完善。

3.反思教学精彩的片段和学生独到见解

课堂教学中,往往会因为一些偶发的事件而产生瞬间灵感,如学生独特的见解、精彩的问答、创新的思维,这些"智慧的火花"常常是不由自主、突然而至,这些都是源于学生对历史的独特理解,源于学生精神世界的独特感受,是一种无比丰富的课程资源。若不及时利用课后反思去捕捉,便会因时过境迁而烟消云散,令人遗憾不已。因此教师应当充分肯定学生在课堂上提出的一些独特的见解,这样不仅使学生的好方法、好思路得以推广,而且对学生也是一种赞赏和激励。同时,这些难能可贵的见解也是对课堂教学的补充与完善,可以拓宽教师的教学思路,提高教学水平。因此,将其记录下来,可以作为以后丰富教学的宝贵材料。

4.反思课堂教学效果

学生的学习效果是教师最关注的问题,进行课后反思要做到"当堂思效",即上完课后要对本课的教学效果做一个自我评价,比如分析学生哪些内容掌握得好,哪几部分有困难,哪些学生学得成功,还有多少学生需要指导等;同时,还要坚持"阶段思效",即对一阶段的教学工作是否达到了预期的效果进行自我评价。

5.反思教学的"再教设计"

教师在课后静心沉思:教学上摸索出了哪些规律,教法上有哪些创新,知识点上有什么发现,组织教学方面有何新招,解题的诸多误区有无突破,启迪是否得当,训练是否到位等。及时记下这些得失,并进行必要的归类与取舍,考虑一下再教这部分内容时应该如何做,写出"再教设计",这样可以做到扬长避短、精益求精,把自己的教学水平提高到一个新的境界和高度。

6.反思教材的创造性使用

新课标着眼于能力培养,不再是单纯的知识传授和政治教育功能,教学模式是以一个课题或一个话题为核心,通过学生对相关历史资料及相关学科知识的自主探究和解析,达成学习目标。因此,通过对教学实践反思,我认为在教学中有必要打破现有的知识框架,以原有的历史知识为基础,重新整合,突破单一学科的束缚,补充相关的"非专业"知识,以形成新课标要求下的知识结构网络(课题研究网络),来达到优化课堂教学的目的。

7.反思质量检测分析

每次考试后的质量分析,是对自己教学效果的一个最好的反思过程,通过分析,可以全面发现自己在教学中存在的问题,发现学生在学习过程中存在的问题,通过和其他教师交流、自我反思,提出今后在教学工作中的对策,可以大大提高教学效果。这样的反思在教学过程中应该是非常多见的,每次打开公共邮箱,总能看到年轻老师们写的大量的试卷分析,有对试卷特点的分析,有对各类题型的失分点和失分原因及下一步解决对策的分析,字字中肯,切中要害。

8.反思教学思想

教师的教学思想是指引教师正确教学的关键,把学生培养成什么样的人,是关系到社会、国家和民族命运的问题。因此,作为传承人类文明的教师,要时刻反思自己的教学思想,要把自己的教学思想归并到党的教育方针政策上来,归并到有利于国家、民族的发展上来,要想到自己培养的是祖国的未来,民族的未来,责任重大,意义深远,所以教师要随时修正自己的不正确的教育观念和教育思想。

六、教学反思的基本方法

1.自我提问法

自我提问法指教师对自己的教学进行自我观察、自我监控、自我调节、自我评价后提出一系列的问题,以促进自身反思能力提高的方法。这种方法适用于教学的全过程。如设计教学方案时,可自我提问:学生已有哪些生活经验和知识储备?怎样依据有关理论和学生实际设计易于为学生理解的教学方案?学生在接受新知识时会出现哪些情况?出现这些情况后如何处理?等。备课时,尽管教师会预备好各种不同的学习方案，但在实际教学中，还是会遇到一些意想不到的问题，如学生不能在计划时间内回答完问题，师生之间、生生之间出现理解分歧等。这时，教师要根据学生的反馈信息，思考：为什么会出现这样的问题？如何调整教学计划？怎样的策略与措施更有效？从而顺着学生的思路组织教学，确保教学过程沿着最佳的轨道运行。教学后，教师可以这样自我提问：我的教学是有效的吗？教学中是否出现了令自己惊喜的亮点环节？这个亮点环节产生的原因是什么？哪些方面还可以进一步改进？我从中学会了什么？等。

2.行动研究法

行动研究法就是针对教学实践中某个难以解决的问题，运用观察、谈话、查阅文献等多种手段，分析问题产生的原因，设计一个研究方案，以求得问题的解决方法。行动研究是提高教师教育教学能力的有效途径。如“以学生的发展为本”是新课程倡导的核心理念，然而，在实际教学中，有很多老师的教学就背离了这一理念。“如何培养学生的学习能力，真正促进学生的发展”是我们应该研究的问题。问题确定以后，我们就可以围绕这一问题广泛地收集有关的文献资料，在此基础上提出假设，制定出解决这一问题的行动方案，展开研究活动，并根据研究的实际需要对研究方案做出必要的调整，最后撰写出研究报告。

3.对话反思法

教师间充分地进行对话交流，无论对群体的发展还是对个体的成长都是十分有益的。这种反思法建立在一定的条件基础上，就反思者来说，应具有暴露自己缺点和困难的勇气，就交流者来说，需要具备一定的教学素养和实事求是的素质。它主要是通过与其他教师研讨交流来反思自己的教学行为，使自己清楚地意识到隐藏在教学行为背后的教学理念，改进教学，它可以避免出现“对自己反思陷入自己的意图框架和视野中，难以发现问题的实质”的情况。新课程方案的颁布，新教材的推行，新课程理念的逐步深入，不同学科间的相互融合及与现代信息技术的整合等，这些都要求教师间彼此互助、合作与沟通。如在集体备课时，教师可以向同事提出自己在教材解读、教材处理、教学策略、学生学习等方面遇到的疑点与困惑，请大家帮助分析、诊断、反思，并集思广益提出解决办法。这样合作反思、联合攻关，可达到相互启发、资源共享、共同成长的目的。

4.比较研究法(课堂观摩)

“观摩公开课”与“观察自己的教学”是最有效的比较研究反思法。教学反思需要跳出自我,反思自我,经常地开展听课交流,研究别人的教学长处,尤其是要研究优秀教师、特级教师的教学思想。他山之石,可以攻玉,在观摩中,教师应分析其他教师是怎样组织课堂教学的,他们为什么这样组织课堂教学;我上这一课时,是如何组织课堂教学的;我的课堂教学环节和教学效果与他们相比有什么不同,有什么相同;从他们的教学中我受到了哪些启发;如果我以后教这一课时,会如何处理……通过这样的反思分析,从他人的教学中得到启发、得到提高。“同课异构”实质是一个不同教师面对同一教学内容,立足于各自教学经验,遵循教学的科学规律,在备课组的帮助之下,广泛占有各种资源,进行各种教学构想,并将构想予以优化后付诸实践,从而发现问题、解决问题,最终优化课堂教学,使自己对课堂教学的认识、对教学规律的把握经历一个不断的、螺旋式上升的“认识—实践—再认识—再实践”教学认知建构过程。

5.案例法

案例是一个实际情境的描述,在这个情境中,包含有一个或多个疑难问题,同时也可能包含有解决这些的方法。案例研究就是把教学过程中发生的这样或那样的事件用案例的形式表现出来,并对此进行分析、探讨、反思,以改进自己的教学。案例研究的过程是将来自外部的教育理论与指导自己教学实践的内在教学理论相互转化的过程,有利于教学中理论联系实际,培养分析问题和解决问题的能力。教师既可以对课堂教学行为做出技术分析,也可以围绕案例中体现的教学策略、教学理念进行研讨,还可以就其中涉及的教学理论问题进行阐释。案例研究的素材主要来自三个方面:一是研究自己的教学,并从自己大量的教学实践中积累一定的案例;二是观察别人的教学,从中捕捉案例取长补短;三是在平时注意收集书面材料中的案例。

6.反思札记法

课后小结与反思札记,就是把教学过程中的一些感触、思考或困惑及时记录下来,以便重新审视自己的教学行为。好记性不如烂笔头,灵感往往来自刹那之间,及时记录下来日积月累就是莫大的财富。养成书写课后教学反思札记的好习惯,不但对教师的笔头功夫是一种很好的锻炼,而且也有利于提高教学水平。这种做法关注的是教学活动的全过程，是教学反思很典型的一种物化形式。教学反思札记可以是“课后思”，一场课下来就总结思考，写好课后一得或教学日记，这对新教师非常重要；也可以是“周后思”或“单元思”，即一周课下来或一个单元讲完后反思，摸着石头过河，发现问题及时纠正……教学反思涉及的内容十分广泛，主要从师生双方互动两方面表现出来：一是教师自我经验的总结，二是学生反馈意见。最后在文尾往往可以加上自己对本节课的“二度设计”或“再教设计”。

七、教学反思三步骤

1.教学前反思

①这一课的价值到底在哪里？

②为什么要教这些知识？仅仅是教知识吗？其背后更深远的意义是什么？

③这一课到底能给孩子的发展带来怎样的服务？

④这节课要达成哪些教学目标？仅仅是为了应付考试吗？

⑤怎样达成教学目标？

2.教学中反思

(1)课堂活动的展开

课堂以教师为中心还是以学生为中心？是否忽视学生的思维？学生是否能积极投入、善于合作，勇于发现、敢于表达？是否能自学，善于交流？学生的学习状态、情感世界如何？在自学交流、合作探究、实践发现、猜想论证、争论研究、创新答辩等学生学习方式中，哪些方面的效果是好的？是在怎样的背景与情境中展开的？

(2)课堂中教师角色的把握

你是真正意义上的学生学习的合作者、帮助者、激励者、活动的组织者，还是学生学习的知识传授者？你是教学中的“导演”，还是教学中的“演员”？

(3)课堂环境的营造

你是否能积极营造宽松、民主、平等、互助的学习环境？你是否能关注学生“喜欢学、愿意学、相信自己能学好”的内在心理学习环境？你是比较注重互动、有序的教学秩序，还是让学生处于专制、服从、沉默、压抑的状态？

(4)教育技术的运用

你是否能科学运用各种媒体提供丰富的学习资源？设计的过程是否有利于学

生的自主创新性学习，并能帮助学生达成学习目标？

3.教学后反思

“教然后知不足”，教学后的反思会发现许多不尽人意的地方，从而促使自己不断学习，进一步地激发自己向更高的目标迈进。每节课后，我们可以这样反思：

教师上完课后，应立即与学生谈话：你有什么问题吗？你有什么地方不懂？你学到了什么，还想学什么？你最喜欢的方法是什么，还有别的方法吗？你对老师有什么建议？你适应老师的教学方法吗？

这节课学生表现出色的地方在何处？我最感到得意的是什么？哪些环节处理得不够理想，为什么？怎样看待学生的“插嘴”？如何培养学勤于实践，勇于创新的能力？对不爱举手发言的学生怎样培养？新课程理念在哪些地方落实了，哪些地方没有兑现？哪些教法对学生不适应？

为什么我的课堂气氛不好？为什么学生对我的上课兴趣不大？为什么我任教的班级成绩不理想？

有的学生读书很懒惰，什么都不知道也不愿知道。有的学生读书认真，成绩却上不去。难道学生学习方法不对吗？学生在学习上是否有焦虑，是情感问题还是智力问题？我的教学方法合理、科学吗？我教书认真、尽职吗？

八、撰写教学反思常用的方法

1.写教学后记

教学后记是上完课后对自己的教学行为用笔记的形式记录下来，进行自我评析和反省，以便总结教学经验教训。教学后记是完整教案的组成部分。

【教学案例1】

《美国1787年宪法》教学反思

我所上的是《美国1787年宪法》，一节课下来，静心沉思，感觉问题挺多的，非常需要反思，以便今后进步。

第一，在心理素质方面，我觉得自己还没有完全达到做一名优秀教师所应具备的良好的心理素质。由于初上讲台，在下面坐的又是具有多年丰富教学经验的老教师，所以不免还是有些紧张，导致的结果就是在讲美国独立战争发生的背景时出现了问题，本来这是本课的一个重点，结果被我几句话一带而过，这也就使得学生从整体上理解美国1787年宪法时出现了时间和事件上的断层。

当今世界是一个竞争激烈、快节奏、高效率的社会，人们需要适度的精神紧张，因为这是解决问题的必要条件，但是，过度的精神紧张，却不利于问题的解决。就拿这节课来说吧，本来是应该很顺利地进行下去的，结果却出现了问题，我认为，这主要是跟自己的信心和经验有关系。作为一名教书育人的教师，工作能否取得成绩及其成绩的大小，关键在于教师的教育和教学的基本能力如何。当然，这种能力也包括应具备良好的心理素质，怎样克服自己的怯场心理，怎样灵活机智地处理课堂上出现的偶发事情，怎样把学生的注意力从纷杂的外界吸引过来，这都需要形成一种良好的心理素质，有赖于充分的自信力，敏锐的观察力同思维的判断性、灵活性相结合，所以，这就需要我做一番探索、实践，这也绝不是一蹴而就的事情。

第二，在组织和使用教材的能力方面也存在一些问题。教材是教学的依据，是学生学习的基本内容，如何组织和使用教材，对于课堂教学的成功与否关系甚大。可以肯定地说，照本宣科是不可能取得好的教学效果的，教师善于组织、使用教材，并创造性的进行教学，这既是上好一堂历史课的重要条件，也是帮助学生掌握知识、发展智力、培养能力的重要前提。譬如《美国1787年宪法》一课，教材一开始就叙述了在1781年《邦联条例》生效后，美国邦联制下所面临的困境，而对美国独立战争的爆发、过程、结果以及所造成的影响只字未提，如果只是照本宣科，学生怎能理解，要掌握这一结论，势必囫囵吞枣，死记硬背，又何谈培养学生的智力、能力呢？这就需要教师重新组织运用教材。因此在新课程改革的背景下，教师作为教学活动的组织者和引导者，如何科学地使用教材，如何最大限度地发挥教材的资源，成为亟待解决的问题。在周二的教研组评课会上，组内的一位具有多年丰富教学经验的教师在谈到这一问题时就指出以下几点：

其一，要依据新课程标准充分利用教材，并强调教师不是教教材，而是用教材，新教材给一线教师和广大学生留下了因材施教，为我所用的空间，因此，教师在明确教学目标，设计具体的教学方案时，必须确立新的教材观，创造性地使用教材。

其二,要学会合理整合教材。高中历史的模块教学跳跃性大,对知识储备不足的中学生而言,确实存在理解上的困难。如不了解什么是邦联制,什么是联邦制,就无法理解1787年宪法对美国社会的重大影响;如不了解中国资本主义萌芽的缓慢发展、两次工业革命的基本史实,就无法理解近代中国屡次遭受侵略的历史必然性。有鉴于此,教师应该合理整理教材的有关内容。

其三,就是要根据具体内容的需要适当地补充材料,例如美苏争锋的内容,课程标准说得很简练,要求了解美苏两极对峙格局的形成,教材的内容也只是就大概内容笼统介绍一番,这一点很难让学生理解,在这种情况下,老师就要补充相关的材料来帮助学生理解。第二次世界大战前后美苏实力状况的对比,组成雅尔塔体系的一系列会议的主要内容等。以此让学生更准确地理解其形成的过程及原因。因此,教师在教学过程中,应该根据课程标准的要求,合理地裁减教材内容,以此来减轻课堂压力,提高教师授课效率。

2.写案例

教学案例是教学实践中具体事例的真实再现,案例能启发教师思考,从中吸取有益的教学思想和经验教训。

【教学案例2】

在语文教学中讲授鲁迅先生《药》之后,这样写了案例。

在语文课堂上,有时唠唠叨叨地讲上半天,其效果也不尽如人意,气氛沉闷不说,学生吸收得甚少,无法达到课堂效率。

学习鲁迅先生的《药》,分析人物形象是文章的一个重点。我按照常规采用精读塑造人物形象的文字,利用启发式提问和诱导式想象的方法,让学生概括出人物的性格特征,但学生始终无法准确抓住要点,把活灵活现的人物都读“死”了。课堂也陷入沉闷死寂的气氛中。一计不成又施一计,我索性放开课堂,通过表演引导学生揣摩、理解、领会、分析人物的心理和形象。

我在班上找了一位高大魁梧的男生演康大叔,又找了一位瘦小的男生演华老栓。扮演康大叔的那位学生披衣散扣,大大咧咧,粗声粗气,活像张飞。扮演华老栓的那位学生手里拿一只茶杯做茶壶,点头哈腰,笑嘻嘻的。

看了他们的表演，同学们都笑了。

我没有说什么，而是让同学们继续读课文，过一会儿再评价两位同学的表演。有一位同学评价"康大叔"。

他说："我认为康大叔最大的特点是'凶'而不是'粗'。你们看康大叔的动作：闯、嚷；再看他的衣着外貌：披衣散扣，满脸横肉。可以说他是一个凶暴、蛮横的人。还有他嚷出的那些话，分明是自以为劳苦功高，华老栓应该对他感恩戴德，他对自己屠杀革命者的行为不以为耻，反以为荣。"他的评论赢得了同学们的热烈掌声。

另一个同学点评了华老栓对康大叔的态度。他说："第一，华老栓打心眼里认为康大叔很有本事，地位比自己高，所以对他很恭敬；第二，因为他的刽子手的身份，华老栓对他又怀有几分恐惧；第三，儿子的'药'是托了康大叔的福，及时得到了信息，所以华老栓对他还怀有几分感激。总之，华老栓对康大叔的感情是：尊敬，感激，恐惧，讨好。刚才表演的同学'笑嘻嘻'的，看起来很开心的样子，我认为不合适。大家想一想，这时华小栓虽然吃了药，但是能不能好还不能确定，华老栓还是忧心忡忡的，他不会笑得那么开心。再者，在自己害怕的人面前为了讨好对方而强装笑颜，他也不会笑得那么自然，所以我觉得他的笑应该是挤出来的。"我对他的回答大加赞赏，表扬他读得细致，分析得透彻。

在教学中，教师与其挖空心思地寻找词汇给学生讲，不如放手让学生自己揣摩、领会、表演。这种做法有时候确实可以称得上是"此时无言胜有言"。

3.写听课感

听课是一种对课堂进行仔细观察的活动，它对于了解和认识课堂有着极其重要的作用。听课后将感受写下来，就可洞查到很多值得探索、深思的地方。教学贵在一段一得，一课一得，下面是听了几位老师的课后得到的启示。

【教学案例3】

赵老师执教文言文《送东阳马生序》，讲解第一段，学生通过自己翻译，概括了层意：致书之难，求教之难，从师之难，生活之难。总结出段意：宋濂小时候求学之难。学到此，一般会跳到下段继续分析，但赵老师没有这样做，学了这一段总要有收获，知识传授了，还要转化为能力，他要求同学们思考宋濂是一个怎样的人，用一个仿写句把它写出来。题目是：从________句中，我读出了一个________________的宋濂。学生的积极性很高，很快就找出了：从“天大寒，砚冰坚，手指不可屈伸，弗之怠。”句中，我读出了一个勤奋刻苦的宋濂；从“色愈恭，礼愈至，不敢出一言以复。”句中，我读出了一个尊敬老师的宋濂；从“余则缊袍敝衣处其间，略无慕艳意。”句中，我读出了一个隐忍坚毅的宋濂。这是一段一得，花的时间不多，既锻炼了同学们的仿写能力，又得到了一些人生启示。

卢老师执教《人生的境界》，这是一篇议论文，大道理很多，枯燥无味，学生不会很有兴趣，怎样调动学生的积极性呢？她教学时，先从整体上把握，理清文章思路，概括出人生的四种境界：自然境界、功利境界、道德境界、天地境界，然后用三个例子分别阐释这四种境界。

第一个例子：山区放羊娃的人生怪圈是放羊—卖钱—娶媳妇—生孩子—放羊中的哪一种？

第二个例子：达尔文小时候看蚂蚁和成为生物学家之后研究昆虫，不同阶段，代表了哪种境界？

第三个例子：三个泥瓦匠的理想，一个是“砌砖”，一个是“挣钱”，一个是“建一幢漂亮的大楼”，阐释他们有怎样不同的人生境界？

学生的兴趣一下子调了上来，也就理解了这四种人生境界。理解了还不行，还要提升，卢老师列举了历史上的一些名人名言，学生跟着仿照。

老师示例：

范仲淹：先天下之忧而忧，后天下之乐而乐。

学生仿例：

屈原：路漫漫其修远兮，吾将上下而求索。

李白：安能摧眉折腰事权贵，使我不得开心颜。

孟子：老吾老，以及人之老；幼吾幼，以及人之幼。

杜甫：安得广厦千万间，大庇天下寒士俱欢颜。

林则徐：苟利国家生死以，岂因祸福避趋之。

提升不够，还要会写，卢老师又出了一个仿句，这个仿句很特别，既可拆开写，也可合起来写，对能力弱的同学可以写几句话，对能力强的同学能写一段话，以此提高写作水平。例句是：有一种人生，铁骨铮铮；有一种人格，鬼神共鉴;有一种精神,自强不息。司马迁忍辱负重,发愤著书,留一部经典巨著给后人,这种身陷逆境却有所作为的举动,是一种奋发的人生境界。

听了这两位老师的课,总的启示是:对语文知识的传授只是一个方面,还要转化为写作能力。由写几句话到写一段、几段话,直至成篇。一段一得,一课一得,它是一个日积月累的过程,只要坚持下去,学习语文的目的就达到了。

4.教育叙事

以叙事、讲故事的方式表达对教育的理解和解释。教育叙事研究就是一个客观的过程、真实的体验、主观的阐释融为一体的一种教育经验的发现和揭示过程。

【教学案例4】

情感还是方法?

这节语文课的主题是《麦琪的礼物》,这是一篇小说,也是一篇讲读课文。今天是这篇课文第二课时的教学。“中考”常常考小说的阅读,但相当一部分学生在写记叙文时只习惯于平铺直叙地叙事,不会描写人物,所以,在备课时我将重点放在“教会学生阅读小说的方法”和提高他们的写作能力上。我把这节课的教学目标定为:第一,掌握人物描写的方法;第二,理解主人公纯洁善良、关爱他人的情感。

这节课从“小说的三要素是什么”开始。我提问后,一位学生站起来回答:“小说的三要素是环境、情节、人物。”

学生的回答是对的,我要求学生将“三要素”齐读一遍。现在回忆起来,这个环节很值得回味。按说,屏幕上已经很清楚地出现了“小说的三要素”,我为什么还要学生将屏幕上的“三要素”齐读一遍呢? 从小学到中学,老师好像经常会使用这种方法,只是到了大学的教室里,这种方法才比较少用。为什么这个方法只在中、小学常用,而大学少用呢?

这个环节使我想到的是:我们做教师的总是有一些很日常的、很细节的教学方式,这些日常的、细节的教学方式普遍流行于小学的课堂或中学的课堂,但做老师的好像较少考虑其中有些教学方式是否应该随着学生年龄的增长、自我意识的增强、自我教育能力的提高而有所改变。尤其当某种教学方式是具有较强的控制性、强制性时,做教师的是否应该逐步减少这种控制性较强的“保姆”

式的教学方式而使学生逐步养成自主学习的习惯呢?

由于我已经意识到这是一个问题,因此在后续的教学中我开始减少对学生的控制,增加了一些开放性较强的问题。

对这个环节我觉得有些遗憾。接下来的重点是让学生领会"人物描写的方法"。

我问学生:"我们以前学过的人物描写方法有哪些呢?"有学生说:"肖像描写,语言描写",有学生说:"动作描写,神态描写",另外有学生补充说:"心理描写"。

学生回答的人物描写方法与我备课时所设计的内容是吻合的。我在制作PPT时,已经写出这几种方法。我点击鼠标,屏幕上迅速出现"描写方法:动作描写、语言描写、神态描写、心理描写等"。

当屏幕上出现人物描写方法时,我忽然感到有些别扭。在学生的答案与我的设计吻合时,要是不满足于"正中下怀"的感觉,不用PPT整体地投放出来,而是边听学生说,边用键盘记录学生的意见,那样的效果是不是会更好呢?

按照备课时的教学设计,提出人物描写的方法是为了引导学生掌握《麦琪的礼物》这篇小说的刻画人物方法。于是,我让学生分小组讨论屏幕上投影出来的几个问题:小说的主人公是谁? 德拉是一个怎么样的人? 小说是怎样刻画她的? 你能举一些例子来说说她吗? 杰姆对德拉的感情如何? 小说是怎样表现的?

学生开始"讨论",我走下讲台在学生的课桌间穿行。我很想知道他们在"讨论"什么。偶尔有学生问我问题,我尽可能地做一些简短的启发。

上完这一节课后,我一直在思考一个问题:这节课的教学重点究竟应该放在什么地方? 在设计这节课的教学时,我将教学目标定位在"掌握人物描写的方法"和"理解主人公纯洁善良、关爱他人的情感",但实际上我是把教学的重点放在引导学生"掌握人物描写的方法"上,主要是引导学生理解"作者是怎样刻画人物心理的""哪些句子说明了这个心理"等写作的方法和技巧。

按照以往的经验,这些方法和技巧是以后的考试中经常会遇到的问题。从升学考试来看,注重方法、技能的传授和指导显然对学生"应考"是有利的。对于一个老师尤其是初中三年级的老师来说,把教学的重点放在"应考"技巧和方法上,也许是情理之中的事情。我的困惑是,像《麦琪的礼物》这么一篇经典性的爱情小说,它奉献给读者的难道仅仅只是作者描写人物的写作方法与技巧吗?像这么一节语文课,究竟应该注重情感体验,还是方法训练呢?如果真要引导学生“体验情感”,这节课的很多环节都需要改变。

第三节 提升教师专业发展来促进高效课堂的发展

一、教师专业素养对高效课堂的影响

《国家中长期教育改革和发展规划纲要》指出“教育大计,教师为本。有好的教师,才有好的教育。”足见教师在教育中的举足轻重的作用。从课堂教学这个视角来看,尽管教师从“传道、授业、解惑”至尊的地位变化为“主导”“主体(师生双主体中的一体)”“平等的首席”等多角色,但教师在课堂教学中的地位是不可或缺和忽视的,对教学质量具有不可替代的作用。“教学质量的高低在很大程度上取决于课堂教学的有效性如何,课堂教学的有效性如何则主要取决于教师的专业能力的高低。”由此可以看出教师因素是制约高效课堂的主导或关键因素,其主要体现在以下几个方面。

1.教师的教学理念和师德水平是实现高效课堂的前提

教师的教育理念和师德水平直接影响高效课堂的建设。“一位教师是否树立了主体性教育的教学观念、素质教育观念、发展性评价的观念、终身学习观念等,是否面向全体学生,是否关注学生的全面发展,是否认为教会学生学会学习比教给学生知识更重要等,这一切都将影响到他的教学行为。”教师的责任感、事业心、能否公正地对待学生等师德因素,直接影响教师形象以及学生对教师的认可程度,因而在更深层次上潜在和长远的影响高效课堂的建设。

《国家中长期教育改革和发展规划纲要》指出“深化教育改革,关键是更新教育观念……创新人才培养模式,适应国家和社会的需要,遵循教育规律和人才成长规律,深化教育教学改革,创新教育教学方法,注重学思结合,倡导启发式、探究式、讨论式、参与式教学,帮助学生学会学习。”其核心是强调“以人为本”,就是教学以学生为本。这是激发学生的积极性,建设高效课堂的前提。随着教育教学改革的不断深

入，一些新的教育理念不断被引入到课堂教学当中，建构主义、元认知理论、自我效能感、学习金字塔理论等，丰富和提高了我们对课堂教学的认识。这些理论的一个突出的共性就是强调发挥学生的学习主体作用，让学生在学习实践中学会学习，用多种学习形式提高学习成绩，教师要做好引领者、组织者和评判者。五年来，学校学习洋思模式深化课堂教学改革的实践也使我们认识到，要建设高效课堂，提高教学质量，必须贯彻“先学后教”的原则，必须发挥学生的主体作用。但是，由于受传统思维方式的制约，一部分教师在教学理念上还没有发生深刻的变革，仍固守“师讲生听”“师问生答”和“满堂灌”等落后的教学理念和方法，对“参与、合作、体验、探究”为特征的教学形式兴趣不大。其原因是：一些教师由于缺乏理论学习，对教育教学理论知之甚少，教学技能又不多，只能按习惯的做法来教学，因而在教学观念上“不会变”；一部分教师认为靠教师教学生还学不会，离开了教师的讲授学生还能学得会吗？因而在教学观念上“不敢变”；还有一部分教师，觉得自己用传统方法授课成绩也不低，新理念中看不中用，因而认为教学观念没有必要变等。这一切都制约了教师教学观念的转变，影响了高效课堂的建设。同时，少数教师师德方面的缺陷诸如自私、偏执、冷漠、不公正等影响师生关系，制约着高效课堂的建设。

2. 教师的学科素养、知识水平和文本解读能力是建设高效课堂的基础

国内外的研究表明，教师的学科素养和文化水平与教学有效性有很大的关系。教师的学科素养和文化水平主要表现在学科专业知识的精深度、相关科学知识的广博度、实践性知识（教学经验）的丰富度、条件知识（教育学和心理学知识）的扎实和灵活度。因为学科专业知识是教师从事本学科教学的基础，相关科学知识是拓展学生知识面的重要保证，丰富的教育教学经验是使教学达到最优化的保障，教育学和心理学知识是学科专业知识实现教育学化和心理学化适应学生发展特点的条件和纽带。

新课程标准注重课程的生活化和学科整合化，课程内容与学生的生活及现代科学的发展相联系，随着文、理科相互渗透的日益深入，边缘学科的产生和发展，日益强调自然科学与人文社会科学的整合，注重通才教育，使学生具备文、理科学习的基本能力。例如，在语文教材中，并不限于本土文化内容，而且选用了美国、法国、印度等多个国家的文学、哲学作品；在地理教材中，强调了运用地理知识分析有关人口、资源、环境和发展等问题，并与区域发展和社会实践相结合，重视了现代地理技术与

方法的学习和应用；在数学、物理、化学、生物等学科上涉及学科发展史的相关内容，更加注重自然科学知识与生活的联系等。同时，要求教师创造性地使用教材，并相应地减少教学参考书的内容，力图实现从“教教材”向“用教材教”的转变。这就要求教师注重自身知识结构的更新，在确立与新课程相适应的体现素质教育的教育理念、储备相应的教育科学知识的基础上，要加强本学科知识的研究与探索，并了解本学科与相关学科的联系，形成既“专”又“博”的知识结构。语文教师不仅要具备语言文字的专业知识，还要懂得政治、历史、哲学和宗教等；地理教师不仅要掌握地理学科知识，还要了解人口、资源、环境等民生和经济社会发展以及信息遥感技术等诸多问题；理科教师也要懂得人文科学，并能够用专业知识分析现实生活中的问题。这也是适应新课程改革、建构高效课堂和提高教学质量的客观要求。

3.教师课堂教学内容的设计和对学生学习水平的把握是建设高效课堂的关键

教师的课堂教学内容设计，就是教师根据课程标准和教材的要求，依据学生的实际水平设计出来的教学内容及其实施方案。这里涉及“教什么”和“如何教”这样两个在教学论中十分重要的问题。从一节课的微观视角来说，如果教师对课程标准缺乏深刻理解，对学生认知水平没有认真掌握，对教材未做适合本班学生的分析和重组，只是照本宣科的将教材和参考书上的内容搬上黑板，再让学生抄录到笔记和作业上，学生就不会获得有效的发展，这样的课只能是“无效”甚至“负效”。因此，教师课堂教学内容的设计和对学生学习水平的把握是建设高效课堂的关键。

按照新课程理念结合学校课堂教学改革的实践经验，我们认识到，要建设高效课堂，教师对学生的掌握和课堂的教学设计是关键的。正如奥苏伯尔所指出的“假如把一切教育心理学还原为一条原理，我就要说，影响学习最为重要的一个因素就是学习者已经知道了什么。弄清学生已经知道了什么，并在此基础上进行教学。”

在掌握学生学习基础和认知水平的基础上，分析教材的重点、难点和关键，恰当地设定三维教学目标，使教学目标贯穿课程始终并起到导学、导教、导测量的作用；要根据教学目标和学生实际设计丰富的教学活动，在活动中突出重点、突破难点、抓住关键，在教知识的同时，更要教学知识的方法；要鼓励和引导学生参与到学习活动当中，并使学生在活动中获得知识、能力、情感、态度与价值观等方面的发展。在此过程中还要控制容量、节奏，为绝大多数学生所能接受。教学设计可以概括为：“立足基础，确定目标；创设情境，指导自学；合作探究，及时反馈；激励评价，总结反思。”

4.教师的智慧与能力是建设高效课堂的重要条件

从教师的智力品质看,教师的观察力、想象力、记忆力和创造思维能力等对课堂有效性有较大影响。“教师的智力品质制约着教师的教学决策、方法的选择、解决课堂上出现的各种问题的机智等。一个具有敏锐感受、准确判断、丰富想象、创新思维、快速记忆等智力品质的教师,能够更好地把握教育的时机,转化教育矛盾和冲突,也能够根据教育对象的时机和面临的具体情景及时做出决策和选择,调节自己的教育行为。高于智力的是教师的智慧,它反映的视角是对于一些教育变量的机智处理、对特殊场景的敏锐体验,以及最大可能地避免教育事故发生的能力。这种机智是充满智慧的,又是未加思索的。”

教师的教学能力是教师为了保证教学的有效性,达到预期的教学目标,而在教学的全过程中所表现出来的规划设计、组织管理、动手操作、评价反馈、调节控制、媒体使用等方面的能力,在课堂上集中表现教师的语言能力,这是教师基本功的重要组成部分,线索清晰、逻辑严密、富有激情的语言对提高课堂效果具有重要影响。

教师的智慧与能力的高低,突出表现在能否对课堂上的突发情况和学生等资源的利用上。具有较高智慧的教师自如的掌控课堂,对突发事件能沉着应对并转化成有效的课程资源,对学生提出的在其预设之外的问题也能够进行应对和处理,并鼓励学生大胆质疑。相反,智慧与能力较低的教师,只会照本宣科,对突发情况不善于变通和处理,对学生提出的不在其备课之内的问题则排斥,甚至公开训斥。

5.教师的心理品质和自我效能感是建设高效课堂的重要保障

教师的心理品质不仅影响其自身的工作态度和工作效果,也对学生产生直接和间接的影响。一个教师心里充满阳光,他往往会积极乐观地对待生活和工作,对生活中发生的各种事情也能够做正面的解读,对学生和同事的“不当”言行也能够宽容对待,善于给学生以鼓励和积极的心理暗示,师生关系融洽,在课堂教学中容易形成民主、宽松、和谐的教学氛围,有助于激发学生的思维,促进高效课堂的建设;相反,如果一个教师内心阴暗,充满了冷漠、猜忌和自私,对生活中的各种事情往往会从负面去分析,对学生和同事的“冒犯”言行视为“挑衅”,一般情况下很难宽容,不善于鼓励学生,师生关系紧张,在课堂教学中一般表现为沉闷、僵化、一言堂。

特别值得注意的是,教师的“自我效能感”影响教师的工作积极性和高效课堂建设。教师自我效能感是指教师对自己影响学生学习行为和学习成绩的能力的主观判断,即教师对自己是否有能力完成教学任务和自己在学生发展中所起的作用的看法和判断。自我效能感高的教师,对自己的教育教学能力有较高的自信,不仅相信自己能够胜任教学,而且会在学生的成长和发展上发挥重要的作用,往往会积极地投入工作,并创造较高的教学效果;自我效能感低的教师,对自己的教育教学能力缺乏自信,在学生的成长和发展上起不了什么作用,往往把工作当成混事谋生的手段,"做一天和尚撞一天钟",其教学效果必然低下。教师的自我效能感在对高效课堂的影响上直接体现在两个方面:一是影响教学目标的设定,"自我效能感越强,个体自我设定的目标就越具有挑战性,其成就水准亦更高。"二是影响教学策略的选择,自我效能感高的教师,倾向于选择具有挑战性的教学策略,并勤于思考,敢于和善于创新;自我效能感低的教师,往往墨守成规,抱残守缺,逃避改进教学策略,不愿尝试新的教学策略,即使这种策略已被他人的教学实践和较好的教学效果所证实。

二、提升教师的专业素养,为高效课堂的推进提供有力保障

1.建立教师成长的动力机制,让每个老师都有追求教师成长的动力机制

建立教师成长的动力机制,让每个老师都有追求教师成长的动力机制可以从内部动力源和外部约束、激励制度完善等方面去努力。内部动力源包括入职评价,培养教师的职业认同感;帮助教师做好职业规划,使他们尽快尝到事业的成就感,自觉产生"欲穷千里目,更上一层楼"的冲动;不断挖掘教师身边的典范和榜样,借助这些典范榜样的现身说法、垂范引路和教师们亲验式的观察、感受、思考和对比,使教师发自内心地体会到自己的不足,从而激发主动求变、自觉学习的心态。外部动力获得的渠道主要是建立一套相对完善的激励机制,使教师自我成长有充足的发展劲头,使教师知道自己的努力方向,使不同层次的教师都得到发展。在教师专业化发展的同时,打造富有个性特色的高效课堂,使师生共同发展。

2.学习教育科学理论,对教师进行洗脑式的培训

福特汽车公司的创始人亨利·福特有句名言:"任何停止学习的人都已经进入老年,无论他在20岁还是80岁;坚持学习的人则永葆青春。"现在对教师的培训,不应只是停留在理论学习本记多少笔记的层次上,而是要采取多种形式,向密度、广度、深度的方向发展。培训的关键是培训内容的质量要高,就是针对学校的整体教育观念,大容量、高密度、持续性地进行培训。清空老师旧有观念,注入新鲜的理念。务

必使先进的理念深入人心，把它内化为教师的个人追求，高效课堂才能得以实现。

3.学习、实践、再学习、再实践，实现教育理念的不断升华

俗话说“闻道者百，悟道者十，践道者一。”可见知行统一是很不容易的。学校应鼓励教师将新思想、新理念运用到教学实践当中，大胆变革旧的教学模式，要善于根据不同内容、不同学情，采取多种多样的教学方法，调动学生学习的积极性和主动性，进而提高课堂效率。鼓励教师不断学习、不断进取、不怕失败。只有在实践中学习，在学习中实践，课堂教学才能做到务实高效。

4.加强校本研修可提升教师专业化发展

(1)因校制宜健全校本研修机制，夯实校本研修

基础学校要专门设立校本研修组织机构，要在学科教师中建立校本研修小组，完善校本研修的工作机制和目标考核制度，加大校本研修的奖励和处罚力度，使校本研修成为教师的自觉行动。

(2)务实活动，扎实推进校本研修的进程

学校组织开展校本研修要以促进教师专业发展和学生全面和谐发展为宗旨，要以教育教学实践中教师、学生的实际需要和面对的具体问题和优秀的教育教学思想、理念、方法等为对象，狠抓基础性的工作。

①教师要大量阅读思想家、教育家的著作，学校要在校长、教师中形成浓烈的读书风气，要读思结合、读用结合、读悟结合、读写结合。

②老教师上示范课、骨干教师上优质课、青年教师上研究课、新教师上成长课，这要成为每学期的必做工作。通过全体教师参加赛课，营造研修氛围，在研修中清晰打造高效课堂的脉络。

③以活动为载体，做实日常的个人研修。学校要有计划地开展丰富的研修活动。例如读一本教育名著，写出读书随笔；上一节公开课，写出教后反思；整理一个教育故事，写出案例评析；开展一个小课题研究，写出教育论文；研究一位名师授课，写出成长感悟等。在随笔、反思、评析、论文、感悟中明确高效课堂的必要性、重要性和可操作性。

④探讨课堂效率提高的方法和途径。学校要认真研究新课程条件下高效课堂的建构，做好研究活动的总体规划、推进策略和实施措施，拟定高效课堂的评价标准。

⑤提高教育科研意识,培养教育科研骨干。学校要开展教育科研专题讲座,开展教育科研课题立项论证,建立适合校本的各级科研课题,对优秀教师进行重点指导,帮助他们加工教学模式、提炼教学经验,促进学科带头人的成长。

第四节 开发课程资源,丰富高效课堂教学的内涵

一、课程资源的内涵和分类

资源是指自然界和人类社会中能创造物质和精神财富的各种客观存在或客观存在物,包括有形的静态资源,也包括无形的动态资源。课程资源的概念可以从广义和狭义的角度来理解。从广义上来说,有利于实现课程目标的各种因素都可称为课程资源,凡是生活中存在的都有可能成为课程资源。狭义的课程资源仅指形成课程的直接来源,对课程实施有必要的直接作用的资源。

美国课程专家泰勒声称,任何单一的信息来源都不足以为明智而综合地解决学校目标提供基础,这说明课程资源不是单维度的,每一类型的课程资源的功能有限。他从现代学校教育视角出发,确定了课程计划的三种来源:“对学习者本身的研究、对校外当代生活的研究、学科专家的建议”。以此为基础,坦纳夫妇从社会、知识世界和学习者的本质探讨了课程来源。他们勾画了课程资源的宏观维度。

在我国,随着新一轮课程改革的推进,对课程资源的研究和探讨逐步展开。对课程资源概念的理解更加深入和丰富,并且从不同视角对课程资源做了分类。

①从课程资源功能的角度,把课程资源划分为素材性资源和条件性资源。其中,素材性资源的特点是作用于课程,并且能够成为课程的素材或来源。比如,知识、技能、经验、活动方式与方法、情感、态度与价值观以及培养目标等方面的因素就属于素材性课程资源。条件性课程资源的特点则是作用于课程,却并不是形成课程本身的直接来源,但它在很大程度上决定着课程的事实范围和水平。比如,直接决定课程实施范围和水平的人力、物力和财力,时间、场地、媒介、设备、设施和环境,以及对于课程的认识状况等因素就属于条件性课程资源。但是素材性课程资源和条件性课程资源并没有绝对的界限。

②从课程资源的空间分布角度，把课程资源分为校内课程资源、校外课程资源和网络资源。凡是学校范围之内的课程资源就是校内课程资源，主要包括本校教师、学生、教科书、本校图书馆、专用教室、教学用具以及其他各类教学设施和实践基地。凡是学校范围之外的课程资源就是校外课程资源，主要指公共图书馆、博物馆、展览馆、家长、校外学科专家、校外研究机构、各种媒体、校外场地等广泛的社会资源及丰富的自然资源。网络资源不能根据学校范围的内、外来定义，它可能是校内的，也可能是校外的，主要指多媒体化、网络化、交互化的以网络技术为载体开发的校内、外资源。校内、外的课程资源对于课程实施都是重要的，但校内的课程资源可能更占主导地位，校外课程资源起到一种辅助的作用，但决不能忽视。美国课程专家泰勒的说法是：要最大限度地利用课程资源，加强校外课程。帮助学生与学校以外的环境打交道。

③从系统论的角度来理解课程资源。“课程资源系统可以按物质的与非物质的分为两个系统，再将物质系统分为人力资源子系统与物力资源子系统；非物质的可以分为人类积累的知识资源系统与活的个体思想资源子系统。”这种依据系统论的角度对课程资源的把握较为全面，同时超越了单一课程价值取向对认识课程资源的限制。对课程资源的认识容易受单一课程取向的影响，也就是说，从课程来源的角度认识课程资源，会造成片面性的认识。如认为课程来源于学科知识，就容易从知识的维度理解和开发课程资源；如认为课程来源于社会，就容易从社会生活的角度来理解和开发课程资源。系统地认识课程资源可以避免这种单一的倾向性。从系统的角度分析课程资源并不是做以简单的子系统划分，它更为强调的是各个子系统课程资源间的动态性变化。结构是指系统内部各个要素之间的相对稳定的联系、组织状态、时空关系的内在表现形式。课程资源的结构是指课程资源系统内部各层次的要素之间的联系、组织状态、时空关系，这样对课程资源的理解并不局限于静态的分析，而是进一步解释子系统各因素之间的联系与互动。

二、传统课程资源观与新课程资源观的区别

传统课程实施的基本格局是以教室为中心、教师为中心、课本为中心。课程资源主要被理解为教材和课本。为了提高学生的应试能力而开发的充斥市场的教学辅导用书、教学参考书、强化练习册也被师生及家长视为课程资源。课程的统一规

划与操作模式以及课程的知识取向限制了人们对课程资源的理解,这种课程资源观具有一定的局限性:

①课程资源内容单一,一般表现为教材、教学辅导材料及教学用具,多是围绕学科知识的角度来理解课程资源的,而不关注其他维度的课程资源。

②课程资源的形态是静止的,只把那些有形的静态素材看作课程资源,而对于那些对学生发展有促进作用的无形的人或事件不够重视,未将其理解为可供利用的课程资源。

③课程资源的目的是应试的,是为了让学生更大量地掌握知识,而不是指向学生的发展及提高其社会适应能力。

三、新课程资源观的特点

课程资源对于提高学校的教学质量和办学水平,促进学生有个性地全面发展具有重要的作用。新课程改革的一个显著变化是拓展和整合了课程资源,对课程及课程资源的重新理解,往往带来新的课程实施方式,对以前习惯性的课程教学,即将课程资源限制在教室、书本、教参、练习册以及其他教学辅助资料的教学模式是一个极大的挑战。新课程改革中,重建的课程资源观具有诸多特点。

1. 广泛多样性

虽然不是所有的资源都能被称为课程资源,但可供开发,走入课程,并与教育教学活动联系起来的资源是极其广泛的,可以变为现实性的课程资源。人们对课程观的重新理解必然导致对课程资源的重新认识。以往人们将课程理解为知识,课程是体系,按照科学的逻辑进行组织。这种理解中的课程是既定的、先验的、静态的,由此,对课程资源的理解是以知识为中心的,将系统的教材、辅导材料等促进学生知识体系外在的、客观的资源理解为课程资源。随着课程理解的视角转变,课程的含义有所扩展,由从知识的角度理解课程转变成从学习者的角度理解课程。如将课程理解为经验活动,因而促进学生身心发展的、与教育教学活动相联系的资源都可称为课程资源。课程资源不仅是教材,也不仅局限于学校内部。“课程资源涉及学生学习与生活环境中所有有利于课程实施、有利于达到课程标准和实现教育目的的教育资源,它弥散在学校内外的方方面面。”课程资源的广泛存在提示教师不必局限于教材、知识的角度开发课程资源、实施课程,灵活、随机地利用多种课程资源,可以避免课程实施的单调、乏味。

2. 价值潜在性

有些课程资源与课程实施有直接联系，显性地存在着；而有些课程资源客观地存在着，具有转化为课程资源的可能性，但还不是现实的学校课程或课程实施的现实条件，它的存在方式是潜隐的。不仅课程资源的存在方式有潜在性特征，一切课程资源都具有潜在价值性的特点。具体说来，课程资源的潜在价值体现在课程设计、实施和评价的全过程。由于课程设计受设计者对材料依据的选择或设计者选择作为重点材料的影响，课程资源便成为课程设计的基础和依据。同时，选择哪些资源作为课程设计的基础和依据本身也反映了设计者一定的价值倾向，而这些直接影响着课程的实施和评价。课程资源的选择潜在地影响着课程实施的价值取向，进而影响学生的发展方向。因而在评价和筛选课程资源时，要以有助于创造出学生主动学习和和谐发展为基本思想，尊重学习内容的整合逻辑和师生的心理逻辑。

3. 具体性

对课程资源的含义、类别要做一般性的理解，有助于整体把握课程资源。但课程资源的现实存在却是具体性的，有着个性化的特点。任何可能的课程资源会因地域、文化、传统、学校以及师生各自的差异而不同。不同的地域，经济文化发展不同，可供开发和利用的资源不同，其构成形式和表现形态各异。不同的文化背景下，人们的生存方式、价值观念、道德意识、风俗习惯、宗教信仰等各具特点，相应的课程资源独具特色。学校的性质、规模、办学传统、校园文化以及教师的素质不同，可开发的课程资源就自然有差异。课程资源不是独立存在的，它与地域、文化传统、学校以及师生的实际情况相联系。有些思想性强的课程资源会因开发主体的取向不同、学生的实际应用的差异而明显地显示出具体的个性特征。认识到课程资源的具体性，在开发课程资源时就能够结合具体的实际情况，更富针对性地利用课程资源，而不是立足于一般性的抽象化的原则，追求划一的开发模式。在开发课程资源时做到具体问题具体分析，可以提高课程资源的有效利用率。

4. 价值多元性

人类的各种活动之间有着千丝万缕的联系，显性存在或潜在的课程资源与不同的活动相联系，经不同主体的价值选择，其功能和作用不是一样的。对于同一课程资源，仁者见仁，智者见智，有不同的功能和价值，因而课程资源具有价值多元性的特点。课程资源多元价值的实现离不开教师的慧眼识珠,需要教师深入挖掘课程资源的多种价值。只有思维灵活敏锐的高素质的教师,才能认识到课程资源的多元价值,并使其潜在的价值得以充分发挥和显现。

四、课程资源开发与利用的原则

原则规范着人们的行为,是正确行动的根据、尺度和准则。课程资源的开发与利用不是随意而行的,同样需要一定的原则来规范。基于课程资源的基本特点和多样的类型,课程资源的开发与利用应遵循如下一些原则。

1.开放性原则

课程资源的开发与利用要以开放的心态对待人类创造的一切文明成果,尽可能开发与利用有益于教育教学活动的一切可能的课程资源。课程资源开发与利用的开放性包括类型的开放性、空间的开放性和途径的开放性。类型的开放性是指不论以什么类型、形式存在的课程资源,只要有利于提高教育教学质量和效果,都应是开发与利用的对象。空间的开放性是指不论是校内的还是校外的,城市的还是农村的,中国的还是外国的,只要有利于提高教育教学质量,都应加以开发与利用。途径的开放性是指课程资源的开发与利用不应局限于某一种途径或方式,而应探索多种途径或方式,并且能够尽可能地协调配合使用。

2.经济性原则

课程资源的开发与利用要尽可能用最少的开支和精力,达到最理想的效果,具体包括开支的经济性、时间的经济性、空间的经济性和学习的经济性。开支的经济性是指用最节省的经费开支取得最佳效果,尽可能开发与利用那些不需要多少经费开支的课程资源,不应借口开发与利用课程资源而大兴土木,不计高昂的经济代价。时间的经济性是指应尽可能开发与利用那些对当前教育教学有现实意义的课程资源,而不能一味等待更好的条件或时机,否则就会影响新课程的实施。空间的经济性是指课程资源的开发与利用要尽可能就地取材,不应舍近求远,好高骛远。学习的经济性是指尽可能开发与利用能激发学生学习兴趣的课程资源。

3.针对性原则

课程资源的开发与利用是为了课程目标的有效达成,针对不同的课程目标应该开发与利用与之相应的课程资源。一般说来,每一种课程资源对于特定的课程目标具有不同的作用和功能，不同的课程目标就需要开发与利用不同的课程资源；但是，由于课程资源本身的多质性，同一的课程资源又可以服务于不同的课程目标，所以，课程资源的开发与利用就必须在明确课程目标的前提下，认真分析与课程目标相关的各种各类课程资源，认识和掌握其各自的性质和特点，这样才能保证开发与利用的针对性及其有效性。

4.个性原则

尽管课程资源多种多样，但是相对于不同的地区、学校、学科和教师，可待开发与利用的课程资源具有极大的差异性。因此，课程资源的开发与利用不应强求一律，而应从实际出发，发挥地域优势，强化学校特色，区分学科特性，展示教师风格，扬长避短，扬长补短，突出个性。课程资源的开发与利用本身就是一项极具创造性的实践活动，没有个性，也就失去了创造性。

5.发展性原则

促进学生素质的发展，提高其自身的能力及社会适应性是课程资源开发和利用的一个根本性目的。课程资源的开发要以促进学生及社会的发展为出发点，不能仅为课程资源形式上的丰富而开发课程资源。如果只是简单地将校外丰富的自然资源、社会资源引进教学，可能使得课程实施与教学形式更为丰富，但如果不以促进学生的发展为基本目标，不深入考虑课程资源与学生发展的适应性，可能难以实现预期的教学目的。丰富的课程资源是手段，促进学生发展是目的。发展性目的不是教师通过课程实施强加给学生的，而是为学生提供适合的资源与情境刺激，让学生自主地进行发展。

6.适应性原则

课程资源的开发和利用离不开具体的情境。具体的情境及条件现实地制约着课程资源的有效运用。在开发和利用课程资源时，要适应学生的具体情况，也要适应课程资源的具体特性。学生的发展有共性的特征，也有个性化的表现。课程的设计和课程资源的开发、利用不仅要考虑典型或普通学生的共性情况，更要考虑特定学生对象的特殊情况。如果要为特定教育对象确定恰当的目标，那么仅考虑他们已经学过的内容还不够，还需要考虑他们现有的知识、技能、兴趣、特长和素质背景。只有这样，课程资源才能得到合理的开发和利用。一般说来，每一种课程资源由于主体的价值取向及自身的特性不同，它对于特定的课程目标具有不同的作用与功能,不同的课程目标就需要开发利用不同的课程资源。课程资源本身具有价值多元性的特点,同一课程资源可能实现不同的课程目标。所以,课程资源的开发和利用要明确不同的课程目标与课程资源的关系。在设立明确课程目标的前提下,认真分析与课程目标相关的各种课程资源,认识和掌握其各自的性质和特点,这样能够保证课程资源的开发和利用的适应性及有效性,既促进了学生个体的发展,也充分发挥了课程资源的功能。

五、课程资源的开发与利用途径

1.开发现行教材资源,拓展教材的使用空间

高中新课程资源开发从课堂传授知识的主要载体——教材入手。教材只是教授知识的一个工具,在体现"用教材教转化为用教材学"的理念的同时,使教材紧密结合学生的经验和生活实际开发学生资源。引导学生学会收集、筛选、整合,立足教材的知识点,以学生知识基础和认知规律为依据,以追求最大效益为出发点,大胆重组教材内容。在处理好重点知识的同时,从学生的知识基础及学习能力出发,留给学生思考空间,把学生带入一个自我施展的空间。从知识与能力,过程与方法,情感、态度与价值观三个维度进行开发资源。在此基础上需要考虑:为了实现课程教学目标,需要什么样的教学资源？需要多少教学资源？怎样开发这些教学资源？这些教学资源怎样进入课程教学过程？通过什么方式利用这些教育资源最有效？对这些问题的思考会为教育资源的开发提供指导。充分利用现有校内课程资源,调查、挖掘、分析本校现有课程资源,包括校内外显性资源和隐性资源,建立详细的课程资源管理数据库,并加强管理,以方便查找和使用。在此过程中尤其要强调先着眼于校内课程资源的充分利用,发挥教师、学生、学校图书馆、实验室、计算机房、专用教室及各类教学设施的作用,要在服务时间、服务方式和使用效率上不断地调整和完善,通过对学校内部课程资源进行不断地开发,实现效益的最大化。

附:创造性开发教材的基本策略如附图5-1所示。

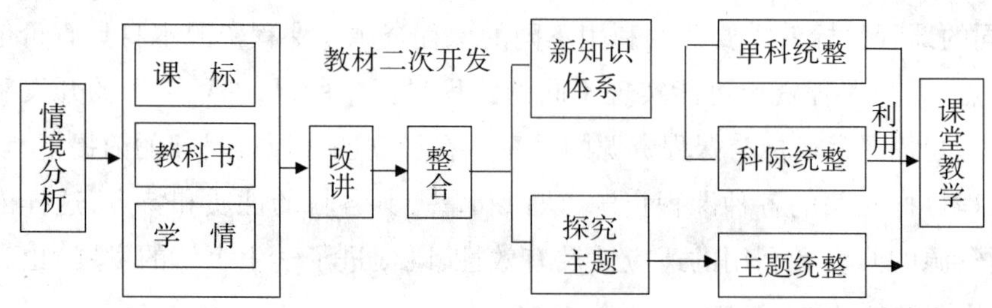

附图5-1　创造性开发教材的基本策略

2.开发学生资源,把学生的多元角色特点纳入课程资源

学生的学习经验是一种资源,是教学的起点,知识只有与学生的经验结合起来并最终内化为学生的经验才有价值。学生的兴趣也是一种资源,教学必须与学生的兴趣结合起来。学生的差异还是一种资源,如果在教学中引导得当,学生可以共享差异,在差异中丰富和拓展自己。教师在与学生交往过程中,研究学生的兴趣和乐于参加的活动方式,挖掘出大量有益的资源。就学习动力而言,研究学生的种种活动与兴趣,从中归纳出能够唤起学生强烈求知欲的各种教学方式、手段、工具、设施、方案、问题,以及如何布置作业,安排课堂内外学习等诸多要素,帮助学生尽快掌握课程要点。充分开发学生资源,把学生的思想观念、见闻经历、知识技能、言谈举止、兴趣爱好、性格特征等纳入课程资源,学生在合作学习、探究学习、自主学习的过程中,形成了丰富多彩的课程资源,学生课前收集的各种资料,在交流中就成了共享的资源。教师要充分利用校内外现有的高中新课程资源来更有效地达到课程目标的要求。教师要注意发掘学生生活经验方面的资源,引导学生将书本知识以转化为实践能力。

附:学生资源的开发策略如附图5-2所示。

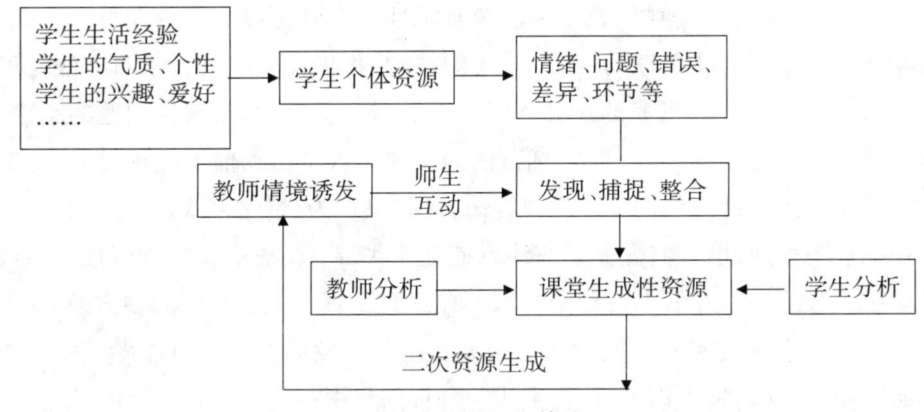

附图5-2　学生资源的开发策略

3.有效开发动态生成性资源,彰显教师的智慧

教育活动是"动态生成"的,课堂的活力来自学生动态的发展。教学过程是生动可变的,它既有规律可循,又有灵活的生成性和不可预测性。因此,在精心设计教案、预设教学过程的基础上,建构有利于学生思维发展的新课堂教学结构,用动态生成的观念,加强对课堂生成性资源的适度开发和有效利用,将更能促进预设教育目标的高效率完成或新的更高价值目标的生成。

(1)精心预设动态教案是充分开发利用动态生成性资源的保证

强调生成不是对教案的否定,相反,它对教案设计提出了更高的设计理念。它要求教案是既定与灵活、确定与不确定、变与不变的统一,不再是针对某课某个知识点一对一的设计,而要充分考虑教学目标内容的逆向式、递进式、跳跃式、发散式变化,变固定式教案为多假设式方案,使自己能在实施中调控整个教学场景。

不再过分追求精细的提问、预设标准的答案、准确计算每一个环节的时间分配,甚至精心设计每一句话,而更重要的是课前做好应付课堂教学中可能出现的种种意外的心理准备。教师要尽可能多地考虑学生对环节的反应,要充分考虑到:如果学生已经知道了,我该怎么办;如果学生一无所知,我又该怎么办;如果学生这样说,我该怎样引导;如果学生那样争论,我又该如何调控。教师只有精心预设了"如果""怎么办",这样在课堂上才能随时利用好课堂教学中闪动的亮点,捕捉住促使课堂教学动态生成资源。

(2)善于识别是开发利用动态生成性资源的基础

教学资源不仅是教材、教学手段等基础性教学资源以及评价性教学资源,还包括学生在教学过程中的学习状态,学生的兴趣、积极性、注意力,学习方法与思维方式、合作能力与质量,发表的意见、建议、观点,提出的问题与解决问题的思路方法,甚至错误的问题回答等课堂学习信息,而这些是教学活动前不能预设的,是在教学过程中生成的资源。他们无论是以言语,还是以行为、情绪方式的表达,都是教学过程中的动态生成性资源,尤其是应注意捕捉那些带有情感、意志、创新性的生成性资源。叶澜教授说:"在教学过程中教师要在思想上真正顾及学生的多方面成长、顾及生命活动的多面性和师生共同活动中多种组合和发展方式的可能性。所以作为教师必须独具慧眼,善于识别、捕捉生成的种种信息中有价值的教学资源。

(3)重塑师生关系,转变教师角色是开发利用动态生成性资源的前提

动态生成的环境必须是民主、平等、宽容的,否则就不可能有个体之间真正意义上的积极互动。学生是具有主观能动性的人,他们作为一种活生生的力量,带着自己的知识、经验、思考、灵感参与课堂教学,试想如果没有主体的参与,没有师生的相互交往、积极互动、共同发展作用于课堂教学,怎能会有动态生成?因此,动态生成得以表征和达成的最基本的形式和途径便是建立和谐的师生关系。学生是教学过程的构成要素,也是教学过程中师生交互作用的出发点;而学生在教学活动中呈现的状态,如不断变化的需要、兴趣、思维方式、表达的方式等,都是教学过程中的生成资源。这就决定了教师在教学过程中应是教学资源的"开发者",课堂教学资源的"重组者"。

(4)巧妙创新教育机制是开发利用动态生成性资源的关键

教育机制是指教师对教与学双边活动的敏感性,是教师在教育教学情境中特别是在突发事件情况下,快速反应,随机应变,及时采取恰当措施的综合能力。教师只有具有较强的教育机制和灵活驾驭教学的能力,才能及时捕捉课堂突发事件中有价值的动态资源,并及时进行重组。教师缺乏教育机制,无论怎么研究教育理论,他永远也不会成为实际工作中的好教师,更不能轻松驾驭今天的课堂。

新课程理念指导下的课堂具有不可预定性,学生往往不顺着教师的思路走,旁逸斜出,甚至出现与教师预设的价值取向迥然不同的声音和想法。跟着学生走,势必打乱教师原有的教学设计,冲击教师预设的价值取向;牵着学生走,无疑又置"生

成资源"于不顾,扼杀了学生的创造性思维。面对课堂上的突发事件,经验不足的老师可能会手忙脚乱,仓促处置而留下不少遗憾;而敏感和富有实践智慧的老师会抓住这种机会,变偶发事件为教育良机,成为教育教学的生长点。课堂上的突发事件可以使一个调皮鬼的恶作剧得到出神入化的处理,使教师自身的失误得以幽默风趣的化解,使一堂事故课获得故事课的意外效果,从而生成一堂具有创造性、真实性的好课。

4.开发校外课程资源,加强与其他学科之间的整合

学校根据教学实际情况和学生发展的具体需要,改变封闭的校园环境,重视校外课程资源的作用,广泛利用爱国主义教育基地、当地政府机关、企事业单位、区教育局教研室、学生家长等社会资源以及丰富的人力资源、自然资源,积极开发校外课程资源,有效发挥各种资源的价值,并加强各学科的资源的有效整合。

5.开发教师资源,更新教师的教育观念

教师是最重要的课程资源,教师不仅具有课程资源的鉴别、开发和积累的能力,而且教师自身就是课程实施的基本资源。在课程资源的开发中,教师是主角,不仅要学会主动地和创造性地开发资源,而且要充分挖掘各种资源的潜力和深层次价值,引导并帮助学生走出教科书、走出课堂、走出学校,在社会大环境里学习和探索。通过本课题的研究,教师改变了的教育观念。教师以教材为蓝本,注重课程开发并加强课程内容与学生生活以及现代社会科技发展的联系,关注学生的学习兴趣和经验,精选终身学习必备的基础知识和技能。教师要跳出学科本位,改变过于注重知识传授的倾向,强调学生学习能力的培养。教师在自身以外的课程资源极其紧缺的情况下,实现课程资源价值的"超水平"发挥。学校创设有利于教师积极参与课程资源开发的导向制度,建立促进这项教研活动开展的激励措施,为教师之间进行信息交流、经验分享和专题讨论提供平台。教师注意各项资源的开发,积极地进行教科书内课程资源的开发。在课堂教学中,教师根据确定的三维目标,联系学生的"生活世界",走进生活,讲一些有趣神奇的现象,以充实课堂,激发学生的求知欲,把现代信息技术前沿科学知识渗透其中,实现课程资源的课内开发。加强学科之间的联系、交叉和渗透,实现校内课程资源的开发。对课程资源的开发是每个教师、学生的责任,纳入到学校的课程改革计划,得到学校的政策鼓励和经费支持。

附:协同开发教师教学资源策略如附图5-3所示。

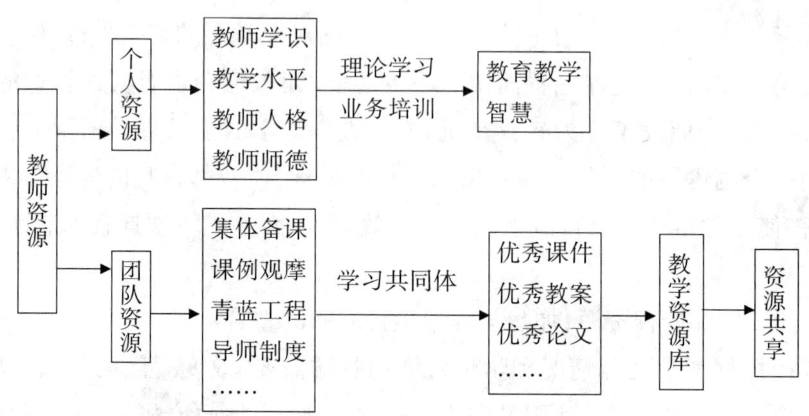

附图5-3　协同开发教师教学资源策略

6.开发网络信息、现代信息技术资源,不断提高使用效率

探索在先进教育思想和理念的指导下,充分挖掘网络资源并加以开发,在运用网络资源和多媒体技术的情况下,充分发挥学生的学习主动性和创造性,建构网络资源与高中各学科教学资源整合与开发,并符合多向互动要求和不同模式的教学基本途径和方法。充分认识多媒体及网络信息资源在教学中所起的作用,尤其是在开发教学内容、丰富教材的媒体形式、优化教学环境方面。重点建设高中新课程学科资料库,开发有利于解决高中学科教学中的重点和难点问题的课件与视频,开发有利于学生主动学习和有利于培养学生创新精神、实践能力的课件。积极探索多媒体计算机和学科教学相结合,以此改变单纯靠文字材料、黑板的传统教学模式,形成将书本知识和社会各种信息相结合的全新的教学模式,丰富教学内容,拓宽学科教学的空间。根据实际情况,建立课程资源库,把高中新课程资源的科目类型、获取方式和使用事项分类存档,归口管理。一方面便于教师查找、调用和更新;另一方面据此可以不断提高高中新课程资源的开发水平,更好地创造和积累高中新课程资源建设的经验,实现高中新课程资源更大范围的交流和分享。

7.开发"物化生"实验室资源,对课本中实验仪器的不足及缺点进行改进

在"物化生"实验教学中,我们最大限度地利用实验室现有器材,充分挖掘其实验功能,做到一物多用。在此基础上,我们动脑筋,想办法,充分利用闲置器材开发新实验,做到废物利用,包括对现有仪器改造,以创新出更新的实验。对于课本上的一些演示实验现象不明显或不易观察的,我们通过摸索加以改进,以达到预期效果。

参考文献

[1]袁振国.教育新理念[M].北京:教育科学出版,2002.

[2]余和森.新课程课堂教学应处理好的几个关系[N].中国教育报,2012-12-20(8).

[3]李炳亭.高效课堂22条[M].济南:山东文艺出版社,2009.

[4]张海晨,李炳亭.高效课堂“导学案”的设计[M].济南:山东文艺出版社,2010.

[5]张卓玉.构建教育新模式[M].长沙:湖南教育出版社,2013.

[6]吴中民.构建高效课堂教学的理念和方法[M].吉林:吉林大学,2013.

[7]李秉德.教学论[M].北京:人民教育出版社,2001.

[8]苏永平,师谋占,苏发元,等.研究性学习活动的设计与实践[M].兰州:甘肃教育出版社,2012.

[9]肖海龙.学与教的新策略[M].杭州:浙江大学出版社,2006.

[10]李镇西.共享——课堂师生关系的新境界[J].课程·教材·教法,2002(1).

[11]钟启泉.有效教学的最终标准是学生的成长[N].中国教育报,2007-6-11(3).

[12]唐晓杰.课堂教学与学习评价[M].南宁:广西教育出版社,2016.

[13]夸美纽斯.大教学论[M].傅任敢,译.北京:人民教育出版社,1984.

[14]中华人民共和国教育部.普通高中化学课程标准(实验稿)[S].北京:人民教育出版社,2003.

[15]路晓成.高中化学课程标准教师读本[M].武汉:华中师范大学出版社,

2003.

[16]谢建富.新课程理念下化学备课的策略与形式[J].中学化学教学参考,2007(12).

[17]叶澜.教师角色与教师发展新探[M].北京:教育科学出版社,2001.

[18] 何可抗,林君芬,张文兰.教学系统设计[M].北京:高等教育出版社,2006.

[19]皮连生.教学设计[M].北京:高等教育出版社,2000.

[20]甘肃省基础课程教材研究中心.甘肃省普通中学研究性学习案例选编[M].兰州:甘肃教育出版社,2009.

[21]王春华.教学设计理论有效性的缺失及改进策略[J].当代教育科学,2011(20).

[22]苏永平.新课程理念下高中化学教学设计策略的研究与实践[R].2013.

[23]佐藤学.课程与教师[M].北京:教育科学出版社,2003.

[24]王鉴.课堂教学的有效性问题研究[J].宁夏大学学报:人文社会科学版,2006(01):110-114.

[25]苏霍姆林斯基.给教师的建议[M].杜殿坤,译.北京:教育科学出版社,1984.

[26] 玛扎诺,皮克林,波洛克.有效课堂——提高学生成绩的实用策略[M].张新立,译.北京:中国轻工业出版社,2003.

[27]曾琦.学生学习[M].上海:华东师范大学出版社,2011.

[28]苏永平.新课程高效课堂的构成要素[C].兰州:甘肃省化学学会,2013.

[29]卜昭和.自主探究"导学案"导学理论与实践[M].北京:长征出版社,2001.

[30]余和森.有效教学十讲[M].上海:华东师大出版社,2013(10).

[31]张曙光,陈启胜.构建"导学案"导学模式,培养学生自学能力[J].山东教育学院学报,2000.

[32]平邑一中课题组."导学案"教学初探[J].山东教育,2000(08).

[33]段生英.高效课堂应处理好的几个关系[N].中国教育报,2012-11-29(08).

[34]薛焕玉.对学习共同体理论与实践的初探[J].中国地质大学学报:社会科

学版,2007(01)

[35]赵健.学习共同体的构建[M].上海:上海教育出版社,2008.

[36]佐藤学.学校的挑战——创建学习共同体[M].钟启泉,译.上海:华东师范大学出版社,2010.

[37]潘洪建,沈文涛.大班额教学新视野——学习共同体构建与教学方式变革[M].南京:江苏大学出版社,2012.

[38]辛继湘.课程评价改革的当代知识论基础[J].课程·教材·教法,2005(06):17-20.

[39]冯长宏.25年走出的"轻负高效"之路[J].中小学管理,2007(08):13-15.

[40]严丽荣.学会"洗课"[N].教育时报,2011-06-15(02).

[41]毕华林.化学新教材开发与使用[M].北京:高等教育出版社,2003.

[42]黄劲雄.将教学设计与教学反思作为优化课堂教学的立足点[J].教育导刊,2011(10).

[43]叶澜.新世纪教师专业素养初探[J].教育研究与实验,1998(01).

[44]胡志坚.专业特征和专业标准的研究与教师专业化[J].师资培训研究,2003(01).

[45]教育部师范教育司.教师专业化的理论与实践[M].北京:人民教育出版社,2003.

[46]徐继存,段兆兵,陈琼,等.论课程资源的开发与利用[J].学科教育,2002(02):2-3.

[47]段兆兵.课程资源的内涵与有效开发[J].课程·教材·教法,2003,23(3):26-30.

[48]孙亚玲.课堂教学有效性标准研究[M].北京:教育科学出版社,2008.

[49]马克斯·范梅南.教学机制——教育智慧的意蕴[M].李树英,译.北京:教育科学出版社,2001.

[50]高申春.人性辉煌之路——班杜拉的社会学习理论[M].武汉:湖北教育出版社,2000.

[51]高国荣.新课程理念下对生成性教学资源的思考与实践[J].黑龙江省教育学院院报,2006(01).

[52]孔凡哲，任亚南.新课程深化阶段教学反思的新特点[J].中国民族教育，2008(10).

[53]周成平.我们需要怎样的课堂[M].南京:南京大学出版社,2013.

[54]吴文侃.当代国外教学论流派[M].福州:福建教育出版社,1990.

[55]金陵.构建适合学校应用的"翻转课堂"教学模型[EB/OL].(2012-07-25)[2014-10-15].http://www.blog.sina.com.cn/s/blog_6b87f20601011mcp.html.

[56]蒋景耘.教学反思与教师专业化成长研究报告[EB/OL].(2011-08-29)[2014-08-12].http://blog.sina.com.cn/s/blog_8ba156f40100x5p2.Html.

[57]苹果.新课程教学中小组合作学习的案例及反思[EB/OL].(2006-01-16)[2014-09-15].http://www.wzsczx.cn/Item/2207.Aspx.

[58]黄励.浅谈高中语文课堂生成性资源的利用[EB/OL].(2011-08-03)[2014-11-06].http://www.gdzjdaily.com.cn/baby/2011-08/23/content_1405307.Html.

[59]李炳亭.高效课堂新论.[EB/OL].(2013-02-09)[2014-02-03].http://blog.sina.com.cn/libuqima.